国际经济与贸易专业应用型人才"十二五"规划教材

国际贸易保险实务

梁 爽 主 编

程 杰 常 虹 金 花 副主编

清华大学出版社

北 京

内 容 简 介

本教材针对国际贸易领域中的保险问题做了全面系统的阐述,将保险学与国际贸易学交叉整合,包括保险学基本理论及其原则、应用,以海上保险为核心的国际货物运输保险,国际贸易保险实务及实训,以及其他涉外国际贸易保险等。教材突出应用性和操作性,在各部分的论述中注重理论与实践相结合,加大保险实务技能训练在本书中所占比重,注重能力培养和创新教育。

本书配有课件,下载地址为:http://www.tupwk.com.cn。

图书在版编目(CIP)数据

国际贸易保险实务 / 梁爽 主编. —北京:清华大学出版社,2015(2019.12 重印)
(国际经济与贸易专业应用型人才"十二五"规划教材)
ISBN 978-7-302-41308-0

Ⅰ. ①国… Ⅱ. ①梁… Ⅲ. ①国际贸易—国际保险—高等学校—教材 Ⅳ. ①F840.685

中国版本图书馆 CIP 数据核字(2015)第 195779 号

责任编辑:施　猛　马遥遥
封面设计:常雪影
版式设计:方加青
责任校对:牛艳敏
责任印制:丛怀宇

出版发行:清华大学出版社
　　　　网　　　址:http://www.tup.com.cn,http://www.wqbook.com
　　　　地　　　址:北京清华大学学研大厦 A 座　　　　邮　　编:100084
　　　　社 总 机:010-62770175　　　　　　　　　　邮　　购:010-62786544
　　　　投稿与读者服务:010-62776969,c-service@tup.tsinghua.edu.cn
　　　　质 量 反 馈:010-62772015,zhiliang@tup.tsinghua.edu.cn
　　　　课 件 下 载:http://www.tup.com.cn/,010-62794504
印 装 者:三河市龙大印装有限公司
经　　销:全国新华书店
开　　本:185mm×260mm　　　印　　张:20　　　字　　数:474 千字
版　　次:2015 年 9 月第 1 版　　　印　　次:2019 年 12 月第 3 次印刷
定　　价:49.80 元

产品编号:063989-02

国际经济与贸易专业应用型人才
"十二五"规划教材

编 委 会

主　　任：吕红军
副 主 任：赖忠孝
编委会委员：王　强　常　虹　王松涛　金　花　刘　钊
　　　　　　梁　爽　焦朝霞　刘先雨　张　颖

前　言

　　伴随世界经济较快增长和全球经济一体化的发展进程，我国对外贸易呈现跨越式增长，国际贸易风险因素也随之增加。国际贸易各环节尤其是运输环节风险较多，如果没有保险业为其提供保障，很难正常发展。除了商品贸易外，对外贸易正在向多元化、多样化方向发展，对服务贸易、技术贸易的要求也日益提高，国际贸易的信用风险程度亦明显加深。保险作为一种经济补偿手段，成为我国对外贸易和经济交往中不可缺少的环节，对促进对外贸易的发展具有积极作用，为国际贸易的顺利发展保驾护航。因此，外贸工作者需要掌握国际贸易保险相关知识，并将其运用到国际贸易的实际业务中。

　　本书以保险学知识为基础，以保险法律及国际相关法律、惯例为依据，以服务于国际贸易为基本原则和目标，以海上货物运输保险为核心，以国际贸易保险实务技能训练为重点，涉及国际贸易运输保险及其他主要涉外经济保险，内容结构系统完整。本书共分为十二章。第一章和第二章阐述了保险基础知识和保险基本原则及其应用；第三章、第四章、第五章、第六章、第七章以海上保险为核心，具体内容包括海上保险概述、海上保险合同、海上保险保障的范围、国际海洋运输货物保险条款及其应用，以及其他国际货物运输方式保险；第八章、第九章、第十章介绍了国际货物运输保险业务操作流程，国际货物运输保险单据，投保操作实训；第十一章和第十二章涉及出口信用保险和涉外责任保险。每章篇首列明具体的学习目标和本章导读，通过引导案例或文字描述概括本章核心内容；每章内容阐述中突出实务训练和实务操作；章末附有经典案例分析，并有思考题、操作题等实训内容，强化学生对知识应用和业务环节处理技巧的掌握。

　　本书是作为全国对外经贸院校应用型本科国际经济与贸易专业的专业课教材编写的，同时也可供保险学专业、物流管理专业等相关专业的学生使用，并能够满足社会外贸工作者和保险业内人士对国际贸易保险知识的需求。

　　本书由辽宁对外经贸学院梁爽担任主编，程杰、常虹、金花担任副主编。其他参加编写的人员有董琴、焦朝霞。教材第一、二、七章由程杰编写，第三、六、八章由梁爽编写，第四、五章由金花编写，第九、十章由常虹编写，第十一章由常虹、程杰编写，第十二章由董琴、焦朝霞编写，全书统稿工作由梁爽完成。由于编者的学识水平及实践经验有限，书中缺陷和错误难免，恳请各位专家学者和广大读者不吝赐教。反馈邮箱：wkservice@vip.163.com。

编者

2015年5月

目　　录

第一章

保险概述

学习目标：

全面了解保险机制；

熟悉保险的种类与作用；

认识到保险业务在国际贸易活动中的重要性；

学会合理运用保险方案应对日常生活和经济活动中所面临的风险。

本章导读：

千百年来，风险与人类社会始终相伴。翻开人类历史的长卷，我们看到无处不在、无时不有的风险在人类内心深处埋下恐惧，也看到人类与风险抗争的勇气和智慧。从由恐惧而生的自然崇拜到主动地寻求避免和减少风险带来的损失的有效途径，人类文明在不断地进步，同时对风险的认识也越来越深入。随着人类对风险事故认识了解的加深，保险作为人类应对自然灾害和意外事故损失的一种经济补偿制度逐渐确立。保险界有句行话："无风险，无保险。"提到保险，我们首先需要从风险的研究入手。

第一节　风险与风险管理

一、风险概述

(一) 风险的含义

在日常生活和实际工作中，"风险"(Risk)一词有多种解释，并常与"灾害事故"(Peril)、"危险因素"(Hazard)等词混用。人们把海上航行遭遇海盗解释为风险；把出门旅行遭遇交通事故解释为风险；把医生做外科手术发生事故也解释为风险。即使在学术界，关于风险的描述也是莫衷一是。关于风险的解释，国外有两大派分别对应各自的观点，保险也就存在所谓的主观风险说和客观风险说。主观风险说认为，风险是损失的不确定性。客观风险说认为，风险是可以用客观尺度衡量的事物，即可以在一个较大的范围内和一段较长的时间里，依据大数法则和概率论对风险发生的频率和损失的程度进行测定和估计。

(二) 风险的特征

1. 风险具有社会性

风险作用的主体是人类社会，因为如果没有人类的存在，没有商品经济和私有制的发展，那么无论是地震海啸、还是陨石坠落，都无法引致损失发生、经济价值减少。没有损失就无所谓风险，所以风险的受众是人类社会。

2. 风险具有客观性

风险是一种不以人的主观意志为转移的客观存在，是不可避免的。虽然随着科学技术的进步和经营管理水平的提高，人类可以在一定范围内和一定程度上控制风险，甚至把风险带来的损失程度降到最低，但无论如何也无法完全避免风险的发生。正是由于这种客观存在，人们必须不断提高风险管理水平，保险的发展才成为必然。

3. 风险具有损失性

风险引致损失是风险对人类社会最大的威胁。早在公元纪年前，繁荣了多少个世纪的玛雅文化遭到毁灭，人类不得不在废墟上重建家园。你能想象，我们今天的生活被一场浩劫摧毁，幸存者重新回到刀耕火种的生活状态的景象吗？也许从今天的视角看，那是无法生存的。所以风险所具有的损失性不容小觑。把风险带来的经济损失转移出去的需求是保险产生和发展的动力。

4. 风险具有不确定性

风险的不确定性体现在个体上，对于个体而言，风险是否发生，风险在何时发生，风险在何地发生，风险一旦发生可能造成的损失程度都是不确定的，但是对于整体而言，风险的这种不确定性趋向稳定。正是这种不确定性才使保险的运营成为可能，如果风险确定发生，保险公司不会承保；如果风险确定不发生，投保人也不会投保。

5. 风险具有可测性

风险的可测性体现在整体上，对于整体而言，依据大数法则和概率论对风险发生的频率和损失的程度进行测定和估计是可行的。这就使保险的运营更加科学合理。

6. 风险具有可变性

对于具体的风险来说，随着人类生产范围的扩大、经济交往的增强、科学技术的发展，风险也随之发生了变化。汽车的产生和普及使陆地交通事故风险大为增加，于是劳合社就设计了汽车保险，当时人们把汽车称为"陆地航行的船"，可以看出风险的空间范围已经不仅仅局限于海上。后来出现的飞机保险、卫星保险、责任与信用保险，都为人们描绘了风险变化的轨迹。

(三) 风险的分类

对风险进行分类，其目的是明确哪些风险可以转移给保险公司、哪些不能。风险的种类，可以从以下不同的角度来划分。

1. 按风险的性质划分

按风险的性质划分，可以把风险分为纯粹风险和投机风险。

(1) 纯粹风险(Pure Risks)，又称"纯风险""单纯风险"，是指风险事故一旦发生就只有损失可能而无获利机会的风险。大部分的自然风险和社会风险都属于纯粹风险。纯粹风险是保险公司可以承保的风险，也是保险领域所要研究的风险。

(2) 投机风险(Speculative Risks)，是指风险事故不但带来损失，可能同时还有获利机会的风险。经济风险就是典型的投机风险。人们常说"股市有风险，投资需谨慎"，为什么在这样的风险提示下，还是不能动摇诸多投资者进入股市的决心？就是因为其高风险、高回报的获利效应吸引着风险投资者。投机风险带有极大的诱惑性，因为有利可图使人们甘愿冒险，而这种投机风险是无法通过保险公司获得保障的。

2. 按风险产生的原因划分

按风险产生的原因划分，可以把风险分为自然风险、社会风险、政治风险和经济风险。

(1) 自然风险(Physical Risks)，是指由于自然界的不规则运动所导致的对人身和财产的威胁。如地震、海啸、火山爆发、暴风、暴雨、洪水、雹灾、雪灾、泥石流、滑坡、地面突然下陷等。

(2) 社会风险(Social Risks)，是指造成损失的直接作用力，它与人的活动有关，即由于个人或团体的异常行为所导致的风险。如偷窃、诈骗、抢劫、玩忽职守等。

(3) 政治风险(Political Risks)，是指由于政治原因而引起社会动荡造成财产毁损、人员伤亡的风险。如政局变化、政权更替、战争、罢工、种族冲突等。

(4) 经济风险(Economic Risks)，是指人们在从事经济活动的过程中，由于外部或内部因素导致经济损失的风险。如经营管理不善、市场预测失误、价格波动等。

3. 按风险标的划分

按风险标的划分，可以把风险分为财产风险、人身风险、责任风险和信用风险。

(1) 财产风险(Property Risks)，是指物质财产及其相关利益在各种风险作用下直接损毁或灭失。这里既包括有形财产如汽车、设备、进出口货物等遭遇损毁或灭失的风险，也包括无形的利益如商誉、专利等受到侵害的风险。

(2) 人身风险(Personal Risks)，是指人的生命和身体处于生、老、病、死、残等状态下导致家庭收入减少和额外支出增加的风险。如身体患病或意外致残的风险。

(3) 责任风险(Liability Risks)，是指由于个人或团体的过错行为造成对他人民事权利的侵害，致害人应承担经济赔偿责任的风险。如产品质量缺陷，导致消费者在使用该产品时受到人身伤害，则属于责任风险。

(4) 信用风险(Credit Risks)，是指由于义务人的违约行为造成权利人的经济利益受到侵害的风险。如进口商没有按贸易合同向出口商支付货款，致使出口商遭受经济损失，则属于信用风险。

(四) 可保风险

保险是基于风险的客观存在而产生的，就某一具体险种而言，总是为相应的风险所设立的，但是并不是所有风险都能够得到保险公司的保障。一般来说，保险人可以承保的风险即"可保风险"(Insurable Risks)。可保风险才是保险经营的对象，可保风险应该具备以下几个基本条件。

1. 可保风险是纯风险

可保风险通常指那些只有损失机会，而无获利可能的纯粹风险，如火灾、轮船触礁、船只碰撞等；对于既有损失可能、又有获利可能的投机风险，在一般情况下，保险公司通常不予承保，如股票买卖、炒房地产、市价跌落等。现在，随着保险理念的进步、承保技术的日益提高以及市场竞争和产品创新的需求，也有将投机风险作为可保风险由保险人来承保的情况。

2. 可保风险存在大量的、相似的保险标的

保险人承保的风险必须存在大量的、相似的保险标的，这是大数法则要求的。根据大数法则，如果事件A在n次重复实验中，出现了M次，当n无限次地增大，M/n的比值也趋近于一个常数P(A)。当保险人承保的标的数量越大，标的遭受意外事故的损失就会越来越接近理论分析中的常数P(A)。这个常数揭示的是该投保标的的遭遇损失的概率，通过这个概率，保险人制定保险费率，一旦损失发生，保险公司即进行经济赔偿。而投保风险的数量越大，就意味着数理统计是以大量的标的为基础，概率的计算就会越精确。

3. 风险必须是可以用货币衡量的

保险经济赔偿通常采用货币形式，因此可保风险导致的损失必须是可以确定的、能够用货币来衡量的。如果风险导致的损失不明确或者不能以货币来衡量，保险人就无法进行补偿。在人身保险中，虽然人的生命和身体是无法用货币来衡量的，但由于人身保险不是补偿性的而采取给付保险金的形式，人的生命和身体是可以投保的。

4. 风险的发生具有偶然性和意外性

风险的偶然性是指风险导致的损失必须既是可能发生的，又不是必然发生的。一艘载货轮船在海上运输，是否会因遭遇恶劣的气候和意外事故产生损失是不确定的，如果这种风险必然发生，保险公司就不会予以承保了。但是在人身保险方面，有些风险的发生是必然的，如人寿保险，人最终必然会死亡，但何时死亡、什么原因死亡等却是不确定的、是偶然的，因而也是可以投保的。

风险的意外性是指投保人既无法预知风险并采取相应的措施，且风险又不能是被保险人的故意行为造成的。如果故意制造损失能得到赔偿，则道德危险因素会明显增加，保险费就会相应提高，大数法则也会失灵。从这个角度上看，可保风险应该是客观风险。

5. 风险导致的损失必须是严重的

风险导致的损失应该是相当重大的，保险才能真正起到补偿损失的作用。如果风险事故导致的损失非常轻微，个人、企业完全可以自行处理解决，保险公司的意义微乎其微，就没有保险的价值了。只有风险发生的可能性非常大，而且一旦发生风险损失非常惨重，个人、企业无力自己解决，才有必要通过保险来转嫁风险，保险才会起到雪中送炭的作用。但是损失过重的巨灾风险，一般又是不可保的，或需要在特定条件下投保。

二、风险管理

随着经济的发展，标的的价值在不断增加。技术的进步，并没有减少风险，反而制造了更多棘手的风险。人们越来越感觉到在废墟中重建家园的力不从心，因为很多风险带来的损失是受险者无法承受的。为了使自己立于不败之地，并且更具竞争力，人们愈加重视风险的预测识别、控制与管理。

(一) 风险管理的含义

风险管理(Risk Management)，是指经济单位通过对其所面临风险的识别、估测，继而选择适当的风险管理技术方法，最终实施有效的控制并妥善处理风险所致损失的后果，以期通过最少的成本获得最大的安全保障的一系列管理活动。

风险管理源于20世纪50年代的美国，它作为一门系统的管理科学被提出，到了20世纪80年代，风险管理已遍及西方发达国家。1983年5月，在美国洛杉矶召开的"风险和保险管理学会年会"(RIMS)制订了风险管理的101准则，标志着风险管理进入一个全新的标准化和规范化的时代。众多跨国公司均是RIMS的团体会员。在我国，实行改革开放政策之后，保险业才逐渐发展起来，由于时间尚短，风险管理尚有待开展和普及。但世界大型企业成功的风险管理经验，势必为我国企业走向国际市场提供有益的借鉴。

(二) 风险管理的目标

设定目标可以让风险管理者的决策有的放矢。风险管理的目标可以分为总目标和具体目标两个层次。

1. 风险管理的总目标

风险管理的总目标是以最小的成本获得最大的安全保障，实现经济单位价值最大化。这里所说的"成本"，是指经济单位在风险管理过程中，各项经济资源的投入，其中包括人力、物力和财力，乃至放弃一定的收益机会。至于安全保障，是就纯粹的风险管理而言的，安全保障包括两个方面：一是风险损失的减少，即对风险的有效控制；二是实际损失能及时、充分并有效地得到补偿。如考虑投机风险的管理，安全保障还应包括投资收益获得的稳定性和可靠性。

2. 风险管理的具体目标

风险管理的具体目标，按其定位不同，可以分为最低目标、中间目标和最高目标。其中，最低目标是确保经济单位的生存，中间目标是促进经济单位的发展，最高目标是实现经济单位的社会责任。

以企业为重点，讨论风险管理的具体目标，可以分为损前目标和损后目标两个阶段。损前目标是在风险事故发生之前，风险管理应达到的目标，具体包括经济目标、安全系数目标、合法性目标和社会公众责任目标；损后目标是在风险事故发生之后的目标，主要包括生存目标、维持经营目标、获利能力目标、收益稳定目标、发展目标和社会责任目标。

(三) 风险管理的步骤

风险管理作为组织或个人用来降低风险的负面影响的动态决策过程，包括风险识别、风险评估、风险管理方法的选择、实施并修正4个步骤。

1. 风险识别

风险识别是指通过各种有关资料的系统分析，识别风险的存在和性质。识别风险是风险管理的基础，只有准确地认识风险，才能够有效地管理风险。如果不能准确及时地对风险加以认识和鉴别，就是风险管理部门的失职，可能使企业面临灭顶之灾。例如1984年12月发生的印度博帕尔的毒气泄漏案，1986年4月发生的苏联切尔诺贝利核电站大爆炸案等，均是由于事前对风险的识别不足所导致的。风险识别的方法包括现场分析调查法、资产财务分析法、保险事故分析法、保险调查法、风险列举法、生产流程法等。

2. 风险评估

风险评估是指在风险识别的基础上，根据所掌握的资料系统分析、测定风险事故发生的频率和可能造成的损失程度，然后对风险给出定性的评估。危急类风险一般带来的都是灾难性的后果；重要类风险使家庭或组织无法承担；非重要类风险不会对家庭或企业构成严重的威胁。

3. 风险管理方法的选择

管理风险的方法很多，不断地被人类发现，主要的风险管理方法有以下几种。

(1) 风险回避。即一旦知道有风险的存在就离开风险存在的环境，例如，知道游泳容易导致溺水就不去游泳。但是这种风险管理的方法十分消极，因为风险普遍存在，如果对任何风险都采取回避的态度，那么最终将裹足不前。

(2) 风险减少。即事先有针对性地采取各种措施，以降低风险发生的频率，减少发生损失的机会。这是一种行之有效的损失控制方法。例如，为了减少建筑工地中因高空坠物造成人身伤害的风险，规定凡进入工地者一律佩戴安全帽。

(3) 风险自留。即个人或单位本身自愿保留和承担可能发生的风险损失。风险自留分为被动自留和主动自留两种。被动自留一般是指受险主体根本没有认识到风险的存在或者根本没有其他方法可以采用，只能自己承担；主动自留是指受险者清楚地认识到风险的存在，并认为自留是最好的选择。

(4) 风险转移。即通过付出一定的代价或费用把风险转移出去，避免自己承担损失。风险转移主要包括两种：一种是非保险方式的转移，即通过签订合同或分包等方式将风险转移给别人；另一种是保险方式的转移，即通过投保的方式，交付保险费，将风险造成的损失转移给保险人来承担，简单来讲就是向保险公司买保险。保险方式的转移的优点在于，可以将不确定的风险损失转化为固定的财务支出。

对于不同的风险，应该选择适合的风险管理方法，如图1-1所示。比如，对于风险发生频率高、损失程度高的危急类风险，尽量采用风险回避的方法；对于风险发生频率高、损失程度低的重要类风险，应该自留并采用主动的损失控制措施；对于风险发生频率低、损失程度高的重要类风险，可以通过风险转移的方式处理；对于风险发生频率低、损失程度低的风险完全可以自留。

风险发生的频率		
	低	高
低	风险自留：自愿保留和承担可能发生的风险损失	风险减少：企业采取必要的措施防范风险
高	风险转移：可以通过保险的方式转移风险	风险回避：企业应尽量回避此种风险

图1-1　风险管理的方法选择

4. 实施并修正

风险管理者的执行力在风险管理的效果上起至关重要的作用，如果前面所有的程序都履行了，但是迟迟不实施有效的管理方法，那么一切都是无意义的。前文提过风险存在着可变性，所以在风险管理方法的实施过程中需要不断地监测风险的变化，并不断地修正风险管理方法。

[实务训练1-1]

某地区自行车失窃率很高，新车被盗的概率为40%，若附加营业费率为10%，则意味着总保费将达到新车重置价格的一半。显然，投保人无法承受如此高昂的保费，所以从成本的角度分析：保险方案不适合管理该地区自行车失窃风险。

[实务操作]

我们可以通过分析、比较已实施的风险管理方法的结果与预期目标的契合程度，来判断风险管理方案的科学性、适应性和收益性。风险管理的效果取决于是否能够以最小的成本取得最大的安全保障。或者说，在既定的风险管理目标下，花费最小的成本。

第二节　保险及其种类

在风险管理技术日渐成熟的今天，保险越来越多地被人们了解和采用。人们通过保险转嫁风险造成的损失，从而保障自身的利益。什么是保险？保险的存在和发展具有哪些重要的条件？这是我们认识保险的起点。

一、保险的定义

"保险"从英文"Insurance"和"Assurance"翻译而来，其英文原意是以缴纳一定费用为代价来换取遭受危险损失时的补偿。英国《不列颠百科全书》对保险的定义：保险是处理风险的一种方法。一方面，保险人向被保险人收取费用；另一方面，一旦被保险人在规定期限内发生某种意外事故而蒙受损失，保险人须按契约予以经济赔偿或提供劳务。

《中华人民共和国保险法》第2条对保险的定义："本法所称保险，是指投保人根据合同约定，向保险人支付保险费，保险人对于合同约定的可能发生的事故因其发生所造成的财产损失承担赔偿保险金责任，或者当被保险人死亡、伤残、疾病或者达到合同约定的年龄、期限等条件时承担给付保险金责任的商业保险行为。"

定义显示出保险当事人双方存在着两种关系：从法律范畴角度分析，保险关系是用合同方式建立起来的民事法律关系。投保人和保险人在平等原则的基础上进行协商，并以合同的形式规范彼此的权利、义务关系。这恰好体现了民事法律关系的内容——主体之间的权利和义务关系。从经济范畴角度分析，保险关系是一种通过交换对价物实现保险产品买卖的经济关系。这种经济关系不同于一般的商品买卖，其原因就在于交换的是对价物，而不是等价物，因为投保人用很少的保险费支出就可以换取大量的保险补偿或给付金。

二、保险的要素

(一) 可保风险

保险是基于风险的客观存在而产生的，就某一具体险种而言，总是为相应的风险所设立的。但是并不是所有风险都能够得到保险公司的保障，保险公司承保的风险被认为是可保风险。可保风险才是保险经营的对象。

(二) 面临相同风险的众多经济单位

保险的过程，既是风险的集合过程，又是风险的分散过程。保险人将众多经济单位所面临的分散性风险集合起来，当发生保险责任范围内的损失时，又将少数人发生的损失分摊给全部面临相同风险的经济单位。实现人人为我、我为人人的互助性，是保险运行的理论基础。

(三) 保险费率的厘定

保险费率是指单位保险金额应收取的保险费数额，是保险商品的价格。概率论和大数法则的应用是科学合理地厘定保险费率的数理基础。保险费率的厘定，既保证了保险人经营的稳定，又兼顾了投保人的利益。

(四) 保险基金的建立

保险基金的建立是保险存在和发展的经济基础。保险人通过收取保险费建立保险基金，保险基金是保险人的负债，作为保险补偿和给付的货币储备。

(五) 保险合同的订立

保险当事人双方的权利义务关系需要法律给予保护，而保险合同的订立就是保险关系的法律基础。

三、保险的种类

当代保险业发展迅速，世界各国保险业务的发展日新月异，保险的领域不断扩大，保险业务内容不断更新扩展，新的险种不断涌现。目前，在国际保险市场上开展的保险业务已达数百种之多，国际上尚未形成一个固定的保险分类原则和统一的分类标准。保险的种类可以从不同的角度划分，常见的分类主要有以下几种。

(一) 按经营主体分类

根据经营保险的主体和所有权的不同，分为公营保险与私营保险。

公营保险是指由政府经营的保险，可以细分为国家经营的保险和地方政府经营的保险。私营保险是指私人投资经营的保险。目前，世界上私营保险的组织形式主要包括：具有营利性质的个人保险、公司保险；具有非营利性质的合作保险和相互保险。

(二) 按保险的性质分类

按照保险的性质，可将保险分为商业保险、社会保险和政策保险三种。

(1) 商业保险(Commercial Insurance)，是指投保人与被保险人订立保险合同，投保人向保险人支付保险费，保险人对可能发生的事故因其发生所造成的损失承担赔偿责任，或者当被保险人死亡、疾病、伤残或者达到约定的年龄期限时，承担给付保险金责任的保险。通常所说的财产保险、人身保险、责任保险、信用保证保险等均属商业保险性质。

(2) 社会保险(Social Insurance)，是社会保障的重要组成部分，是指国家通过立法对社会劳动者暂时或永久丧失劳动能力或失业时提供一定的物质帮助以保障其基本生活的社会保障制度。

当劳动者遇到生育、疾病、死亡、伤残或失业等危险时，国家以法律的形式由政府指定的专门机构为其提供基本的生活保障。社会保险一般都是强制性的，凡符合法律规定条件的成员均需参加。在保险费的缴纳和保险金的给付方面，也不遵循对价原则。在我国，社会保险主要包括养老保险、医疗保险、失业保险、工伤保险和生育保险这五大险种。

(3) 政策保险(Policy Insurance)，是指政府为了某项特定政策，以商业保险的做法而实施的保险。例如，为扶助农牧、渔业增产增收的种植业保险与养殖业保险，为促进出口贸易的出口信用保险。

(三) 按实施方式分类

按实施方式，可将保险分为强制保险和自愿保险。

1. 强制保险(Compulsory Insurance)

强制保险又称法定保险，是通过国家颁布法律法规，规定被保险人必须参加的保险。主要有以下特点。

(1) 实施的全面性。凡是在法律规定的范围之内，都必须全部投保，保险人和投保人都没有选择承保或投保的余地。例如，我国曾实行国有企业财产必须参加保险的规定，铁路、轮船、飞机的旅客意外伤害保险均属于强制保险。在具体实施时，有在全国范围内实施的强制保险，有在地方范围内实施的强制保险，也有在特定行业内实施的强制保险。例如，我国各商业银行向企业或个人进行抵押贷款的规定，以不动产作为抵押品进行贷款时，必须对此抵押品进行保险。

(2) 保险责任自动产生。凡在法定保险范围内的标的，不论是否办理了投保手续，保险责任自动生效。例如，20世纪50年代我国实行的国有企业财产强制保险条例规定：凡是根据法律规定属于强制保险范围的保险标的，都受到保险的保障。

(3) 保险金额是统一的。保险金额由国家法律规定统一的标准，被保险人无权自行选定，不能随意增加或减少。

(4) 保险责任不能因被保险人未缴纳保险费而终止。如果投保人因故未缴付保险费，保险人按规定可以收取滞纳金，但保险责任不能以此为由而解除。

保险既有强制性的一面，如有关法律、法规规定一定范围内的人或物都必须参加保险，否则不允许从事法律所许可的业务或活动；也有对保险人不具约束力的一面，如可以自由选择保险对象，通过双方协商产生保险关系、签订保险合同，以确定双方的权利和义务。例如，许多国家的劳工法规定，雇主必须为他所雇佣的员工投保人身意外伤害保险，但由哪家保险公司承保，则由双方当事人(投保人和保险人)在平等原则下协商决定。

2. 自愿保险(Insurance)

自愿保险是保险人与被保险人在自愿的基础上，通过签订保险合同而成立的保险。自愿保险具有下列特点。

(1) 保险双方采取自愿的方式签订保险合同。投保人对于自己的财产、人身等保险标的既有投保的权利，也有不投保的自由。同时，保险人也有决定承保与否的自由选择权。

(2) 保险责任不是自动产生的，而是以是否缴纳保险费为条件。

(3) 有关保险种类、保险对象、保险金额、保险期限等条件完全由被保险人与保险人自行约定。

(4) 保险合同成立以后，一般情况下，被保险人可以中途退保；而保险人在承保后，除非被保险人有违约行为，一般不得中途解除合同。自愿保险的办法与形式比较灵活，易于满足各方面对保险的不同需要，是一般商业保险的主要实施形式。

(四) 按承保风险转移方式分类

按承保风险转移方式，可分为原保险、再保险、重复保险和共同保险。

1. 原保险(Original Insurance)

原保险，是指投保人与保险人直接订立保险合同，建立保险关系，投保人将风险损失转嫁给保险人。原保险的投保人不能是保险机构，即原保险合同是保险人与一般单位或个人之间开展的保险业务活动。

在保险市场中，这类保险通常销售给社会公众和非保险工商业。原保险主要是相对于再保险、重复保险、共同保险而言的。

2. 再保险(Reinsurance)

再保险，又称分保(Cede)，是指原保险的保险人为了分散本身承担的风险，在支付事先商定的保险费的条件下，将所承保的风险责任的一部分转让给其他的一个或几个保险人承担。我国《保险法》第28条对再保险作了如下定义："保险人将其承担的保险业务，以承保形式部分转移给其他保险人的，为再保险。"

再保险的投保人就是原保险合同的保险人，又称保险分出公司。再保险业务中那个接受原保险人转让保险责任的人，为再保险人，又称保险分入公司。再保险人可以有多个人。原保险人为控制风险，保证自身业务稳定和财务安全，将原保险业务的一部分或全部向其他保险人进行投保，再保险是保险人的保险。凡经再保险的业务，当发生保险责任范围内的损失时，原保险人在向投保人理赔后，可向再保险人取得相应部分的赔款补偿。我国《保险法》第29条规定："再保险接受人不得向原保险的投保人要求支付保险费。原保险的被保险人或者受益人不得向再保险接受人提出赔偿或者给付保险金的请求。再保险分出人不得以再保险接受人未履行再保险责任为由，拒绝履行或者迟延履行其原保险责任。"

[实务训练1-2]

在保险业务流程中，被保险人与原保险人签订了保险金额为1000万元的保险合同。由于原保险人认为该笔保险业务承保金额太高、风险太大，如果仅其一家保险公司承担风险，一旦出险，自身偿付能力不足，因此把承保金额分给A、B、C三个保险人各200万元，这样A、B、C三个保险人分担了原保险合同中60%的风险。如果被保险人发生保险事故导致保险标的全损，分别计算原保险人和再保险人应承担的保险赔偿责任。

[实务操作]

原保险人需先行支付原保险合同中规定的金额1000万元，然后向A、B、C三个再保险人各自进行索赔200万元，最终原保险人只需赔付400万元。在整个理赔过程中，再保险人不与被保险人发生业务关系，而只与原保险人发生关系。

再保险是保险业务中不可缺少的组成部分，也是保险业中最具国际化特质的保险，它深刻体现了保险分散风险的原理，将一个保险人所承担的风险通过再保险的形式分散到一个更大的区域乃至全球。如在美国的"9·11"恐怖袭击事件中，美国保险业遭遇重挫，索赔金额达数百亿美元，但美国保险业却通过再保险把风险分散到了全球。

3. 重复保险(Concurrrency)

英国《1906年海上保险法》第32条第1款对重复保险所下的定义是："被保险人或者代表被保险人，就同一风险和利益或者同一风险和利益的一部分，签订两个或两个以上的保险单，并且保险金额超过本法所允许的赔偿额的，称做被保险人因重复保险而超额保险。"根据《中华人民共和国海商法》(以下简称《海商法》)第225条规定，重复保险是指："被保险人对同一保险标的的就同一保险事故向几个保险人重复订立合同，而使该保险标的的保险金额总和超过保险标的的价值。"《中华人民共和国保险法》(以下简称《保险法》)第56条规定："重复保险是指投保人以同一保险标的、同一保险利益、同一保险事故分别与两个以上保险人订立保险合同，且保险金额总和超过保险价值的保险。"

由此可见，以上法律将重复保险的定义共同理解为超额的重复保险。在超额的重复保险下，可能隐藏着道德风险，对此，各国有关法律有着严格的规定。对于重复保险的赔偿，各国规定基本相同，即被保险人所得赔款不得超过保险标的在出险时的实际价值。我国《保险法》第56条规定："重复保险的投保人应当将重复保险的有关情况通知各保险人。重复保险的各保险人赔偿保险金的总和不得超过保险价值。除合同另有约定外，各保险人按照其保险金额与保险金额总和的比例承担赔偿保险金的责任。"对于超出实际价值部分的保额多交的保险费是否退还，各国的规定却不完全一致。如英国《1906年海上保险法》针对重复保险的理赔和索赔规定，可以按任何顺序向保险人索赔，但所得赔款不得超过法律所允许的额度，即被保险人的实际损失。我国《保险法》第56条规定："重复保险的投保人可以就保险金额总和超过保险价值的部分，请求各保险人按比例返还保险费。"

从我国保险法和大多数国家保险法对重复保险的定义可以看出，构成重复保险必须同时具备以下条件。

(1) 必须是对同一个保险标的、同一起保险事故投保。这里的"同一"并不是说所投保的标的及事故完全一致，只要有共同点即可。如某人就买卖合同项下货物向A保险公司投保偷窃险，向B保险公司投保偷窃险和火灾险，两份保险合同都投保了偷窃险，这就是就同一个保险标的投保了同一起保险事故。一旦该货物被盗，A、B两家保险公司将按一定比例分摊赔偿。

(2) 必须是对同一个可保利益投保。这一条件要求同一投保人对同一保险标的具有相同的可保利益。如果一间房屋的所有人和租赁人同时对房屋投保，因具有不同的可保利益，不属于重复保险。

(3) 必须是向两个或两个以上保险人投保才属于重复保险。如果投保人只向一个保险人投保，签订了多份保险合同，即使是同一个保险标的、同一项可保利益、同一起保险事故，也不属于重复保险。同样，如果多个投保人就同一个保险标的、同一个可保利益、同一起保险事故向同一个保险人投保，仍不属于重复保险。

(4) 数份保险合同必须同时生效，至少多份保险合同的保险期限在时间上有重叠。即多份保险合同在某一段时间内可以同时生效，在满足其他条件下，属于重复保险。如果一份保险合同失效后，另一份保险合同才生效，不属于重复保险。

4. 共同保险(Coinsurance)

共同保险，又称共保，它包含两种形式。第一种形式，由两个或两个以上的保险人共同与投保人签订一份保险合同，承保同一标的的同一风险，且保险金额不超过标的的保险价值，这种保险一般称为"共同保险"。例如，航天保险、核保险、高科技开发保险等大型保险业务，如果单凭一家保险公司的实力难以承保全部业务，于是就由保险监管组织或在某家保险公司牵头下，数家保险公司携手，共同来承保某项大型保险项目。

第二种形式，被保险人根据保险合同的规定与保险人共同分担一定或一部分风险。通常的做法就是在保险合同中以免赔额或者免赔率的形式来约定，当损失额(率)不超过免赔额(率)时，由被保险人自行承担责任，只有当损失额(率)超过免赔额(率)时，才由保险人承担责任。

[实务训练1-3]

在海上货物运输保险合同中，保险标的为玻璃鱼缸，由我国大连运往日本横滨，投保水渍险加保破碎险，绝对免赔率为0.4%。该批货物抵达目的地后，发现保险责任范围内的货损为货物总价值的0.3%。

[实务操作]

根据共同保险中关于免赔额(率)的规定，由于货损未超过绝对免赔率0.4%，保险公司不负责赔偿。

(五) 按保险标的分类

按照保险标的或对象划分，所有保险业务可以分为财产保险和人身保险。而广义的财产保险又可以细分为财产保险(狭义)、责任保险和信用保险。我国目前就采用这种分类方法，在我国境内经营保险业务的保险公司也遵循分业经营的原则。我国《保险法》第95条规定，"保险公司的业务范围：①人身保险业务，包括人寿保险、健康保险、意外伤害保险等保险业务；②财产保险业务，包括财产损失保险、责任保险、信用保险、保证保险等保险业务；③国务院保险监督管理机构批准的与保险有关的其他业务。保险人不得兼营人身保险业务和财产保险业务。但是，经营财产保险业务的保险公司经国务院保险监督管理机构批准，可以经营短期健康保险业务和意外伤害保险业务。保险公司应当在国务院保险监督管理机构依法批准的业务范围内从事保险经营活动"。此外，我国《保险法》第96条规定，"经国务院保险监督管理机构批准，保险公司可以经营本法第95条规定的保险业务的下列再保险业务：①分出保险；②分入保险"。

目前，按保险标的分类，可以将保险分为财产保险(狭义)、责任保险、信用保险和人身保险。

1. 财产保险(狭义)

狭义的财产保险(Property Insurance)，是以各种物质财产以及与之有关的利益为保险标的的一种保险。当保险财产遭受保险责任范围内的损失时，由保险人提供经济补偿。被保险的财产既包括有形的财产，又包括无形的财产，通常又可以细分为以下几种保险类型。

(1) 火灾保险。火灾保险(Fire Insurance)是以各种动产和不动产为保险标的，承保标的因火灾等风险造成损失的一种保险。火灾保险所承保的风险包括火灾在内的各种自然灾害和意外事故，即由于火灾、地震、洪水、雷电、台风等造成的如房屋、仓库、机器、设备等各种财产的损失。目前，我国国内保险公司开展的火灾保险主要有企业财产保险、家庭财产保险、机器损坏保险等。

(2) 货物运输保险。货物运输保险(Cargo Insurance)主要承保货物在运输过程中因自然灾害和意外事故引起的财产损失，常见的险种有水上货物运输保险、陆上货物运输保险、航空货物运输保险等。

(3) 运输工具保险。运输工具保险(Vehicle Coverage)主要承保各种运输工具，如汽车、火车、船舶、飞机等因自然灾害或意外事故造成本身的损失及第三者的赔偿责任。主要险种有汽车及第三者责任保险、航空保险(包括机身险、第三者责任险及旅客责任险)。

(4) 工程保险。工程保险(Engineering Insurance)是以建筑工程和安装工程中的各种财产和对第三者的经济赔偿责任来作为保险标的的保险，主要包括建筑工程保险和安装工程保险。

(5) 科技保险。科技保险(Science Technology Insurance)是保险人对高科技事物提供经济保障的保险。在高科技研制、开发、应用过程中，由于投入资金额巨大、技术要求非常高，稍有不慎就会产生巨大经济损失，而科技保险则为课题研发提供了经济补偿，为人类科技发展作出了巨大贡献。

(6) 海上保险。海上保险(Marine Insurance)主要承保海上的船舶、货物及其相关的利益如运费等的保险。主要有以下几种保险。

① 运输货物保险。承保各种运输工具(包括海轮、火车、汽车、飞机、邮运或联运)上的各种货物。通常又分为平安险、水渍险和一切险。另外还有一些附加险，如运输货物战争险，承保因战争行为造成的货物损失。

② 船舶保险。承保各种类型的船只，包括船舶的船壳、机器、与船舶有关的利益(如运费)及船舶所有人的法律赔偿责任(如碰撞责任)。船舶保险也有附加险种，如船舶战争险。

③ 集装箱保险。承保集装箱在海轮、其他船舶、飞机或其他运输工具上时遭受的损失、费用、责任等。

④ 海洋石油开发保险。该保险涉及海上作业船舶、钻井平台、钻探设备、费用、污染、责任等方面的风险，是海洋石油开发的一项综合性保险。

⑤ 保障和赔偿保险。该保险属于责任保险范畴，承担船方因违反运输合同而产生的经济责任、法律责任。这种保险在国外最初由船东保障与赔偿协会负责承办，后来保险公司也办理此业务。

(7) 农业保险。农业保险(Agricultural Insurance)是承保因自然灾害或意外事故造成的经济损失而提供经济补偿的一种保险。按照农业种类的不同，农业保险一般分为种植业保险和养殖业保险。农业生产季节性较强，露天作业，抗御风险和意外事故的能力较弱，农业保险的保险责任不仅广泛而且特别沉重。因此，世界各国包括我国一般都将农业保险纳入政策性保险的范畴，给予政策上的扶持，如税收优惠、政府补贴等。

2. 责任保险

责任保险(Liability Insurance)是指以被保险人依法应承担的民事损害赔偿责任或者合同责任为保险标的的保险。该保险以被保险人依法应承担的责任为保险标的，以受害者(即第三人)请求被保险人的赔偿为保险事故，其保险金额就是被保险人向受害者赔偿的损失价值。

按承保范围不同，责任保险主要分为公众责任保险、产品责任保险、雇主责任保险、职业责任保险等类型。

从广义上讲，责任保险属于财产保险范畴，但与具体的财产保险有着明显的不同。

首先，保险标的有明显差异。财产保险的保险标的往往是有形财产；责任保险的保险标的是无形的经济赔偿责任。

其次，保险事故不同。财产保险的保险事故往往是标的的实际损失；而责任保险则以在被保险人依法或依据合同规定对第三者应承担赔偿责任的前提下，并确实受到第三者的求偿为保险事故。

最后，保险经济补偿的最终目的不同。一般的财产保险保险人承担的是被保险人自己的经济损失；而在责任保险中经济补偿的目的是保障被保险人对第三者的责任。

责任保险源于19世纪的法国，产生的基础是健全的法律规定。1880年，英国颁布了《雇主责任法》，1911年美国制定了《劳工伤害法》，摒弃了英国法律中"有过失才有责任"的规定，实行雇主的严格责任制。目前，责任保险在美国的发展远远领先于其他国家，其责任保险业务更是雄踞世界首位。现在，责任保险在国外已经发展成保险业务中的一大险种。在我国，由于各种责任诉讼案件不断增多，责任保险业务越来越受到重视。

3. 信用保险

信用保险(Credit Insurance)是以被保险人的信用为标的的一种保险，承保债权人因债务人不偿付债务而遭受的损失，如承保出口商因收不到进口商的货款而遭受的损失。

信用保险实质上是一种担保业务，这种担保业务有两种类型。

一种是由保险人代被保险人向权利人提供担保，保证如果由于被保险人不履行契约义务或有不法行为而使权利人受到经济损失时，由保险人负赔偿责任。这种保险中最常用的是履约保证保险，保证被保险人履行所有合同责任。例如，工程将按合同规定完成，如果一幢建筑物没有按时完工，保证人(保险人)要对项目完成和雇佣另一个承包人的额外费用负责。

另一种是保险人向被保险人提供担保，保证被保险人在同他人建立的契约关系中，一旦因对方不履行契约义务而遭受损失，将承担赔偿责任。例如，"忠诚保证保险""信用保险"等。信用保险还有助于企业向买方提供更长的信用期限或者更优惠的付款条件。信用保险分为商业信用保险、出口信用保险、投资保险等。

4. 人身保险

人身保险(Insurance of Persons)是以人的生命和身体为保险标的的保险，保险人对被保险人的死亡、伤残、疾病或在达到保险合同约定的年龄、期限时，承担给付保险金的责任。人身保险可保利益在理论上是无限的，保险金额也没有量的规定。

人身保险是以人的生命和身体为标的的保险，它大致可以分为三类。

(1) 人寿保险。人寿保险亦称普通人身保险，以人的生死作为保险责任，当发生保险责任时，保险人给付被保险人保险金。人寿保险通常分为死亡保险、生存保险、生死合险和年金保险4种。

(2) 人身意外伤害保险。人身意外伤害保险，指被保险人在保险期限内遭受意外伤害事故而导致伤残或者死亡时，保险人依据保险合同的约定给付伤残或死亡保险金的保险。

意外伤害保险可分为两种：一种是普通意外伤害保险，大都是一年期或两年以内的短期保险，为被保险人提供在该期限内的意外伤害保险保障；另一种是特种伤害保险，仅限于特种原因或特定地点所造成的意外伤害，如旅客意外伤害保险，保险责任一般仅限于被保险人在旅行期间搭乘交通工具时发生的意外事故，搭乘之前或离开之后均不属于保险范围。

人身意外伤害保险有别于普通的人寿保险。

第一，保险费率的厘定不同。意外伤害保险仅根据保险金额的损失率来计算；人寿保险则要根据生命表和利息理论来计算。

第二，保险期限不同。意外伤害险往往是短期保险；人寿保险通常是长期保险。

第三，对初保者年龄要求不同。意外伤害险一般没有年龄的限制；人寿保险对年龄有限制，一般超过60岁则被拒绝承保。

第四，体检要求不同。意外伤害险一般不需对被保险人进行体检，但精神病、癫痫病患者等不能参加保险；人寿保险在承保时，一般均需对被保险人进行体检，以控制保险人所承担的责任。

(3) 健康保险。健康保险指被保险人在保险期限内因各种疾病、生育或者意外事故导致伤残、死亡或者产生医疗费用时，由保险人承担给付保险金责任的保险。健康保险包括医疗费用保险、残疾收入损失保险、疾病保险和长期护理保险。

人身保险合同的常用条款在人身保险合同中，有一些约束保险双方当事人之间权利与义务的条文，这些保险条款，绝大多数适用于人寿保险合同，一部分仅适用于健康保险合同。如不丧失价值任选条款，是指保单持有人可以任意决定用任何一种方式来享有现金价值，这种权利并不因保单效力的变化而发生变化，哪怕保险合同失效了，该项权利也不会受到影响。不可抗辩条款是指保险合同生效满两年后，保险人不能对保险合同的有效性提出争议。此外，还有年龄误报条款、自杀条款、宽限期条款、中止及复效条款、自动垫缴保费条款、保单贷款条款、生命尊严提前给付条款等。

第三节　保险的职能和作用

很多事情因为其不可逆转性而变得弥足珍贵。人们经常会感叹再也回不到从前。而保险就可以起到帮助弥补人们的经济损失、使其生活恢复至原有水平的作用。所以，很多人感性地评价保险是上帝赐予人类最好的礼物。

一、保险的职能

保险的职能是指保险内在固有的功能，它是由保险的本质和内容所决定的。关于保险的职能，保险理论界尚无统一认识，通常有以下三种提法。一是"专一职能说"，认为保险只有一种职能，即组织经济补偿或给付保险金职能；二是"双重职能说"，认为保险除了具有经济补偿职能外，还有分摊职能；三是"多职能说"，认为保险具有多种复杂的职能。

以上几种观点的核心是分散风险和经济补偿，在此基础上派生其他职能。

(一) 基本职能

保险的基本职能包括分散风险职能和经济补偿职能两方面。

1. 分散风险职能

从本质上来说，保险是一种分散风险、分摊损失的机制。分散风险这一职能，是通过利用风险的必然性和偶然性这对关系实现的，对于面临同质风险的整体来说，风险的发生是必然的。虽然并不是每一个个体都会发生风险，但是每一个体都有可能发生风险。风险一旦在一个具体个体上发生，损失由所有个体(包括受损个体)平均承担，从而把个别单位难以承受的可能发生的大额风险损失均摊给全体投保人，起到"千家万户保一家"的作用。

2. 补偿与给付职能

补偿与给付是建立保险基金的根本目的，也是保险产生和发展的根源。保险基金的积累是保险赔偿与给付的先决条件，当被保险人的生产力遭受某种破坏，保险人就可以提供恢复生产力的资金，从而保证简单再生产的顺利进行。

经济补偿职能主要是就财产保险和责任保险而言的，它是保险特有的本质功能。人身保险由于保险标的具有特殊性，即人的生命和身体价值不能用货币来衡量，加之人身保险发展至今，许多长期险种具有返还的储蓄功能或增值的投资功能，所以人身保险无法进行经济补偿，在发生保险事故时只能根据合同的约定给付保险金。保险的分散风险职能和补偿与给付职能之间有着紧密的相互依存的关系。分散风险是实现经济补偿和保险金给付的前提和手段，没有风险的分散和损失的分摊，经济补偿和保险金的给付就无法实现；同样，没有经济补偿和保险金的给付，遭遇的风险和损失就无法分散。

(二) 派生职能

保险的派生职能不是保险与生俱来的特有职能，而是在保险基本职能履行过程中逐渐形成的，受保险基金特殊的运动规律所支配，更是保险公司内在利益最大化的外部表现。同时，也符合人类社会积聚财富、保障财富的需要。

常见的保险派生职能有以下几种。

1. 防灾防损职能

防灾防损是保险经营的重要职能，保险的经济补偿职能只能保证少数遭受灾害事故损失的被保险人的利益，而对整个社会来说，灾害事故损失所造成的危害是绝对的，不会因为保险赔偿而减少，所以，只有在损失发生前搞好防灾防损工作，才能减少灾害事故给社会带来的损失。保险经营的特点决定了保险人必须积极配合所有防灾防损主管部门和公安、消防、交通、水电、农牧渔业、地震、气象等有关单位搞好这项工作。

首先，保险人要有积极参与防灾防损工作的社会责任，因为保险人的日常业务都是有关灾害事故损失的(给付性质的人身保险除外)，它掌握了财产的设置、分布和各种灾害事故损失的统计资料，有着丰富的防灾防损的经验。

其次，从保险人自身的经营利益出发，防灾防损能够减少灾害事故造成的损失，从而减少保险赔款的支付，增加保险资金的积累。所以，保险人也愿意配合社会各单位做好防灾防损工作。

再次，从投保人的角度出发，专业的防灾防损建议和防灾防损管理服务比保险人的损失赔偿更受到投保人的重视。

我国《保险法》第51条规定："被保险人应当遵守国家有关消防、安全、生产操作、劳动保护等方面的规定，维护保险标的的安全。保险人可以按照合同约定对保险标的的安全状况进行检查，及时向投保人、被保险人提出消除不安全因素和隐患的书面建议。投保人、被保险人未按照约定履行其对保险标的的安全应尽责任的，保险人有权要求增加保险费或者解除合同。保险人为维护保险标的的安全，经被保险人同意，可以采取安全预防措施。"

由此可见，防灾防损是法律所要求被保险人的一项基本义务，同时也要求保险人对被保险人进行监督管理，并且在经被保险人同意的情况下，可以适时采取安全预防措施。在保险业发达的国家，那些大保险公司除了经营传统的承保、投资业务外，还向投保的企业提供损失管理服务。在美国一些企业购买保险是为了从保险公司取得损失管理服务，北美洲保险公司下属的损失管理服务公司专门从事这方面的业务。保险公司内部拥有各方面的专家顾问，他们可以为投保人提供专业的危险管理咨询，帮助投保人估计潜在的危险，评价投保人的危险管理机制，提出解决方案。

目前，保险的这一派生职能越来越重要。保险公司不再像以前那样坐等赔款了，而是把重点转移到防灾防损上。这样，不但可以提高保险公司的服务质量，树立保险公司的良好形象，还可以减少赔付，提高保险公司的利润。

2. 金融投资职能

保险的金融投资职能，是指保险人把积聚起来的保险基金中暂时闲置不用的部分用于投资或融资，目的是使资金能够保值增值，增强保险人的偿付能力。金融投资职能虽然是一项派生职能，但是在保险业发达的国家，在保险经营过程中，直接保险业务和保险投资业务同等重要，被誉为保险业发展的两个轮子。在保险竞争日益激烈的情况下，保险人通过提高保险服务质量、降低保险费率，不断增加直接保险业务的竞争力，导致直接业务处于持续的亏损状态。而被保险人缴纳保险费所建立的保险基金中，除了一部分是在灾害事故发生时用于经济补偿或保险金的给付之外，还有相当一部分经常处于闲置或沉淀的状态。保险人利用这部分闲置、沉淀的资金进行金融投资，不仅可以使它们在国民经济建设中发挥作用，为资金短缺的生产企业提供资金来源，同时，也可以用投资所得利润来弥补直接保险业务的亏损。

因此，利用保险资金进行金融投资是客观经济发展的需要，也是保险的一项重要的派生职能。保险的金融投资职能首先要承担补偿职能，所以保险基金的运用首先要考虑保险的偿付能力。在资金运用方面，应坚持安全性、盈利性、流动性、多样性和社会性的投资原则。国际上保险公司的投资领域主要是购买债券、购买股票、购买不动产、用于贷款和银行存款。其中购买的债券包括中央政府债、地方政府债、公司债、金融债。

目前，我国正在进行社会主义市场经济建设，保险金融市场建设处于起步阶段，有关法律法规相对滞后，为了保护被保险人和受益人的利益不受损失，政府有关监管部门在关于保险资金的运用上，规定非常严格，并通过立法来规定保险公司资金使用的原则。我国《保险法》第106条规定："保险公司的资金运用必须稳健、遵循安全性原则。保险公司的资金运用限于下列形式：①银行存款；②买卖债券、股票、证券投资基金份额等有价证券；③投资不动产；④国务院规定的其他资金运用形式。保险公司资金运用的具体管理办法，由国务院保险监督管理机构依照前两款的规定制定。"

国内的投资渠道主要有银行存款、买卖政府债券、买卖金融债券和国务院允许的其他资金运用形式。国务院允许的其他资金运用形式包括：购买AA级中央企业债券、同业拆借、直接入市、购买证券投资基金和购买次级债。而银行存款仍是我国保险公司的主要投资领域。

(三) 社会管理功能

保险具有社会管理功能是我国保险实践发展对世界保险理论的一大贡献。这一理论最早由吴定富(2003年)提出，并逐渐发展为现代保险功能理论。保险的社会管理功能具有十分丰富的内涵，包括社会风险管理、社会关系管理、社会信用管理和社会保障管理。

二、保险的作用

保险的作用是指在国民经济中保险职能所产生的社会效应。根据影响对象的不同，可以从两个方面来考察保险的作用，即保险对个人、家庭和企业经济活动影响的微观作用以及对整个社会和经济影响的宏观作用。

(一) 保险的微观作用

1. 保障企业和家庭的财务稳定，维护人们的内心安宁

保险作为财务型风险管理办法的优势在于，作为一种财务安排，企业和家庭把不确定性转换成固定的成本支出，使企业和家庭的财务稳定。经常听到有人抱怨，买了好几年保险但是都没有出险，白白花了保险费。其实这种想法是错误的，如果没有购买保险，是否出险只能凭侥幸，心理上会有很大的负担，从而降低生产和工作效率。即使在购买保险的情况下并没有发生风险，企业和家庭也因此得到了内心的安宁，会全身心地投入到生产和生活中去。

2. 有助于企业加强风险管理

如前文所述，防灾防损是保险的一项职能，保险公司在经营中非常重视保险标的的防灾防损工作。为了减少国家财产损失和减少保险理赔，保险公司经常从保险索赔和理赔工作中查找损失的起因及其发生的规律，及时总结经验，促使被保险人提高防损意识，加强防损准备，帮助被保险人不断改进生产管理，改善和提高货物的包装、运输及仓储保管等方面的工作质量与水平。保险公司的防灾防损工作形式多样，例如直接投资和参与风险防范研究工作，从业务收入中拨款赞助政府或企事业单位购置防灾设备，统计损失资料并加大宣传风险管理的力度等。

3. 有助于企业及时恢复生产，有助于家庭生活安定

社会财富的损失会给人们的生活带来不幸，而保险赔偿可以使生产及时得到恢复，同时安定了人们的生活，鼓舞了人们从事生产的信心。在国外的家庭中，保险费和伙食费、水电费一样，作为一项必要的固定支出。对享有劳动保险的职工来说，各种人身保险也可成为劳保福利制度的补充。

(二) 保险的宏观作用

1. 保险是社会的稳定器

企业和家庭是社会的基本单位，保险使其摆脱了因突如其来的灾害而陷入财务困境的噩梦。企业安全了、家庭稳定了，整个社会才会稳定。随着经济和社会的发展，各种社会矛盾日益激化，对立和冲突愈演愈烈。来自社会保障方面的压力使世界各国政府普遍认同保险在社会保障方面的补充作用，保险扮演了社会风险管理者的角色。同时，很多保险业务本身就有助于降低社会风险水平、提高社会管理效率。

2. 保障国家的财政收支和信贷计划的平衡

灾害事故损失常对生产力造成破坏，导致企业生产中断，生产计划无法实现，这样，受损的企业便丧失了上缴国家财政收入和归还银行信贷的能力，而且企业可能还需要财政拨款或银行贷款来重新购置生产资料以恢复生产。但如果企业办理了保险，财产的损失可得到保险赔款，企业恢复生产就有了资金保证。生产恢复之后，又可以为国家创造财政收入，银行贷款也可得到清偿的保证。另外，保险公司还可以通过开展国外业务，经营各种直接业务和再保险业务，成为国家无形贸易收入的重要来源，扩大国家财政收入来源的范围和渠道。

3. 可以促进资本的有效配置

由保费汇集而成的保险资金必须随着国民经济的整体发展而保值、增值，这是对投保人未来风险损失补偿的重要前提。因此，保险公司对保险资金进行有效管理具有内在动力。保险公司拥有大量的资金，有效地利用这笔资金可以为社会经济发展注入更多的活力，有利于整个经济发展的良性循环。

4. 增加外汇收入，增强国际支付能力

保险在对外贸易和国际经济合作业务中是不可缺少的。在对外贸易中，无论是商品的进口还是出口都必须办理保险。目前，我国进口商品约有80%在国内办理保险，出口商品约有50%在国内投保。对于进口货物，如能采用FOB或CFR条件成交，由我们自己在国内办理保险，就可以为国家节约外汇保险费支出；对于我国出口货物，如能采用CIF条件成交，由我国出口商向我国保险公司办理保险，就可以把保险费计入货价中，从而为国家增加外汇收入。

在国际经济合作业务中，由于各种合作项目一般金额巨大、风险集中，更是离不开保险的保障。因此，保险在促进对外贸易发展、对外经济合作和技术交流方面具有重要作用。同时，对外经济贸易业务的发展也反过来促进了我国保险业务的发展，增加了我国的保险外汇收入，从而提高了我国的国际支付能力。

5. 促进科技创新

在科学技术的开发和应用中，风险始终存在。一旦发生风险事故，可能会造成财产损失，甚至会导致人身伤亡。保险可以为新技术的开发、应用和推广起到保驾护航的经济补偿作用，以调动科研人员和单位从事科技创新活动的积极性。

案例评析1-1

风险管理方案效果评价

基本案情

某企业拥有价值1000万元的厂房，厂房每年平均发生损失为6.5万元，为使经营稳定，根据所掌握的资料进行系统分析，得出风险自担和保险两个方案。如果投保的话，每年保险费为10万元。如果自担风险，除了要准备6.5万元弥补平均损失，还要维持993.5万元的备用金以防止全损情况的发生。为了保持这笔备用金较高的流动性，投资的收益率为8%，如果这笔资金投入生产经营活动，其收益率为20%。

请评估风险自担和保险方案的风险管理效果，并给出合理的风险管理建议。

评析

我们可以通过分析、比较风险自担和保险在达到经营稳定这一风险管理目标的前提下所需要的成本，向企业提出合理化的建议。

风险管理的对象是企业拥有的价值1000万元的厂房，其面临的风险属于损失频率低、损失程度高的风险类型。保险方案的优点在于，可以将不确定的风险损失转

化为固定的财务支出，适用于损失发生频率低、损失程度高的风险。风险自留适用于损失发生频率低、损失程度低的风险。而对于损失发生频率低、损失程度高的风险而言，如果存在侥幸心理选择风险自留的话，一旦风险发生可能会迫使企业为了维持生产经营稳定，独立承担大量的资金投入。

保险方案的成本：固定的保险费支出，10万元/年。

保险方案的风险管理目标：风险事故一旦发生，保险标的厂房在保险责任范围内可获最高1000万元的保险赔偿金，以维持生产经营的稳定。

风险自留的成本：实际成本，6.5万元/年；机会成本，993.5万元×（20%-8%）=119.22万元/年

风险自留成本合计：实际成本+机会成本=6.5万元/年+119.22万元/年=125.72万元/年

风险自留的风险管理目标：风险事故一旦发生，目标财产厂房在全部损毁的情况下，能够有资金保证在最快的时间重置、重建，以维持生产经营的稳定。

通过分析、比较不难看出，从风险类型的角度而言，保险方案更加合理，从企业承担的风险管理成本的角度考虑保险方案的成本，其远远低于风险自留。所以综合分析的结论是：建议企业选择保险方案管理保险标的厂房面临的风险。

资料来源：中国平安保险集团股份有限公司面试题

案例评析1-2

缴纳保险费是保险合同成立的前提条件

基本案情

2005年4月20日，F航运公司与K保险公司订立了一份船舶保险合同。合同约定：由K保险公司承保F航运公司所属"某某号"轮船的全损险，保险期限为一年，自2005年4月21日零时起至2006年4月21日24时止，保险金额为30万元人民币，保险费为3000元人民币，共分两次缴纳。其中，2005年5月20日前缴纳1500元，2005年10月20日前缴纳1500元。合同签订后，F航运公司于2005年5月10日缴纳了第一笔保险费1500元，但是第二笔保险费到期后，虽然K保险公司多次催要，但F航运公司迟迟未交。1996年2月18日凌晨2时，F航运公司投保的"某某号"轮船在海上航行时不幸触礁沉没。次日晨，F航运公司即派人到K保险公司缴纳第二笔保险费1500元。并同时通知保险公司发生了保险事故，要求保险公司赔偿"某某号"轮船沉没的损失。K保险公司当场拒收该笔保险费，并拒绝了F航运公司的索赔请求。为此双方发生纠纷并诉至法院。

请就保险合同的有效性及保险公司是否应该承担保险责任谈谈你的看法。

评析

合同合法有效。F航运公司已构成违约，应承担违约责任。保险公司未经法定程序不能解除合同，应赔偿航运公司的损失30万元人民币。

法院经过审理认为，双方订立的保险合同合法有效。F航运公司未按合同约定缴纳第二笔保险费，其行为已构成违约，应承担违约责任。K保险公司未通过法定程序解除合同，其辩称不能成立。而"某某号"轮船触礁沉没属于合同中规定的承保风险，且该保险事故发生在保险期限内，故被告应承担赔偿责任。遂判决K保险公司支付F航运公司保险金30万元，F航运公司应补交K保险公司保险费1500元及迟延利息。宣判后，双方均未上诉。

学术点评

本案的争议都是由保险费的交付与保险合同的订立引发的，理论上表现为保险合同是诺成合同还是实践合同的争论。这种争论由来已久，并且继续存在。所谓实践合同，是指当事人除意思表示一致外，还须实际交付标的物才能成立的合同；而诺成合同则仅需当事人意思表示一致。区分两者的法律意义在于，两种合同成立的要件不同。诺成合同仅以合意为成立要件，而实践合同以合意和交付标的物或完成其他给付为成立要件。一份合同究竟属于诺成合同还是实践合同，不是由合同的双方当事人在合同中约定的，与合同的具体内容也没有关系，而是国家通过立法强制规定的。具体到保险合同上，我国《保险法》第13条明确规定："投保人提出保险要求，经保险人同意承保，并就合同的条款达成协议，保险合同成立。"由此可以看出，保险合同的成立与否，与是否交付保险费没有任何关系，双方仅需就保险合同条款取得合意即可。《保险法》第14条还进一步规定："保险合同成立后，投保人按照约定交付保险费，保险人按照约定的时间开始承担保险责任。"由此可以看出，投保人是按照一个已经成立的保险合同交付保险费的，而不是规定在投保人交付了保险费之后保险合同才成立。至此，我国的保险合同是诺成合同应该是很明确的。当然，我们不能否定，保险合同的双方当事人可以在合同中约定"保险合同在投保人缴清保险费后生效"，此时的保险合同已经成立，只是为合同开始生效附加了一个条件，属于附生效条件的合同。本案中，双方并没有"保险合同在投保人缴清保险费后生效"的约定，保险合同在双方就保险单达成合意后就已成立生效，保险公司理应对保险责任期间的保险事故承担赔偿责任。至于投保人未按合同约定交付保险费，保险公司可以通过违约责任获得救济，投保人应当补交保险费、银行同期存款利息以及违约罚息。

资料来源：天平法律网. http://www.tianpingfalv.com/

|实训题|

一、思考题

1. 如何提高我国公民的保险意识？

2. 保险行业的发展给企业风险管理理念带来哪些影响？你如何看待这些影响？

3. 人们选择风险管理方案的依据是什么？

4. 请分别站在投保人和保险人的角度分析再保险有什么意义？

5. 国际贸易发展趋势和其对我国保险行业的影响有哪些？

二、操作题

1. 某业主将其所有的一栋价值60万元的房子同时向甲、乙两家保险公司投保一年期的家庭财产保险，甲公司保险金额为50万元，保险期限自2013年1月1日至2013年12月31日；乙公司的保险金额为30万元，保险期限自2013年6月1日至2014年5月31日。2013年8月15日，房子发生火灾损失40万元。甲乙两家保险公司的合同条款中都有关于火灾责任的规定，这种情况是否符合重复保险的条件？

2. 我方出口商与韩商以CIF条件签订合同，出口香米到釜山，我出口方由于考虑到海上运输距离较近，且在双方规定的运输时间段，气象站预报海面风力较弱，于是在没有办理海上货运保险的情况下将货物装船出运，并将交货有关的单据交银行议付，但货物抵达目的港口，适逢韩国国内香米价格下跌，进口商便以出口方没有办理货运保险、提交的单据不全为由，拒收货物和拒付货款。

(1) 请根据CIF贸易术语中关于单据种类的内涵，分析保险单的重要性。

(2) 结合国际贸易实务中常用术语的使用情况，判断我国进出口商在什么情况下需要负责办理保险，并分析如何减少外汇保险费的支出、增加外汇收入。

第二章
保险基本原则及其应用

学习目标:

了解保险基本原则产生的历史根源;

领会保险的各项基本原则的含义;

掌握保险基本原则的内容;

能够在国际贸易保险业务中熟练应用保险基本原则。

本章导读:

哈尔滨隆兴有限责任公司通过一份购销合同向宏兴干鲜果品有限责任公司购买一批柑橘,共计5000篓,价值90 000元,铁路运输,共两车皮,宏兴干鲜果品有限责任公司通过铁路承运部门投保了货物运输综合险,保费3500元。2013年12月25日,保险公司出具了保险单。2014年1月,货物到达目的地后,收货人发现:一节车厢门被撬开,保温棉被被掀开了两米,货物丢失120篓,冻坏变质240篓,直接损失6480元。当时气温为-20°。宏兴干鲜果品有限责任公司向保险公司索赔。保险公司同意赔偿丢失的货物120篓,拒绝赔偿被冻坏的240篓。保险公司认为造成该240篓损失的原因是天气寒冷,不在货物运输综合险的保险责任范围内。

如果同学们想知道保险公司应该赔偿哪些损失,就应该应用近因原则去分析导致损失发生的原因以及各原因之间的有效连续性。近因原则和其他保险基本原则都是在保险行业发展过程中逐渐形成的、为人们所公认的基本原则,这些原则是保险活动的准则,始终贯穿整个保险业务,保险双方当事人必须严格遵守。坚持和贯彻保险的基本原则,有利于维护保险双方的合法权益,能更好地发挥和体现保险的职能、作用,保证保险业有秩序的发展,保障社会经济生活的安定。

第一节　可保利益原则

一、可保利益原则的含义

可保利益(Insurable Interest),又称保险利益,是英国海商法针对实践的需要提出的概念。在18世纪以前,英国法律并没有要求投保人与保险对象有任何联系,保险与赌博几乎没有区别。许多人借用保险的名义针对海上贸易开展赌博活动,危害甚大。为了杜绝这种情况,英国于1745年颁布了《海上保险法》(Marine Insurance Act),规定:没有保险利益，或者除保险单以外没有其他可保利益证明的，或者通过赌博方式订立的海上保险合同无效。这是"保险利益"第一次出现在正式的立法文件中。值得注意的是，英美成文法虽有"保险利益"的字眼，但对其含义并没有作出说明。而与之相反的是，大陆法系国家虽然在立法中没有使用"保险利益"这一用语，但在理论上却对保险利益制度有系统的研究。

可保利益是一个法律意义上的定性概念，我国《保险法》第12条对保险利益所下的定义是："保险利益是指投保人或者被保险人对保险标的具有的法律上承认的利益。"它体现了投保人或被保险人与保险标的之间的利害关系：即保险标的安全，投保人获益；保险标的受损，则投保人受损。考虑控制道德风险等因素，一般而言，保险利益即订立保险合同的前提条件，也是保险合同生效及在存续期间保持效力的前提条件。

在保险合同中，被保险人要求保险人给予保障的，并不是保险标的本身(如货物、房屋等)，而是被保险人对保险标的所享有的经济利益。国外有个著名的判例(Castillo V. Preston，1883年)做过精辟的解释："火灾保险单所承保的究竟是什么？它所承保的不是用以建造房屋的砖石和材料，而是被保险人在保险标的中所具有的利益。"

在财产保险业务中，保险利益是人们对保险标的所具有的一种经济利害关系，这种经济利害关系主要体现为在人们对标的物所具有的合法权益的基础上产生的经济利益。例如，承租人租用住房，如果住房受损，就会影响承租人的居住，承租人还要支付维修等费用，因此承租人对此住宅有保险利益，可以作为投保人为所租住的房屋投保。而在国际贸易中，货物在运输途中遭遇恶劣气候、海啸等自然灾害及触礁、沉没等意外事故的风险一直客观存在，承担了货物风险的人，将因货物的灭损而遭受经济损失，因其安全到达而获益，所以，承担风险的人即使在没有取得合法权益的情况下也被认定具有保险利益。例如，在CIF条件下，买方承担货物装运港装船后的一切风险，所以，货物装船后买方就具有针对货物的保险利益。

可保利益是保险合同有效成立的基本要件。世界各国的保险法都规定，投保人或被保险人必须对保险标的具有保险利益，才能同保险人订立有效的保险合同。如果投保人或被保险人对保险标的不具有保险利益，则他们同保险人订立的保险合同是无效的。例如，英国《1906年海上保险法》第4条规定："被保险人无本法规定的可保利益者，或在订约时无取得此项利益的希望者，应视为赌博或打赌的契约，以赌博为目的而订立的海上保险契约，应视为无效。"根据我国《保险法》第48条规定："保险事故发生时，被保险人对保险标的不具有保险利益的，不得向保险人请求赔偿保险金。"

二、可保利益的来源

(一) 财产保险的可保利益

可保利益体现的是投保人或者被保险人与保险标的之间的经济利益关系，这种经济利益关系在财产保险中源于财产的不同关系。根据民法债权和物权基本理论，这些不同的关系产生了不同利益：既得利益、预期利益、责任利益和合同利益。

(1) 既得利益。既得利益是投保人或被保险人对财产已享有且继续可享有的利益。投保人对财产享有的合法的所有权、经营权、使用权、承运权、保管权、抵押权、留置权等关系以及这些关系的存续，均具有保险利益。既得利益随物权的存在而产生。

[实务训练2-1]

2004年9月，某地A厂购得奥迪A6轿车一辆。10月，司机李某在厂长的指示下向当地保险公司投保了车辆损失保险和第三者责任保险。在投保中，为了方便省事，司机李某在投保人和被保险人两栏中都写了自己的名字。2005年5月，该轿车在行驶中不慎与一辆卡车相撞，车身严重损毁。保险公司在随后的调查中发现，被保险车辆的碰撞责任及相关损失都在保险责任范围内，但是保险公司同时也发现，李某所投保的轿车并非其个人财产，而是A厂的企业财产，也就是说，李某是以个人的名义对企业财产进行投保。请从保险利益的角度出发分析保险合同的有效性。

[实务操作]

在本案中，李某以个人名义对企业财产进行投保符合保险利益原则的相关要求，李某对该车具有保险利益，因为从财产保险的保险利益来源的角度来看，李某虽然对该车不具有所有权，但是李某对该车具有使用权和保管权，所以该案例中保险公司应承担保险责任。

(2) 预期利益。预期利益是因财产的现有利益而存在的，依法律或合同产生的未来一定时期的利益，包括利润利益、租金收入利益、运费收入利益等。例如，租船合同规定承租人对船舶支付8万元租金，取得8年的租用权，若船舶发生损失，他可能需要另花8万元租用其他船只，因此，承租人对所租船舶具有8万元的可保利益。

(3) 责任利益。责任利益是被保险人因其对第三者的民事损害行为依法应承担的赔偿责任，是基于法律上的民事损害赔偿责任而产生的保险利益。如职业责任、产品责任、公众责任、雇主责任等。根据责任保险险种的划分，下述人员享有责任保险利益：各种固定场所的所有者、经营者或管理者，以及制造商、销售商、修理商、雇主、各类专业人员等。

(4) 合同利益。合同利益是基于有效合同而产生的保险利益。当事人之间缔结的保险合同，如果以财产为保险对象，则该财产的毁损必然影响当事人一方基于合同而产生的保险利益。

(二) 人身保险的可保利益

在人身保险中，投保人对被保险人的寿命和身体具有保险利益。人身保险的可保利益可分两种情况。

(1) 为自己投保。投保人以自己的寿命或身体为保险标的投保，具有保险利益。

(2) 为他人投保人身保险。在国外，就投保人对他人的生命和身体是否具有保险利益，主要有两种观点：一是利害关系论，二是同意或承认论。英、美国家对人身保险中的可保利益的确认比较重视利益原则，即投保人和被保险人之间一定要有经济利益关系。而大陆法系的国家则采用法定的原则，即在法律规定的一定范围之内的人员之间有经济利益关系。在我国，《保险法》第31条规定："投保人对下列人员具有保险利益：①本人；②配偶、子女、父母；③前项以外与投保人有抚养、赡养或者扶养关系的家庭其他成员、近亲属；④与投保人有劳动关系的劳动者。除前款规定外，被保险人同意投保人为其订立合同的，视为投保人对被保险人具有保险利益。订立合同时，投保人对被保险人不具有保险利益的，合同无效。"可见，我国保险法综合了利害关系论和同意论的观点，认为凡是投保人与被保险人具有各种利害关系或者被保险人同意都是具有保险利益的表现。

(三) 责任保险的可保利益

责任保险是以被保险人对第三者依法应负的赔偿责任为保险标的，这种责任包括民事责任和合同责任，因此，在责任保险中其保险利益具体体现为以下两点。

第一，投保人对其依法应承担的民事损害赔偿责任享有保险利益。如楼上地热地板损坏、漏水，导致楼下居室装修受潮致损，对于楼下居民的损失，楼上居民负有民事赔偿损害责任，若楼上居民投保了责任保险，因其对该民事赔偿责任具有可保利益，则可以将风险转嫁给保险公司。

第二，投保人对其依法应承担的合同责任享有保险利益。这是一种基于合同约定产生的违约责任，违约一方理应承担对另一方造成损害的经济赔偿责任。如消费者在购买了某种家用电器之后，就与家用电器生产厂商具有一种合同关系。一旦消费者在使用家用电器过程中，由于产品缺陷导致消费者人身及财产的损害，则厂商必须承担法律上的违约责任，向消费者进行经济赔偿。对于此种经济赔偿责任，厂商因对该责任具有可保利益，可以通过投保责任保险向保险公司转嫁风险。

(四) 信用保险的可保利益

信用保险以义务人的信用为保险标的。在信用保险中，投保人不仅作为合同的义务人(债务人)对自己的信用享有可保利益，而且作为合同的权利人(债权人)对义务人的信用也享有可保利益。

三、可保利益构成的条件

并不是投保人或被保险人对保险标的的任何利益关系都可以构成可保利益，可保利益的构成必须符合下列条件。

(一) 可保利益必须是合法的利益

合法的利益(Legal Interest)是指投保人或被保险人对保险标的所具有的利益，必须是法律上承认的利益。投保人或被保险人对保险标的所具有的利益必须是合法的、可以主张的利益，那些违反法律规定或损害社会公共利益而产生的利益则不能作为保险利益。例如，盗窃、海上走私等属于违反国家利益或社会公共利益的行为，产生的利益不受法律保护，因此投保人对该类财产不具有保险利益。

(二) 可保利益必须是经济利益

所谓经济利益(Peculiar Interest)是指投保人或被保险人对保险标的的利益必须是可以通过货币计量的利益。因为如果保险标的的利益无法用货币计量，一旦发生损失，经济补偿金额就很难确定，保险赔偿也很难实现。因此，可保利益必须是经济利益，在经济上有价值，可以用货币衡量。像借据、纪念品、证书等对持有人而言虽然有一定利益，但因无法用货币计量，因而不具有可保利益。通常的有形财产可以通过货币计量，拥有可保利益，而在人身保险中人的生命和身体是无法用货币计量的，但被保险人的生老病死等会使其本人或受益人在经济上受到损失，该损失可以通过货币计量，因此也具有可保利益。

(三) 可保利益必须是确定的利益

确定的利益(Definite Interest)是客观存在的、可实现的利益，而不是凭主观臆测、推断可能获得的利益。这种利益可以是既得利益，也可以是预期利益。对于某些财产如国际买卖合同中的货物，它是有价值的，基于对货物拥有的所有权、物权等，既得的可保利益可以确定。对于预期利益，如承运人对国际运输货物运费的取得、进口商对商品的利润所得等，只要它在客观上是可以实现和确定的，也具有可保利益。

四、可保利益的时效问题

财产保险的可保利益，一般要求被保险人在保险事故发生时，对保险标的应当具有保险利益。如某房屋的房主甲在投保房屋的火灾保险后，将该房屋出售给乙，如果没有办理批单转让批改手续，发生保险事故时，保险人因被保险人已没有保险利益而不需要履行赔偿责任。但根据国际惯例，在海上保险中对可保利益的要求有所例外，即不要求投保人在订立保险合同时具有保险利益，只要求被保险人在保险标的遭受损失时，必须具有可保利益，否则就不能取得保险赔偿。例如，英国《1906年海上保险法》第6条第1款规定："被保险人在保险标的发生损失时必须享有可保利益，尽管在订立保险契约时他没有取得可保利益的必要。"

人身保险的投保人在保险合同订立时，对被保险人应当具有保险利益。而发生保险事故时，则不追究是否具有保险利益。如某投保人为其配偶投保人身险，即使在保险期限内该夫妻离婚，保险合同依然有效，保险公司仍将按规定给付保险金。该规定是基于人身保险大部分是为了受益人考虑的，同时，人寿保险具有储蓄性。

五、可保利益原则的意义和作用

(一) 可以防止变保险合同为赌博合同，防止赌博行为

赌博是有悖于社会利益和社会公共秩序的不良行为，其目的、手段和结果与保险截然不同。保险的目的在于排忧解难，求得经济上的保障，赌博的目的是谋取经济上的侥幸获利；保险的手段是应用危险分散原则，按照大数法则收取保险费，是建立在合理、科学的基础上的，而赌博的手段是投机取巧侥幸获得利益；保险的结果是在自然灾害、意外事故发生时为被保险人提供经济补偿或给付保险金，而赌博的结果则有可能是损人不利己。英国《1906年海上保险法》第4条明文规定：以赌博为目的而订立的海上保险契约，应作为无效，凡海上保险契约有下列情节者，应视为赌博或打赌的契约。

(1) 被保险人无本法规定的可保利益，而且在订约后仍无获得此项可保利益的可能；

(2) 保险契约订有下列或其他类似条款者，如'不论有无可保利益'或'除本保险单外，再无具有可保利益的证明'或'保险人无救助利益'。

可保利益原则使被保险人不可能通过不具有可保利益的保险合同获得额外利益，这样就避免了把保险合同变为赌博合同的可能性。

(二) 可以防止被保险人的道德风险

道德风险(Moral Hazard)是指投保人或被保险人投保的目的不是获得保险保障，而是谋取保险赔款或给付保险金而故意地作为或不作为，由此造成或扩大保险标的的损失。这种人不会积极地预防保险事故的发生，而是希望、促使保险事故发生，甚至故意制造保险事故。为避免某些人为了谋取额外利益而故意制造保险事故，破坏社会财富，导致社会混乱，根据可保利益原则，投保人或被保险人必须与保险标的有利益关系，而且即使发生损失，保险人承担的赔偿责任或给付的保险金都不超过被保险人的保险金额，使被保险人无利可图。在人身保险中规定可保利益原则尤为重要，它可以杜绝有些人想通过蓄意谋害被保险人来获得保险金的犯罪行为。

(三) 可以限制保险保障的最高额度

可保利益原则不仅规定了投保人或被保险人对保险标的的必须具有可保利益，而且还规定了可保利益范围的大小，即投保人或被保险人对超出利害关系的部分进行投保，该超出部分无可保利益，因而得不到保险人的保障。例如，某人将价值100万元的房产投保，那么保险事故发生后，他最多只能得到100万元的保险赔款。即使他投保了120万元的保险金额，他也不会获得更多的保险赔款，只是因此多缴了保险费。因此，保险事故发生后，投保人或被保险人请求保险赔款或给付保险金，保险人将以可保利益为限，并且不超过保险标的的所遭受的实际经济损失或约定保险金的数额。这样做一方面可以使被保险人获得充分的补偿，另一方面又可以使其不能因保险而获得额外收益。

六、可保利益在国际贸易中的应用

在国际贸易中，买卖双方所采用的贸易术语决定着双方承担的风险的转移时间，而风险的转移时间又与可保利益转移的时间有关。因此，如果保险货物在从卖方仓库运至买方仓库的整个运输过程中发生货损、货差或灭失，究竟谁享有可保利益以及谁对保险人享有损害赔偿请求权，就取决于买卖双方在交易中所采用的不同贸易术语。国际贸易中常用的贸易术语对风险转移时间的规定，以及由此决定的可保利益的转移时间具体如下所述。

(一) EXW

在EXW贸易术语下，卖方在合同规定的日期或期间内，于指定地点将货物置于买方支配之下，风险即告转移，可保利益也于此时转移给买方，货物的灭失或损坏由买方承担。若买方没有按时前来提货，此时可保利益也转移给了买方，货物一旦发生损失也由买方承担。

(二) FOB和CFR术语

在FOB和CFR两种贸易术语下，按照《INCOTERMS 2010》的解释，卖方承担货物在装运港装船之前的风险，此时卖方对货物享有可保利益；货物装船后，风险由卖方转移给买方，此时买方享有可保利益。

按照惯例，在这两种术语下，由买方投保海上运输货物的风险。而按照海上货运保险条款的规定，保险人承担的责任期限采用的是"仓至仓条款"，即自货物发运地仓库至目的地收货仓库。但由于货物在装运港装船之前，风险尚未转移，买方尚无可保利益，若在此期间发生损失，尽管保险责任期限是"仓至仓条款"，买方也无权就此项损失向保险人索赔。如果卖方没有办理货物自发运地仓库至装运港装船之间的保险，此时卖方也无权向保险人索赔。货物自发运仓库至装运港码头装船之前的风险应由卖方自己办理保险，或者委托买方在投保时代保。因此，在FOB和CFR两种术语下，保险人承保的责任期限采用的是"船至仓条款"。

(三) FAS

在FAS贸易术语下，卖方承担货物的风险责任至货物交到船边为止，在此之前，卖方承担风险，并享有可保利益。如果买方预订的装货船舶未能按时到港，或虽已到港却无法装运，则由买方承担合同规定的交货期届满以后的一切风险。货物由卖方交到买方的船边后，买方享有可保利益，若此时货物发生损失，买方有权向保险人索赔，此时卖方已无可保利益。

由于卖方承担货交船边前的风险，享有可保利益，因此卖方一般要投保内陆运输险。有时，因买方所派船舶吨位过大、吃水较深、无法靠泊，卖方为履行船边交货义务，需要用驳船将货物运到船边，过驳的这段海上风险应由卖方承担，享有可保利益，卖方可向保险人投保相应的险别。如果货物发生损失，享有可保利益的一方有权向保险人提出索赔。

(四) CIF

在CIF贸易术语下，货物的风险及可保利益的转移时间和地点与FOB、CFR相同。所不同的是，在CIF条件下，卖方以自己的名义投保海上货运保险。当货物在装运港装船后，卖方以背书的方式将保险单转移给买方。因此，若货物自卖方发运仓库到装船前这段期间发生损失，可以由卖方向保险人索赔，因为卖方为保险单上的被保险人，享有可保利益；也可以由买方向保险人索赔，因为在CIF条件下，保险单经卖方背书转让之后，保险单的受让人(买方)即享有与让与人(卖方)相同的保险索赔权利。由此可见，CIF下的买方可以按照仓至仓的原则，对全程运输过程中的损失享有向保险人索赔的权利。

(五) D组术语

本组贸易术语包括DAT、DAP和DDP。在该组术语下，卖方于规定的日期或期限内，在指定港口或目的地运输终端或指定目的地的约定地点，将货物置于买方支配之下，风险即告转移。在此之前的风险应由卖方办理保险；在此期间发生的损失，由于只有卖方享有可保利益，所以只能由卖方向保险人索赔。当货物被置于买方支配的风险下，应由买方办理保险，在此期间所发生的损失，也只有买方有权向保险人索赔。

[实务训练2-2]

一份FOB上海出口瓷器的合同，在装运港货物吊装入舱的过程中发生跌落，造成损失。定损后发现，一部分是货物跌落海中造成的损失，还有一部分是货物跌落船舶甲板上造成的损失。那么这些损失应该由谁来承担？

[实务操作]

按照《INCOTERMS 2010》的规定，只要卖方交货义务没有完成，就意味着风险没有转移给买方。案例中的这两类损失都属于货物没有装上船舶，卖方交货义务没有完成而发生的货物损失，风险没有转移给买方，因此损失应该都由卖方承担。

第二节 最大诚信原则

一、最大诚信原则的概念

最大诚信原则(Utmost Good Faith)中的诚信是指诚实、笃信。在任何一项民事活动中，当事人都应当遵守诚信原则。《中华人民共和国民法通则》第4条规定："民事活动应当遵循自愿、公平、等价有偿、诚实信用的原则。"我国《保险法》第5条规定："保险活动当事人行使权利、履行义务应当遵循诚实信用原则。"在一般的民事合同中，如果当事人没有提出特殊要求，遵守一般的诚信即可。在保险合同中，基于保险业务的特殊性，保险合同的双方必须表现高度诚实。

最大诚信原则，又称最高诚信原则，是指保险合同当事人在订立合同时及合同有效期内应依法向对方提供可能影响对方是否缔约和缔约条件的重要事实，同时绝对信守合同缔结的认定与承诺。最大诚信原则是民事法律关系的基本原则之一，它是保险合同成立的基础。

二、最大诚信原则确立的依据

最大诚信原则最早源于海上保险。在最初的海上保险中，由于通信工具落后，被保险人在向保险人投保海上保险时，船舶或货物可能已经离开港口远航于海外，这时，保险人要对保险船舶或货物进行实地调查或查看是不太可能的，保险人对于投保人的投保要求能否接受，以及应按什么条件承保，均有赖于投保人充分、正确地申述。英国于1906年颁布的《海上保险法》第17条规定："海上保险合同是建立在最大诚信原则基础上的合同，如果任何一方不遵守这一原则，另一方可以宣告合同无效。"以后这一原则被运用于各种保险，成为保险的基本原则之一。

坚持最大诚信原则是为了确保保险合同的顺利履行，维护保险双方当事人的利益，所以从理论上来说，该原则适用于保险双方当事人。但是在实践中更多地体现在对投保人或被保险人的要求中。这是因为投保人或被保险人对保险标的的情况最为了解，其之所以要求投保，就是意识到危险的存在，欲把标的的危险转嫁给保险人。而对保险人来说，由于保险标的的广泛性和复杂性，对保险标的的具体情况除了调查所得以外，了解甚少，主要是根据投保人的陈述来决定是否承保、如何承保以及使用的费率。如果投保人陈述不实或有意欺骗，将会误导保险人作出错误的决策，从而损害保险人的利益，所以特别要求投保人或被保险人遵守最大诚信原则。

对保险人的诚信要求在实践中主要是通过保险立法和政府对保险市场主体的监管来实现的。各国保险立法对保险企业的设立、业务范围、保险单的内容、保险费率的制定、偿付能力的标准、准备金的提存以及破产清算处理等都作出了严格的规定。同时，各国政府还成立专门的监管机构，对保险企业日常的经营活动进行监督和管理，以规范保险人的行为，确保其稳健经营，从而在法律和制度上为保险人履行最大诚信原则提供了基本保证。

三、最大诚信原则对投保人或被保险人的约束

对投保人或被保险人而言，最大诚信原则的主要内容包括告知和保证。

(一) 告知

1. 告知的定义

所谓告知(Disclosure)，是指投保人或被保险人在签订保险合同时，应当将与保险标的有关的重要事实向保险人加以陈述，以便让保险人判断是否接受承保或以什么条件承保。所谓重要事实，英国《1906年海上保险法》是这样表述的："影响谨慎的保险人在确定收取保险费的数额和决定是否接受承保的每一项资料就认为是重要事实。"

根据我国《海商法》第222条规定以及其他国家保险法的规定，被保险人在订立保险合同前应向保险人告知的重要事实，包括被保险人实际知道的重要事实和在通常业务中应当知道的或称推定知道的重要事实。

(1) 实际知道(Actual Knowledge)的重要事实。实际知道的重要事实，是指具体保险合同中的被保险人实际知道的重要事实。例如，某船船东(被保险人)的管理部门在办理投保时，收到了船长和轮机长提交的报告，反映船舶的主机润滑油泵经常失压，需要尽快检修。这一事实就是被保险人实际知道的重要事实，被保险人在投保时必须告知保险人。

(2) 推定知道(Presumed Knowledge)的重要事实。按照英国《1906年海上保险法》第18条第1款的规定，所谓推定知道的重要事实，是指"在一般业务过程中所应知道的重要事实"。这些事实，不管被保险人实际上是否知道，均视为被保险人已经知道。例如，某艘海轮不久前曾经发生过火灾，相关的专业报刊已经作过详尽报道，已成为一般租船人所周知的事实，某人如果租用这条船装运货物，就应在办理投保时向保险人告知这个事实。否则，保险人可以被保险人违反告知义务为由而解除合同。被保险人不得以自己没有阅看报刊为由推卸其不告知的责任。

2. 违反告知的法律后果

在保险业务中，一方当事人(一般指被保险人)在订立保险合同时，未将重要事实告知

另一方当事人(一般指保险人)即构成违反告知义务(Non-disclosure)。对违反告知义务的法律后果，各国保险法律的规定不尽相同，主要分为保险合同无效和保险人有权解除保险合同两种。

(1) 保险合同无效。这种规定的立法依据是：履行告知义务是保险合同生效的要件，违反告知义务等于保险合同失去了存在的基础。由于这种规定过分严格和刻板，任何告知义务的违反，均可导致合同无效，与现代保险业务的发展情况不相适应，因而目前世界上采取这种规定的国家很少，仅有比利时、荷兰等少数国家。

(2) 保险人有权解除保险合同。所谓有权解除保险合同，是指在被保险人违反告知义务时，保险人可以解除合同。这是法律赋予保险人的一项权利。有的国家法律对被保险人的违反告知义务，不考虑其是否故意所为，只要不告知的事项属于重要事实，均规定保险人有权解除合同。英国《1906年海上保险法》的规定就是如此。有的国家则区别故意的违反和非故意的违反，对其法律后果做不同的规定。目前，世界上大多数国家采取这种做法，我国《海商法》和《保险法》的规定也是如此。根据我国《海商法》第223条的规定，被保险人故意和非故意违反告知义务的法律后果分别如下所述。

① 被保险人故意违反告知义务的法律后果有以下几点。

a. 保险人享有解除合同的选择权。

b. 如果解除合同，保险人对被保险人所缴纳的保险费不予退还。

c. 对解除合同之前由于保险事故所造成的损失，保险人不负赔偿责任，即使被保险人的告知义务与该项损失之间没有任何关联也是如此。

d. 如果保险人已经知道被保险人未如实告知重要情况，仍继续收取保险费或者支付保险赔偿的，不得再以被保险人未如实告知重要情况为由解除合同。

② 被保险人非故意违反告知义务的法律后果有以下几点。

a. 保险人享有解除合同的选择权。

b. 如果不解除合同，保险人可要求被保险人相应增加保险费。

c. 如果解除合同，对于合同解除前由于保险事故造成的损失，保险人应负赔偿责任，并且这种赔偿是以该项赔偿与被保险人未如实告知的重要情况无关为前提。

d. 如果解除合同，但是未告知或错误告知的重要情况对保险事故的发生有影响者，保险人可以不负赔偿责任。这里的"影响"是指未如实告知或者错误告知的重要情况与保险事故的发生存在一定的因果关系。换言之，保险事故的发生与赔偿只有在两者无因果关系的情况下，保险人才予以赔偿，否则不赔。

(二) 保证

1. 保证的含义

保证(Warranty)，又称担保，是指被保险人在保险合同中所做的保证：要做或不做某种事情，保证某种情况的存在或不存在，或保证达成某一条件等。例如，在投保船舶保险时，船主向保险人保证冬季船舶不在封冰海域内航行；又如，投保仓库火灾险时，投保人向保险人保证在合同有效期内不在仓库内堆放危险品。

保险合同中的保证是合同赖以成立的基础，如果被保险人在保险有效期内，违背了其在保险合同中所做的保证，则无论违背的事项是否重要，是否给保险人造成损害，保险人均可以从被保险人违反保证之日起解除保险合同，除非保险单另有明文规定。因此，保证是保险合同中的重要条款之一，被保险人必须严格遵守。

英国《1906年海上保险法》根据保证存在的形式，把保证分为明示保证和默示保证两种类型。

(1) 明示保证(Express Warranties)。明示保证是指保险合同双方当事人以任何形式(主要是书面形式)在合同中约定的事项或指保险合同中的保证条款。在多数情况下，保险人为慎重起见，在投保单或保险单中印有保证条款，投保人或被保险人一旦签订了合同，就必须遵守该条款的规定。例如，在船舶保险中，为了冬季航行的安全，保证条款中规定："保证不在北纬60度以北地区航行。"

(2) 默示保证(Implied Warranties)。默示保证是指保险合同双方当事人在合同中没有做明确的规定，而是根据法律或惯例推定应该履行的条件或事项。英国《1906年海上保险法》中规定了海上保险中的三个默示保证。

① 被保险人要保证开航时船舶的适航性。由于船舶的不适航而引起的货损，保险人不予以负责。

② 船舶不得绕航。正常情况下船舶不得随意绕航，因为绕航会增加船货受损的危险。但由于下列原因所产生的绕航除外：保险单规定船舶可以绕航；由海上救助人命或财产的需要而产生的绕航；因紧急避难而绕航。

③ 被保险人必须保证本航次航行的合法性。因船舶装运走私品、违禁品、非法品而受到有关国家部门的扣押、查缉，而使货物受到损失的，保险人不予以负责。

2. 违反保证的法律后果

我国《海商法》第235条规定："被保险人违反合同约定的保证条款时，应当立即书面通知保险人。保险人收到通知后，可以解除合同，也可以要求修改承保条件，增加保险费。"据此，被保险人违反合同约定的保证条款时，应尽通知义务。其作用在于，使保险人及时了解合同履行情况，对被保险人违反保证条款的行为采取相应的自我保护措施。对保险人而言，若被保险人违反保证，他具有较灵活的选择权，即无论被保险人是否有过失，他均可解除合同，并对被保险人违反保证后发生的损失不负赔偿责任，即使该损失与违反保证义务之间没有直接的因果关系；若被保险人尽了通知义务，保险人也可采取要求修改承保条件或增加保险费的措施，作为不解除合同的条件。保险人收到被保险人的通知，并收取保险费或支付保险赔偿，之后不得再以违反保证为由解除合同。

保险人依照该条规定解除合同的，应当将自合同解除之日起至保险期间届满之日止的保险费退还给被保险人，对合同解除前与违反保证无关的保险标的的损失，应依合同约定支付赔偿。

[实务训练2-3]

船舶承运货物由A港装货开往D港，中途要经过B、C两港卸货和装货，被保险人于A港装载一批走私货物，在B港将其卸下，并加载合法货物继续后续的航程，若船舶在中途因大风暴而致损，请根据英国《1906年海上保险法》中关于默示保证的规定分析保险人是否需要承担责任。

[实务操作]

根据英国《1906年海上保险法》中关于默示保证中的被保险人必须保证本航次航行的合法性的规定，虽然船舶发生损失时，船上货物皆为合法，但自A至D为一个完整的航程，在这一航程中的任何一个航段，发生了不合法的行为，都将影响整个航程的合法性。保险人自其装上走私货物时，即解除了责任。

四、最大诚信原则对保险人的约束

(一) 弃权

弃权(Waiver)是指保险人放弃因投保人或被保险人违反保证而产生的保险合同解除权。保险人的弃权行为，可以通过明示和默示两种形式表示。前者是指保险人直接向投保人或被保险人表示放弃合同解除权；后者是指保险人通过行为或其他方式表示，可以合乎逻辑地推定其放弃了合同解除权。例如，保险人明知投保人或被保险人违反保证，仍为其签发保险单或接受其缴纳的保险费或承担赔偿责任。

(二) 禁止反言

禁止反言(Estoppel)又称为禁止反悔。法律为了维护公平公正，要求人们不可任意违反自己作出的承诺。此原则的基本功能是防止欺诈行为的发生。在保险合同中，只要订立合同时，保险人放弃了某种权利，合同成立后便不得反悔再向对方要求这种权利。

在实务中，有些保险人经常在投保单上加列一条声明：投保人同意，投保单上投保人所回答问题的真实性是尽其所知和所信的，并作为保险合同的基础。近年来，这一滥用保证条款的情形受到人们的批评。目前，许多国家的保险立法开始对此加以限制，以维护被保险人的利益。例如，在签订和履行保证条款时，应做到：保证的事项必须是重要的；投保单中的保证条款应在保险单中加以确认或重新载明，以提示被保险人注意；如果被保险人违反保证义务，保险人应在向被保险人发出书面通知后，方可解除合同等。

第三节 补偿原则

一、可保利益是补偿原则的基础

根据可保利益原则(Principle of Indemnity)，投保人和被保险人对保险标的具有的保险利益是保险人补偿的最高限额。保险事故发生后，投保人或被保险人请求保险赔款或给付保险金，保险人将以可保利益为限，并且不超过保险标的所遭受的实际经济损失或约定保险金的数额。这样做一方面可以使被保险人获得充分的补偿，另一方面又可以使其不能因保险而获得额外收益。可以说补偿原则(Principle of Indemnity)是为了维护和实现保险利益原则的相关要求而存在的一条重要原则。

[实务训练2-4]

某人将其价值100万元的房产投保，保险单列明的保险金额为100万元，在保险期限内，被保险人将保险财产房屋60%的所有权出让给另一业主所有。后房屋为大火焚毁，保险公估人勘损核定全部损失均属保险责任范围内的损失原因造成的。请问保险人应该支付多少赔款给被保险人？

[实务操作]

因为被保险人将房产60%的所有权出让给另一业主，所以被保险人对于房屋的可保利益降至40%。根据保险利益是保险人承担赔偿责任的最高上限，所以保险人仅需向被保险人支付40万元的赔款。

二、补偿原则的概念及其意义

(一) 补偿原则的概念

补偿原则是指在财产保险中被保险人与保险人签订保险合同，将特定的风险转由保险人承担。当保险标的发生了承保责任范围内的损失时，保险人应当按照保险合同条款的规定履行全部赔偿责任。但保险人的赔偿金额不得超过保险单上的保险金额或被保险人遭受的实际损失，即不能超过被保险人对保险标的所具有的可保利益。保险人的赔偿不应使被保险人因此而获得额外利益。

(二) 补偿原则的意义

补偿原则主要应用于财产保险中，它对保险理赔工作具有重要意义。

(1) 补偿原则保障了保险关系的实现。被保险人与保险人签订保险合同后，一旦发生承保责任范围内的损失，被保险人就有权要求获得全面、充分的赔偿。如果损失中有一部分没有获得赔偿，被保险人的经济损失就没有得到完全的补偿，保险就没有完全发挥其作用，有悖于补偿原则的宗旨。

(2) 补偿原则有利于防止被保险人从保险中盈利。保险人对被保险人的补偿恰好能使保险标的恢复到保险事故发生前的经济状况，但保险人的补偿不能使被保险人获得可保利益以外的利益，即不能超过保险金额或实际经济损失以外的额外利益，否则，有可能引发道德危险，给全社会和保险业带来不良后果。

(3) 补偿原则有利于减少道德风险。如果不规定补偿原则，被保险人得到的赔偿可能超过其实际损失，使被保险人因此而获利。这样就会诱使被保险人以取得赔款为目的故意制造损失，诱发谋求保险赔偿的不良企图与行为，而保险也会因此而变成诱发被保险人不良动机的不良产物，破坏社会秩序和风尚。所以，补偿原则的规定抑制了道德风险的增加。

三、补偿原则的应用

(一) 补偿原则的量的限定

1. 按保险金额赔偿

保险金额是保险人给予被保险人补偿的最高责任限额，是确定保险费率的依据。保险人理赔时，根据补偿原则，其赔偿金额最高不得超过保险金额。如果赔偿额超过保额，则会使保险人处于不平等地位。例如，一栋新房刚投保不久便被全部焚毁，其保险金额为30万元，而房屋遭毁时的市价为32万元，虽然被保险人的实际损失为32万元，但因保单上的保险金额为30万元，所以被保险人只能得到30万元的赔偿。

2. 按实际损失赔偿

以被保险人的实际损失进行赔偿，是一个基本限制条件。在实际赔付中，由于财产的价值经常变动，所以，在处理理赔案时，应以财产损失当时的实际价值为准。财产保险的补偿责任的确定通常采用实际现金价值(Actual Cash Value)法，即对被保险人进行赔偿的标准方法是建立在财产损失时承保财产的实际现金价值的基础上的。例如，某机动车辆保险合同规定以投保时的新车购置价格为保险价值，投保的桑塔纳汽车保险价值为12万元，如果投保人以15万元为保险金额，那么车辆在发生保险事故后全损，保险人也只能以12万元的保险价值为限计算赔偿。

3. 按保险利益赔偿

保险人的赔付是以被保险人具有保险利益为条件的，被保险人在索赔时，对受损标的必须具有可保利益。而保险人的赔付金额也以被保险人对该财产所具有的保险利益为限。例如，被保险人是房屋的抵押贷款人，房主以此房为抵押向其借款30万元，在保险期内房屋遭遇火灾而被焚毁。保险金额为50万元，损失时市价为40万元。由于被保险人非房屋所有人而是贷款人，对其而言，房屋焚毁所致的经济损失是30万元，贷款无法收回，故保险人只能赔偿被保险人30万元。关于补偿原则的量的限定问题，虽然保险金额、实际损失、保险利益都是保险人赔偿的限额，但是以三者中最小者为限。

(二) 实际损失的确定方法

无论是定值保险还是不定值保险，保险人在履行补偿原则时，都需要根据保险标的遭受的实际损失程度来决定其补偿限度，通常有以下几种方法。

1. 按市场价格确定

这是一种最常见的确定实际损失的方法。如果保险标的遭受损毁，保险人可以按同等类型及新旧程度的物品在市场上的价格来确定保险标的的实际损失，作为补偿的依据。

2. 按恢复原状所需费用确定

在保险标的遭受部分损失而非全部损失时，多数情况下可将其修复，恢复原状。因恢复原状所需支出的费用，应视为被保险人遭受的实际损失。遭受保险事故的保险标的，经修复，其现有的形态和使用功能往往与原来相比有一定的差异。这种差异体现在两方面：一是修复后的标的改善了性能，提高了价值。在这种情况下，被保险人因保险标的的状况改善获得了额外利益，根据补偿原则，保险人有权将被保险人获得的额外利益部分的价值，从保险赔款中扣除。二是由于种种原因，修复后的标的的功能不如原来的，保险人应考虑补足差额部分。例如，被保险的房屋遭受损失后，因市政当局规划上的要求，修复后的房屋比原来的要矮一些，对此，保险人不仅要支付房屋修复费用，而且还要支付因原房与新房的差异而使被保险人丧失的利益。

3. 按重置成本减折旧确定

当保险标的发生损失时，有可能在市场上找不到同类型的物品，这时，可以用当时的实际造价减去折旧的方法来确定保险标的的实际损失。这种方法一般适用于建筑物的保险。当建筑物受损后，如果被保险人想要修复原形或重建受损建筑，其赔偿金额便是修理或重建费用减去适当折旧费后的差额。

(三) 根据保险合同约定的方式进行赔偿

赔偿方式是指在财产保险合同中双方约定的据以计算赔偿金额的方式。财产保险赔偿金额的计算，除受保险金额、保险价值和实际损失金额三个因素影响外，还与保险合同中约定采用的赔偿方式密切相关。财产保险的赔偿方式主要有以下几种。

1. 比例赔偿方式

采用这种赔偿方式时，保险赔偿金额的计算公式为

保险赔偿金额＝(保险金额÷标的损失时的实际价值)×损失金额

2. 第一损失赔偿方式

这种赔偿方式又称第一危险赔偿或第一责任赔偿方式。它是指保险人在承保时把标的的损失或责任分为两部分：第一部分为小于或等于保险金额的损失或责任；第二部分为大于保险金额的损失或责任。按照这种赔偿方式，保险人仅对第一部分的损失或责任承担赔偿义务；第二部分的损失或责任不在承保责任范围之内，应由被保险人自负。根据这种赔偿方式，保险人在计算赔偿金额时不考虑保险金额与财产的实际价值之间的比例，损失或责任只要在保险金额限度内，保险人即按实际损失或责任金额予以赔付，即赔偿金额等于损失或责任金额，没有任何扣除。这一点对被保险人更为有利。

3. 限额赔偿方式

这种赔偿方式又称固定责任赔偿方式，是指保险标的是一定时期的收益，如不能达到保险合同中所约定的限额，保险人才赔偿其未达到约定限额的那一部分损失。该种方式多应用于农业保险中的种植业与养殖业保险。

四、防止被保险人通过补偿而获利

保险补偿原则的法理是禁止被保险人通过补偿而获利，否则极有可能诱发道德风险的产生。因此，保险人在履行对被保险人的赔偿过程中，需要注意以下几种情况。

(1) 如果保险标的受损后尚有残值，那么保险人在赔款中就应当扣除残值。例如，价值20万元的电子产品在海上运输过程中遭遇火灾，货物全部损失，而货物尚有残余价值0.5万元，则保险人赔偿的20万元金额应扣除0.5万元的残余价值，否则被保险人就会获得

额外利益，违反赔偿原则的规定。

(2) 如果保险标的的损失是由第三者引起的，被保险人在获得了保险人的赔款之后，就必须把他对第三者的索赔权益转让给保险人。保险事故发生，如果发生损失的责任方为第三者，第三者应对损失方承担经济赔偿责任，如果同时受损方由于办理保险又从保险人处获得赔偿，就会由于得到双重赔偿获得额外利益。因此，首先应由保险人对当事人进行经济赔偿，而被保险人在获得保险人的经济赔偿后，应该把他对第三者的赔偿请求权转让给保险人，由保险人对第三者进行追偿。

(3) 在重复保险下，如果几份保单的保额的总和超过标的实际价值，被保险人获得的赔款最多不能超过标的的实际价值。如第一章中所述，重复保险在超额部分是无效的，在超额保险的情况下，如果被保险人分别从各保险人处获得足额赔偿就会获得额外利益，通常由各保险人在一定比例内分摊赔偿额，而且赔款总额不得超过标的实际价值。

第四节　代位追偿原则

一、代位追偿原则的概念

代位追偿，又称代位求偿或代位请求，是指在财产保险中，当保险标的发生了保险责任范围内的事故造成损失时，根据法律或合同，第三者需要对保险事故引起的保险标的的损失承担损害赔偿责任，保险人向被保险人履行了损失赔偿责任之后，在其已赔偿的金额的限度内，有权站在与被保险人相同的地位向该第三者索赔，即代被保险人向第三者进行追偿。从被保险人的角度理解，是被保险人权益转让原则，即如果保险标的的损失是由第三者责任所引起的，则被保险人在获得了保险人的赔款后，就应当把他对第三者的索赔权益转让给保险人；从保险人的角度理解，是保险人代位追偿原则，即如果保险标的的损失是由第三者责任所引起的，保险人在赔偿了被保险人的损失之后，就有权取代被保险人向第三者进行追偿。

代位追偿原则 (Right of Subrogation)源于补偿性的保险合同，保险人在赔付被保险人之后，可以采取代位追偿的方式向负有责任的第三者索赔，这样可以使被保险人既能及时取得保险赔偿，又可以避免产生双重获利，同时，第三者也不能逃脱其应承担的法律责任。

二、代位追偿原则的法律依据

保险人行使代位追偿权的法律依据因各国法律制度不同而有所差别。在我国，是以法律(即立法规定)为依据赋予保险人行使代位追偿权的。在国外，保险人行使代位追偿权既有以立法规定为依据的，又有以合同约定为依据的，甚至还有以司法裁判为依据的。

(一) 立法规定

立法规定是指以立法的形式，规定保险人在赔付被保险人的损失后，行使被保险人对负有责任的第三者的损害赔偿请求权。我国《海商法》第252条第1款规定：保险标的发生保险责任范围内的损失时，第三人要求赔偿的权利，自保险人支付赔偿之日起，相应转移给保险人。此外，英国《1906年海上保险法》第79条对保险代位追偿权作出了非常详细的规定，且区分全损和部分损失情况下的代位追偿权。依该法条的规定，保险人对标的的全损进行赔偿时，"有权接管"其已给予全损赔偿的标的上所有可能的存留权利；但在部分损失的情况下，保险人只在赔付部分损失时被保险人得到赔偿的范围内取得代位权。

(二) 合同约定

所谓"合同约定"，是指保险双方当事人在保险合同(包括在保险单)中订立代位追偿权条款，约定保险人在赔付被保险人之后，须行使被保险人对负有责任的第三者的损害赔偿请求权；或者，保险人与被保险人订立和解契约，在和解契约中订立赋予保险人代位追偿权的条款。

(三) 司法裁判

在既没有立法规定，又没有在合同中约定的情况下，有些国家的法院依据公正原则，基于司法裁判创设，赋予保险人代位追偿权，以使被保险人不能获得双重补偿，同时也使负有责任的第三者不能逃避应承担的法律责任。

三、代位追偿成立的条件

(1) 保险标的的损失，必须是由第三者责任引起的。保险标的的损失是由他人责任造成的，这种责任产生可以基于合同也可以基于法律，如果第三者的损害或违约行为与保险无关，就不构成保险上的代位追偿权。如在海上货物运输中，承运人对因管理货物的责任造成货损须负责赔偿；而对航行过失造成的货损则可以免责。在前一种情况下，保险人赔付货损后可向承运人行使代位追偿权；但在后一种情况下，则无法行使。

(2) 保险标的的损失是保险合同承保范围内的。引起保险标的的损失的事故必须要在保险人承保的范围内，否则，保险人不负赔偿责任，由当事人自己与第三责任者交涉赔偿。

[实务训练2-5]

卖方以CIF方式出口100箱茶叶，为茶叶投保了海运一切险。在海上运输途中，由于承运人的工作疏忽，将茶叶同樟脑配载于相邻的货位上。当货物运抵目的港，收货人提货，发现茶叶已经严重串味，不再具有饮用价值。由于卖方已为茶叶投保了一切险，收货人随即凭保单向保险公司提出索赔申请，保险公司是否应承担赔偿责任？该由谁向第三者责任方进行追偿？

[实务操作]

保险公司认为，船方应承担赔偿责任，茶叶的串味损失既属于一切险承保范围内的损失，又属于船方依法应承担的责任。这一损失即构成了代位求偿的条件。保险人赔付后，有权以被保险人的名义要求船方对茶叶遭受的串味损失进行赔偿。

(3) 保险人必须赔付被保险人的全部损失。在我国的保险实务中，保险人在赔付了被保险人后，往往要求被保险人签署一份"赔款收据及权益转让书"。从我国的上述法律规定上看，被保险人是否签署这一转让书并不影响保险人取得代位追偿权。签署转让书只是起到以下作用：第一，证明保险人不再欠被保险人的债务；第二，确认保险人赔款的时间，从而确认保险人取得代位追偿权的时间；第三，确认保险人通过向第三者追偿所能获得的最高损害赔偿金额；第四，必要时为对第三者进行代位诉讼提供方便。

在不足额保险中，当保险人赔付被保险人之后，保险人只能按保险金额与保险价值的比例取得受损保险标的的部分权利，而被保险人就未取得保险赔款的部分仍然有权向第三者请求赔偿。例如，甲船舶的实际价值为200万英镑，而投保金额为150万英镑，该船被乙船撞沉灭失。保险人赔付了甲船东150万英镑，甲船对乙船舶(第三者)200万英镑的索赔权中，有150万英镑转移给保险人，甲船仍对乙船有50万英镑的损害赔偿索赔权，保险人对乙船有150万英镑的代位追偿权。

四、代位追偿对象的限制

保险代位追偿的对象为对保险事故的发生及保险标的的损失负有民事赔偿责任的第三者，它既可以是自然人也可以是法人。在理论上，既然某个保险赔案有代位追偿权的存在，就必然是以对保险标的损失随时负有责任的第三者的存在为前提的。但在实践中，确定第三者及其应承担的责任是比较复杂的问题。一般来说，凡是对被保险人的保险标的负有下列责任的人均可成为保险人代位追偿的对象：侵权行为损害赔偿、债务不履行的损害赔偿、返还不当得利、返还所有物、返还占有物等。只要被保险人对应承担民事赔偿责任的第三者具有请求权，并把该项权利转让给保险人，则保险人赔付被保险人之后，均可向上述第三者行使代位追偿权。

对代位追偿的对象，很多国家的立法或惯例都有所限制。我国《保险法》第62条规定："除被保险人的家庭成员或者其组成人员故意造成本法第60条第1款规定的保险事故外，保险人不得对被保险人的家庭成员或者其组成人员行使代位请求赔偿的权利。"

被保险人的家庭成员，从广义上来解释，实质是指与被保险人有经济上或生活上利害关系的人，包括配偶，有较近的血亲或者有姻亲关系而共同生活的人，以及虽非共同居住，但有法定抚养义务的人。被保险人的组成人员，是指为被保险人的利益或者受被保险人的委托，或者与被保险人有某种特殊的法律关系而进行活动的人，包括被保险人的雇佣人员、合伙人、代理人等。我国《保险法》规定，禁止保险人向被保险人的家庭成员或者其组成人员行使代位追偿权，除非他们故意造成保险标的发生保险事故。因为上述人员的行为造成保险事故致使保险标的发生损害，保险人赔付被保险人后，如果仍然向上述人员行使代位追偿权，实际上就等于被保险人自己承担责任，这无异于"左手赔付，右手请求返还"。这不利于保护被保险人的利益，因此法律上予以禁止。但为了防止发生道德危险，同时也对故意行为进行制裁，保险人可以对故意造成标的损失的上述人员行使代位追偿权。

五、代位追偿权行使的时间

代位追偿权的行使应以保险人的赔付为先决条件，即保险人在没有赔付被保险人以前无权行使代位追偿权。我国《保险法》第60条规定："因第三者对保险标的的损害而造成保险事故的，保险人自向被保险人赔偿保险金之日起，在赔偿金额范围内代位行使被保险人对第三者请求赔偿的权利。"保险人对属于保险责任的，在与被保险人达成保险赔偿金额的协议10日内支付，或按双方约定的期限支付。这样，保险人仍然是自赔付被保险人之后才得以行使代位追偿权。为了不使负有责任的第三者逃脱法律责任，及时向其追偿损害赔偿，保险人可以采取预付赔款方式，此时，同样从预付之日起，保险人即可行使该预付赔款项下对第三者的代位追偿权。

由于在保险人向被保险人赔付之前，保险人不能行使代位追偿权，这样可能会产生一些问题，如保险人在标的出险后往往无法实施全面的控制。这样，保险人的代位追偿权可能会因为被保险人的过失或其他行为而受到损害。为确保自身利益，在英国的标准火灾保险中，保险人常常在保险单中加列一项条款，使自己在支付赔款之前即可享受并行使代位追偿权，该条款使得保险人在向被保险人实际赔付之前即可追究第三者的责任。但这种做法在海上保险中并不适用，保险人只有在赔付被保险人之后才可以行使代位追偿权。

另外，保险人在行使代位追偿权时常常在责任限额及时效等方面受被保险人对第三者的请求的约束。例如，甲船被乙船撞沉，乙船船东在赔偿甲船损害时，则可根据《1957年船东责任限制公约》将其应赔额压缩到责任限制范围以内。因此，甲船保险人在向乙船行使代位追偿权时也同样受到限制。我国《海商法》中关于"海事赔偿责任限制"及《海牙规则》《汉堡规则》中的承运人对第三者索赔权的时效也同样约束保险人的代位追偿权。由于被保险人对第三者索赔的原因不同，如第三者的侵权行为、违约行为等，以致这些索赔权的时效也不相同。这样就导致代位追偿权的时效长短不一。为此，保险人应抓紧时间，赔付被保险人的损失以取得代位追偿权，在法律规定的时效期限内，向负有责任的第三者追偿，否则时效届满，保险人也相应丧失权利。此外，保险人还应及时赔付被保险人的损失，如果保险人未能在时效届满前赔付损失，按法律规定，他也就不能取得代位追偿权，因而也就无追偿可言。

六、保险人的代位追偿权与被保险人对第三者索赔权的顺序问题

(一) 保险人的代位追偿权优先行使

保险人的代位追偿权优先行使，是指保险人基于代位追偿权的行使，可以从第三者的财产中比被保险人的残余债权优先受偿。但在保险人与被保险人的和解契约中，被保险人自愿放弃其优先受偿权，赋予保险人优先于其追偿地位者，不在此范围内。由于这种做法对被保险人不利，也与保险的宗旨相背离，很少有国家采用。

(二) 保险人的代位追偿权与被保险人对第三者的索赔权平等行使

这种观点认为，保险人的代位追偿权既然源于被保险人对第三者的损害赔偿请求权，

那么该权利无论是全部还是一部分，保险人的代位追偿权与被保险人的权利都应处于平等地位，应按各自债权额比例要求负有责任的第三者清偿。这一观点和做法在逻辑上言之有理，因而被包括我国在内的一部分国家接受。

(三) 被保险人对第三者的索赔权优先行使

被保险人对负有责任的第三者的索赔权，即使是残余债权也应优先于保险人的代位追偿权而受清偿。因为保险的主要目的在于补偿被保险人的损失，在被保险人分别从保险人和负有责任的第三者那里得到保险赔款和损害赔偿而获得全部补偿之前，保险人基于代位追偿权而对第三者的请求权不应介入。在经济补偿的主要目的尚未实现之前，不应基于逻辑推理，贸然赋予保险人以代位追偿权，使其立于与被保险人平等地位比例求偿。否则被保险人取得保险人赔款后，保险人可立即基于平等地位向第三者按比例追偿，此时，如果第三者的财产不足以清偿，则将导致被保险人的损失不能获得充分补偿。

七、代位追偿权的保护

(一) 保险人赔款之后

1. 被保险人对第三者的债权法定转移

在代位追偿权法定转移规定的情况下，一旦保险人支付了保险赔款，被保险人对第三者的损害赔偿请求权当然转移给保险人，因此被保险人在取得保险赔款之后放弃其对第三者的请求权，不产生效力，即保险人仍然有权向第三者行使代位追偿权。

2. 被保险人对第三者的债权并不当然转移

在无代位追偿权法定转移规定的情况下，被保险人对第三者的损害赔偿请求权，在取得保险赔款之后，并非立即转移给保险人，有可能仍然存在于被保险人处。此时，如果因被保险人的原因使保险人无法行使代位追偿权，或使保险人行使代位追偿权的权利受到损害，根据一些国家的法律规定，保险人可以基于侵权行为，向被保险人请求损害赔偿。

(二) 保险人赔款之前

尽管在保险人赔款之前，保险人没有取得并无法行使代位追偿权，但被保险人有可能损害保险人的代位追偿权，如自恃已经投保，在未经保险人同意的情况下，全部或部分放弃对第三者的损害赔偿请求权或债权担保，致使保险人在赔款之后，无法基于代位追偿权向第三者行使权利，此时，保险人可以拒绝保险赔款。对此，我国《保险法》第61条第1款明文规定："保险事故发生后，保险人未赔偿保险金之前，被保险人放弃对第三者的请求赔偿权利的，保险人不承担赔偿保险金的责任。"另外，根据该法第61条第2款及《海商法》第254条第1款的规定，保险人向被保险人赔偿保险金后，被保险人未经保险人同意放弃对第三者请求赔偿权利的，该行为无效。被保险人故意或者因重大过失致使保险人不能行使代位请求赔偿权利的，保险人可以扣减或者要求返还相应的保险金。

由此可以看出，被保险人违反法律规定，放弃其对第三者的损害赔偿请求或放弃债权担保，其效力表现为两点：一是被保险人对第三者的请求权或债权担保消失；二是保险人免除保险赔款义务，但其免除保险赔款的范围以因被保险人放弃其对第三者的请求权或放弃债权担保而导致保险人无法对第三者行使代位追偿权为限。

八、代位追偿中被保险人的义务

(一) 提供必要的文件和有关情况

被保险人一般须提供以下与确认保险事故性质和损失程度有关的证明和资料：船舶保险中主要有船舶保险单、理算书、海事证明、航海日志、检验报告、投标书、修理账单、拖带费及引水费账单、港口使用费账单、燃料及机舱物料账单、同第三者责任方交涉的往来函电和文件以及仲裁或法院诉讼的有关文件等；海运货物保险中主要有货物保险单、装运文件、航程中的文件、货物装卸单证、有关出售账单、共同海损理算书、追偿的函电和文件以及货损检验报告等。

(二) 协助保险人向第三者追偿

被保险人的这一义务主要是指提供必要的证据、出庭作证等，保证保险人顺利行使代位追偿权。被保险人提供的证据必须客观存在、与事实相关，而且具有合法性。

(三) 不得因放弃或过失而侵害保险人行使代位追偿权

保险人行使代位追偿权利的前提是，被保险人必须对第三责任者拥有索赔权利，如果被保险人放弃或者丧失了这种索赔权利，保险人无法取得代位追偿权，那么保险人也就不承担赔偿责任。

第五节　重复保险的分摊原则

一、分摊原则的含义

分摊原则(Principle of Contribution)是指在重复保险的情况下，被保险人所能得到的赔偿金由各保险人采用适当的方法进行分摊，所得到的总赔偿金不得超过实际损失额。重复保险是指投保人在同一时间内对同一保险标的、同一保险利益、同一保险事故分别向两个或两个以上保险人订立保险合同的保险。

在重复保险情况下，如果保险标的发生保险责任事故、导致损害，投保人则有可能同时向两个或两个以上的保险人索赔，其所获赔偿金将超过标的实际价值、实际损失或被保险人对标的所具有的保险利益。这就违背了保险的损失补偿宗旨与原则，因此，必须对此予以限制。

二、分摊方式

1. 比例责任(Pro Rata Liability)分摊

比例责任分摊方式是指将各保险人的保险金额相加作为分母，以各保险人承保的保险金额作为分子，得出各保险人应分摊的比例，然后按该比例分摊损失金额。各保险人承担的保险赔偿责任总和不得超过保险价值或实际损失额。各保险人的损失分摊额的计算公式为

各保险人的损失分摊额＝损失金额×(该保险人承保的保险金额÷各保险人承保的保险金额总和)

例如，某保险标的的保险价值为100万英镑，投保人分别向保险人A投保60万英镑，向保险人B投保40万英镑，向保险人C投保20万英镑。保险事故发生后，该标的的实际损失为60万英镑，则

保险人A应赔偿的金额为：$60÷(60+40+20)×60＝30$(万英镑)

保险人B应赔偿的金额为：$40÷(60+40+20)×60＝20$(万英镑)

保险人C应赔偿的金额为：$20÷(60+40+20)×60＝10$(万英镑)

这种方式对被保险人不太有利。因为，各保险人承担各自的赔偿责任，没有连带关系，被保险人须向各保险人分别索赔。在此期间，若某一保险人偿付发生困难，被保险人则可能得不到所有的保险赔偿。

2. 责任限额(Limit of Liability)分摊

责任限额分摊方式是指各保险人的分摊额不是以其承保的保险金额作为分摊基础，而是以各保险人在没有其他保险人重复保险的情况下，单独应负的最高责任限额的总和作为分母，以各保险人的最高责任限额作为分子，按比例分摊损失金额。

例如，某保险标的的保险价值为30万美元，投保人分别向两个保险公司投保，其中保险人A承保的金额为10万美元，保险人B承保的金额为40万美元。该保险标的的损失为20万美元。若按责任限额方式分摊该损失，则

保险人A应赔偿的金额为：$20×\{(20÷3)÷(20÷3+20)\}＝5$(万美元)

保险人B应赔偿的金额为：$20×\{20÷(20÷3+20)\}＝15$(万美元)

3. 连带责任分摊

这种方式是指，投保人与保险人约定，当保险标的发生损失时，被保险人有权向数个保险人中的任何一个或全体请求承担全额的赔偿责任。只要被保险人向其中一个保险人提出请求，该保险人即有义务将所有保险人应承担的赔偿责任向被保险人赔付。该保险人履行了赔付义务后，对其他保险人享有请求权，其他保险人应承担的责任，仍按其承保的保险金额与总保险金额的比例分别计算。

4. 顺序责任分摊

这种方式是指，按重复保险合同的订立先后顺序分摊赔偿责任。由最先签发保险单的保险人首先负责赔偿，只有在最先签单的保险人依照保险金额承担赔偿责任后，剩余损失或前一保险人无力承担的损失，才由后签单的保险人负责赔偿。其余以此类推。

5. 平均分摊

这种方式是指不管各保险人的责任限额为多少，保险标的损失均按相同份额分摊，

如分摊后的损失金额超过某保险人的责任限额，超过部分由其他保险人继续按相同份额分摊。

三、分摊原则的限制

(一) 非分摊条款

保险人与投保人在保险合同中约定了不得分摊的条款，如"本保险单对于被保险人有权根据其他保险单获得任何补偿的索赔，不负责任"，或者"在被保险人有权根据其他保险合同获得补偿的情况下，本保险单仅负责超过其他保险合同承保金额的部分"。

(一) 其他特殊的保险条款

在承保财产范围较广的保险单中，有时保险人会加入某些条款，以限制该保险单与其他更具专门性的保险单之间进行分摊。例如，除了超出海运保险单承保金额那一部分价值外，码头货栈存货的火灾保险单不与海上货运保险单进行分摊。

(三) 市场协议

如果雇员在乘坐雇主的汽车时遭受各种伤害，此时，可在汽车保险单及雇主责任保险单项下提出索赔。保险人与投保人在协议中规定，此类索赔可作为雇主责任险处理，不能与汽车保险人进行分摊。

第六节　近因原则

保险标的发生损失的原因有时是多种多样的，致损原因中有的属于承保风险，有的属于除外责任风险，还有的属于其他非承保风险，而这些风险有时单独发生，有时同时发生，有时又连续发生，从而可能出现一果多因、同果异因的情况。例如，在国际贸易货物运输中，特别是在海洋货物运输中，载货车、船往往会受运输过程中的多种风险的影响，保险货物发生的残损、短缺，往往是由错综复杂的原因造成的。因此，要确定保险人的赔偿责任，就必须弄清造成损失的原因。保险人一般只对承保风险与损失之间有直接因果关系的损失负赔偿责任；而对并非由承保风险造成的损失，不承担赔偿责任。近因原则(Principle of Proximate Cause)就是在保险标的发生损失时，用来确定保险标的所受损失应否获得保险赔偿的一项重要依据。

一、近因的含义

从字面意思来看，近因是时间或空间上最接近损失的原因。但由于风险与保险标的的损失之间的关系错综复杂，因此只强调时间或空间上的接近是不适当的。保险事故发生后，导致损失的原因有很多，可能是承保风险、不保风险，也可能是除外风险。造成事故损失的原因多种多样，而保险标的的损失与造成损失的原因之间又可能存在着各种不同的关系，所以保险人必须对损失和损失原因之间的关系进行限制。

1907年，波塞诉苏格兰联盟与国民保险案(Pawsey v. Scottis Union & National)对近因进行了以下定义："近因是指引起一系列事件的发生，由此导致出现某种后果的能动的、起决定作用的原因，而且在这一原因的作用过程中，没有来自新的、独立的能动力量介入而使上述因果关系受到破坏。"此后，英国许多判例进一步揭示了近因的确切含义：近因不一定是第一原因，也未必是最后原因。只有真正起到决定性作用的原因才能被确认为导致损失的产生，这个原因就是近因。

目前，我们可以把近因定义为：对造成保险标的的损失起决定性作用的有支配力的或者直接促成后果的原因。

二、近因原则及其法律意义

英国《1906年海上保险法》第55条第1款规定："除本保险法或保险契约另有规定外，保险人对直接由于承保的风险所引起的任何损失，均负赔偿责任；对于非直接由于承保的风险所引起的任何损失，均不负赔偿责任。"按照各国保险法及保险合同的规定，保险人只承担以保单承保风险为近因造成的保险标的的损失，这就是保险的近因原则。

根据近因原则，保险人在处理赔案时，赔偿与给付保险金的先决条件必须是造成保险标的损失的近因属于保险责任。由于近因原则对保险损失赔偿的限制，保险标的一旦发生损失，分析损失原因并确定近因就成为保险理赔中的重要工作，它直接关系被保险人与保险人的经济利益。

三、近因原则的应用

在实际保险业务中，如何应用近因原则，确定致损的近因，是非常复杂、非常困难的。下面根据几种常见的情况，分析如何确定致损的近因以及如何应用近因原则。

(一) 单一事件导致的损失

单一原因造成损失的情况比较常见，保险标的损失的发生不因其他事件介入而中断，唯一的事件就是损失的近因。如果它属于保险单承保的风险，保险人对损失应负赔偿责任；反之则不赔。例如，货物在运输途中遭受雨淋浸泡损失，若按我国保险条款，被保险人加保了淡水雨淋险，保险人对该损失予以赔偿；如果只投保了平安险或水渍险，保险人则不予赔偿。再如，在船舶保险中，船舶因意外触礁而沉没，触礁即船舶沉没致损的近因，由于触礁属于船舶保险承保风险，故保险人对船舶沉没损失应予赔偿。

(二) 数个原因同时发生而导致的损失

数个原因同时发生作用，是指无法严格区分不同原因在发生时间上的先后顺序。它们对于损失的发生都有直接的、有效的影响，原则上它们都是损失的近因。当可以对各个原因所引起的损失结果加以分类时，保险人对所有承保危险引起的损失均须负责，但对不保风险和除外风险所致的损失不需要负责。当各个原因所致的损失无法区分时，保险人按下面几种情况处理。

(1) 两个或两个以上的原因都是承保风险，则保险公司负损失赔偿责任。

(2) 两个或两个以上的原因中，既有承保风险，又有非承保风险，当能够确定承保风险导致的损失责任大小时，保险人只承担承保风险导致的那部分损失。当承保风险和非承保风险导致的损失无法确定时，保险人对所有损失都负赔偿责任。

(3) 两个或两个以上的原因中，既有承保风险，又有除外风险时，要分析两者之间的关系：当两个原因之间是相互独立的关系，能够确定承保风险导致的损失时，保险人只负责由承保风险造成的那部分损失；当两个原因之间是相互依存关系，承保风险和除外风险导致的损失无法按其成因划分清楚时，保险人将不负任何赔偿责任。例如，一幢大楼投保了火灾保险，在保单的除外责任中列明地震除外。楼内厨房在做饭时不慎起火，差不多同时又发生了地震，由于地震引起电线走火，最终大楼被烧毁。由于导致火灾的原因中包括地震这一除外风险，而且承保风险和除外风险导致的损失难以分清，对于楼房的损毁，保险公司不需要负责。

(三) 数个原因先后连续发生而导致的损失

如果保险标的损失的发生是由多种事件连续发生所导致的，前后因之间存在因果关系，则持续起决定和支配作用的事件(原因)就是损失的近因，如果该近因属承保风险，保险人则予以赔偿；反之，保险人不承担赔偿责任。连续发生作用的原因之间存在着这样几种关系。

(1) 前因和后因均为承保风险，保险人负全部赔偿责任。

(2) 前因和后因均为除外风险，保险人不承担赔偿责任。

(3) 前因不属保单承保风险，后因是保险责任范围之内的风险，后因是前因的必然结果，则保险人不负赔偿责任。例如，花生含水量过高，在运输途中发生霉变。投保人投保了一切险，虽霉变属于保险责任，但近因是花生含水量过高，不在保险责任范围内，因此，保险人不负赔偿责任。

(4) 前因属保单承保风险，后因不是保险责任范围之内的风险，后因是前因的必然结果，则保险人应负全部损失的赔偿责任。例如，包装食品投保了水渍险，在运输途中遭海水浸湿，食品的外包装受潮，导致食品发生霉变损失。霉变是由于海水打湿外包装，水汽侵入所造成的。因此，保险人应负赔偿责任。

(5) 前因不属保单承保风险，后因是除外风险，保险公司不承担保险责任。

(6) 前因和后因均为保单除外风险，保险人一概不负赔偿责任。例如，一座建筑物因火灾严重受损，其中一堵墙随时都有塌向相邻建筑物的危险。为了安全起见，地方当局下令拆除该墙体，但在拆除过程中，墙体坍塌并砸在相邻的他人的建筑物上。他人以火灾为由向保险人要求赔偿，保险人以致损的近因是拆除行为为由拒赔。法院认为，由于发生火灾，房屋才处于危险状态，在危险消除之前，火灾带来的风险仍然一直起着决定作用。拆除行为的本意在于减少这种风险，只是未能成功而已。因此，法院判决：火灾是损失的近因。从上述例子可以得出这样的结论：当多种事件连续发生而致损时，如果损失程度相当严重，且进一步的损失几乎不可避免，必须不断地采取排除危险的措施，直到危险被彻底消除。此时，最初的事件(原因)即为近因。

[实务训练2-6]

被保险人的船舶在驶往哈佛港途中，被敌方鱼雷击中，船体被击穿，随时可能沉没。该船船长想尽办法，驾船入港，开始修船，此时又适逢暴风雨，加剧了该船沉没的危险。为防止沉船阻塞港口，港务当局命令该船离开港区，该船于港外因遭受暴风雨而沉没。请分析导致船舶损失的近因。

[实务操作]

船舶沉没的损失近因是被敌方鱼雷击中，即属于战争险。而该船只投保了一般的船舶保险，没有加保战争险，因此，保险人不承担赔偿责任。尽管从时间上看，该船损失的最近原因是暴风雨，但该船被鱼雷击中后，始终没有摆脱沉没的危险。因此，被鱼雷击中引起的沉船危险始终起支配作用，而暴风雨的来临，只不过是加剧了沉船危险的程度而已。

(四) 数个原因先后间断发生而导致的损失

数个原因先后间断发生而导致的损失，是指造成损失的各原因之间在发生时间上存在着先后顺序，但相互之间没有必然的内在联系，彼此不形成因果关系，是完全独立的。

(1) 如果数个原因对损害结果的形成均有直接的、实质的影响，即它们均为近因，判定标准与数个原因同时致损基本一致。

(2) 如果新出现的原因具有现实性、支配性和有效性，那么在此之前发生的原因就被新的原因所取代，可以不予考虑。此时新的原因即为近因，当其为承保风险时，保险人对损失承担责任；当其为除外风险时，保险人对损失不承担责任。

[实务训练2-7]

美国南北战争期间，一批咖啡(6500包)从里约热内卢运往纽约，保单中规定"敌对行为引起的损失不赔"。当时，南部联邦军队出于军事目的熄灭海特拉斯角上的灯塔，由于船长迷失航向，方位判断出现问题，结果船舶触礁，断成了两截。约有120包咖啡未随船沉没，后被南部军队没收；如果没有军事干预的话，还会有1000包咖啡被拾起。留在船上的其他5380包咖啡全部灭失。请根据近因原则分析保险人的赔偿责任。

[实务操作]

对于货主而言，丧失了这批6500包咖啡所能带来的经济利益。但是对于保险人而言，120包咖啡损失的近因是南方军队没收，1000包咖啡损失的近因是敌对行为，5380包咖啡损失的近因是船长疏忽引起的触礁。根据近因原则，保险人只需要在保险责任范围内赔偿5380包咖啡所对应的经济价值。

保险人的赔偿责任与近因原则

基本案情

原告海运公司为其所属船舶H轮向被告保险公司投保，并取得被告开具的沿海内河船舶保险单。H轮系1995年改建的沿海Ⅲ类航区钢质货船，自重288吨，载重630吨。保单载明：船舶保险价值100万元，保险金额100万元，赔偿限额为保险金额的90%，保险期限自1999年4月19日至2000年4月18日，险别为一切险。"沿海、内河船舶保险条款"在保险责任方面规定，本保险承保因碰撞、触碰所造成的保险船舶的全损或部分损失。条款的除外责任规定，保险船舶由于下列原因造成的损失、责任及费用，本保险不负责赔偿：船舶不适航，不适拖(包括船舶技术状态、配员、装载等)等。1999年12月1日，H轮由上海载小麦690.76吨驶往广东，途中与一艘不知名的渔船发生碰撞，H轮右舷驾驶台前约3米处，被不知名渔船碰撞受损后进水，造成船货沉没，肇事船至今无法找到。因H轮系沉没在主航道上，港监部门要求强制打捞。2000年3月23日，H轮被强制打捞，但残值不足抵偿打捞费。船舶打捞起浮后，被告委托上海蓝捷海上安全技术咨询服务公司(下称咨询公司)对该船的损坏范围、程度及原因等进行检验确认，咨询公司就此出具技术服务报告，认为船舶损坏的原因可以合理地归结为该轮被他船撞击。事故发生地海上交通主管部门也证实，本次事故是因H轮被他船碰撞造成。为此，原告诉请判令被告赔偿保险金90万元及利息。但被告保险公司认为，H轮严重超载，致使船舶处在不适航状态，根据我国《保险法》及保险单所附保险条款第3条的规定，保险船舶由于不适航所引起的一切损失、费用，保险人不承担赔偿责任。

评析

海事法院审理认为，本案船舶保险合同有效，双方当事人应照此行使权利、履行义务。H轮本航次载货690.76吨，已构成超载，存在因超载导致船舶不适航的可能。沿海、内河船舶保险条款的除外责任规定，由于船舶不适航所造成的损失责任和费用，保险人不负赔偿责任，即要求事故与船舶不适航间存在因果关系，并非只要保险船舶存在不适航的情况，保险人即可拒赔。本案事故并非因船舶超载所致，而是船舶碰撞造成的，因此，被告以船舶超载不适航要求免除保险责任，不予支持。碰撞事故属船舶一切险的承保范畴，保险人应对此承担保险赔偿责任。残值不足抵偿打捞费，可推定船舶全损。依照《中华人民共和国海商法》第216条、第237条的规定，判决被告保险公司赔付原告海运公司船舶保险90万元。

学术点评

有果必有因，有因必有果。只有在危险事故的发生与损失结果之间存在直接的因果关系时，保险人才对损失负赔偿责任，这就是保险近因原则。从近因的认定来看，本案中保险船舶的损失系碰撞这一承保危险所致，虽然在碰撞发生前已存在船舶超载，且船舶超载有可能导致船舶不适航，但这种不适航的状况并未导致损失的发生，两者间不存在直接的因果关系，作为被告的保险人不能援引保险条款除外责任的约定，主张因果关系的连续而免责。本案船舶的损失实际上是由船舶碰撞这个单一原因引起的，属近因原则适用的第一种情形，保险人应承担赔偿责任。

资料来源：航运咨询网. http://news.sol.com.cn

案例评析2-2　代位求偿权成立的条件

基本案情

1996年7月25日，中国A公司与英国G公司签订贸易合同，A公司向G公司出售600吨电解金属粉，价格条件为CIF(到岸价)。A公司将提单转让给G公司。8月8日，A公司就该批货物的运输向某保险公司投保货物运输一切险。货物装上船后，由于水手操纵吊杆失误，导致船舶倾斜，部分集装箱掉进海里，包括A公司托运的一个集装箱。另外两个没有落水的集装箱被运往目的港，G公司凭提单提取了这两个集装箱。G公司仅向A公司支付了两个集装箱的货款，A公司向保险公司索赔落水集装箱所装货物的损失。保险公司向A公司支付了保险金，取得了进出口公司签署的权益转让书。保险公司对负责承运的D船务公司提起诉讼，要求追偿其所支付的保险金损失及利息。

评析

法院经审理认为，提单具有货物所有权凭证的法律效力，进出口公司在对提单作了空白背书后，将提单交给G公司，构成了提单的合法转让，提单项下的货物所有权随之转让给了G公司；同时，风险也已在货物装上船后转移给了G公司。因此，只有G公司才有权依据提单向承运人索赔。尽管保险公司已向A公司实际支付了保险赔偿金，并取得了A公司出具的权益转让书，但因A公司不具有对承运人的索赔权，保险公司并没有有效取得代位求偿权，不能向D船务公司提出货损索赔。法院据此判决，驳回保险公司的诉讼请求。

学术点评

本案中，作为保险标的的集装箱货物，因为实际承运人D船务公司的过错受到了损失，A公司没有直接向D船务公司索赔，而是向保险公司请求赔付，保险公司也实际给付了保险金，表面上似乎符合上述保险代位权取得的条件。然而，我们仔细分析后可以发现，保险公司对A公司的赔付是一个完全错误的决定，它根本不可能因此获得保险代位权。因为，第一，A公司本身无权向承运人索赔；第二，A公司在损失发生时已经不是被保险人。保险人取得代位求偿权需要具备一定的要件，我们可以将其简要概括为"一项前提，两个条件"。一项前提是指，代位求偿权的取得必须以被代位人享有损害赔偿请求权为前提。这一点很容易理解，因为根据常识，权利的转让必须以权利的存在为基础，任何人都不可能将自己没有的权利转让给他人。两个条件则是指，第一，第三人对保险标的物的损失负有责任；第二，保险人已经向被保险人履行了赔偿义务。只有满足了上述前提和条件，保险人才能取得和行使代位求偿权。

资料来源：百度文库. http://wenku.baidu.com

|实训题|

一、思考题

1. 保险经营中为何要规定保险利益原则？

2. 取得海上保险代位求偿权须满足哪些条件？

3. 举例说明在保险实务中如何运用近因原则确定保险责任。

4. 补偿性原则有哪些例外情况？

5. 关于保险人的代位追偿权与被保险人对第三者索赔权的顺序问题，你有什么看法？

二、操作题

1. 2013年2月1日，王某购得一辆汽车，价值12万元，他先后向甲、乙、丙三家保险公司投保车辆损失险，保额分别为6万元、10万元、14万元。在保险期限内，王某肇事，车辆损失为7万元，分别按重复保险的5种分摊方式，计算各保险人应承担多少损失。

2. 某标的保险金额为50万元，损失发生时的实际价值为60万元。标的由于保险责任范围内的原因损毁，保险人赔偿50万元。后经调查，第三者责任人需承担责任，并从第三者责任人处得到48万元追偿款。请根据保险人的代位追偿权与被保险人对第三者索赔权的顺序，讨论应如何处理这笔钱的归属问题。

第三章
海上保险概述

学习目标：

掌握海上保险的概念与特征；

掌握海上保险的分类；

了解海上保险的起源与发展；

理解海上保险与国际贸易的关系。

本章导读：

在人类社会发展的历史长河中，对海洋的认识、开发和利用一直都占有重要地位。海上保险在各类保险中起源最早、历史最长，海上保险是指以海洋运输有关的财产、利益或责任作为保险标的的一种保险。海上保险在性质上属于财产保险的范畴，是一种特殊形式的财产保险。国际贸易中的海洋货物运输保险是海上保险中最主要的一部分内容，它源于海上运输和海上贸易活动对分散风险的需求，保险应用的原则也都源于海上保险的法律与实践。因此，了解海上保险的起源与发展，掌握海上保险的定义、范围、特点以及分类，理解海上保险与国际贸易的关系，熟知海上保险的法律、惯例等是学习国际贸易保险实务的重要内容。

第一节　海上保险的起源与发展

一、海上保险的起源

海上保险起源很早，它是随着海上贸易的发展而产生、萌芽的。对于海上保险起源的确切说法，保险学界有多种不同的看法，大致可以归纳为两种：一种观点认为，海上保险源于公元前2000年出现于地中海一带的共同海损分摊原则；另一种观点认为，海上保险源于公元前800—700年流行在古希腊雅典的船货抵押借款制度。前者强调的是损失的分担，后者强调的是损失的补偿。同现代保险相比，后者与现代保险更为接近，因此，人们一般把共同海损的分摊原则视为"海上保险的萌芽"，而把船货抵押贷款制度视为"海上保险的最初形式"。

(一) 共同海损的分摊是海上保险的萌芽

共同海损大约产生于公元前2000年。那时，在爱琴海沿岸城市和濒临小亚细亚半岛南岸的罗德岛已有广泛的海上贸易活动,但由于造船技术水平低下,航海被视为一种冒险活动。共同海损是当时航海遇难时采用的一种最有效的抢救办法。

当发生航行危险时,为了保障船舶和货物及人员安全,往往采取抛货的方法,即把船舶所载的部分货物抛入海中。这样一来,船货各方往往为抛谁的货物而争论不休,而在实践中,逐渐地形成了由船长决定抛货,而弃货损失由受益的船货各方共同分摊的做法。而后即形成了为当时地中海航海商人所共同遵循的原则,"一人为众,众为一人"。这个原则后来被吸收在公元前916年制定的《罗地安海商法》之中,该海商法明文规定:"凡因减轻船舶载重投弃入海的货物,如为全体利益而损失的,须由全体来分摊。"直至今日,共同海损分摊原则仍为各国海商法所采用。海上保险起初就是这样以"互助""保证"的形式出现的,后来发展到金钱上的"冒险借贷""无偿借贷",直至"空买卖契约",最终发展为海上保险契约。伊丽莎白女王一世时期曾有一部法典,在它的序言里有这样一段话:"……用保险的方法就会出现这种情况,即在船只灭失或毁灭以后,随之而来的不是任何个人破产,而是这种损失较轻地分摊在许多人的身上,而不是沉重地落在几个人身上。"可以说,共同海损体现了海上贸易中分摊经济损失的互助保障思想,是海上保险的萌芽。

(二) 船货抵押借款是海上保险的最初形式

公元前800—700年,船舶抵押借款也随着地中海海上运输的发展,在地中海的一些城市流行。当时,为了修理船舶与补充给养,船主经常以船舶或船上货物为抵押向当地商人借款。船舶抵达目的地后,船主负责归还借款,若船舶中途不幸沉没,船主可以免除债务。以船舶作为抵押品的借款契约称为"船舶抵押借款契约",以船上货物作为抵押品的契约称为"货物抵押契约"。这种抵押借款实际上是海上保险的最初形式,放款人相当于现在的保险人,借款人相当于被保险人,保险对象则为船舶或货物。这种借款中的放款人要承担航海中的风险,因而其所获利息是很高的,高出普通利息的差额相当于现在的保险费。公元前533年,罗马皇帝查士丁尼在法典中肯定了这种借款与损失保证相结合的形式,并规定这种抵押借贷的利率为12%,比一般利率高出一倍。公元13、14世纪,北欧的汉萨同盟对抵押借款作出新的规定:除征得货主同意,船主进行抵押借款时,只能以自己的那部分利益为限。由此可见,抵押借款与损失保证具有现代保险的一些基本特征。

二、现代海上保险的发展

现代海上保险发源于中世纪的意大利。据史料记载,世界上第一张保险单是一个名叫乔治·勒克维纶(Georgius Levavellum)的意大利商人在1347年10月23日出立的、承保"圣·克勒拉"号从热那亚至巴乔卡的船舶航程保单,当时这种保单被称为Polizza,意大利语的意思是"承保",传入英国后成为Policy,并沿用至今。这种保单的措辞类似一种虚设的借款,它规定船舶在安全到达目的地后,合同失效;如中途发生损失,合同生效,该损失由合同的一方(贷款人,即保险人)承担。保险费是在保险合同订立之前以订金的名义支付的。这张保单因为没有定名保险人承担的风险,所以尚不具备现代保单的形式。但是到了1397年，在佛罗伦萨出现的保单已经有承保"海上灾害、天灾、火灾、抛弃、禁制、捕捉"等风险的记载，可以看做现代意义的保险单。

早期的海上保险业务由意大利伦巴第(Lombardy)的商人承做，最初英国船只保险的保单采用意大利语。到16世纪，意大利伦巴第人聚居在英国伦敦的一条街上经营保险，这条街后被命名为伦巴第街(Lombardy Street)。这些商人利用代理人为他们经营保险业务，从而使得现代保险业务逐渐普及。

15—16世纪，新航路的开辟使欧洲商人的贸易范围空前扩大，海上保险得到迅速发展，同时保险方面的纠纷也相应地增加。为了适应保险业务方面的需要，巴塞罗那、威尼斯、佛罗伦萨等地政府相继制定并颁布了海上保险法令、条例以及标准保险单格式。在美洲新大陆被发现后，贸易中心逐步由地中海一带转移至大西洋沿岸。海上保险制度也由意大利经葡萄牙、西班牙的各大城市传入荷兰、英国、法国以及北欧的一些城市。这些国家已处于世界贸易的发展阶段。1556年，西班牙国王颁布法令，确定了保险经纪人制度；安特卫普也于1563年通过法令，规定海上保险及保单格式，这一法令及安特卫普交易所的习惯做法被欧洲各地的保险人采用。

三、英国海上保险的发展

现代海上保险虽然源于意大利，但在英国获得了真正的发展。美洲新大陆被发现后，英国的对外贸易取得了空前的发展。1554年，英国商人得到国王的特许，组织贸易公司以垄断海上业务；1568年12月，伦敦市长批准成立了第一家皇家交易所，为海上保险提供了交易场所；1575年，英国女王特许在皇家交易所成立保险商会。在政府的支持下，英国的保险业务迅速发展，随之而来的海上保险纠纷也日益增多。为此，在17—18世纪，英国政府加强了对保险的行政管理与海上保险的立法工作。1720年，英国政府特许英国皇家交易保险公司和伦敦保险公司独享海上保险业务，为英国经营世界范围内的海上保险业务提供了便利条件。18世纪下半叶，首席大法官曼斯菲尔德(Mansfield)收集整理了大量的海上保险案例，编写了一本海上保险法案例。至此，世界保险中心逐渐转移到英国。英国于1884年成立了"伦敦保险人协会"(The Institute of London Underwriters)，是伦敦经营海上保险业务的承保人公会组织。参加这个组织的成员有劳合社与伦敦的各个保险公司。这个协会内设一个名为"技术及条款委员会"(Technical and Clauses Committee)的机构，专门从事保险条款的标准化工作。它所指定的保险条款一直受到世界各国的重视，并在国际保险市场上广泛应用。英国的保险单格式和伦敦协会制定的保险条款之所以被各国长期广泛地采用，一方面是由于英国在世界保险市场上占有重要的地位，另一方面是因为这些格式条款具有悠久的历史，经历过无数次法律诉讼，几乎每字每句都经过法院的裁断、解释和认定。海上保险立法也以英国最为完备和具有影响力。英国海上保险法是在曼斯菲尔德任英国皇家法院首席大法官的三十多年间，在对上千个海上保险判例进行深入研究的基础上，结合国际惯例而制定的。英国议会根据有关判例将其制定成单行法，定名为《海上保险法》，于1906年12月21日公布实施。该法是近代最为完整和最具有影响力的海上保险法，它不仅涉及内容广泛，而且条理清晰，具有较高的权威性。长期以来，该法对世界各国的保险立法有着深刻的影响，直到现在，它仍然是世界上最具有权威性的海上保险法典。

在英国的海上保险发展过程中，劳合社的形成与发展具有重要的地位。劳合社又称为劳埃德社，是当今世界上唯一一个允许个体保险人经营保险业务的保险市场。劳合社本身不接受保险业务，而是由取得会员资格的承保人以自己的名义来办理承保业务。所以劳合社只是一个管理与服务机构，并不是一个保险公司。1871年，英国议会通过法案正式承认劳合社为法人组织，限制其成员专营海上保险业务；到1911年，英国议会取消了对劳合社经营业务的限制，允许其会员除了经营海上保险业务外，还可以经营其他所有类型的保险。目前，劳合社的承保业务大体分为4类，即水险、非水险、航空险和汽车保险。

四、中国海上保险的发展

我国的海上保险是伴随着帝国主义对我国的经济入侵而逐渐兴起的，经历了由以英国为主的保险资本垄断市场到建立我国自己的民族保险事业的过程，承受住了第一次世界大战期间外国资本力量的剥削，直至1949年新中国成立，保险事业走上独立发展道路，中国的保险业开始进入正常发展的时期，市场的开发、制度的完善使得保险业全面进入建设阶段。

(一) 新中国成立前海上保险的发展

1. 外商独资保险公司垄断

第一次鸦片战争打开了中国闭锁了几千年的大门，将西方保险思想引入中国，中国海上保险业逐步兴起。1805年，英国保险商在广州开设了第一家保险机构，成立"谏当保安行"(也称"广州保险会社")，主要经营海上保险业务。1835年，在中国香港设立保安保险公司(即裕仁保险公司)，并在广州设立了分支机构。1887年，"怡和洋行"在上海设立了保险部。到20世纪前，以上海为中心，以英商为主的外商保险公司垄断中国保险市场的局面已经形成。

2. 民营保险公司阵营

1865年5月25日，上海华商义和公司保险行成立，这是我国第一家民族保险企业。它的成立打破了外国保险公司对中国保险市场垄断的局面，标志着我国民族保险业的起步。1875年12月，李鸿章授意轮船招商局集资20万银两在上海创办了我国第一家规模较大的船舶保险公司——保险招商局。1876年，设立了仁和保险公司。1885年，保险招商局被改组为业务独立的仁和保险公司和济和保险公司，主要承办招商局所有的轮船和货物保险业务。1887年，两者合并为仁济和保险公司，其业务范围也从上海转向内陆地区，承办各种水险及火灾保险业务。从1865年到1911年，华商保险公司已有45家，其中上海37家，其他城市8家。尽管如此，由于我国长期处于半殖民地半封建社会的境地，保险资本同其他民族资本一样，难以摆脱洋商的控制和剥削，所以海上保险事业始终得不到应有的发展。

(二) 新中国的海上保险业

1949年10月1日，中华人民共和国成立，我国保险事业开始走上独立发展的道路。1949年10月20日，中国人民保险公司正式成立，该公司首先开办了火灾保险和海上运输保险业务，沿海口岸城市的保险分公司，如上海、天津等地还开办了"运输货物保险""船员保险"和"船体保险"等海上保险业务。

1952年，外商保险公司因业务来源不足而自动撤离出境，从根本上结束了帝国主义长达一百多年对中国保险市场的垄断。海上保险业务大部分转到国家保险公司经营。1956年，我国私营保险公司的社会主义改造基本完成。

1958年10月，中央决定停办国内保险业务，但保留了以海上保险为主要内容的涉外保险业务。然而，直到1980年恢复国内保险业务时，这种海上保险业务由于种种原因并没有得到很好的发展。改革开放以来，为促进对外贸易的发展，扩大国际经济合作和技术交流，我国的海上保险业务得到了迅速发展，保费收入大幅度增加，保险种类不断翻新，新的保险公司加入海上保险经营行列，初步形成了国内海上保险市场。

为了适应中国对外贸易不断发展的客观要求，中国人民保险公司根据中国海上运输保险的实际情况，并参照国际保险市场的习惯做法，制定了海上保险的相关保险条款。1992年通过的《中华人民共和国海商法》对海上保险进行了专门的立法，有力地推动了中国海上保险业的发展。中国海上保险业随着海上运输事业的发展逐步成为财产保险中的重要组成部分。目前，中国海上保险业得到了空前迅速的发展，但同发达国家相比还有很大差距。

第二节　海上保险的定义、范围与特点

一、海上保险的定义

海上保险俗称水险，是指以同海上运输有关的财产、利益或责任作为保险标的的一种保险。海上保险在性质上属于财产保险范畴，是一种特殊形式的财产保险。它不仅表现为一种经济补偿关系，同时也体现为一种法律关系。

海上保险作为一种法律关系而存在，并非由于国家法律上的某种特殊规定，而是通过海上保险当事人之间相互达成协议或订立合同来表现的。因此，国际上习惯把对海上保险定义的分析转变成对海上保险合同的分析。关于这一点，我们可以从国内外有关法律对海上保险定义的分析中得到证实。

(一) 英国《1906年海上保险法》(MIA1906) 的定义

英国《1906年海上保险法》的第1条就规定了海上保险的定义：海上保险合同是指保险人向被保险人承诺，当被保险人遭遇海上损失，即海事冒险所发生的损失时，应按照约定的条款和数额，赔偿被保险人损失的合同。

(二) 美国《海商法》的定义

美国于1920年制定的《海商法》对海上保险的定义是：海上保险是被保险人按照约定向保险人支付保险费，保险人按照约定，当被保险人所有处在海上危险中的特定利益受到损失时，承担赔偿的合同。

(三) 中国《海商法》的定义

中国《海商法》对海上保险的定义与英、美国家的定义基本相同，认为：海上保险合同是指保险人按照约定，对被保险人遭受保险事故造成保险标的的损失和产生的责任负责赔偿，而由被保险人支付保险费的合同。

以上引述的各国对海上保险的定义，虽然表述不尽相同，但其精神实质是一致的。它们都是从合同关系的角度来认识和分析海上保险，并由此得出海上保险的定义。这种法定的海上保险定义包含两层含义：第一，海上保险是一种法律关系，是海上保险当事人之间按照合同法规定，订立保险合同，并由此产生各自的权利和义务。第二，海上保险是具有一定对价的补偿性法律关系。换言之，海上保险当事人之间是一种双务的有偿合同关系。一方面要求被保险人缴纳一定的保险费；另一方面要求保险人按照约定，当保险事故损失发生时承担赔偿责任。因此，海上保险合同也是一种有条件的双务合同。

二、海上保险的范围

在海上保险产生的初期，海上保险的范围仅限于海上，海上保险的保险标的只是传统的船舶、货物和运费三种。海上保险承保的风险也仅限于海上的固有风险。因此，这个阶段的海上保险实际上是以船舶、货物及其运费为保险标的的一种保险。随着国际贸易的发展和运输方式的变更，海上保险的范围开始扩大，承保标的的种类逐渐增加。

20世纪60年代之后，随着国际经济形势的发展和变化，以及运输领域的技术革命，海上保险的承保范围又发生了巨大变化，具体表现在以下三个方面。

(一) 承保标的的范围扩大

近几十年来，随着各国政治经济形势的变化，特别是海上资源的开发，海上保险的内容和形式进一步发生变化。目前，海上保险承保的标的已由原来与海上运输有关的物质财产，如传统的船舶、货物等，扩展到与财产有关的非物质的利益和责任，如海上石油开发保险、海产养殖业保险、船东保障与赔偿责任保险等。中国《海商法》规定，下列项目都可以作为海上保险的标的：船舶、货物、船舶营运收入、货物预期利润、船员工资和其他报酬、对第三人的责任，以及由于发生保险事故可能受到损失的其他财产和产生的责任费用。

(二) 承保风险的范围扩展

原来的海上保险所承保的风险仅限于原有的海上的固有风险，但随着国际贸易的发展，尤其是国际货物运输方式的变化，原来单一的海上运输方式逐渐转变为多式联运，使得海上保险所承保的风险扩展到了与海上运输相关联的陆上或航空运输途中。例如，2009年《英国伦敦保险业协会货物保险条款》(ICC 2009)(B)所承保的风险包括陆上运输工具倾覆或出轨以及海水、湖水或河水进入船舶、驳船、运输工具、集装箱、大型海运箱或储存处所等风险。

(三) 保险单格式和保险条款的变革

随着承保标的范围和承保风险范围的扩展，保险单格式和保险条款方面也发生了巨大变革。1779年至1982年，伦敦保险市场采用劳合社船货保险单格式。为适应形势的变化，英国于1982年颁布实施了新的保险单格式以及与之配套使用的新的协会货物保险条款(ICC 1982)。2009年，英国又对ICC 1982予以修订，形成更新的保险条款(ICC 2009)。

三、海上保险的特点

海上保险与一般财产保险的不同之处主要在于：海上保险的标的通常与海上航行有关，如船舶和船上的货物等；海上保险承保的风险除了一般陆上也存在的风险(如雷电、恶劣气候、火灾、爆炸等)之外，还有大量的海上所特有的风险(如触礁、搁浅、海水进舱等)；海上保险一般属于国际商务活动，因为在通常情况下，海上保险的当事人属于不同的国家，或者保险事故发生在异国他乡，总之大多牵涉国际关系。概括起来，海上保险主要呈现以下几个方面的特性。

(一) 承保风险的综合性

按照保险保障的范围划分，海上保险属于一般财产保险，但海上保险所承保的风险范围远远超出了一般财产保险的范围。海上保险所承保的风险，从性质上看，既有财产和利益上的风险，又有责任上的风险；从范围上看，既有海上风险，又有陆上和航空风险；从风险的种类看，既有自然灾害和意外事故引起的客观风险，又有外来原因引起的主观风险。

(二) 保险标的的流动性

由于海上保险保障的范围既包括海上运输风险或责任，又包括陆上运输、航空运输以及多式联运的风险或责任，因此，海上保险实际上是一种运输保险。而运输是利用各种运输工具，将生产的产品或交易的货物从一个地方运送到另一个地方，即将产品或货物从生产制造地运送到消费地，因此，海上保险的保险标的总是处在流动之中。正是由于海上保险的这种流动性，就难以避免地使同一保险标的在不同地点会有不同的保险价值，因此，海上保险采用定值保险的做法。

(三) 被保险人的多变性

海上保险中的船舶保险，其保险单的转让必须经过保险人的书面同意，也就是说，被保险人不能随船舶所有权或经营权的转移而自动变更。但运输货物保险与船舶保险不同，运输中的货物被转卖的现象时常发生，再加上运输中货物的风险因素主要取决于承运人，与货主没有直接的关联，因此，在海上运输中保险单的转让无须经过保险人的同意。在国际货物买卖实务中，卖方将货物托运后，就将货物保险单背书转让给买方，买方即成为新的被保险人，新的被保险人可能会遇到其他的货物买主，就会将保险单再次背书转让出去，这样交易中的货物就会在运输中频繁转手，就会导致货物的被保险人不断变化。

(四) 海上保险险种和险别的多样性

与其他保险相比，海上保险的险种和险别不仅数量多，而且随着时间的推移，其形式与范围也在不断发生变化。从险种上看，海上保险有运输工具保险(船舶保险)、运输货物保险、运费保险、集装箱保险、各种责任保险等。从险别上看，海上保险有基本险和附加险之分。仅运输货物基本险就有平安险、水渍险和一切险；ICC(1982)分为ICC(A)、ICC(B)、ICC(C)。附加险又分为一般附加险、特别附加险与特殊附加险。

(五) 海上保险的国际性

海上保险中的当事人大多数是从事国际保险业务的国际组织和保险公司以及从事国际贸易、国际远洋运输的经营者，无论是运输工具还是运输的货物都往返于不同的国家或地区。这种保险的主体与客体的存在形式与运行方式使得海上保险成为一种国际性的保险。正是基于这种原因，海上保险合同的订立与履行，应当遵循国际公约、国际法律、国际惯例、通用准则或有关国家的法律法规和规定。

第三节 海上保险的分类

对海上保险进行分类，可以确定海上保险的研究范围，了解海上保险的发展变化。最初的海上保险按其标的不同，主要分为船舶、货物与运费三种保险类型。随着科学技术的不断发展与进步，以及国际贸易方式与运输方式的不断变化，海上保险增加了很多内容，海上保险保障的对象、标的和责任范围日益扩大。海上保险的这些内容上的变化及其规律，可以通过海上保险的分类加以说明。对海上保险进行分类，还可以帮助人们弄清海上保险各种险种与险别之间的联系与区别。按照不同的标准可以将海上保险划分为多种类型，目前，国际上经常采用以下4种划分标准。

一、以承保标的为标准划分

海上保险的种类，按其承保标的的不同，可以划分为下列6种。

(一) 运输货物保险

运输货物保险(Cargo Insurance)是指以各种运输工具承运的货物作为保险标的的一种保险。这种保险承保的货物一般为进出口货物，也包括非贸易货物，如援助物资、展览品。根据采用的运输方式的不同，运输货物保险又可以划分为海上运输货物保险、陆上运输货物保险、航空运输货物保险以及邮包运输保险等。

(二) 船舶保险

船舶保险(Hull Insurance)是以各种水上交通运输工具及其附属设备为标的的一种保险。这里所说的船舶，除了船体以外，还包括机器、锅炉、设备、燃料，以及供船舶和机器使用的储备物品等。保险人承保的船舶分为两大类，一类是普通商船，如各种货船、客船等；一类为特殊用途船，如油轮、渔船、游船、拖船、驳船、渡船、集装箱船、挖泥船等各种在海上作业的船只。不同的船舶采用不同的保险方式，使用不同的保单。从保险方式来看，船舶保险单可分为期间保险单、航程保险单、港口保险单、造船保险单、单船保险单和船队保险单等。

船舶保险大都按照期间保险方式投保，以一年为期，如有必要也可以按照航程保险方式投保，就某一特定航程或连续数个航程签订一个船舶保险合同。

(三) 运费保险

运费保险(Freight Insurance)是以运费为保险标的的一种保险。海上保险的运费是指承运人为他人运送货物所得的报酬。在国际贸易实务中，运费有两种：一是预付运费，即约定在装货港预先付清的运费；二是到付运费，即约定在目的港支付的运费。根据相关的国际公约，如果货物在运输途中灭失，不能到达目的港时，运费预付的，需要承运人退还运费；运费到付的，船东无权请求给付运费。因此，运费保险与船舶保险有着密切的关系，运费保险单大都以船舶保险单作为基本保险单，然后附贴运费保险条款。在实践中，如果有关船舶是按照期间投保，则其运费也按期间投保；反之，如果有关船舶是按照航程投保，则其运费也按航程投保。

(四) 碰撞责任保险

海上保险中的责任保险主要是指船舶的碰撞责任保险(Collision Liability Insurance)。船舶碰撞，是指船舶在海上或者与海相通的可航水域发生接触、造成损害的事故。船舶在海上航行，因技术上的原因或其他无法预防、控制的偶然事故的发生，致使第三者遭受损失的情况时有发生，此种损失一旦发生，事故责任者应当承担法律赔偿责任。根据我国《海商法》的规定："船舶发生碰撞，是由于一船的过失造成的，由有过失的船舶负赔偿责任。船舶发生碰撞，碰撞的船舶互有过失的，各船按照过失程度的比例负赔偿责任；过失程度相当或者过失程度的比例无法判定的，平均负赔偿责任。互有过失的船舶，对碰撞造成的船舶以及船上货物和其他财产的损失，依照前款规定的比例负赔偿责任。碰撞造成第三人财产损失的，各船的赔偿责任均不超过其应当承担的比例。互有过失的船舶，对造成的第三人的人身伤亡，负连带赔偿责任。"船方为了转嫁这种损失，往往会投保船舶碰撞责任保险。但在实务中，通常一起办理船舶碰撞责任保险与船舶保险。

(五) 保障与赔偿保险

保障与赔偿保险(Protection & Indemnity Liability Insurance)，简称保赔保险。这种保险起初由船东相互保险组织——船东保险协会负责承办。由参加协会的船东会员相互提供资金，共同承担那些不属于保险公司负责的，包括由于航运管理上的错误和疏忽等引起的，在法律上对第三者应负的经济赔偿责任。船东相互保险是一种具有互助性质的保险，虽然被列为海上保险范畴，但它承保的风险是海上保险一般不予承担的风险。

(六) 海上石油勘探开发保险

海上石油勘探开发不但技术复杂，投资额高，而且风险很大。开发海上石油从勘探开始，到打井探油、建设油田，进而生产石油直至油井枯竭报废为止，全部工程的投资、财产设备以及各种费用和责任风险通常都进行保险。海上石油勘探开发保险(Offshore Oil

Exploration & Production Insurance)涉及船舶设备、费用、责任、工程建设和投资风险等各项内容。

二、以保险价值为标准划分

海上保险的种类，按其保险价值是否确定，可以划分为定值保险和不定值保险两种。

(一) 定值保险

定值保险(Valued Insurance)亦称约定价值保险，是指海上保险财产的价值事先经保险双方约定并载明于保险合同，按照约定价值确定保险金额，作为保险人收取保险费和保险标的发生保险责任范围规定的事故损失时，计算赔款所依据的一种保险。定值保险是海上保险特有的一种保险。从理论上说，凡是保险标的的价值不能以市价估计，或在损失发生后不易估价的，其保险价值应当由当事人事先约定，以免事后发生索赔纠纷，然而这样做的结果有可能引发投保人或被保险人的欺诈行为。因此，除海上保险外，其他财产保险一般不订立定值保险合同。海上保险采用定值保险的原因：一是保险标的特别是运输中的货物与船舶受时间和空间因素的影响，损失发生后，对损失的估计存在诸多技术上的困难；二是运输中的货物与船舶不像其他财产那样直接掌握在被保险人手中，一般不会产生为了索赔而故意制造保险事故的道德风险。在定值保险下，无论标的的实际价值是否高于或低于指定的保险价值，只要保险金额与约定的保险价值相等，即为足额保险。若发生全损，保险人可按保险金额(约定的保险价值)全部赔偿，不论损失时的实际价值是多少；若发生部分损失，则按损失比例赔偿。

(二) 不定值保险

不定值保险(Unvalued Insurance)是指保险双方订立保险合同时不约定保险价值，只订明保险金额的一种保险，保险费依照保险金额计算。保险人对保险事故损失的赔偿，按事故发生时的实际价值进行估计，以损失发生地当时的市场价值为准。但以此计算的赔偿金额不得超过其保险金额，如果依据损失发生时的市场价值估计的保险价值高于保险金额，赔偿金额应按两者之间的比例计算。反之，如果保险价值低于保险金额，赔偿金额则按实际损失程度在保险金额限度内进行赔付。除海上保险外，绝大多数的财产保险采用不定值保险。

三、以保险期限为标准划分

海上保险的种类，按其承保的期限划分，可分为航程保险、期间保险和混合保险三种。

(一) 航程保险

航程保险(Voyage Insurance)，是以航程为单位确定保险期限，承保从某港到某港之间一次航程、往返航程或多次航程中保险标的遭遇损失的一种保险，货物保险通常采用航程保险。

(二) 期间保险

期间保险(Time Insurance)，是承保一定航期内保险标的遭受损失的一种保险。期间保险一般适用于船舶保险。期间保险的期间由保险双方协商，可以是一年，也可以是半年或几个月，其保险责任起讫同其他保险一样，通过约定载于保险单上。

(三) 混合保险

混合保险(Mixed Insurance)，是一种既保航程又保航期的保险。一方面，这种保险对规定的保险期限以外的期间所发生的损失不负赔偿责任，因此具有期间保险的性质；另一方面，它对于原定航程以外的航行区域发生的损失也不负赔偿责任，因此又具有航程保险的性质。在国际贸易运输中，含有"仓至仓条款"的运输货物保险实际上是一种混合保险。

四、以船名确定为标准划分

(一) 船名已定保险

船名已定保险是海上运输货物保险中经常采用的一种保险，投保时载货船舶已经确定。投保人应当将船名和开航日期等情况告知保险人。船名已定保险只承保指定的货物交由指定的船舶在指定的航次上运输的风险。

(二) 船名未定保险

船名未定保险是货物的进口方经常采用的保险，其特点是载货的船舶名称及开航日期在投保时均未确定，而是在货主接到国外卖方通知船名和航期后，立即通知保险公司签发批单，确定承运船名、启航的地点与日期，以此核算保险费的差额。船名未定保险通常分为以下三种类型。

1. 预约保险(Open Insurance)

预约保险是承保约定期间内若干批运输货物的保险。通常以暂保单签订，不限制总保险金额。在预约保险合同有效期内，投保人应当将预约保险合同范围内的每一笔保险，按规定及时向保险人书面申报；保险人对投保人的每一笔书面申报，均应当视做预约保险合同的一部分，按保险合同承担保险责任。保险方有权查对申报内容，如有遗漏，投保方必须补报。我国进口货物大多采用预约保险的办法，各专业进出口公司或其收货代理人同保险公司事先签有预约保险合同。签订合同后，保险公司负有自动承保的责任。

2. 流动保险(Floating Insurance)

流动保险是承保一个总保险金额内若干批运输货物的保险。合同中载明承保险别、货物名称、总保险金额、保险费率、航行区域和保单有效期限等。每次运输事项确定后，保险人应将船名、航期、卸货地、货物数量和金额等以启运通知书的形式通知保险公司，每次运输的货物金额从总保险金额内扣减，直到扣减完毕，保险合同终止。不论哪批货物发生损失，在保险责任范围内和有效保额限度内都可以得到保险赔偿。保险费在签订合同时先按总保险金额和平均费率计算预付，待全部货物装运完毕，再按实际费率计算应付保费，多退少补，结清保费。

3. 总括保险(Blanket Insurance)

总括保险又称闭口保险，是保险人在约定的保险期间内对一定保险标的的总保险。被保险人与保险人就一定的保险货物商定一个总的保险金额、承保险别、起运地点、费率水平等，由被保险人支付一笔总的保险费。在约定的保险期限内，保险人对被保险人每批出运的货物全部承保，被保险人不需要逐批向保险人发出通知。当货物发生损失，保险人的赔款应从总的保险金额中扣除。总保险金额扣完后，保险人不再承担保险责任。总括保险具有省时、省力、经济的特点，因此比较适合价值小、运输时间和运输距离较短的货物。

第四节　海上保险与国际贸易的关系

无论是从古老的贸易形式的角度探讨海上保险的产生，还是依据如今的贸易术语研究对保险的种种规定，得出的结论都足以证明国际贸易离不开海上保险的保障。海上保险随着国际贸易的发展而发展，伴随经济全球一体化进程的加快，两者之间的联系更加紧密。

一、海上保险与国际贸易的内在联系

海上保险与国际贸易的内在联系表现在以下几个方面。

(一) 海上保险依赖国际贸易而存在

海上保险的主要承保对象是进出口货物、运送货物的各种船舶及费用支出，没有国际贸易，就没有进出口货物、船舶及费用支出，失去了保险的对象，海上保险也就无从谈起。追溯保险的起源，不难看出，海上保险是随着国际贸易的产生而产生的，它服务于国际贸易，并随着国际贸易的发展而发展。

(二) 国际贸易离不开海上保险的保障

在国际贸易中，货物由出口方经长途跋涉运至进口方，需要经装卸、储存等各个环节，很可能会遇到自然灾害、意外事故以及各种额外费用的支出。国际贸易中大多数货物采用海运方式完成，但海运又是处在海洋这种特殊环境和条件下的一种运输方式，船、货极易遭受海上风险的侵袭，极易导致船、货的灭失和损害。因此，必须要由海上保险来分散风险、分摊损失。通过海上保险的损害赔偿，可以保障买卖双方合理的贸易利益，稳定其贸易资金，有利于国际贸易的正常经营。

(三) 两者相辅相成，互相促进

一方面，在长期的贸易实践中，海上保险在为国际贸易提供保障的同时，自身得到完善和发展，其服务的领域越来越广泛；另一方面，贸易商通过海上保险，大胆经营，扩大了国际贸易的规模并使贸易顺利进行。

二、贸易术语与海上保险的关系

目前，在国际贸易中最有影响力、使用最多的贸易术语的国际惯例是《2010年国际贸易术语解释通则》。该惯例的贸易术语虽然在交货地点、买卖双方权利和义务等方面有所不同，但都涉及海上保险，只不过有些贸易术语规定由卖方办理保险，有的则规定由买方办理保险。

现将常用的4种贸易术语，即CIF、CIP、CFR和FOB中，买卖双方办理保险的实务过程如下所述。

(一) 卖方办理保险的实务过程

1. 保险办理过程

以CIF或CIP术语成交的国际货物买卖合同由卖方办理保险。当卖方接到买方经由开证行开来的信用证后，安排发货。首先与运输公司签订运输合同，然后根据买卖合同规定到保险公司投保，取得保险单，货物经报关检验合格后，装船运出，同时取得运输公司的提单。卖方取得保险单和提单后，连同信用证制定的其他有关文件，一并交予结汇银行请求结汇。结汇银行审单、审证，单证相符后，接受押汇，垫付货款，取得货运单据，并将其寄送开证银行，请求付款。开证行接到货运单据之后，则通知买方赎单。买方付清货款后取得货运单据，到运输公司提货。若货物没有发生损失，则这笔交易就结束了。若货物发生损失，在没有确定责任之前，买方应同时向运输公司和指定的保险代理人发出索赔通知，以免耽误索赔时效，并向公证行申请检验，公证行接受申请后到码头仓库检验，并将检验报告分别交予买方和保险代理人。与此同时，运输公司接到买方的索赔通知后立即调查，如不属于船方责任，则向买方发出拒赔函，买方得到公证行的检验报告后，如确属保险责任范围内的损失，则向保险代理人提交检验报告及其他有关的必要文件，正式索赔，保险代理人处理赔案后，通知保险公司案情的赔偿情况。

2. 应注意的问题

根据《2010年国际贸易术语解释通则》的规定，在CIF术语下，卖方办理保险应做到以下几点。

(1) 卖方自负费用办理货物保险，并向买方提供保险单或其他保险凭证；

(2) 保证买方或其他对货物具有可保利益的人有权直接向保险人索赔；

(3) 卖方应向信誉良好的保险人或保险公司投保；

(4) 若买卖合同没有相反的规定，卖方应根据协会货物保险条款或其他类似条款中的最低保险险别投保，如ICC2009(C)或中国的平安险；

(5) 当买方提出要求并由买方负担费用时，卖方可以加保战争险、罢工险、暴乱和民变险；

(6) 最低保险金额应为合同规定的价款加成10%，并应采用合同规定的货币。

(二) 买方办理保险的实务过程

买卖双方签订国际货物买卖合同，若以FOB和CFR术语成交，则一般由买方办理保险。具体步骤是：买方到保险公司预约保险后，向开证行申请开立信用证。开证行接受买方的申请，将其开立的信用证发送结汇(通知)银行，然后结汇银行将信用证转发给卖方。卖方见到信用证后，即可发货，并尽快通知买方，以便买方转报给保险公司核算保险费。卖方发货后，取得提单，可向结汇银行申请结汇。结汇银行接受押汇后，取得货运单据，并将其邮寄到开证银行。开证银行见到货运单据便可通知买方赎单。若货物没有发生损失，买方提货后，该笔交易就结束了。若货物发生损失，在未确定责任之前，买方应同时向运输公司和保险公司发出索赔通知，以便保留索赔权利，然后买方将申请保险公司指定的公证行到码头仓库检验货损的情况，由公证行向买方签发检验报告。与此同时，若货损不属于承运人的责任，则运输公司向买方发出拒赔函。买方获得检验报告后，如确属保险责任范围内的损失，则由保险公司负责赔偿。

案例评析3-1

海上保险-未告知-保险经纪人的责任

基本案情

原告与澳大利亚联邦政府缔约，向澳大利亚大西洋舰队出租直升机，并安排4架直升机由Icebird轮自Hobart港运至位于Casey的大西洋基地。该批直升机根据一份海上保险单办理了保险。

自Hobart港启航后不久，直升机遭受严重损坏，原告依据保险单索赔。保险人拒赔，因为原告与澳大利亚联邦政府的合同明确约定，租用期间直升机损坏所得赔偿应当给予澳大利亚联邦政府，但该事实没有向保险人披露。

原告同时起诉保险人以及安排保险的经纪人。

法院判定，原告虽已将租约中赔偿归澳大利亚联邦政府的条款告知保险经纪人，但保险经纪人没有将该条款告知保险人。

被保险人无权从联邦政府获得补偿是一项实质性的事实，应当向保险人披露。该事实意味着保险人的代位求偿权将毫无价值，而被保险人在所有情况下将对任何损失承担完全的赔偿责任，尽管联邦政府本应承担责任。

原告辩称，保险人理应知悉政府合同中的赔偿规定，但该论点没有证据支持。

另一个未告知的理由是，负责在船上绑扎直升机的是被保险人，而非船长、码头工人。被保险人雇员参与直升机积载、绑扎的事实也限制了保险人在某些情况下向第三人追偿的权利。

因此，保险人有权撤销保单。

保险经纪人没有告知保险人上述租约中的条款，因此违背了其对原告承担的义务。就货物积载而言，保险经纪人对应告知保险人的积载方法等并不知悉。因此，如果保险经纪人的责任仅限于告知其直接知悉的事实，那么就保险人的抗辩，经纪人将不承担任何责任。但经纪人的责任应当高于此，一个合理谨慎的保险经纪人，尤其是从事航空保险的经纪人，应当为其客户做得更多。如果保险人有可能因未告知而撤销保险合同，那么经纪人应当充分了解保险人的经营活动，以便完全履行其职责，尤其是避免任何书面保险合同下责任的无效。在本案中，当事人未出具正式计划的事实尤为明显。

如果保险经纪人足够重视其作为海事经纪人的责任，那么他应当告知保险人希望知道的所有事实，包括任何非通常的绑扎方式。因此，保险经纪人应对原告承担赔偿责任。

评析

本案的法律争议点有两个。

(1) 未告知。依据我国《保险法》第16条的规定："在订立保险合同时，保险人可以就保险标的或者被保险人的有关情况提出询问，投保人应当如实告知。投保人故意隐瞒事实，不履行如实告知义务的，或者因过失未履行如实告知义务，足以影响保险人决定是否同意承保或者提高保险费率的，保险人有权解除保险合同。"

若投保人故意不履行如实告知义务的，保险人对于保险合同解除前发生的保险事故，不承担赔偿或者给付保险金的责任，不退还保险费。投保人过失不履行如实告知义务，对保险事故的发生有严重影响的，保险人对于保险合同解除前发生的保险事故，不承担赔偿或者给付保险金的责任，但可以退还保险费。

本案保险经纪人明知被保险人与澳大利亚联邦政府在合同中关于赔偿的约定，但未将该条款内容告知保险人，并且在被保险人负责并实际参与货物积载、绑扎的情况下，保险经纪人也没有充分了解情况，进而将这种非通常的做法告知保险人。而这些事实足以影响保险人决定是否承保或者以什么费率承保，因此，保险人有权解除合同，并对保险合同解除前的保险事故不承担赔偿或者给付保险金的责任。

(2) 保险经纪人的责任。我国《保险法》第125条规定："因保险经纪人在办理保险业务中的过错，给投保人、被保险人造成损失的，由保险经纪人承担赔偿责任。"

本案中的被保险人已将其与澳大利亚联邦政府签订合同的有关内容告知保险经纪人，该经纪人由于其自身过错未将这些事实告知保险人；对于被保险人违反一般常规负责并参与积载、绑扎的事实也未进行充分了解并相应告知保险人。由于保险经纪人是专门代理被保险人办理投保的专业人士，理应精通保险法律、相关专业知识以及保险人的各项具体要求，尤其是涉及保险合同当事人双方权利义务的各项细节。正因如此，对保险经纪人的专业技能要求远比一般民事代理人更加严格。无论是因其技术知识上的不称职，还是由于其他过失，造成被保险人损失者，依法应当对被保险人承担赔偿责任。

案例评析3-2

海上货物运输保险合同中的保险利益

基本案情

德国M公司从德国ALBSTADL港出口一台装于集装箱内的圆筒针织机至上海，并向赫尔维蒂亚瑞士保险公司投保了海上货物运输险。该集装箱货物承运人为中国远洋运输(集团)总公司，托运人为香港A公司，收货人为上海A公司。收货人将货物提离目的港港区，运至收货人仓库的次日，被告上海B公司在收货人场地拆箱，当作业人员提升已拆箱的货盘架准备将机器送入仓库时，货盘从1米多高处掉落，导致针织机全损。

保险合同订明，原告赫尔维蒂亚瑞士保险公司(以下简称保险公司)为该保险合同保险人，保险责任期间为仓库至仓库。保险责任终止于货物在目的地交付于收货人指定的地点(最终交付地)。德国M公司在收到保险人支付的190 000德国马克赔偿款后，签订了权益转让书，将对第三人的索赔权转让给保险人。

被告认为，货物受损时，保险期间已经结束。原告在没有核实德国M公司有无保险利益的情况下，即向无保险利益的M公司进行了赔偿，原告的保险代位求偿权的取得缺乏法律和事实依据。

评析

一审法院经审理认为，原、被告选择适用中国法律与法不悖，因此，本案适用中国法律。根据我国法律规定，保险标的发生保险责任范围内的损失是由第三人造成的，被保险人向第三人要求赔偿的权利自保险人支付赔偿之日起相应转移给保险人。根据原告陈述，德国M公司已将涉案货物卖给了香港A公司，香港A公司指定上海A公司为收货人。上海A公司凭提单提货，已运至"最终交付地"，保险责任期间已经结束。同时，货物拆箱后也已改变了运输方式，从集装箱运输转为非集装箱运输。保险人也未能证明投保人对货物拥有所有权。投保人M公司已不享有保险利益，原告不应向投保人理赔。即使原告取得权益转让书，其保险代位求偿权的取得也缺乏法律和事实依据。因此，原告不具有代位求偿的诉讼主体资格。遂判决对原告保险公司的诉讼请求不予支持。原告保险公司不服一审判决，提起上诉。

二审法院经审理认为，收货人已将货物提离港区并运至收货人所在地存放，海上货物运输合同承运人的责任期间结束，海上货物运输保险人的保险责任期间也已经结束。对于保险合同结束后的货损事故，保险人不必承担理赔责任。保险公司在海上保险合同结束后作出的是不当理赔，且不是从海上货物运输合同托运人处取得代位求偿权，即使取得代位求偿权也只能追究承运人的责任，而不能追究上海A公司提货后再委托的B公司吊运货物发生的货损责任，故保险公司认为B公司应承担货损责任的上诉理由不能成立，遂判决，驳回上诉，维持原判。

学术点评

本案原告提起的是海上货物运输保险合同代位求偿之诉。我们可以从两个层面来分析：一是被告和德国M公司都不是海上货物运输合同当事人，因此，德国M公司不能向被告提起海上货物运输合同之诉。德国M公司未拥有涉案货物的所有权，也不能向被告提起侵权之诉。因此，即使原告赔付德国M公司，也不能就上述两个法律关系提起代位求偿。二是尽管德国M公司是保险合同的投保人，但在事故发生时，德国M公司已不具有保险利益，因此，原告不应当赔付，也不能取得涉案代位求偿诉讼主体资格。由于第二个层面属深层次的，因此，应着重就保险利益作做一步探讨分析。

保险人必须查明被保险人是否具有保险利益并且该保险利益必须存在于保险责任期间，保险人在赔付后，才取得代位求偿权，这是保险人向保险事故责任人提起保险代位求偿诉讼最基本和最主要的条件。如果不能满足这个前提条件，就很难说保险人已经取得了相应的代位求偿权。

关于保险利益还应该理清两个关系。一是保险利益与保险合同的关系。保险利益是保险合同成立的根本要素，无保险利益，保险合同不发生效力；丧失保险利益，则保险合同遂即终止。二是保险利益与被保险人的关系。在财产保险中，投保时被保险人可以无保险利益；但事故发生时，被保险人必须对保险标的具有可保利益。

根据上述理论分析，我们可以认为，德国M公司不是海上货物运输合同中的托运人或收货人，同时又未能证明在将货物卖给A公司中保留货物所有权，因此货物受损时，该公司不具有保险利益。同时，货物受损发生时，海上货物运输合同已经结束，海上货物运输保险合同也已终止，保险利益也不再存在。原告保险公司没有查明M公司有无保险利益即向无保险利益的M公司进行了赔偿，不能合法地取得代位求偿权。原告没有合法的代位诉讼主体资格，其诉讼请求也只能被法院依法驳回。

资料来源：法律常识网. http://china.findlaw.cn/falvchangshi/haishihaishang/hsbxht/hsbxhtal/14835.html

|实训题|

一、思考题

1. 简述海上保险的起源与海上保险在中国的发展。
2. 与一般财产保险不同，海上保险的特点有哪些？
3. 什么是海上保险？简述海上保险的范围。
4. 简述海上保险的分类。
5. 简述海上保险与国际贸易的关系。

二、操作题

1. 甲公司以FOB贸易条件进口一批玉米，与承运人A船运公司签订海上运输合同。甲为保障该批货物的安全，又与保险公司B签订了海上货物运输保险，投保险种为一切险，双方约定保险金额为102万美元。后货物在海上遭遇恶劣天气，在狂风巨浪的袭击下，货物遭到海水湿损，货损比例为40%，损失十分惨重。经各方的联合勘察，货物遭遇海水湿损的近因是船舱盖严重腐烂，因此该船稍遇一般大浪就会有大量海水涌入。甲公司是否能得到承运人或保险公司的赔偿？

2. 一台船用锅炉在被起重机吊起装船时，由于拉力过大，起重机因链条断裂摔入舱底，造成船舶的损坏，这个事故的风险是否符合海上保险特点？之后，船长故意将船凿沉，船舶的受押人向保险公司索赔，法院判决"凿船"是船舶沉没的近因，在被保险人投保海运基本险的前提下，该事故损失又是否属于海上保险承保的范围呢？

第四章
海上保险合同

学习目标：

熟悉海上保险合同的概念与特点；

掌握海上保险合同的形式；

了解海上保险合同的主体与客体；

了解海上保险合同订立的环节、变更和转让的方式以及终止和解除的原因。

本章导读：

2013年4月27日，广东富虹公司从巴西进口大豆，向中国平安财产保险股份有限公司深圳分公司(以下简称深圳平保公司)发出货运投保单，投保单载明的投保险别为一切险、罢工险、战争险等。4月28日，深圳平保公司签发了货运保险单，以邮政快递方式寄送富虹公司。保险单载明：被保险人为富虹公司；被保险货物为60 500MT散装巴西大豆，货物单价396.09美元/MT；货物由韩进大马轮于2013年5月4日从巴西桑托斯起至中国湛江，该轮船旗为巴拿马旗；保险金额为23 963 445美元。保险单没有记载保险价值。保险单正面记载承保条件为：①按照中国人民保险公司海洋运输货运保险条款承保一切险，并按照中国人民保险公司货物罢工险条款承保罢工险；②短量责任为"港至港"责任，其他责任为"仓至仓"责任；③短量事故绝对免赔为保险金额的0.5%，其他事故绝对免赔为保险金额的0.3%等。

5月13日，因被保险货物的数量有所变化，经富虹公司申请，深圳平保公司向富虹签发保险批单，将保险金额减少至22 874 197.50美元，货物数量更改为57 750MT，应退还保险费980.32美元。富虹公司向深圳平保公司支付人民币168 587.51元的保险费用。8月1日16:00时，富虹公司与检验人员对货物抽样时发现大豆有霉变、受损现象，同日电话通知深圳平保公司，次日向深圳平保公司发出出险通知书，告知货损情况。富虹公司于8月6日书面通知韩进大马轮船长现有霉变情况。

富虹公司于2014年5月26日向广州海事法院起诉，诉称：因深圳平保公司签发的保险单背面以英文载明免责条款，其在订约过程中没有向富虹公司作出说明，富虹公司当时也不了解条款内容，深圳平保公司无权援引保险单背面所载的免责条款拒赔等。请求法院判令深圳平保公司赔付富虹公司货物损失人民币17 903 749.20元，残损大豆施救费用及船舶滞期损失人民币2 549 268.39元及其利息，并承担本案诉讼费。

深圳平保公司认为，双方当事人之间的保险合同是合法的、有效的，合同的免责条款是富虹自己选择的，深圳平保公司已就保险条款的全部内容向富虹公司做了明确说明，保险公司的全部条款是双方当事人一致同意的，富虹公司不能在保险事故发生后只选择合同的责任条款而否定免责条款。本案货物损失绝大部分是被保险人和发货人方面的原因与运输迟延造成的，这属于保险单约定的除外责任。深圳平保公司仅应承担22%的损失和费用，向富虹公司支付保险赔偿共计人民币3 457 787.78元。

本案例的焦点在于深圳平保公司能否依据保险单除外责任条款拒赔损失。如果大家想了解如此判决的理由到底是什么，就必须了解海上保险合同订立过程中所涉及的一些知识。这一章将介绍有关海上保险合同的基本内容以及海上保险合同的订立。

第一节　海上保险合同的定义及特点

一、海上保险合同的定义

海上保险合同是保险合同的一种，是海上运输中投保人按规定向保险人缴纳一定的保险费，保险人对被保险人遭受保险事故、造成保险标的损失和产生的责任，承担经济补偿的一种协议。对此，英国《1906年海上保险法》第1条对"海上保险合同"进行了解释："A contract of marine insurance is a contract whereby the insurer undertakes to indemnity the assured，in manner and to the extent thereby agreed，against marine losses，that is to say，the losses incident to marine adventure."(海上保险合同，是指保险人按照约定的方式和范围，对与海上风险有关的海上损失，向被保险人承担赔偿责任的合同。)该法第2条第2款规定："海上保险合同可以用明示条款或经由某种贸易习惯，扩展保障被保险人在与海上航行有关的内河或任何陆地风险中的损失。"

我国《海商法》第216条规定："海上保险合同，是指保险人按照约定，对被保险人遭受保险事故造成保险标的物的损失和产生的责任负责赔偿，而由被保险人支付保险费的合同。"这里所称的保险事故是指："保险人与被保险人约定的任何海上事故，包括与海上航行有关的发生于内河或陆上的事故。"

根据以上两种解释，可以对海上保险合同的概念做一个概括。海上保险合同是财产保险合同的一种，是海上运输中的投保人或被保险人按规定向保险人缴纳一定的保险费，保险人对投保人或被保险人遭受保险事故造成保险标的的损失，承担经济补偿的一种具有法律约束力的协议(Agreement)。

二、海上保险合同的特点

从上述英国《1906年海上保险法》与我国《海商法》关于海上保险的定义中可以看出，由于海上保险合同所发生的权利和义务关系有其特殊性，海上保险合同除具有一般经济合同的共同属性外，还有以下特点。

(一) 海上保险合同承保的风险与海上运输活动有关

海上保险是随着海上运输而产生、随着海上运输的发展而发展的。海上运输除了会遇到陆上可能遇到的风险外，还会遇到只有海上才有的特殊风险。海上保险承保的风险事故有海啸、雷电、恶劣气候和其他不可抗拒的海上自然灾害，有海盗、船长、船员的不法行为，有盗窃及对船舶的捕获、扣押、扣留、羁押、没收、封锁等人为灾难，有船舶本身的潜在缺陷，有船舶的搁浅、触礁、碰撞、沉没以及由此产生的共同海损、海难救助、海洋污染和对第三人的责任事故等。这些与海上运输活动相关的风险构成了海上保险的基本内容，是海上保险合同的主要特点。

(二) 海上保险合同承保的风险可以扩展到海陆混合风险

保险人与被保险人约定的任何海上事故，包括与海上航行有关的发生于内河与陆上的事故。保险期间的"仓至仓"责任条款，就是包括内河或者陆上事故的责任条款。因此，作为海上保险合同的承保责任范围，其风险事故不仅有海上事故，还包括与海上航行有关的发生于内河或陆上的事故。但是，这些发生于内河与陆上的事故必须与海上航行有关，任何单独的、不涉及海上航行的、发生于内河或陆上的事故不构成海上保险合同的内容。

(三) 海上保险合同是涉外合同

海上保险合同通常属于涉外保险合同。考察一份合同是否具有涉外性，取决于构成合同民事关系的主体、客体和内容三要素是否含有涉外因素，而海上保险合同民事法律关系中的三大要素绝大部分含有涉外因素。

(四) 海上保险合同是补偿合同

海上保险合同是为了补偿海上风险造成保险标的损失这一经济原因而订立的合同。这种补偿体现在两个方面：首先，如果标的物损坏或者灭失，保险人只会给予经济补偿，而不可能使标的复原。其次，如果被保险人的损失大于保险金额，保险人的补偿以保险金额为限；如果被保险人的损失小于保险金额，则保险人的补偿以被保险人的损失额为限。

(五) 海上保险合同是射幸合同

海上保险合同的一个重要内容就是保险费率，它是依照大数法则、根据特定风险发生的概率厘定的。就具体的被保险人而言，他所缴纳的保险费相较于约定风险发生后所获得的补偿是微不足道的，就这一点而言，保险与赌博具有同样的数学基础。为了防止有人利用保险业务进行赌博，从而危害保险事业的发展，我国《保险法》第11条规定："投保人对保险标的应当具有可保利益。投保人对保险标的不具有可保利益的，保险合同无效。"

(六) 海上保险合同是一种附和性合同

海上保险合同一般是由保险人事先印制好的，被保险人只能被动接受保险合同及其条款。由于海上保险的复杂性，被保险人往往不可能像保险人那样对保险合同及其条款的所有内容和含义有清晰的认识，特别是条款中存在可能引起争议的内容时，保险人应首先对这种争议负责。所以，修订后的我国《保险法》第30条规定："采用保险人提供的格式条款订立的保险合同，保险人与投保人、被保险人或者受益人对合同条款有争议的，应当按照通常理解予以解释。对合同条款有两种以上解释的，人民法院或者仲裁机构应当作出有利于被保险人和受益人的解释。"

第二节　海上保险合同中的法律关系

一、海上保险合同的主体和客体

民法规定：合同的主体是指合同中享有权利和承担义务的人。海上保险合同的主体是指与保险合同发生直接、间接关系的人，包括保险人、投保人、被保险人；辅助人是协助海上保险合同的当事人签署合同、履行合同，并办理有关保险事项的人。保险合同的主体如图4-1所示。

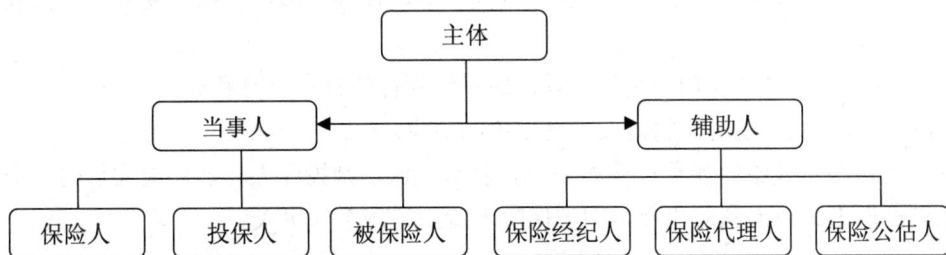

图4-1　保险合同的主体

(一) 海上保险合同的当事人

1. 保险人(Insurer)

保险人也称为承保人(Underwriter)，是经营保险业务的组织或个人。保险人是与投保人签订保险合同，并按照合同约定收取保险费、承担赔偿责任的一方当事人。

各国保险业的实际情况不同，保险人组织形式也存在差异，其形式包括股份有限公司、相互保险公司、保险合作社、国家经营保险及个人经营保险等。不论哪种形式的保险组织，要成为海上保险合同的保险人，都必须经过政府机构的批准；要取得保险人资格，应当具有经营海上保险业务的资格。在我国，财产保险公司都可以经营海上保险业务。我国《保险法》中的第三章中的第67~94条是专门有关保险公司的规定，其中第67条明确规定："设立保险公司应当经国务院保险监督管理机构批准。国务院保险监督管理机构审查保险公司的设立申请时，应当考虑保险业的发展前景和公平竞争的需要。"同时还明确："设立保险公司的主要股东具有持续盈利能力，信誉良好，最近三年内无重大违法违规记录，净资产不低于人民币二亿元。"

2. 投保人(Applicant)

投保人又称要保人，是指经申请与保险人订立海上保险合同、负有缴纳保险费义务的一方当事人。投保人应具备如下条件。

(1) 应当具有民事行为能力。订立海上保险合同是一种民事法律行为，它会引起相应的法律后果，因此，投保人必须具有民事行为能力，能够正确地分析判断其投保海上保险合同的性质和后果。根据《中华人民共和国民法通则》(以下简称《民法通则》)的规定，有民事行为能力的人必须是年满18周岁或者年满16周岁，以自己的劳动收入为主要生活来源的精神正常的自然人。

(2) 应当对保险标的具有保险利益。投保人应当与保险标的之间存在着某种利害关系，没有这种保险利益的自然人或法人不能向保险公司投保，也就不会成为海上保险合同的投保人。如果依此条件确认投保人资格的话，具体包括：船舶所有人(船东)对其拥有的船舶具有保险利益；货物所有人对其享有所有权的货物具有保险利益；运费所有人对相应的运费具有保险利益；租船合同中的出租人对其应得的租金具有保险利益；船舶抵押中的抵押人对其抵押的船舶或抵押权人对其支出的抵押贷款均有保险利益。

3. 被保险人(Assured)

海上保险合同的被保险人是指承受保险事故所造成保险标的的损失的后果并有权请求赔偿的一方当事人。被保险人是在海上保险合同中获取保险保障的直接承受者。被保险人应具备两个条件。

(1) 与保险标的之间有切身利害关系，即对保险标的具有保险利益。

(2) 在保险事故发生时，将直接承受损害的后果。

在海上保险实践中，如果投保人为自身利益投保，则投保人与被保险人是同一个当事人；如果投保人为他人利益投保，则被保险人就是另一个当事人。

(二) 海上保险合同的辅助人

保险经纪人、保险代理人、保险公估人虽然不直接参与海上保险合同的订立，但作为保险中介机构，他们有辅助合同订立的作用。

1. 保险经纪人(Insurance Broker)

1) 保险经纪人的定义

保险经纪人是投保方的代理人。根据我国《保险法》第118条规定："保险经纪人是基于投保人的利益，为投保人与保险人订立保险合同提供中介服务，并依法收取佣金的机构。"保险经纪人的中介作用使得保险人扩大了业务来源，所以，保险经纪人的报酬一般由承保业务的保险人支付。

根据以上定义，我们可以从以下5个方面来理解保险经纪人。

(1) 保险经纪人是投保人的代理人，必须接受投保人的委托，基于投保人的利益，按照投保人的要求进行业务活动。

(2) 保险经纪人不是保险合同当事人，他仅为促使投保人与保险人订立合同创造条件，组织成交，提供中介服务，而不能代保险人订立保险合同。

(3) 保险经纪人只能以自己的名义从事中介服务活动，但其有自行选择向哪家保险公司投保的权利。

(4) 保险经纪人所从事的是有偿活动，有权向委托人收取佣金。

(5) 保险经纪人必须是依法成立的单位而非个人，并承担其活动所产生的法律后果。

2) 保险经纪人存在的原因

保险商品是一种契约商品，它是一张服务性很强的期货合同，是一项专业性很强的经济活动。"信息不对称"的现实使投保人处于弱势地位，因此，聘请保险经纪人可使投保人(或被保险人)得到很多好处。投保人可以降低风险管理成本，提高经营效率；获得全面、专业的风险管理服务；得到经济、合理、充分的保险保障；降低投保成本；提高投保安全性。

3) 保险经纪人的报酬

保险经纪人从事的是有偿活动，有权向委托人收取佣金。佣金主要有两种形式：一种是由保险人支付的，主要来自其所收保险费的提成；另一种是当投保人委托经纪人向保险人请求赔付时，由投保人向经纪人支付的相关报酬。

4) 保险经纪人的主要作用

保险经纪人，简而言之，就是"受人之托，代客理保"，即基于投保人的利益，与保险人洽谈保险条件，订立保险合同，代交保费和完成其他特约服务的一种中介单位。

保险经纪人基于投保方的利益，为投保人与保险人订立保险合同提供以下中介服务：为客户设计风险管理方案，为客户设计保险方案，替客户同保险公司谈判，为客户管理保险单，协助客户进行保险索赔等，如图4-2所示。

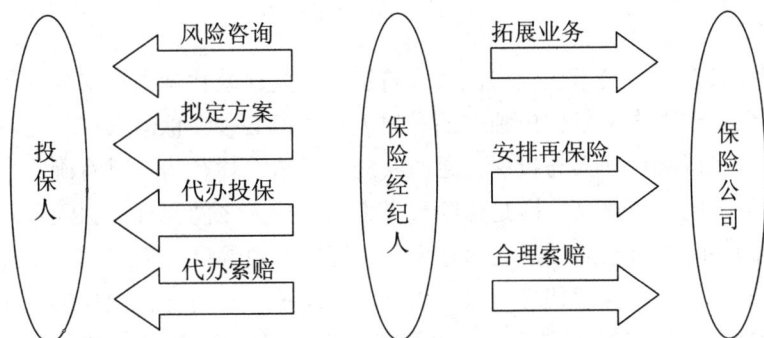

图4-2　保险经纪人提供的服务

在法律上，保险经纪人对保险人不负任何其他责任。保险经纪人代表投保人(或被保险人)的利益，如果因保险经纪人的过错在投保、协助索赔等环节给投保人造成损失，保险经纪人要承担赔偿责任。保险经纪人必须谨慎从事，认真为被保险人服务，如果由于疏于职责而使被保险人的利益受到损害，保险经纪人应对损失负责，被保险人可以就此对保险经济人提起诉讼，要求赔偿。我国《保险法》第128条规定："保险经纪人因过错给投保人、被保险人造成损失的，依法承担赔偿责任。"

保险经纪人已经有很长的历史，源于17世纪的英国，现已成为世界性的行业，但是在中国还处于起步阶段。保险经纪人应当具有较高的业务素质，国际上对此都有规定严格的资格要求。在我国，设立保险经纪人必须报经中国保监会审批，从事保险经纪业务的人员必须参加保险经纪人资格考试，并获得资格证书。

2. 保险代理人(Insurance Agent)

自保险业问世以来，保险代理人便应运而生，并成为保险业务经营不可或缺的部分。

世界各国，凡是保险业发达的国家，保险代理也十分发达。目前，保险代理从业人员在数量上已经远远超过了保险公司人员。

1) 保险代理人的定义

保险代理人是指保险人的代理人。我国《保险法》第117条第1款规定："保险代理人是根据保险人的委托，向保险人收取佣金，并在保险人授权的范围内代为办理保险业务的机构或者个人。"保险代理关系如图4-3所示。保险代理人的权利来自保险代理合同的授权。保险人委托保险代理人代为办理保险业务，应当与保险代理人签订委托代理协议，依法约定双方的权利和义务。保险代理人的主要任务是代保险人销售保单、收取保费。保险代理人可以是自然人，也可以是法人。

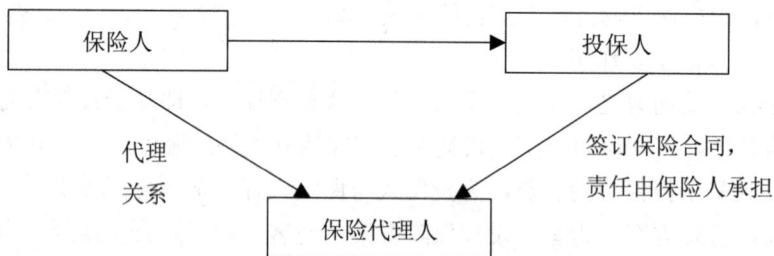

图4-3　保险代理关系

2) 保险代理人的法律特征

保险代理人具有一般民事代理人的法律特征：一是保险代理人以保险人的名义进行代理活动；二是保险代理人可以作出独立的意思表示，但必须在保险人授权范围内，因而属于委托代理；三是保险代理人与投保人之间实施的民事法律行为，具有确立、变更或中止一定民事权利义务的法律意义；四是保险代理人与投保人之间签订的保险合同所产生的权利与义务，视为保险人自己的民事法律行为，法律后果由保险人承担。

与一般代理人不同，保险代理人具有以下法律特征：一是在保险代理法律关系中，保险人对保险代理人的越权行为应承担民事责任。我国《保险法》第127条规定："保险代理人根据保险人的授权代为办理保险业务的行为，由保险人承担责任。保险代理人没有代理权、超越代理权或者代理权终止后以保险人名义订立合同，使投保人有理由相信其有代理权的，该代理行为有效。保险人可以依法追究越权的保险代理人的责任。"二是保险代理人所知道或理应知道的事宜，均可假定为保险人知道，保险人不得以保险代理人未告知对抗投保人或被保险人。三是投保人向代理人缴纳保险费视为已交付委托人。四是对于独立的保险代理人，在一笔交易中不能既为保险人的代理人，又为投保人的代理人，重复代理在保险业中是不允许的。我国《保险法》第125条规定："个人保险代理人在代为办理人寿保险业务时，不得同时接受两个以上保险人的委托。"五是保险经纪人因过错给投保人、被保险人造成损失的，依法承担赔偿责任。

3) 保险代理人的种类

由于各国的保险法律不同，对保险代理人的资格、种类和业务范围的限定也有所不同。根据我国相关法律的规定，保险代理人可以分为专业代理人、兼业代理人和个人代理人三类。

(1) 专业代理人。专业代理人是指专门从事保险代理业务的保险代理公司。根据我国《保险代理机构管理规定》，保险代理机构的组织形式可以是合伙企业、有限责任公司和股份有限公司。主要经营业务包括代理销售保单、代理收取保费、代理保险人进行损失的勘察和理赔等。

(2) 兼业代理人。兼业代理人是指受保险人的委托，在从事自身业务的同时，代办保险业务的单位。常见的兼业代理机构主要有银行代理、行业代理和单位代理三种。兼业代理人要代理保险业务，必须由被代理的保险公司为其申请，并提供有关文件，经保监会核准。兼业代理只能代理与其本行业直接相关的，又能为被保险人提供便利的保险业务。保险人利用银行与社会各界接触面广的特点，通过银行代理向企业和个人进行保险宣传，效果十分显著；行业代理一般为专项险种，如航空售票点代理航空人身意外伤害保险，货物运输部门代理货物运输保险等；单位代理主要是由各单位工会、财务部门代理，办理一些与职工生活关系密切的保险业务，方便群众投保。

(3) 个人代理人。个人代理人是根据保险人的委托，向保险人收取代理手续费，并在保险人授权的范围内代办保险业务的个人。个人保险代理人必须持有保险代理从业人员资格证书，由被代理的保险公司审核登记并上报保监会备案。个人保险代理人不得办理企业财产保险和团体人身保险，个人保险代理人在代为办理人寿保险业务时，不得同时接受两个以上保险人的委托。

4) 保险代理人的作用

纵观西方发达国家保险业的发展史，保险代理人在其中扮演了重要的角色。例如，在英、美、日等国，约有80%以上的保险业务是通过保险代理人和经纪人招揽的。保险代理从业人员代理保险公司招揽保险业务，他们的佣金由保险公司支付。在规范的保险市场上，保险代理从业人员的利益与客户息息相关，并为客户提供各种服务。实际上，保险代理制的实施、保险代理人的出现，为完善保险市场、沟通保险供求、促进保险业发展发挥了重要作用。

(1) 唤醒客户的潜在需求。保险业中有句老话，就是"保险必须靠推销"。因为保险商品不同于关乎饮食起居的满足生理需要的生活必需品，它实际上可以说是一种较高层次的奢侈品，很少有人会主动买保险。在人们不太熟悉保险的广泛运用范围，或者在资金存在一些问题的情况下，人们就无法清楚地认识自己对保险的真正需求从而自觉购买保险。因此，一个职业代理人既是保险商品的推销员，同时又具有宣传普及保险知识和充当个人保险办理的顾问的作用，他可以引导人们去认识可能遇到的问题，并且解决这些问题。

(2) 其次，保险代理人可以帮助客户进行保险规划。以寿险为例，国外寿险界通常认为："推销保险，95%是靠对人的了解，5%靠保险知识，但这5%的保险知识，推销员必须100%地了解。"代理人熟悉保险商品的用途和限制范围，他才能够在客户所能负担的保费的前提下，针对不同的职业、年龄、家庭结构等，向客户推介合适的保险险种，帮助客户对险种进行选择、组合。

(3) 保险代理人为客户提供持续有效的服务。一个有远见的代理人绝不会是一个短期行为者。代理人帮助客户办理好保险业务，使客户的愿望和保费支付能力相符，那么这笔保险业务有可能长期有效，保险代理从业人员在帮助客户解决问题的同时，也会从建议中得到好处，这样他就会向客户提供持续有效的保险业务服务，而这恰恰是客户最希望得到的。

(4) 保险代理人可以切实解决客户在购买保险过程中遇到的麻烦。比如，他会向客户详细解释保险合同的条款，提醒客户各种应注意事项，帮助了解投保单等保险合同的内容，建议合适的保费支付方式，并代收保费等。总之，保险代理人能以自己的知识和经验提供全面的服务。

(5) 直接为各保险公司收取大量的保险费，并取得可观的经济效益。相关资料显示，目前，我国通过各种保险代理人所获得的分散性保险业务收入占保险业务总收入的50%左右，而湖北省保险费收入的60%是通过保险代理人获得的。保险代理人的展业活动渗透到各行各业，覆盖了城市乡村的各个角落，为社会各层次的保险需求提供了最方便、最快捷、最直接的保险服务，创造了巨大的社会效益。

(6) 保险代理人的运行机制，对国有独资保险公司的机制转换，有着直接和间接的推动作用，对领导有启发，对员工有触动。大家都从中深刻地认识到，国有独资公司必须建立起适应市场需求的营销机制。另外，保险代理作为一个新兴的行业，它的发展能吸纳大批人员就业。日本从事保险代理的人，约占国民的1%，随着我国保险事业的不断兴旺发达，保险代理人的队伍将日益扩大，从而在安置就业方面，发挥一定的积极作用。

3. 保险公估人(Insurance Loss Adjuster)

1) 保险公估人的定义

保险公估人又称保险公估机构，是指站在第三方的立场上，经保险当事人委托，专门从事保险标的的评估、勘查、鉴定、估价和保险赔偿的清算洽谈等业务，并据此向保险当事人收取费用的单位或个人。

我国《保险法》第129条第1款规定："保险活动当事人可以委托保险公估机构等依法设立的独立评估机构或者具有相关专业知识的人员，对保险事故进行评估和鉴定。接受委托对保险事故进行评估和鉴定的机构和人员，应当依法、独立、客观、公正地进行评估和鉴定，任何单位和个人不得干涉。前款规定的机构和人员，因故意或者过失给保险人或者被保险人造成损失的，依法承担赔偿责任。"

2) 保险公估人的法律特点

依据我国现行的法律法规，我国的保险公估人只能是单位，即保险公估机构，它具有以下法律特点。

(1) 保险公估人既不是保险人的代理人，也不是被保险人的代理人，它是独立于保险当事人的第三人。保险公估人可接受保险人的委托参与保险理赔，也可接受被保险人的委托参与保险理赔。在海上保险中，保险公估人多由被保险人委托，代表被保险人对损害的原因和数额进行分析与估计，并做成公证报告书给被保险人，被保险人以此为据向保险人请求赔偿。

(2) 保险公估人在从事业务活动中，必须公正、诚信、实事求是，不偏袒任何一方。

(3) 保险公估人出具的证明文件没有法律效力，但可以作为诉讼的凭据，法院可以此为判案的依据。

(4) 对保险公估人提供的公正意见，有异议的一方可以上诉，由法院判决损失的赔偿责任。

保险公估人一旦接受一方委托，即为该方的委托代理人，代表其行使权利，并向委托人收取业务报酬。

3) 保险公估人的作用

保险公估人在保险市场上的作用具有不可替代性，它以其鲜明的个性与保险代理人、保险经纪人一起构成了保险中介市场的"三驾马车"，共同拉动着保险市场的发展。保险公估人的作用主要体现在以下几个方面。

(1) 保险理赔是保险经营的重要环节。在保险业发展初期，对保险标的进行检验、定损等工作往往由保险公司自己负责。随着业务的发展，这种保险公司"全程包办"方式的局限性日益暴露：保险公司理赔人员的专业局限性越来越难以适应复杂的情况。保险公司从经营成本考虑，不可能配备众多的、门类齐全的各类专业技术人员。而保险公估人则能协助保险公司解决理赔领域的一些专业性、技术性较强的，诸如经济、金融、保险、财会、法律及工程技术等领域方面的问题，从而促进保险在理赔领域的良好运作。

(2) 保险公司既是承保人又是理赔人，直接负责对保险标的进行检验和定损，给出的结论难以令被保险人信服。保险合同的首要原则是最大诚信原则，由于保险合同订立双方的信息不对称，在承保和理赔阶段，以及在危险防范和控制方面，都存在违背这一原则的可能。而地位超然、专门从事保险标的勘查、鉴定、估损的保险公估人作为中介人，往往以"裁判员"的身份出现，独立于保险双方之外，在从事保险公估业务过程中始终本着"独立、公正"的原则，与保险人和被保险人是等距离关系(而不像保险人或被保险人易受主观利益的驱动)，能使保险赔付更趋于公平合理，可以有效缓和保险人与被保险人在理赔领域的矛盾。

(3) 保险公估人代替保险公司独立承担保险理赔领域的工作，从而实现了保险理赔工作的专业化分工。一方面，这种分工有利于保险理赔技术的不断升级和横向交流，并能促进保险公估业整体执业水平的提高，从而促进整个保险行业的发展；另一方面，由于规模效应以及逆向选择和道德风险的减少，保险理赔费用必然会大大降低，保险成本也会随之降低，最终，整个社会的福利会相应提高。

(三) 海上保险合同的客体

海上保险合同的客体是指当事人的权利义务所指向的事物，海上保险合同的客体不是保险标的本身，而是投保人、被保险人对保险标的所具有的可保利益。

海上保险合同所保障的是投保人的船舶、货物、运费等，它们在保险事故发生时是不能得到保全的，只有保险利益才是海上保险合同各方当事人追求的保障对象。保险标的因海上风险造成保险事故时，由保险人赔偿被保险人的经济损失，即被保险人的经济利益。因此，只有保险利益才是海上保险合同各方当事人追求的保障对象。所以说，海上保险合同的客体是保险利益。

二、海上保险合同的内容

海上保险合同的内容，是指海上保险合同民事主体享有的民事权利与承担的民事义务。我国《海商法》第217条规定，海上保险合同的内容主要包括以下几项。

(一) 保险人名称

应在保险人名称(Insurer)条款中写明保险人的全称，作为确定保险人身份、承担保险责任的法律依据。在海上保险实践中，由于采用格式合同，保险人名称一般是事先印制的。

(二) 被保险人名称

被保险人名称(Assured)条款是由当事人在签订海上保险合同时填写的。为了保证合同的有效性，明确权利义务关系，应当注意填写被保险人的法定名称全称。如果被保险人数较多，需要——写明。

(三) 保险标的

保险标的(Subject Matter of Insurance)是投保人向保险人投保的对象，它是海上保险利益的载体。海上保险合同标的的范围取决于法律和具体海上保险合同条款的规定，一般包括有形财产、法律责任等。

《海商法》第218条规定了海上保险合同的保险标的的具体种类。

(1) 船舶；

(2) 货物；

(3) 船舶营运收入；

(4) 货物预期利润；

(5) 船员工资和其他报酬；

(6) 对第三人的责任；

(7) 因保险事故可能受到损失的其他财产和产生的责任、费用。

(四) 保险价值

保险价值(Insured Value)指的是保险标的所具有的实际价值。法律要求被保险人向保险人投保，应当申明保险标的物的保险价值。海上保险标的物的保险价值一般由被保险人和保险人协商约定。当事人没有约定的，则要按照法律规定来确认保险标的物的保险价值。保险价值一经确定，就必须写入合同内容之中。

《海商法》第219条确认了下述认定保险标的物的保险价值的方法。

(1) 船舶的保险价值是保险责任开始时船舶的价值，包括船壳、机器、设备的价值以及燃料、物料、索具、给养、淡水的价值和保险费的总和。

(2) 货物的保险价值是保险责任开始时货物在起运地的发票价格或者非贸易商品在起运地的实际价值以及运费和保险费的总和。

(3) 运费的保险价值是保险责任开始时承运人应收运费总额和保险费的总和。

(4) 其他保险标的物的保险价值是保险责任开始时保险标的物的实际价值和保险费的

总和。

(五) 保险金额

保险金额(Insured Amount)是被保险人向保险人实际投保的货币数额，在海上保险合同中具有重要意义。保险金额是被保险人享有保险利益的货币表现，成为被保险人获取保险保障的法律标准，是保险人计收保险费的依据和承担赔偿责任的最大限额。

在海上保险合同中，如果被保险人投保的保险金额与保险标的物的保险价值相一致，则构成"足额保险"；如果被保险人只将保险标的的保险价值的一部分予以投保，则为"不足额保险"，具体方式由被保险人与保险人协商约定。法律禁止保险金额超过保险价值的海上保险合同。《海商法》第220条明确规定：保险金额不得超过保险价值；超过保险价值的，超过部分无效。根据保险金额与保险价值的关系，存在着足额保险、不足额保险和超额保险三种情况。

1. 足额保险(Full Insurance)

足额保险是指保险金额等于保险价值的保险。在足额保险条件下，被保险人可获得充分的保障。如保险标的发生全损，保险人按照保险价值即保险金额赔偿；如保险标的发生部分损失，则按照实际损失赔偿。

2. 不足额保险(Under-insurance)

不足额保险是指保险金额低于保险价值的保险。在不足额保险情况下，保险金额与保险价值的差额部分视为被保险人自保，保险人对此部分的损失不承担责任。如果保险标的发生全损，保险人最多按保险金额赔偿；对于部分损失，则按保险金额与保险价值的比例计算赔款。

3. 超额保险(Over Insurance)

超额保险是指保险金额高于保险价值的保险。超额保险出现于不定值保险中，超过保险价值的那部分保险金额并无实际意义，按照保险法律来讲是无效的。在超额保险情况下，保险标的如果发生全部损失，保险人只能按照保险价值赔偿；如果发生部分损失，则按照实际损失赔偿，最多不超过保险价值。

保险金额涉及保险人与被保险人的权利义务，确定适当的保险金额对于充分发挥海上保险的经济补偿职能具有重要的意义。

(六) 保险责任和除外责任

保险责任(Insurance Liabilities)是指保险人按照海上保险合同的约定所应承担的损害赔偿责任，是保险人在海上保险合同中所承担的基本义务。

在保险合同条款的责任范围内，如果发生海上风险造成保险标的的损失，保险人负责赔偿。保险责任可分为基本责任、附加责任和特约责任。

与保险责任相反的是除外责任(Exclusions)，是海上保险合同中约定的条款，如果发生除外责任的风险事故，保险人不承担赔偿责任。

(七) 保险期间

保险期间(Period of Insurance)是指保险人承担保险责任的一段时间，即从保险责任开始到终止的时间。在此期间发生保险事故导致保险标的损害，保险人承担保险责任。所有保险合同，包括海上保险合同，都规定了保险期间。

(八) 保险费

保险费(Premium)是指被保险人按约定向保险人缴纳的货币金额，它是被保险人从保险人处获取保险、保障应支出的对价。保险费是根据保险费率计算出来的，海上保险合同中要求写明被保险人应支付的保险费数额。

第三节　海上保险合同的订立与履行

一、海上保险合同的订立

(一) 海上保险合同订立的程序

订立保险合同，须先由投保人提出书面申请。在海上保险中，这种申请一般是以投保人填写投保单的形式提出的。投保单列明了订立保险合同所必需的内容与项目，投保单作为主要附件，应视为保险合同的一部分，也是签发保险单的前提和基础。如果保险人同意接受投保人的申请，也需要以书面形式签发暂保单、保险单或保险凭证来证明。

我国《海商法》第221条明确规定了海上保险合同的订立程序："被保险人提出保险要求，经保险人同意承保，并就海上保险合同的条款达成协议，合同成立。保险人应当及时向被保险人签发保险单或者其他保险单证，并在保险单或者其他保险单证中载明当事人双方约定的合同内容。"《海商法》第222条规定："合同订立前，被保险人应当将其知道的或者在通常业务中应当知道的有关影响保险人据以确定保险费率或者确定是否同意承担的重要情况，如实告知保险人。"

海上保险合同的订立同其他经济合同一样，必须经过要约和承诺两个环节。

要约是指投保人或被保险人向保险人提出的订立海上保险合同的要求或建议。投保人或被保险人填写并向保险人提交投保单，提出保险要求。投保单上要列明保险合同的内容和项目。

承诺，即接受订约建议。当保险双方就保险合同的内容达成意思上的一致之后，合同双方就已经签订了一份有效的海上保险合同。

(二) 海上保险合同订立的形式

按照形式分类，货物保险单可以分为投保单、保险单、保险凭证和暂保单。

1. 投保单

投保单虽然是一种书面要约，本身不是保险合同，但只要双方签字盖章，即表明已为保险人所接受，即成为海上保险合同订立的证明以及合同的组成部分。

2. 保险单

保险单是保险人接受投保人的要约表示承诺而按照法律规定签发的，用以作为海上保险合同正式订立的证明。保险单中包括投保单的全部内容和保险条款。海上保险单是海上保险合同的法定形式和主要书面凭证。当保险标的发生保险责任范围内的风险事故时，海上保险单就是被保险人凭以向保险人请求赔偿的证明文件。世界各国保险人签发的海上运输保险单格式虽有差异，但内容基本相同。保险单正面内容是保险合同的声明部分，包括证明双方当事人建立保险关系的文字、被保险货物的情况、承保险别、理赔地点以及关于被保险人义务的重要声明。保险人背面所列保险条款是保险人与被保险人之间权利与义务关系的依据，是保险单的重要内容。保险单的主要内容包括责任范围、除外责任、责任起讫、被保险人的义务以及索赔时效等。

虽然海上保险单是海上保险合同的书面凭证，但是这并不意味着只有出具了保险单才表明保险合同的成立。事实上，只要完成了要约和承诺这两个环节，即投保人的要约经保险人的承诺，保险合同即告成立。投保人的口头要约与书面要约具有同等效力，而保险人的口头承诺与书面承诺也同样如此。然而，由于海上保险的情况比较特殊和复杂，保险期限又比较长，口头要约和口头承诺会使合同双方当事人在保险合同订立后，各自的履约缺少书面文字的依据，容易产生争议，因此在国际上，海上保险一般还是采用书面合同形式。海上保险单是海上保险合同的主要形式。

3. 保险凭证

在一定条件下，为了简化手续，还可以采用保险凭证的形式来订立海上保险合同。保险凭证是保险人签发给投保人的，表明已接受其投保的证明文件，是一种简化的保险单。保险凭证上不载明保险条款，其余内容则与保险单完全相同。凡保险凭证上没有列明的内容均以同类的保险单为准。尽管它与保险单具有同样的效力，却没有像保险单那样的法律地位，不能作为对保险人提出任何诉讼的依据，因而在国际海上保险市场上使用不多。在实务中，保险凭证一般由保险人或者保险经纪人签发，用以代替预约保险单。

我国目前在货物运输保险中使用的保险凭证有别于国外保险市场上所采用的保险凭证。我国的保险凭证是由我国外贸公司既作为投保人又以"人保"公司代理人身份，按"人保"公司统一拟定的格式和条款填写、签发的，视同正式保险单，不存在换发或补发正式保险单的问题，而且其性质与保险单基本一致，并与保险单具有同等效力。例如，人保公司与我国外贸公司商定采用的"联合凭证"就是其中的一种形式。联合凭证也叫联合发票，联合凭证将承保险别和保险金额附加在商业发票上，保险单的其他项目如商品名称、商品数量、商品规格、承运工具、装运港口和到达港口等，均以发票上所列内容为准。实际上，这是一种发票与保险单的联合凭证，之所以使用它，是因为它能简化投保手续，加快出口货运单据流转，有利于及时办理出口结汇。由于联合凭证的内容十分简单，只有熟悉我国人保公司保险条款的商人才愿意接受，因此这种单证仅适用于内地对我国香港、澳门地区的出口业务。

4. 暂保单

暂保单也可以用做海上保险合同订立的证明。暂保单是在保险人签发正式保险单或保险凭证之前出具的一种临时保险凭证，出具暂保单不是订立海上保险合同的必要程序，而只是出于业务上的需要。暂保单一般由保险代理人或保险经纪人出具，与保险单一样具有同等效力，不过有效期通常为30天。30天内如果保险人签发正式保险单，暂保单随即自动失效。

5. 预约保险单

预约保险单是保险人承保被保险人在一定时期内发运的，以CIF价格条件成交的出口货物或以FOB或CFR价格条件成交的进口货物的保险单。它载明保险货物的范围、承保险别、保险费率、每批运输货物的最高保险金额以及保险费的结算办法。凡属预约保险单规定范围内的进出口货物一经起运，即自动按预约保险单所列条件承保，但要求投保人必须向保险人对所有的货运发出起运通知书，也就是将每批货物的名称、数量、保险金额、运输工具的种类和名称、航程起讫地点、开航或起运日期等通知保险人，保险人则据此签发保险单证。

在我国海上保险实务中，预约保险单仅适用于我国以FOB或CFR价格条件成交的进口货物。但人保公司并不签发进口预约保险单，它与作为投保人的外贸公司为简化内部手续、保证进口货物及时投保而在事先签订的预约保险合同(统保合同)就作为进口预约保险单。外贸公司在收到发货人的"装船通知"后，即填写预约保险起运通知书，告知人保公司，人保公司据此自动承保。至于我国按CIF价格条件成交的出口货物，人保公司在承保时则以签发保险凭证来代替出口预约保险单。

二、海上保险合同的履行

海上保险合同一经成立，被保险人与保险人双方都应当严格依照保险合同规定，享有权利、承担义务。

(一) 被保险人的基本权利与义务

1. 请求赔偿的权利

保险合同成立后，被保险人的保险利益就有了保障。一旦发生承保范围内的责任事故，并导致保险标的损害，被保险人便可向保险人请求赔偿。同时，被保险人为了避免或者减少损失而支付的必要的、合理的费用也可以从保险人处获得赔偿。

2. 缴付保险费的义务

海上保险合同是双务有偿合同，保险人提供的保险保障是与被保险人缴付保险费对应的。保险人的保费收入不仅是履行合同的要求，同时也是保险人积累资金、应付突发性灾难事故的重要手段。我国《海商法》第234条规定："除合同另有约定外，被保险人应当在合同订立后立即支付保险费；被保险人支付保险费前，保险人可以拒绝签发保险单证。"

实践中的做法是，如果投保人不按期交付保险费，保险人可以酌情要求其支付保险费及利息或者终止保险合同。保险人如果终止合同，对终止合同前的投保方式应缴纳的保险费及利息，可以要求投保人如数缴足。

3. "危险增加"时的通知义务

我国《保险法》第52条规定："在合同有效期内，保险标的的危险程度显著增加，被保险人应当按照合同约定及时通知保险人，保险人可以按照合同约定增加保险费或者解除合同。""危险增加"是指订约当时所未曾预料的或予以估计的危险可能性的增加，在运输保险中主要是指航程变更或发现保险单载明的货物、船名或航程有遗漏或错误。

被保险人履行危险增加的通知义务后，保险人可采取两种做法：一是终止合同；二是增加保费。如被保险人履行危险增加时的通知义务后，保险人不做任何意思表示，则视为弃权，之后就不能再以被保险人未履行通知义务为由增加保费或解除合同。

4. 危险事故的通知义务与减少损失的义务

保险事故发生后，被保险人应当及时通知保险人，并应采取一切合理的措施避免损失的扩大。保险人迅速对损失发生原因进行调查，确定责任，对保险标的进行必要的保护。我国《海商法》第236条规定："一旦保险事故发生，被保险人应当立即通知保险人，并采取必要的合理措施，防止或者减少损失。被保险人收到保险人发出的有关采取防止或者减少损失的合理措施的特别通知的，应当按照保险人通知的要求处理。对于被保险人违反前款规定所造成的扩大的损失，保险人不负赔偿责任。"

5. 履行保证条款的义务

保证条款是海上保险合同中被保险人必须履行的义务。保险人为了限制承保中的风险，往往在海上保险合同中订立各种保证条款，如适航保证、船舶状态保证、航行区域保证、船员人数保证、国籍保证、船名保证、船龄保证、货物包装保证、船级保证等。被保险人必须切实履行保证的事项。我国《海商法》第235条规定："被保险人违反合同约定的保证条款时，应当立即书面通知保险人。保险人收到通知后，可以解除合同，也可以要求修改承保条件、增加保险费。"在保证条款被违反的情况下，保险人具有解除合同的法定权利。但在实务中，尽管被保险人违反了保证条款，保险人不主张解除合同的情况仍是经常存在的。如果保险人在发生保险事故后进行了保险赔付，即不得以被保险人违反保证条款为由，要求被保险人退还已支付的保险赔偿金，即在保险人收到被保险人违反保证条款的通知后，仍选择继续履行合同、支付保险赔偿的，不得再行使解除合同的权利。

我国《海商法》规定：在被保险人违反保证条款后，保险人可以选择要求修改承保条件、增加保险费，即选择继续履行保险合同，只是这需要通过双方协商达成一致，而协商结果是不确定的。我国《海商法》没有规定双方协商不成时如何处理。保证条款在保险合同中是极为重要的条款，英国《海上保险法》将其定义为承诺性保证，指"被保险人作出的在履行保险合同时的条件性的承诺，保证某些事情应作为或不应作为，或应满足某些条件，或应肯定某些事实的具体状态存在或不存在"。一旦条件被破坏，合同即解除，可见保证条款在合同中的重要性，故规定：如果双方未能就修改合同的事宜达成一致，合同仍于被保险人违反保证条款之日解除。

(二) 保险人的基本权利与义务

1. 签发保险单、收取保险费的权利

保险单是保险人已经接受保险的书面凭证，也是被保险人在发生承保的风险后据以索赔的依据。保险人在合同成立后应及时签发保险单。我国《海商法》第221条规定："被保险人提出保险要求，经保险人统一承保，并就海上保险合同的条款达成协议后，合同成立。保险人应当及时向被保险人签发保险单或者其他保险单证，并在保险单或者其他保险单证中载明当事人双方约定的合同内容。"

2. 损失赔偿的义务

海上保险合同成立后，发生承保责任范围内的风险时，保险人应及时按照保险合同规定承担赔偿责任。保险人的赔偿义务主要规定包含在我国《海商法》第237条、239条与240条中。其中，第237条规定："发生保险事故造成损失后，保险人应当及时向被保险人支付保险赔偿。"第239条规定："保险标的在保险期间发生几次保险事故所造成的损失，即使损失金额的总和超过保险金额，保险人也应当赔偿。但是，对发生部分损失后未经修复又发生全部损失的，保险人按照全部损失赔偿。"第240条规定："被保险人为防止或者减少根据合同可以得到赔偿的损失而支出的必要的合理费用，为确定保险事故的性质、程度而支出的检验、估价的合理费用，以及为执行保险人的特别通知而支出的费用，应当由保险人在保险标的损失赔偿之外另行支付。"

履行保险人支付保险赔偿义务，就是指当保险标的发生保险责任范围内的事故并造成保险标的的经济损失时，保险人依照法律规定或保险合同的约定，向被保险人支付一定货币的行为。支付保险赔偿金，是保险人收取保险费后，依照合同而应承担的基本义务和被保险人订立保险合同希望达到的目的。同时，也是体现保险制度补偿功能的重要标志。不过，即使有保险合同的存在，被保险人请求保险人履行支付赔偿义务，也不一定完全成功。保险人最终是否应当履行此项义务，还必须具备一系列的条件。

(1) 保险合同有效。保险合同有效是保险人承担保险责任和支付保险赔偿金的首要条件。

(2) 保险标的发生保险事故，即保险合同中约定的保险事故条件成立。

(3) 保险标的物的损失已客观存在。

(4) 保险事故与保险标的损失之间具有因果关系，具有内在的、必然的联系。

第四节　海上保险合同的转让、变更、解除与终止

一、海上保险合同的转让

海上保险合同的转让是通过保险单的转让实现的，是指被保险人将其在保险合同中的权利义务转让给另一个人的行为。随着国际贸易的需要，被保险货物在转让时，可由被保险人背书转让给受让人，此时，保险单中载明的权利和义务将随同货物的转让而转让。

在实践中，海上保险合同的转让是由于买卖、赠予、继承等法律行为导致保险标的的权益转移而引起的。但海上保险合同不是保险标的的物的附属物，不能随保险标的的权益的转移

而必然转让。所以，应当区分保险标的物的转移与海上保险合同的转让。海上保险合同的转让主要包括海上货物运输保险合同转让与船舶保险合同转让。这两种保险合同的转让要履行的程序是不同的。

(一) 海上货物运输保险合同转让

由于海上货物运输的范围广、流动性大，货物在运输途中发生物权转移的情形经常发生，因此，货物在运输保险合同中的保险利益也随之转移。在转让中，转让方和受让方不需要征得保险人同意，这给货物买卖双方带来便利，有利于商品流转和国际贸易往来。这也是海上货物运输保险的特点之一。

我国《海商法》第229条针对海上货物运输保险合同转让作出规定："海上货物运输保险合同可以由被保险人背书或者以其他方式转让，合同的权利、义务随之转移。合同转让时尚未支付保险费的，被保险人和合同受让人负连带支付责任。"

(二) 船舶保险合同转让

各国法律对于船舶保险合同转让的规定十分严格，因为船舶所有权转移有可能改变船舶的管理状况，从而使不确定风险加大，影响保险人承保风险及其保险费率的确定。所以，对于船舶保险合同的转让，必须先经保险人同意。保险人也需在船舶保险合同中规定"所有权变更条款"，并约定在保险人书面同意之前，船舶保险合同从船舶所有权转移之时起自动终止效力。

我国《海商法》第230条针对船舶保险合同转让作出规定："因船舶转让而转让船舶保险合同的，应当取得保险人同意。未经保险人同意，船舶保险合同从船舶转让时起解除；船舶转让发生在航次之中的，船舶保险合同至航次终了时解除。"

二、海上保险合同内容的变更

海上保险合同内容的变更是指在合同主体不变的情况下，合同中约定事项的变更，一般发生在定期船舶保险中。船舶被保险人经常会因航运或贸易的需要，要求变更船名、航行区域、承保险别等。这些内容的变更会引起承保风险的变化，加重保险人的责任，因此，保险人对此有权决定解除保险合同或增加保险费后，保险合同继续有效。

三、海上保险合同的解除

(一) 海上保险合同的解除

海上保险合同的解除，是指一方当事人依法行使解除权，而使海上保险合同自始无效的单方法律行为。

解除海上保险合同的法律后果集中表现在，它使海上保险合同的法律效力消失，恢复到未订立合同以前的原有状态。

(二) 海上保险合同解除的原因及其处理

根据我国《海商法》的规定和海上保险的实践，解除海上保险合同的原因包括下列法律事实。

(1) 由于被保险人违反如实告知义务，保险人解除海上保险合同。然而，对其处理方法则因被保险人的主观恶意性不同而有所区别。

按照我国《海商法》第223条的规定，被保险人故意违反如实告知义务，未将法律规定的重要情况如实告知保险人的，保险人有权解除合同，并不退还保险费。而且，保险人对于合同解除前发生保险事故造成的损失，不负赔偿责任。

与此不同，对于被保险人非故意违反如实告知义务的，该法第223条第2款规定：保险人有权解除合同，也可以不解除合同而要求增加相应的保险费。

(2) 被保险人违反保证条件的，保险人有权解除海上保险合同。为此，我国《海商法》第235条要求被保险人应当立即书面通知保险人。保险人在收到通知后，可以解除合同。

(3) 在保险责任开始前，被保险人可以要求解除合同。我国《海商法》第226条明确规定，保险人应当退还所收取的保险费，但是，被保险人应当向保险人支付手续费。

(4) 除货物运输保险和船舶的航次保险以外，根据合同约定，被保险人或保险人可以在保险责任开始后要求解除合同。

(5) 未经保险人同意，因船舶转让而转让船舶保险合同的，该合同自船舶转让之时起解除；如船舶转让发生在航次之中，则船舶保险合同至航次终了时解除。

四、海上保险合同的终止

海上保险合同的终止，是指在保险合同的有效期内，由于一定事由的发生，而使保险效力终止或失效。海上保险合同的终止可以分为自然终止、协议终止、义务全部履行终止。

(一) 自然终止

自然终止亦称期满终止。保险期间没有发生保险事故，或发生保险事故导致保险标的物部分损失，保险人已履行赔偿义务，保险期间届满时，海上保险合同自然终止。自然终止是海上保险合同终止的最一般、最常见的原因。

(二) 协议终止

经双方当事人协商同意并载于海上保险合同，在保险合同有效期发生某种特殊情况，海上保险合同可以随即注销。例如，我国船舶战争险条款规定，保险人有权在任何时候向被保险人发出注销战争险责任的通知，通知发出后七天期满时生效。

(三) 义务全部履行终止

按照海上保险合同的一般规定，当保险人将保险合同规定的义务全部履行之后即行终止。例如，保险标的发生全部损失，保险人对此进行了全部赔付，或是保险标的因保险责任以外的原因发生全部灭失。然而，这种规定并不全部适用于船舶保险。按照船舶保险的规定，如在保险有效期内连续多次发生部分损失，其损失金额或赔偿金额超过保险金额，保险人的责任并不因此而终止，直到保险合同期限届满。

案例评析4-1

海上货物运输合同纠纷

基本案情

原告(上诉人)：中国人民保险公司常州市分公司

被告(被上诉人)：立信国际货运有限公司

原告中国人民保险公司常州市分公司(下称常州人保)诉称：2012年7月，被告接受常州市对外贸易公司(下称常州外贸)委托，将一批货物运往国外，并出具了清洁提单。该批货物由原告承保海运一切险。货到目的港后，经检验发现货物受到污染。原告依据保险单向收货人赔付了货物损失和检验费，取得了权益转让书，并向被告求偿，但被告拒不付款。原告请求法院判令被告赔偿损失29 453.68美元及利息，并承担本案诉讼费。

被告立信国际货运有限公司(下称立信公司)辩称：本案承运人为WPC公司，立信公司仅是承运人的签单代理人，原告无权向被告主张权利。涉案货物已于2012年9月10日交给收货人，但到11月15日才进行检验，时间长达两个多月，被告不承认该检验报告的结论，故请求法院驳回原告的诉讼请求。

当事人向法院提交了提单、保险单、发票、装箱单、检验报告等证据。

一审法院查明事实

2012年7月9日，常州外贸向常州人保投保一批出口货物的海运一切险。常州人保接受投保，并开具了金额为77 770美元的保单。2012年7月13日，立信公司为该批货物出具了一份提单，抬头为WORLD PACIFIC CONTAINER LINE LTD，(以下简称"WPC公司")。立信公司在签单时，注明"AS AGENT FOR THE WPC CONSOLIDATORS INC"。货物于2012年8月8日到达国外目的港，9月10日送交收货人。收货人发现货物污损，即与WPC公司联系，并于11月15日申请检验。检验公司于2013年3月8日出具检验报告，认定基于发票价值的总损失金额为25 373.30美元。常州人保以上述金额的110%及有关事故调查费共计29 453.68美元作为索赔数额，要求立信公司予以赔付。

一审法院判决主文

驳回原告中国人民保险公司常州市分公司对被告立信国际货运有限公司的诉讼请求。

当事人二审诉辩主张

常州人保上诉称：立信公司在中国境内仅设有办事处，依法不具有经营权，故无权签发国际集装箱海运提单；涉案提单未经我国国务院交通主管部门登记，不能在中国境内用于从事国际集装箱海运业务；一审法院未能查明本案承运人，立信公司应当承担涉案货损的赔偿责任。上诉人请求二审法院撤销原判，支持其诉请。

被上诉人立信公司辩称，涉案承运人已实际交付货物。货物损坏与被上诉人在中国境内是否有权签发提单，以及提单是否已经登记无关。被上诉人在提单中已明示其系签单代理人，而且上诉人接受提单后也没有提出异议。被上诉人请求二审法院驳回上诉，维持原判。

二审法院判决主文驳回上诉，维持原判。

评析

本案系海上货物运输合同代位求偿纠纷。货物发生了保险事故，保险人按保险合同作出赔付，并取得权益转让书后，可以依法向责任方进行代位求偿。本案原告从被保险人处取得了依据海上货物运输合同对承运人的代位求偿权，然而，在其据以起诉的提单上，已明确载明承运人是WPC公司，立信公司仅是WPC公司的签单代理人，故立信公司不应承担承运人的义务。本案运输合同已实际履行，收货人在目的港提取了货物，应向承运人即WPC公司追索货物损失。原告无证据证明被告是承运人，其向被告提出索赔，要求立信公司承担承运人的义务，于法无据。此外，原告提出立信公司在中国境内仅设有办事处，不具有签发海运提单的资格，以及涉案提单未经有关主管部门登记等理由与涉案货损无必然因果关系，故其要求立信公司承担货损责任的依据不足。

资料来源：华律网. http://www.66law.cn/laws/63451.aspx

案例评析42　保险经纪人的作用

基本案情

上海某企业在保险经纪人的安排下向保险公司投保了财产一切险，保险期间突降暴风雨导致一幢常年未使用的旧厂房建筑结构受损。于是，该企业凭保单向保险公司索赔。

保险公司理赔人员在勘查过程中发现，该幢建筑物的屋顶、柱、壁有破损及倾斜的现象，的确存在一定的损失。理赔人员进一步调查发现，该幢建筑物在事故发生前已出现了一定程度的破损及梁、柱倾斜的情况，因此认为，厂房受损的近因是"年久失修"，不属保险责任范围，据此予以拒赔。

事故发生后，该企业即向保险经纪人提出协助索赔的请求。保险经纪人也参与了上述事故的处理，在得知保险公司的拒赔决定后，又进行了进一步的调查分析，认为保险公司的拒赔处理并不合理。在和该企业沟通后，向保险公司提出拒绝接受其拒赔处理的决定，理由如下所述。

(1) 若厂房结构完好，则不可能造成如此大的损失，因此，"年久失修"是事故的一个近因。

(2) 若受损厂房未经受暴风、暴雨，即使"年久失修"，也不会造成如此大的损失，因此认为暴风、暴雨也是事故的一个近因。

(3)"年久失修"和暴风、暴雨都是该事故的近因，都对最终损失的发生有独立的影响，两个近因并不相互依存。

(4)"年久失修"和暴风、暴雨造成的损失无法区分。

(5)"年久失修"不属责任范围，但也不属列明的除外责任，暴风、暴雨则很明确地属列明的责任范围。两个近因，一个是责任范围内，另一个也并非除外责任，且两者造成的损失无法区分，因此保险公司应该对全部损失承担赔偿责任。

评析

保险事故的定责对专业知识要求较高，一般客户不具备该专业知识。上述案件中，经纪人作为受损企业的代理人，利用了自身对专业知识的熟悉，对保险公司的不合理的定责处理，能及时提出不同意见，维护了客户的利益，避免保险公司利用其专业技术上的不平等优势造成客户的损失。

资料来源：法律常识网.www.china.findlaw.cn

| 实训题 |

一、思考题

1. 史密斯先生是保险经纪人，受客户委托为进口消毒剂向承保人购买可海运货物保险。在投保时，史密斯先生由于疏忽，忘记将此批进口消毒剂采用简陋包装这一情况告知保险人。到货后发现包装破裂，货物大量渗漏。保险人能否以史密斯先生的不告知，主张合同无效呢？

2. 海上保险中有哪些当事人？应具备的条件有哪些？

3. 一份海上保险合同应该包含哪些内容？

4. 什么是海上保险合同的解除？解除海上保险合同的原因有哪些？

5. 海运货物保险单转让时应注意哪些问题？

二、操作题

1. 大连光明公司以CIF大连价格条件、信用证付款方式从加拿大派克纸业公司进口新闻纸，由大连保险分公司承保该批货物。2012年5月10日，大连保险分公司签发了保险单。5月11日，加拿大派克纸业公司租用白云航运公司的"挑战"号散货船承运，取得船东签发的清洁提单。5月12日，保单、提单等全套交议付银行议付。5月15日，船方发现三舱起火，烧毁货物价值1万美元，船长命令船员向船内泵入大量海水灭火。纸浆受水膨胀，危及船舶安全，船方在就近港口A港避难，宣布了共同海损，并将三舱货全部卸下。5月21日，货船到达大连，买方立即通知保险人货损情况，保险人通知买方在A港将残货拍卖。5月29日，保险人赔付买方单独海损和共同海损分摊后，在大连海事法院对白云航运公司提起诉讼，要求承运人赔偿全部损失。承运人主张火灾免责。

(1)本案被保险人是买方还是卖方？为什么？

(2)承运人主张火灾免责应由何方承担举证责任？依据是什么？

2. 某年6月14日，某渔业公司以其所有的A-13号渔船向某保险公司足额投保船舶损失险和第三者责任险。合同约定保险期限为当年6月15日零时至第二年6月14日24时。渔业公司应交保费4200元，但在保险公司签发保险单后，其并未缴付保险费。保单有条款规定，"投保人应在签订保险合同时一次性缴清保险费，除合同另有书面约定外，保险合同在被保险人缴付保险费后才能生效"。签发保险单的当年7月24日，投保渔船由于机械事故意外出险，与他船相撞，渔船受损。同年8月3日，该渔业公司向保险公司缴付保险费4200元。交付保险费的第二天，渔业公司向保险公司报告出险情况，提出索赔，遭保险公司拒绝后，渔业公司向本地法院起诉，请求判决赔偿。保险公司为什么拒绝赔偿？

第五章
海上保险保障的范围

学习目标：

掌握海上货物保险保障的风险、损失及其相关费用；

掌握中国海上货物保险的基本险别和附加险别的种类；

掌握海上损失的类型，以及实际全损、推定全损、单独海损和共同海损的概念；

熟悉施救费用和救助费用的区别；

熟悉海上保险基本险的责任起讫的规定；

熟悉海上保险战争险和罢工险的责任范围和责任起讫。

本章导读：

某粮油进出口公司从美国进口一批玉米，载货船在航运途中曾连续几天遭遇恶劣气候，船舶遭受损害。由于遭遇恶劣天气和对船舶进行修理，船舶比预期抵达日期延迟了20天。在此期间，因突发事件，国际粮油市场玉米价格大幅下跌。货未运到，使粮油进出口公司遭受了严重的经济损失。待货物运抵目的地上海后，在卸货过程中又发现有几个舱的玉米遭受不同程度的损失，有的遭受水湿而发霉结块，有的由于堆放位置靠近锅炉而遭受热烤，有的货舱因为装货前清舱工作不彻底而沾染了大量的油脂。在卸货过程中，港口工人因劳资纠纷举行了局部罢工，大量的玉米堆放在码头上遭受日晒雨淋。粮油进出口公司损失惨重。

造成这批玉米损失的原因是多方面的，有市场波动，属于投机风险；有自然灾害或意外事故，属于纯粹风险；有人为的外来风险。这些风险都给货物造成了一定的损失，但是，并不是所有的风险在海上货物保险中都属于承保责任，保险公司也并不是对所有的损失都给予赔偿。

本章将介绍保险公司承保的海上保险保障的风险、损失及费用。

第一节　海上保险保障的风险

海上运输货物保险(Ocean Marine Cargo Insurance)是指以海上运输的货物作为保险标的的保险。在海洋运输货物保险中，保险人承保的风险主要有两大类：海上风险和外来风险。海上保险保障风险的分类如图5-1所示。

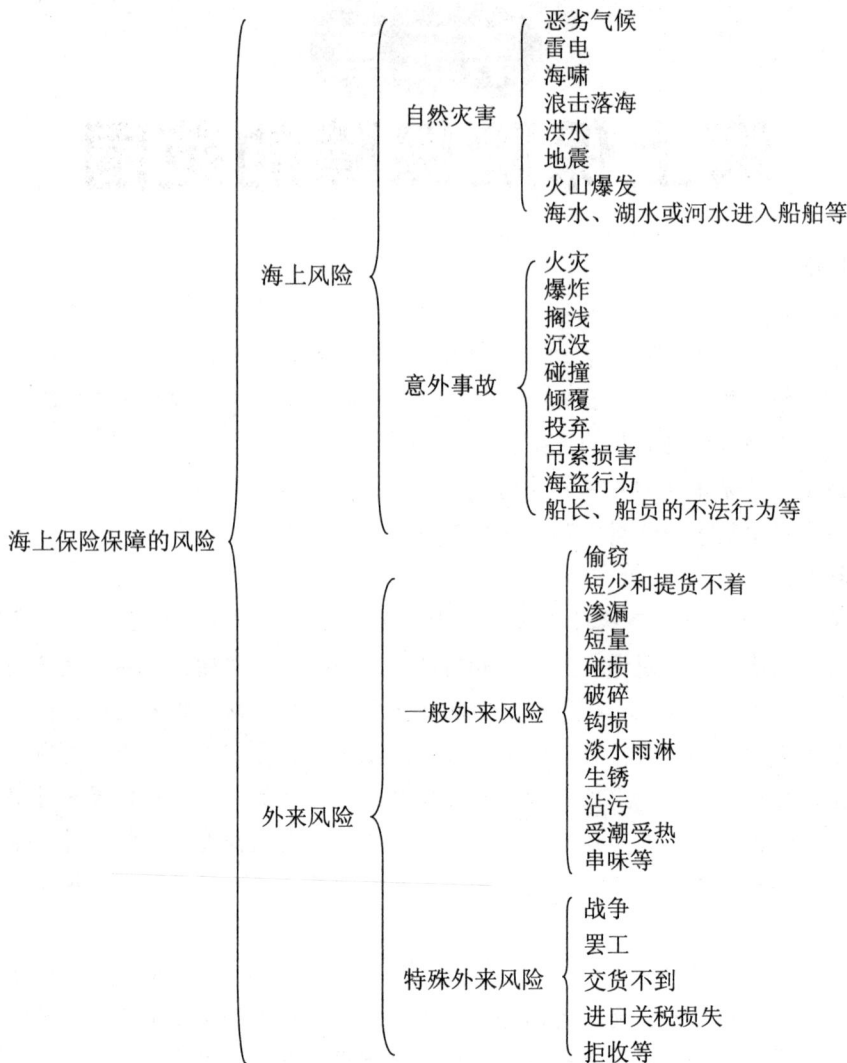

图5-1　海上保险保障风险的分类

一、海上风险

(一) 海上风险的概念

根据英国《1906年海上保险法》第3条的规定，海上风险是指由于航海的后果所造成的危险或与航海有关的危险。被列为英国《1906年海上保险法》附录一的Lloyd's S.G.Policy承保的海上风险具体是指以下风险：海难、火灾、战祸、海盗、流氓、盗窃、捕获、扣押、限制、政府和人民的限制、抛弃、船员的不法行为、其他类似性质的或在保险合同中所注明的风险。其中，战祸、捕获、扣押、限制、政府和人民的限制等风险目前在海洋运输货物保险中的战争险中予以承保。

在现代海上保险业务中，保险人所承保的海上风险是有特定范围的，一方面，它并不包括一切在海上发生的风险，如海上发生的战争、罢工等；另一方面，它又不局限于航海中发生的风险。也就是说，海上风险是一个广义的概念，它既指海上航行中特有的风险，又包括一些与海上运输有关的风险。在现代海洋运输保险中，保险人承保的各种海上风险源于1779年的Lloyd's S.G.Policy中的风险条款，随着国际贸易、国际航海的发展，保险人采用加贴条款的方式对Lloyd's S.G.Policy承保的海上风险进行了增删和调整，明确承保人的承保责任。这一做法一直沿用到1982年3月31日，直到Lloyd's S.G.Policy与ICC(1963)条款在国际保险市场上被停止使用。

虽然我国现行的海洋运输保险条款和英国协会货物新条款ICC(1982)的各险别条款的规定不尽相同，但它们都是在Lloyd's S.G.Policy的基础上结合国际贸易及国际运输方式的发展情况逐步修订而形成的。

(二) 海上风险的分类

海洋运输货物保险承保的海上风险从性质上划分，可以分为自然灾害和意外事故两大类。按照国际保险市场的惯例，保险人承保的海上风险都在保险条款中明确规定，保险人只负责保单条款中列明的风险造成的保险标的的损失。由于保险人承保的每一项风险都是有特定含义的，因此，正确理解各种海上风险的含义对判定损失原因、划分损失责任是非常重要的。海上风险主要包括自然灾害和意外事故。

1. 自然灾害(Natural Calamities)

自然灾害是指由不以人的意志为转移的自然界力量所引起的灾害。它是客观存在的，是人力不可抗拒的灾害事故，是保险人承保的主要风险。但在海洋运输货物保险中，保险人承保的自然灾害并不是泛指一切由于自然界力量引起的灾害事故。根据我国1981年修订的海洋运输货物保险条款的规定，保险人承保的自然灾害仅指恶劣气候、雷电、海啸、地震、火山爆发、洪水等人力不可抗拒的灾害。根据英国于1982年制定的《协会货物保险条款》，在保险人承保的风险中，属于自然灾害性质的有：雷电、地震、火山爆发、浪击落海，以及海水、湖水或河水进入船舶、驳船、船舱、运输工具、集装箱、大型海运箱或储存处所等。

1) 恶劣气候(Heavy Weather)

恶劣气候一般是指海上的飓风(8级以上的风)和大浪(3米以上的浪)引起的船体颠簸倾斜，并由此造成的船体、船舶机器设备的损坏，或由此引起的船上所载货物的挤压、碰撞所导致的货物的破碎、渗漏、凹瘪等损失。在1982年的《协会货物保险条款》中已不再使用"恶劣气候"这一概念。因为"恶劣气候"会造成船舶颠簸、晃动，以致货物发生移位受损，往往与船方理舱不当而造成的货物移位受损难以分清，而后者不属于保险人承保的范围。但是，在1982年的《协会货物保险条款》中规定，如果货物直接由于异常恶劣天气而非理舱不当引起碰碎、凹瘪或其他损害与灭失，由ICC(A)予以承保。

在实务中，保险人对"恶劣气候"一词也没有明确的定义，在不同海域中对恶劣气候的界定不尽相同，如在大西洋，十级飓风经常发生，不构成恶劣气候；而在东海，十级台风偶然发生，视为海上风险。我国保险条款规定，风力在8级以上、风速在17.2米/秒以上即构成暴风责任。

2) 雷电(Lightning)

雷电常在积云层中产生，当云层之间、云层与地面之间电位差增大到一定程度时，就会发生猛烈的放电现象，这就是雷电。云层之间以及云层与空气之间的放电，一般不会危及人的生命和财产；而云层与地面之间的放电，往往会危及人的生命以及财产并造成损失。货运保险承保的雷电，是指货物在海上或在陆上运输过程中由雷电直接造成的或者由其引起的火灾造成的货物的损害和灭失。

3) 海啸(Tsunami)

海啸是由地震或风暴所造成的海面的巨大涨落现象，按其成因可分为地震海啸与风暴海啸两种。地震海啸是伴随着地震而形成的，即海底火山爆发或海岸附近地壳发生断裂，引起剧烈的震动，产生高达十几米的大浪，从而造成船、货的损失。风暴海啸为强大低气压通过时，海水异常升起，也会对在海上航行的船舶、货物造成损失。

4) 浪击落海(Washing Overboard)

浪击落海通常是指存放在舱面上的货物在运输过程中受海浪的剧烈冲击而落海造成的损失。我国现行海运货物保险条款的基本险条款不保此项风险，这项风险可以通过附加投保舱面险而获得保障。ICC(A)与ICC(B)均承保此项风险，但是投保人就堆放在甲板上的货物申请保险时，必须履行事先告知是甲板货的义务，并且加交额外的保险费。

5) 洪水(Flood)

洪水是指因江河泛滥、山洪暴发、湖水上岸及倒灌或暴雨积水使保险货物饱受泡损、淹没、冲散等损失。

6) 地震(Earthquake)

地震是指由于地壳发生急剧的自然变化，使地面发生震动、坍塌、地陷、地裂等造成的保险货物的损失。

7) 火山爆发(Volcanic Eruption)

火山爆发是指由火山爆发产生的地震以及喷发出的火山岩灰造成的保险货物的损失。

8) 海水、湖水或河水进入船舶、驳船、船舱、运输工具、集装箱或储存处所(Entry of Sea，Lake or River Water into Vessel，Craft，Hold，Conveyance，Container or Place of Storage)。

这一风险是指由于海水、湖水或河水进入船舱等运输工具或储存处所造成的保险货物的损失。这一风险对"储存处所"的范围未加限定，可以理解为包括陆上一切永久性的或临时性的有顶棚的或露天的储存处所。

以上解释的自然灾害中，洪水、地震、火山爆发以及海水、湖水或河水进入船舶、驳船的风险，并非真正发生在海上的风险，而是发生在内陆或陆海、海河以及海轮与驳船相连接处的风险。但对海上货运保险来说，由于这些风险是随附海上航行发生的，而且危害性往往很大，为了适应被保险人的实际需要，在海上货运保险的长期实践中，才逐步把它们列入海上货运保险承保的风险范围之内。

2. 意外事故(Fortuitous Accidents)

意外事故是指由偶然的或非意料中的意外原因所造成的事故。如船舶搁浅、触礁、沉没、碰撞、失火、爆炸、海盗劫掠等。

在海上保险中，保险人承保的所谓意外事故并不泛指海上发生的所有意外事故。按照我国1981年修订的《海洋运输货物保险条款》的规定，保险人承保的意外事故仅限于运输工具搁浅、触礁、沉没、船舶与流冰或其他物体碰撞造成的失踪、失火、爆炸等。根据2009年版的《海洋运输货物保险条款》的规定，意外事故除了包括上述内容以外，还包括陆上运输工具的倾覆或者出轨。由此可见，海上货运保险所承保的意外事故，也不仅限于在海上所发生的意外事故。

在海上保险业务中，各种意外事故都有其特定的含义，具体如下所述。

1) 火灾(Fire)

火灾是指由于意外、偶然发生的燃烧失去控制，蔓延扩大而造成的船舶和货物的损失。《海洋运输货物保险条款》规定，不论是直接被火烧毁、烧焦、烧裂，或者间接被火熏黑、灼热或为救火而致的损失，均属于火灾风险。在海洋运输货物保险中，火灾是最严重的风险之一。火灾损失中需要注意的是，由货物固有瑕疵或在不适当的情况下运送引起的货物自燃，除非合同有专门的规定，否则不属于保险人的承保责任范围。

2) 爆炸(Explosion)

爆炸一般是指物体内部发生急剧的分解或燃烧，迸发出大量的气体和热力，致使物体本身和其他物体遭受猛烈破坏的现象。货物在运输过程中，因爆炸而受损的情况较多，如船舶的锅炉爆炸致使货物受损，货物自身因温度变化的影响产生化学作用引起爆炸而受损等。

3) 搁浅(Grounded)

搁浅是Lloyd's S.G.Policy承保的"海难"中的一项灾难。搁浅是指船舶在航行中，由于意外或异常原因，船底与水下障碍物紧密接触牢牢地被搁住，并且持续一定时间失去进退自由的状态。只要船舶发生搁浅，且货物已装在船上，保险人须对货损负责。

4) 沉没(Sunk)

沉没是Lloyd's S.G.Policy承保的"海难"中的一项灾难。沉没是指船舶因海水侵入，失去浮力，船体全部沉入水中，无法继续航行的状态，或虽未构成船体全部沉没，但大大地超过了船舶的吃水标准，使应浮于水面的部分侵入水中无法继续航行，由此造成的保险货物的损失，属于沉没责任。

5) 碰撞(Collision)

货物运输保险承保的碰撞是指载货船舶与水以外的外界物体，如码头、船舶、灯塔、流冰等发生的猛力接触，由此造成船上货物的损失。若发生碰撞的是两艘船舶，则碰撞不仅会带来船体及船上货物的损失，还会产生碰撞责任损失，碰撞是船舶在海上航行中的一项主要风险。但保险人对碰撞损失的赔偿以船舶在水上航行为前提，如船舶在港内修理时发生碰撞，保险人不负担赔偿责任。

6) 倾覆(Over Turn)

倾覆是指船舶在航行中遭受自然灾害或意外事故，导致船体翻倒或倾斜，失去正常状态，非经施救不能继续航行，由此造成的保险货物的损失，属倾覆责任。

7) 投弃(Jettison)

投弃也称抛弃，是指船舶在海上航行遭遇危难时，为减轻船舶的载重以避免全船受损，由承运人作出决定将船上所载货物的一部分或部分船上用具有意地抛入水中。按照

1963年的《协会货物条款》的规定，投弃仅指共同海损行为的投弃，不包括非共同海损行为的投弃。但1982年的《协会货物条款》已经取消了对投弃的这一限制，规定凡因投弃造成的损失，保险人都予以赔偿，而不论其是否为共同海损行为所致。我国现行的海运货物保险条款同1963年的《协会货物条款》一样，仅指共同海损的投弃。需要注意的是，除非保险合同另有规定，否则，对甲板货、危险品、腐败物等的抛弃，保险人不予负责。

8) 吊索损害(Sling Loss)

吊索损害是指被保险货物在起运港、卸货港或转运港进行装卸作业时，从吊钩上摔下而造成的货物损失。

对于吊索损害，我国现行的保险条款的规定是："在装卸或转运时，由于一件或数件整件货物落海造成的全部或部分损失。"《协会货物条款》的定义是："货物在船舶或驳船装卸时落海或跌落造成任何整件的全损"。

9) 海盗行为(Pirates)

根据《海洋法公约》(1981年)的规定，海盗行为需满足以下条件。

(1) 必须是旨在扣留人或者掠夺财物的非法行为。

(2) 通过暴力或威胁手段达到目的。

(3) 并非出自某一官方或半官方的指令或默许而进行的对敌方的攻击。

(4) 必须发生在沿海国家管辖范围以外的海域或天空。

对于这项风险，ICC(A)给予承保。但是在1963年的《协会货物条款》和我国现行的海运货物保险条款中，海盗被列为战争风险，我国现行的海运货物战争险承保此项风险。

10) 船长、船员的不法行为(Barratry)

船长、船员的不法行为是指船长、船员背着船东或货主故意作出的有损于船东或货主利益的恶意行为，但下列行为不属于船长、船员的不法行为。

(1) 船长、船员的不法行为事先为船主或货主所知悉并同意的。

(2) 船长即系船东，不法行为所致损失由被保险人的故意行为造成。

现行的协会货物条款ICC(A)承保该风险，在我国现行的海运货物保险条款中，此项风险属海运货物罢工险的承保范围。

二、外来风险

在海上货运保险业务中，保险人除了承保上述各项海上风险外，还承保外来风险造成的损失。外来风险(Extraneous Risks)是指除自然灾害和意外事故以外的其他外来原因所造成的风险，它不包括由货物自然属性或内在缺陷所造成的必然损失。

(一) 一般外来风险

一般外来风险是指由一般外来原因所导致的风险，如偷窃、渗漏、短量、雨淋、提货不着、串味、受热受潮等。

1. 偷窃(Theft)

偷窃是指整件货物或包装货物的一部分被人暗中窃取造成的损失。偷窃不包括公开的攻击性的劫夺。

2. 短少和提货不着(Short Delivery & Non-delivery)

短少和提货不着指货物在运输途中由于不明原因被遗失，造成货物运抵目的地时整件短少，或货物未能运抵目的地交付给收货人的损失。

3. 渗漏(Leakage)

渗漏指流质或半流质的货物在运输途中因容器损坏而造成的损失。

4. 短量(Shortage in Weight)

短量指被保险货物在运输途中或货物到达目的地时发生的包装内货物数量短少或散装货物重量短缺的损失。

5. 碰损(Clashing)

碰损主要指金属和金属制品货物在运输途中因受震动、颠簸、碰撞、受压等而造成的凹瘪变形的损失。

6. 破碎(Breakage)

破碎指易碎物品在运输途中因受震动、颠簸、碰撞、受压等而造成的破碎损失。

7. 钩损(Hook Damage)

钩损主要指袋装、捆装货物在装卸、搬运过程中因使用手钩、吊钩不当而造成货物的损失。

8. 淡水雨淋(Fresh and Rain Water Damage)

淡水雨淋是指直接由于淡水、雨水以及冰雪融化造成货物的水渍损失。

9. 生锈(Rusting)

生锈是金属或金属制品的一种氧化过程。海运货物保险中承保的生锈，是指货物在装运时无生锈现象，在保险期间生锈造成的货物损失。

10. 沾污(Contamination)

沾污指货物同其他物质接触而受污染造成的损失。例如，布匹、纸张、食物、服装等被油类或带色的物质污染，物品品质受损。

11. 受潮受热(Sweating& Heating)

受潮受热指由于气温变化或船上通风设备失灵而使船舱内水蒸气凝结，造成舱内货物发潮、发热的损失。

12. 串味(Taint of Odour)

串味指被保险货物受其他异味货物的影响，引起串味，失去了原味，丧失了原有的用途和价值而造成的损失。例如，茶叶、香料、药材等在运输途中受到一起堆储的樟脑等异味的影响，物品品质受损。

(二) 特殊外来风险

特殊外来风险是指由于国家的政策、法令、行政命令、军事等原因所造成的风险和损失。具体有以下几种。

1. 战争风险(War Risks)

战争风险包括战争、内乱、革命、造反、叛乱，任何交战方之间的敌对行为，如捕获、扣押、扣留、羁押、拘禁等。

2. 罢工风险(Strike Risks)

罢工风险是工业革命以后才出现的新风险，现行协会货物条款中仍规定罢工风险为除外责任，对罢工风险有专门的罢工险条款，被保险人可以另行安排投保。罢工风险包括罢工、暴动和民变。需要注意的是，保险人只承保上述罢工风险造成的保险标的的"实际损失或损害"，而对上述风险引起的间接损失，保险人并不赔偿。例如，因罢工造成劳动力短缺使货物不能及时卸下，而产生的额外费用和损失即为间接损失，保险人不予负责。

3. 交货不到风险(Failure to Delivery Risks)

交货不到风险指由于政治行政因素而非运输原因引起的运输货物在一定时期内无法送达原目的地交货。例如，由于禁运，被保险货物在中途被迫卸货而造成的损失。

4. 进口关税损失风险(Import Duty Risks)

很多国家对进口货物征收关税时，无论货物是否完好，一律按完好时的价值征收进口关税，这样货主有可能遭受关税损失。进口关税损失风险经特别约定可以由保险公司承保。

5. 拒收风险(Rejection Risks)

拒收风险指货物在进口时，由于各种原因被进口国有关当局拒绝进口或没收所形成的风险。这类风险主要发生在食品、饮料、药品等与人体健康有关的货物上。

第二节　海上保险保障的损失

货物和船舶在海上运输中，由海上风险和外来风险造成的损失，称为海上损失。根据国际保险市场上的一般解释，凡与海上运输相关联的海陆连贯运输过程中发生的损失，也属于海上损失的范畴。海上损失可以从不同角度来划分，但最常见的是按程度划分，可分为全部损失和部分损失两种。

图5-2　海上保险保障的损失

一、全部损失

全部损失(Total Loss)简称"全损"，是指运输中的整批货物或不可分割的一批货物的全部损失。全部损失又可分为实际全损和推定全损两种。

(一) 实际全损

实际全损(Actual Total Loss)，也称绝对全损。我国《海商法》第245条规定："保险标的发生保险事故后灭失，或者受到严重损坏完全失去原有形体、效用，或者不能再归被保险人所拥有的，为实际全损。"因此，构成保险标的的实际全损有下列4种情况。

(1) 被保险货物的实体已经完全灭失。这项损失发生后，货物的实体已经不存在了。如货物遭遇火灾，被全部焚毁；船舶遇难，货物随同船舶沉入海底全部灭失，并且没有打捞的可能性。

(2) 被保险货物遭到了严重损失，已丧失原有的用途与使用价值。这项损失发生后，虽然货物的实体还存在，但已不具备原有的商业用途。如水泥被海水浸泡变成水泥硬块，无法使用；茶叶被海水浸泡，丧失了茶叶的香味，不能再食用。

(3) 被保险人对保险货物的所有权已无法挽回地被剥夺。

(4) 载货船舶失踪达到一定时间仍无音信。我国《海商法》第248条规定："船舶在合理时间内未从被获知最后消息的地点抵达目的地，除合同另有约定外，满两个月后仍没有获知其消息的，为船舶失踪。船舶失踪视为实际全损。"

保险标的遭受实际全损后，被保险人可按照投保金额，获得保险人全部损失的赔偿。

(二) 推定全损

1. 推定全损的概念与范围

推定全损(Constructive Total Loss)是指被保险货物受损后，完全灭失已不可避免或修复、恢复受损货物的费用将超过货值；或被保险货物遭受严重损失后，继续运抵目的地的运费将超过残损货物的价值。我国《海商法》第246条规定："船舶发生保险事故后，认为实际全损已经不可避免，或者为避免发生实际全损所需支付的费用超过保险价值的，为推定全损。货物发生保险事故后，认为实际全损已经不可避免，或者为避免发生实际全损所需支付的费用与继续将货物运抵目的地的费用之和超过保险价值的，为推定全损。"

判断是否构成推定全损有两个标准。

(1) 货物遭受的损失程度非常严重，如果不再采取措施，它的全损将会不可避免地发生。

(2) 货物遭受损失后，如果进行积极的施救，所需的各种费用之和将超过货物的保险价值或超过货物到达目的地的价值。

2. 推定全损的损失赔偿

在推定全损的情况下，被保险人获得损失赔偿有两种情况：一种是被保险人获得全损赔偿；另一种是被保险人获得部分损失赔偿。如果被保险人想获得全部损失的赔偿，他必须无条件地将保险标的委付给保险人，这是由财产保险的损失补偿原则决定的。推定全损是介于实际全损和部分损失之间的一种损失，发生了推定全损，被保险人有两种选择：一种选择是被保险人保留保险标的，按照部分损失向保险人要求赔偿；另一种选择是被保险人放弃保险标的，按照全部损失向保险人索赔。

(1) 按实际损失赔偿。对于经保险调查确认损失程度不严重，不能构成推定全损的委付申请，保险人将按照保险标的的实际损失情况，向被保险人履行赔偿责任。另外，对于可以推定全损的严重货损，若被保险人根本没有向保险人发出委付申请，保险人对这项损失只能按货物的实际损失赔偿。

(2) 按全损赔偿。在货物发生严重损失后，货主之所以推定货物全损，目的是从保险公司获得全损赔偿。由于推定全损的货物存在残余价值，若保险人对于推定全损的货物按全损进行赔偿，势必出现被保险人因保险赔偿而额外获利的现象，这是有悖于保险的赔偿原则的。按照海上保险的国际惯例，如果被保险人想获得全损赔偿，他必须无条件地把受损的保险货物委付给保险人。

3. 委付与委付通知

1) 委付的含义

所谓委付(Abandonment)，是指被保险人的保险标的处于推定全损状态时，向保险人声明愿意将保险标的的一切权利，包括财产权及由此而产生的一切权利与义务转让给保险人，而要求保险人按照全部损失给予赔偿的一种行为。对此，我国《海商法》第249条规定："保险标的发生推定全损，被保险人要求保险人按照全部损失赔偿的，应当向保险人委付保险标的。保险人可以接受委付，也可以不接受委付，但是应当在合理的时间内将接受委付或者不接受委付的决定通知被保险人。委付不得附带任何条件。委付一经保险人接受，不得撤回。"该法第250条规定："保险人接受委付的，被保险人对委付财产的全部权利和义务转移给保险人。"

2) 委付的条件

根据上述规定，委付必须按照下列条件办理。

(1) 被保险人应以书面或口头形式向保险人发出委付通知(Notice of Abandonment)，一方面，向保险人表示其希望转移保险标的的所有权，以获得全损赔偿；另一方面，便于保险人在必要时能及时采取措施，避免全损或尽量减少保险标的的损失。因此，被保险人一旦得知保险标的处于推定全损状态并愿意按照委付方式处理时，应立即发出委付通知。

(2) 委付必须经保险人明示或默示的承诺才能生效。保险人对被保险人的委付要求，有权拒绝或接受，并且将选择的结果及时通知被保险人。如果保险人在接到委付通知后，保持沉默，不视为接受委付的意思表示。

(3) 委付不得附带条件。设立委付制度的目的在于迅速解决当事人之间的不确定的法律关系，如果允许委付附带条件，则极易引发当事人之间的纠葛，有违委付简捷之主旨。并且，如果允许委付附带条件，必然使本已复杂的委付程序更加复杂，因此，各国海商法明确规定，委付不得附带条件。我国《海商法》第249条第2款明确规定："委付不得附带任何条件。"

(4) 委付应基于保险标的的全部。在推定全损发生后，被保险人如果决定委付，就应将保险标的的全部予以委付，不能一部分委付，一部分不委付。这样既能防止将保险人和被保险人的关系复杂化，又能防范被保险人仅委付对其不利的保险标的，从而导致显失公平的后果产生。

(5) 委付一经接受，不得撤回。保险人接受委付，就意味着同意按全损承担责任，不允许撤回。也就是说，保险人接受委付后，不得以任何理由退回委付的财产，即使以后发现保险标的的损失不是其承保范围内的风险造成的，或推定全损不成立，或被保险人没有履行如实告知义务，或被保险人没有缴清保险费等，被保险人仍然有权要求保险人按照全部损失给予赔偿。

3) 委付的效力

当保险人承诺接受委付后，即产生以下效力。

(1) 被保险人将委付财产的全部权利义务转让给保险人。委付的实质为物上代位，故保险人接受委付后，得到的不仅是对委付财产所享有的权利，还包括对其所负有的义务。我国《海商法》第250条规定："保险人接受委付的，被保险人对委付财产的全部权利和义务转移给保险人。"这是委付制度与海上保险代位权制度的本质区别。保险人所取得的物上代位权，不受保险人所支付的保险赔偿的限制。但在不足额保险中，保险人只能按保险金额与保险价值的比例取得对保险标的物的部分物上权利。对于保险人所应承担的义务，不包括在本次保险事故前或保险合同承保范围外的危险造成的任何责任以及保险人应向承运人支付运费的责任。

(2) 保险人按照保险合同约定保险金额全额赔偿。我国《海商法》第249条第2款规定："……委付一经保险人接受，不得撤回。"在实务中，若保险人接受委付后，对被保险人提交的证明文件有疑问的，可要求对方提供担保。对方按其要求提供担保后，保险人应当全额支付保险金。此外，保险人全额支付保险金的义务亦不受委付原因的影响，若其拒绝支付保险金，被保险人可通过诉讼方式实现其权利。

4) 保险人拒绝委付的后果

在绝大多数情况下，保险人都会拒绝委付，主要因为：

第一，如果保险人接受委付就不能反悔，会产生上述法律后果；

第二，根据有关海上保险法律的规定，保险人赔付全损后，还可以再一次拥有是否接受保险财产的决定权。

保险人拒绝委付要求，并不影响被保险人索赔全损的权利。如果保险人认同保险标的是推定全损，他可以拒绝委付而仍按照全损赔偿；但如果保险人认为保险标的不是推定全损，他可以拒绝委付要求，并且只同意按部分损失赔偿。

上述实际全损与推定全损虽然都是"全损"，但两者是有区别的：实际全损时，保险标的确实已经或不可避免地灭失，被保险人自然可以要求保险人给予全部赔偿，而不需要办理委付手续；推定全损，则是保险标的受损后没有完全灭失，是可以修复或可以收回的，只是所支付的费用将超过保险标的的保险价值或收回的希望很小，因此被保险人可以向保险人办理委付，要求保险人按照全损赔偿，也可以不办理委付而保留残余货物的所有权，由保险人按照部分损失给予补偿。在海上货物运输保险中，全损的概念还包括"部分货物的全部损失"，如一张保单所保货物的完全损失；使用驳船驳运时，整条驳船货物的完全灭失；一批货物在装卸作业中，一个整件货物的全损。这种损失，在英国《1906年海上保险法》中被称为"部分全损"。

[实务训练5-1]

货轮在海上航行时，某舱发生火灾，船长命令灌水施救，扑灭大火后，发现纸张已烧毁一部分，未烧毁的部分，因灌水后无法使用，只能作为纸浆处理，此批货物损失了原价值的80%。

[实务操作]

从数字上看，80%好像是部分损失，其实不然。根据规定，纸张的损失80%，应属于全部损失。这是因为，保险业务中的全部损失分为实际全损和推定全损，在实际全损中，纸张虽有使用价值，但已丧失原有的使用价值。纸张原来可用于印刷书报或加工成其他成品，现在不行，只能作为纸浆造纸，因此属于实际全损。

二、部分损失

部分损失(Partial Loss)是指被保险货物的一部分毁损或灭失。对此，我国《海商法》第247条规定："不属于实际全损和推定全损的损失，为部分损失。"部分损失按照性质可以分为单独海损和共同海损。

(一) 单独海损

1. 单独海损的定义

单独海损(Particular Average，PA)，是指在海上运输中，由于保单承保风险直接导致的船舶或货物本身的部分损失。例如，载货船舶在海上航行中遭遇暴风巨浪，海水进入船舱致使部分货物受损，此项由于承保风险造成的货物的部分损失即为货方的单独海损。单独海损是一种特定利益方的损失，它不涉及其他货主或船方。单独海损仅指保险标的本身的损失，并不包括由此引起的费用损失。在伦敦保险协会新的货物条款中，"单独海损"这个术语已经不再使用，但在实际业务中，它仍然被用来表示除共同海损以外的一切部分损失。

2. 构成单独海损的条件

从上述定义可以看出，单独海损的构成必须符合以下条件。

(1) 必须是意外的、偶然的和承保风险直接导致的保险标的本身的损失。

(2) 必须是船方、货方或其他利益方单方面所遭受的损失，而不涉及他方的损失。

(3) 单独海损仅指保险标的本身的损失，而不包括由此引起的费用损失。

3. 单独海损的赔偿处理

对于保险标的发生单独海损如何处理，目前各国做法并不完全统一。根据国际海上保险市场的惯例，保险人对单独海损的赔偿一般采用以下几种处理方式。

(1) 单独海损绝对不赔。这种规定多适用于海上船舶保险。

(2) 除某些特定风险造成的单独海损外，单独海损不予赔偿。例如，中国海运货物保险的平安险条款、1963年伦敦协会货物条款对单独海损的赔偿规定就是如此。

(3) 单独海损赔偿，但单独海损未达到约定的金额或百分比时不赔，已达到约定的金额或百分比的单独海损全部给予赔偿(如保单中规定相对免赔率或相对免赔额)。

(4) 单独海损赔偿，但保险人只对超过约定金额或百分比的那部分给予赔偿，即对没有超过约定金额或百分比的部分不予赔偿(如保单中规定绝对免赔率或绝对免赔额)。

(5) 不加任何限制，凡是单独海损均给予赔偿。

所谓免赔额(率)就是保险人对被保险人保险责任范围内的损失，在一定的金额(比率)

内不负赔偿责任。免赔额(率)又可以分为绝对免赔额(率)和相对免赔额(率)。绝对免赔额(率)是指保险人仅就超过规定金额或百分比的损失负赔偿责任；相对免赔额(率)是指保险人对不超过规定金额或百分比的损失不负赔偿责任，若损失达到规定的金额或百分比后，则负责赔偿约定金额或百分比以内的全部损失。如果保险合同中没有免赔率的限制，称为不计免赔率。

(二) 共同海损

1. 共同海损的定义

关于共同海损(General Average，GA)，人们从不同角度下了各种定义。我国《海商法》第193条规定："共同海损，是指在同一海上航程中，船舶、货物和其他财产遭遇共同危险，为了共同安全，有意地、合理地采取措施所直接造成的特殊牺牲、支付的特殊费用。无论在航程中或者在航程结束后，发生的船舶或者货物因迟延所造成的损失，包括船期损失和行市损失以及其他间接损失，均不得列入共同海损。"

英国《1906年海上保险法》第66条对共同海损的规定比较具体，其内容包括以下几个方面。

(1) 共同海损损失是由共同海损行为造成的或共同海损行为直接引起的后果造成的损失，它包括共同海损牺牲和共同海损费用。

(2) 在危险发生时，为保护处于共同危险中的财产，如果有意而合理地作出或产生任何特殊牺牲或费用，就构成共同海损行为。

(3) 如果发生共同海损损失，根据海商法规定的条件，遭受损失的一方有权从其各有关利益方得到比例分摊，这种分摊称为共同海损分摊。

(4) 除保险单另有明文规定外，被保险人遭受的共同海损费用，可以按其承担的损失比例，从保险人处得到赔偿，而对于共同海损牺牲，被保险人可以从保险人处得到全部损失的赔偿，而无须实施向负责分摊的其他各方进行分摊的权利。

(5) 除保险单另有明文规定外，如果被保险人支付了或有责任支付有关保险标的的共同海损分摊额，他可以从保险人处得到这笔分摊额的赔偿。

(6) 在无明文规定的情况下，保险人对不是为避免承保危险或与此有关的共同海损损失和共同海损分摊不负责任。

(7) 如果船舶、运费和货物，或其中任何两种利益属于同一被保险人，保险人对共同海损损失或分摊所负的责任，亦如标的物不属同一被保险人一样。

《约克-安特卫普规则》是世界上公认的航运业处理共同海损的准则。它对共同海损的规定具有权威性。该规则指出："所谓共同海损行为，只限于在共同海上航行时遭遇危难，为共同安全以保存船货为目的，故意而合理作出的任何非常牺牲和费用。"

由此，我们得出共同海损的定义，共同海损是指载货船舶在航行途中遇到威胁船货共同安全的自然灾害和意外事故，船长为了维护船货的共同安全或使航程得以继续，有意识地、合理地采取措施而造成的特殊损失或支出的额外费用。

共同海损的损失应该由有关的利益关系方按其获救财产的价值或获益大小的比例共同分摊。

2. 构成共同海损的条件

从上述定义可以看出，共同海损的内容包括两部分：一是共同海损措施造成的船、货本身的损失，称为共同海损牺牲；二是共同海损措施引起的费用损失，称为共同海损费用。

共同海损牺牲或费用必须符合下列条件。

(1) 导致共同海损的危险必须是真实存在的或不可避免的、危及船舶与货物共同安全的危险。不可避免的危险是指，船舶发生事故或特殊情况时并未危及船货的共同安全，但如不采取措施，最后将不可避免地给船货带来共同危险。例如，船舶在航行途中遭遇恶劣天气，航速剧减，航行时间意外增加，剩余燃油已不足以将船驶抵原定目的港，如不立即驶往就近港口避难加油，极有可能对船货构成危险，所以采取绕航加油的措施，因此可构成共同海损。

臆测的危险不能构成共同海损的危险。例如，船舶虽然遭遇恶劣气候，但未遭受损失，仍能正常航行，在此情况下，船舶驶往锚地避风，就不是共同海损行为，因为仅仅是担心有危险，由此造成的费用损失不能按照共同海损进行分摊。

(2) 共同海损必须是为了解除船货的共同危险，人为地、有意识地采取的合理措施。所谓的"有意识"区别于意外的损失，即明知采取此项措施将导致船货牺牲或支付额外费用，但为使船货免遭更大损失而主动采取的措施为有意识的共同海损措施。

所谓"合理"，通常包括措施本身的合理性和合理措施具有一定的限度两个方面。关于前者，船货遇险时，应依当时的具体情况，选择对解除危险有效、节约并能防止或者减少损失扩大的措施；关于后者，依遇险时的具体情况判断合理的限度，超过限度的措施就不应构成共同海损。措施合理与否也是相对的，综合考虑各种因素后选择的当时认为是行之有效的措施，即使在具体实施过程中未能获得预期效果，该措施也应被认为是合理的，由此产生的牺牲或费用可列入共同海损。

(3) 共同海损的牺牲必须是特殊的，支出的费用必须是额外的。共同海损的牺牲和费用是指因采取共同海损措施所直接造成的物质损失和产生的费用。为解除船货共同危险采取有意而合理措施的结果必然是既不同于因意外事故造成损失的单独海损，也不同于在正常营运情况下所发生的合理损耗和开支。共同海损的牺牲和费用应该是采取非正常共同海损措施所产生的直接后果。"直接后果"是指该项损失或费用应是在采取共同海损行为时可以合理预见的损失或费用，且共同海损行为与该损失或费用之间应有直接的因果关系。

(4) 共同海损措施必须有效果。采取共同海损措施的根本目的是保全船货和其他财产的安全，并由获救财产方，即各受益方，根据获救财产的价值分摊共同海损的牺牲和费用。如果没有获救的财产，也就不存在分摊共同海损牺牲和费用的基础。采取共同海损措施后必须要有效果，如果采取措施后未能避免船货和其他财产的全损，则不能构成共同海损。但这里所指的"效果"，并非要求财产全部获救，即使只有部分财产获救，也不影响共同海损的成立。

除了由法律直接对共同海损的构成条件作出规定以外，当事人将某一版本的理算规则并入提单、租船合同、保险单或其他纠纷解决协议时，共同海损的构成条件由该理算规则予以确定。

3. 共同海损理算

共同海损理算(Adjustment of General Average)是指海损理算人按照理算规则，对共同海损的损失和费用、各受益方的分摊价值及分摊数额进行审理和计算的工作。共同海损理算是一项专业性很强的工作，理算人均由专业机构或人员出任。

共同海损理算的依据即共同海损理算据以进行的有关规则。我国《海商法》第203条规定："共同海损理算，适用合同约定的理算规则；合同未约定的，适用该法第10章的规定。"第274条规定："共同海损理算，适用理算地法律。在实务中，当事人一般通过约定选择某国家或地区相关组织制定的，或者由相关国际组织制定的共同海损理算规则来进行共同海损理算。"

目前，在国际上使用最普遍的共同海损规则为《约克-安特卫普规则》。中国国际贸易促进委员会也制定了《中国国际贸易促进委员会共同海损理算暂行规则》，简称《北京理算规则》，于1975年1月1日起施行，关于1994年进行了修改。这些由民间组织制定的共同海损理算规则，从严格意义上讲并不具有法律的性质，它们的适用是以当事人的约定选择为前提的。如果当事人没有选择某一规则作为共同海损的理算依据，该规则只有因其符合相关条件而被视为国际惯例时，才能根据《海商法》第268条予以适用。

共同海损的理算一般需要经过以下步骤。

1) 共同海损的宣告与担保

发生共同海损事故后，船长或船东应在船舶发生共同海损之后到达的第一个港口后的一段合理时间内宣布共同海损。《北京理算规则》规定：如果船舶在海上发生事故，各有关方应在船舶到达第一港口后的48小时内宣布；如船舶在港内发生事故，应在事故发生后的48小时内宣布。只有在宣告共同海损后，才开始共同海损的理算。根据《海商法》第196条的规定，提出共同海损分摊请求的一方应当负举证责任，证明其损失应当列入共同海损。

为了确保共同海损分摊的顺利进行，经利益关系人请求，有关受益方应当提供共同海损担保，即作出承担分摊的保证。我国《海商法》第202条规定："以提供保证金方式进行共同海损担保的，保证金应当交由海损理算师以保管人名义存入银行。保证金的提供、使用或者退还，不影响各方最终的分摊责任。"

2) 共同海损的理算

船方在宣告共同海损后，应向海损理算人提出委托申请，再由理算人具体进行理算工作。共同海损理算的目的是最终确定共同海损事件中，各方当事人所应分摊的数额。

3) 共同海损牺牲的金额确定

(1) 船舶共同海损牺牲的金额，按照实际支付的修理费，减除合理的以新换旧的扣减额计算。船舶尚未修理的，按照牺牲造成的合理贬值计算，但是不得超过估计的修理费。船舶发生实际全损或者修理费用超过修复后的船舶价值的，共同海损牺牲金额按照该船舶在完好状态下的估计价值，减除不属于共同海损损坏的估计的修理费和该船舶受损后的价值的余额计算。

(2) 对于货物共同海损牺牲的金额，货物灭失的，按照货物在装船时的价值加保险费加运费，减除由于牺牲无须支付的运费计算；货物损坏的，在就损坏程度达成协议前售出的，按照货物在装船时的价值加保险费加运费与出售货物净得的差额计算。

(3) 运费共同海损牺牲的金额，按照货物遭受牺牲造成的运费的损失金额，减除为取得这笔运费本应支付，但是由于牺牲无须支付的营运费用计算。

4) 共同海损的分摊

由船方采取共同海损措施而造成的共同海损的牺牲和费用，均为使船舶、货物和运费免于遭受损失而支出的，因而，不论损失与费用大小，都应由船方、货主和付运费方按最后获救价值按比例共同分摊。这种分摊称为共同海损的分摊。我国《海商法》第199条对共同海损受益方按照各自的分摊价值比例进行分摊的具体方法做了确定。

(1) 船舶共同海损分摊价值，按照船舶在航程终止时的完好价值，减除不属于共同海损的损失金额计算，或者按照船舶在航程终止时的实际价值，加上共同海损牺牲的金额计算。

(2) 货物共同海损分摊价值，按照货物在装船时的价值加保险费加运费，减除不属于共同海损的损失金额和承运人承担风险的运费计算。货物在抵达目的港以前售出的，按照出售净得金额，加上共同海损牺牲的金额计算。其中旅客的行李和私人物品，不分摊共同海损。

(3) 运费分摊价值，按照承运人承担风险并于航程终止时有权收取的运费，减除为取得该项运费而在共同海损事故发生后，为完成本航程所支付的营运费用，加上共同海损牺牲的金额计算。

(三) 共同海损与单独海损的区别与联系

从损失性质上看，共同海损与单独海损没有区别，同属于部分损失。但两者在损失发生的原因、损失承担者与损失的内容方面存在着不同之处。

1. 致损的原因不同

单独海损是海上风险直接导致的货物损失；而共同海损是为了解除或减轻船、货、运费三方共同危险而造成的损失。

2. 损失的承担者不同

单独海损由受损方自行承担损失；而共同海损由船、货、运费三方按获救财产价值大小比例分摊。

3. 损失的内容不同

单独海损一般指货物本身的损失；而共同海损既包括货物本身的损失，又包括因采取共同海损行为而产生的费用的损失。

共同海损与单独海损之间有着密切的联系。一般来说，单独海损先发生，进而可能引起共同海损，在采取共同海损之前的部分损失，一般列为单独海损。

[实务训练5-2]

某货轮从天津新港驶往新加坡，在航行途中船舶货舱起火，大火蔓延到机舱，船长为了船、货的共同安全，下令往舱内灌水，火很快就扑灭，但是由于主机受损，无法继续航行，于是船长决定雇用拖轮将船拖回新港修理，修好后重新驶往新加坡。这次造成的损失有：①530箱货被火烧毁；②415箱货被水浇湿；③主机和部分甲板被烧坏；④拖轮费用；⑤额外增加的燃料费和船上人员的工资。请问：上述损失各属何种海损？为什么？

[实务操作]

本案例中的①、③是因火灾而造成的直接损失，不具备共同海损成立的条件，属单独海损。②、④、⑤是因维护船货共同安全，进行灌水灭火而造成的损失和产生的费用，属于共同海损。

三、保险人赔偿损失后获得的权利

根据保险的赔偿原则，保险人在赔付损失后往往能取得一些权利。

(一) 赔偿全部损失后对保险标的的权利

保险人在赔偿全部损失后，有权取得保险标的的所有权(Proprietary Right)。全损包括实际全损和推定全损，还包括保险标的可分割部分的部分全损。例如，某保险单项下的玉米在驳船装运过程中，某个驳船翻船，致使整船玉米全损，其他各批驳运的玉米完全装至海轮之上，在对沉没的玉米作出全损赔偿后，保险人取得对这部分玉米的全部权利。

需要注意的是，保险人赔偿全损后，对保险标的全部权利的获得不是强制的或自动的。保险人有权选择是否要取得对保险标的的所有权，因为如果主张对保险标的的权利，同时也要承担对保险标的的责任。在有些情况下，承担的责任要大于获得的权利，保险人得不偿失。因此，在保险标的所负担的责任义务不明确之前，保险人可以充分调查评估，进而决定是否接受对保险标的的权利。

(二) 赔偿部分损失后对保险标的的权利

在发生部分损失的情况下，保险人赔付后不得主张对保险标的的所有权，而只享有代位追偿权。如果货物仅仅发生了质量上的部分损失，保险人对其合理贬值部分进行赔偿后，也不能取得对该批货物的所有权。

代位追偿权(Subrogation)是指当保险标的发生了保险责任范围内的由第三责任者造成的损失时，保险人向被保险人履行损失赔偿的责任后，有权取得被保险人在该项损失中向第三者责任方要求索赔的权利。保险人取得该项权利之后，即可站在被保险人的立场上向责任方进行追偿。例如，在远洋运输过程中，由于承运人货物管理上的疏忽，货物被海水浸泡致损。保险人按货运保险公司的规定赔了货损以后，可以根据运输合同中"承运人责任条款"的规定取代被保险人向承运人索赔货损。

[实务训练5-3]

2013年7月25日，湖南省某进出口公司与英国GYIT公司签订销售合同，湖南省某进出口公司向GYIT公司出售60吨电解金属粉，价格条件为CIF，付款条件为D/P。8月8日，湖南省进出口公司就该货物的运输向原告投保一切险。货物装上船后，由于水手操纵吊杆失误，导致船舶倾斜，部分集装箱掉进海里，包括湖南进出口公司的一个集装箱。另外两个没有落水的集装箱被运往目的港，GYIT公司凭提单提取了这两个集装箱。GYIT仅向湖南进出口公司支付了两个集装箱的货款，湖南进出口公司向保险公司索赔落水集装箱所装货物的损失。保险公司向湖南进出口公司支付了保险金，取得了湖南进出口公司签署的权益转让书，对被告提起诉讼，要求其支付保险金损失和利息。被告抗辩。原告是否有代位追偿权？被告是否应该向原告支付保险金损失和利息？

[实务操作]

提单具有货物所有权凭证的法律效力。湖南进出口公司在对提单做了空白背书后交给GYIT，构成了提单的合法转让，提单项下的货物所有权随之转让给GYIT，风险也已在货物装上船后转移给GYIT。因此，只有GYIT才有权依据提单向承运人索赔。

尽管保险公司已向湖南进出口公司实际支付了保险赔偿金，并取得了湖南进出口公司出具的权益转让书，但因湖南进出口公司不具有对承运人的索赔权，因此，保险公司没有有效取得代位追偿权，无权向承运人提出货损索赔。

第三节　海上保险保障的费用

海上保险承保的各项风险一旦发生，不仅会造成航海中船舶及船上所载货物本身的损失，还会带来费用的损失。保险人承担的海上货运保险的费用损失主要有施救费用、救助费用、特别费用和续运费用等。

一、施救费用

(一) 施救费用的概念

施救费用(Sue and Labour Charges)是指当被保险标的遭受保险责任范围内的灾害事故时，由被保险人或其代理人、雇佣人和受让人根据保险合同中施救条款的规定，为了避免或减少保险标的的损失，采取各种抢救与防护措施而支出的合理费用。

我国《保险法》第42条规定："保险事故发生时，被保险人有责任尽力采取必要的措施，防止或者减少损失。保险事故发生后，被保险人为防止或者减少保险标的的损失所支付的必要的、合理的费用，由保险人承担；保险人所承担的数额在保险标的的损失赔偿金额以外另行计算，最高不超过保险金的数额。"这种"保险事故发生后，被保险人为防止或者减少保险标的的损失所支付的必要的、合理的费用"习惯上称为"施救费用"。保险人在保险标的的损失金额以外，另行承担这种费用的目的在于，充分调动被保险人施救的积极性，以防止不恰当地造成损失的扩大。

(二) 施救条款

为了鼓励被保险人对受损的保险标的采取积极的抢救措施，减少灾害事故对被保险货物的损坏和影响，防止损失的进一步扩大，减少保险赔款的支出，我国和世界各国的保险法规及保险条款一般都规定，保险人对被保险人支出的施救费用承担赔偿责任，赔偿金额以不超过该批被救助货物的保险金额为限。

值得注意的是，施救条款不是针对保险标的本身的损失赔偿，而是针对被保险人根据施救条款的规定采取施救措施而支出的费用的损失赔偿。它是一项补充性的保险条款或独立的协议，因此，施救费用的赔偿义务独立于其对损失的赔偿义务。保险人或被保险人双方均不得因为实施此项行为而影响或变更保险合同中规定的权利与义务。我国《海商法》第240条规定："被保险人为防止或者减少根据合同可以得到赔偿的损失而支出的必要的合理费用，为确定保险事故的性质、程度而支出的检验、估价的合理费用，以及为执行保险人的特别通知而支出的费用，应当由保险人在保险标的损失赔偿之外另行支付。"

(三) 构成施救费用的条件

鉴于施救费用的特殊性，保险人对施救费用进行赔偿时，对一项费用是否是施救费用有着严格的规定，一般而言，保险赔偿的施救费用必须符合下列条件。

(1) 对保险标的进行施救的必须是被保险人或代理人或受让人，其目的是减少标的物遭受的损失，其他人采取此项措施所产生的费用不是施救费用。

(2) 保险标的遭受的损失必须是保单风险造成的，否则，被保险人对货物进行抢救所支出的费用，保险人不予承担赔偿责任。

(3) 施救费用的支出必须是合理的，一般认为施救费用的支出不应该超过保险金额，超过的部分视为不合理。

二、救助费用

(一) 救助费用的概念

救助费用(Salvage Charges)是指被保险标的遭遇保险责任范围以内的灾害事故时，由保险人或被保险人以外的第三者采取救助措施，并成功地使遇难船舶和货物脱离险情，由被救的船方和货方支付给救助方的报酬。

(二) 救助费用的特点

(1) 救助费用必须是由独立于保险合同以外的第三者进行救助而产生的费用。

(2) 救助费用通常根据"无效果、无报酬"原则支付给救助方。

(3) 救助费用通常与共同海损联系在一起。

(三) 施救费用与救助费用的区别

(1) 采取行为的主体不同。施救费用是由被保险人及其代理人、雇佣人和受让人采取的行为所引起的费用；救助费用是指保险人和被保险人以外的第三方救助者采取行为应该取得的报酬。

(2) 保险人赔偿的前提不同。对于发生的施救费用，无论施救行为是否取得效果，保险人对于合理的支出都应给予赔偿；但对救助费用则是在救助行为取得效果的前提之下由保险人赔偿被保险人所支付的救助报酬。

(3) 保险人的赔偿限度不同。保险人对施救费用可以在赔偿货物本身的损失金额外，最多再赔偿一个保险金额；而保险人对救助费用的赔偿责任是有限的，它以不超过获救财产的价值为最大限度，即救助费用与货物本身损失的赔偿金额相加，不超过货物的保险金额。

(4) 是否是共同海损费用。救助行为一般总与共同海损相关，救助费用常成为共同海损费用的一部分；而施救费用的支出往往仅是为了被保险人一方的利益。

[实务训练5-4]

英国籍"蒙斯特尔"轮满载货物从上海港开往卡拉奇，于1997年1月2日途经西沙群岛，因偏离航线在浪花礁处搁浅。中国广州救助打捞公司派出救助船，救出了海上全部船员，并与船方签订了劳氏"无效果，无报酬"的救助合同。由于受到强风袭击，轮船大部分双层底破裂，机舱和四、五号货舱破裂进水，救助工作极其困难。经过救助方的多次努力，终于在1997年2月18日将难船托绞出滩，船上所载货物完好，但船舱受损十分严重。船东向救助人支付了救助报酬1 239 250美元之后，遂向其投保的保险公司提出索赔，包括船舱损失及救助费用，共计1 973 200美元，并宣布船舶推定全损，将"蒙斯特尔"轮委付给保险公司。

[实训操作]

本案例的焦点在于，保险公司是否对"蒙斯特尔"轮负赔偿责任，保险公司是否对救助费用承担赔偿责任。"蒙斯特尔"轮因偏离航线而搁浅，属于海上灾害，在海上保险的承保范围内，并且船东已向保险公司投保了该种风险，所以，船东有权向保险公司就船舶搁浅造成的船舶损失请求赔偿。"蒙斯特尔"轮搁浅后，处于危急状态，对其的救助工作相当困难，救助人投入大量人力、物力进行救助才使难船脱浅。船东根据救助的消耗和损耗情况，向救助人支付了费用，然后向保险公司索赔救助费用。这部分救助费用也是由于船舶搁浅导致的正常损失，船东有权就此损失提出索赔，保险公司应对上述损失进行赔偿。船东被宣布全损，因此，在获得了保险公司的赔偿后，须将该轮委付给保险公司，保险公司取得该轮船的所有权。

三、特别费用

根据英国《1906年海上保险法》第64条第2款的规定，特别费用是指："为了保险标的物的安全或保管保险标的物，由保险人或被保险人的代理人所支出的费用。"如船舶在中途港、避难港支出的货物的卸货费、保管费及重装费。特别费用不属于共同海损费用及救助费用。

我国保险条款关于特别费用的规定：运输工具遭遇海难后，在中途港、避难港由于卸货、存仓及运送货物所产生的费用为特别费用。

四、续运费用

ICC(2009)中规定，续运费用是指因保单承保风险引起的被保险货物的运输在非保险单载明的目的港口或地方终止时，保险人对被保险货物的卸货费用、仓储费用及继续运往保单载明的目的地港口的费用等额外费用。

根据2009年协会货物保险条款的规定，对于货物运输途中产生的续运费用，保险人给予赔偿。

案例评析5-1

海上货物运输合同货损纠纷案

基本案情

原告：中国人民保险公司广东省分公司

被告：深圳金秀国际仓运有限公司

原告中国人民保险公司广东省分公司诉称：2002年6月，受托运人委托，被告承运了从泰国曼谷港至中国广州黄埔港的950 214.00公斤泰国香米。收货人中粮国际(北京)有限公司为这批货物向原告投保了海上货物运输保险。在卸货时，收货人中粮国际(北京)有限公司发现由于承运人在运输过程中的过失导致该批货物遭受不同程度的水湿、发霉、结块、发臭和变质。原告根据保险合同的约定向收货人中粮国际(北京)有限公司赔偿了货物损失以及检验费52 143.49元。被告作为该批货物的承运人，未能尽其妥善、谨慎地装载、运输、保管、照料和卸载所承运的货物的义务，应对货方遭受的上述货物损失承担赔偿责任，因此请求法院判令被告赔偿原告货物损失、检验费52 143.49元及利息，以及原告为本案诉讼支出的咨询费、翻译费等费用。

原告中国人民保险公司广东省分公司在举证期限内提供了以下证据材料：①提单；②理货单；③预约暂保单；④原告付款凭证；⑤广州市海江海事顾问有限公司出具的检验费收据；⑥收据和权益转让书；⑦检验报告。

被告深圳金秀国际仓运有限公司辩称：根据《中华人民共和国海商法》第257条的规定："就海上货物运输向承运人要求赔偿的请求权，时效期间为一年，自承运人交付或者应当交付货物之日起计算。"本案原告所称受损货物的交付日期为2002年7月22日，原告的诉讼时效应从2002年7月22日起算；被告在2003年9月15日收到法院送达的起诉状副本以及应诉通知书，根据《中华人民共和国民事诉讼法》第112条、第113条规定的七天立案时间和五天送达起诉状副本时间，被告推算原告起诉的时间应为2003年9月8日。因此，原告的起诉已经超过诉讼时效，原告丧失了胜诉权，请求法院驳回原告的诉讼请求。

被告深圳金秀国际仓运有限公司在举证期限内没有提供证据材料。

经审理查明：2002年6月21日，被告在泰国的代理人为本案所涉44个20英尺集装箱的泰国香米签发了编号为BKHPU0206046的清洁提单。

6月25日，收货人中粮国际(北京)有限公司为其从泰国运至中国的4343吨泰国香米向原告投保海上货物运输险，险别为一切险、战争险等，总保险金额为1 621 191.55美元，保险费率为0.12%，总保险费为1945.42美元，预约暂保单号为KC040290000001293。

7月22日，由被告承运、由"丰达268"轮装载的一批泰国香米在运抵目的港后，中国外轮理货总公司广州分公司在卸货、理货过程中发现部分香米存在水湿、发霉、结块、发臭和变质的现象。经广州市海江海事顾问有限公司检验，货物损失共计14 247.50公斤。

2003年4月9日，原告向投保人支付本案货物损失赔款42 914.49元；同日，原告支付广州市海江海事顾问有限公司检验费9229.00元。后投保人向原告出具了一份收据和权益转让书，确认收到原告保险赔款52 143.49元，并将该保险标的项下的所有权益和追偿权在保险赔款限额内转让给原告。

原告没有提供其主张的咨询费、翻译费等费用的有关证据。

原、被告双方在庭审中一致选择中华人民共和国法律作为处理本案纠纷适用的法律。

评析

本审判员认为：本案是一宗保险人依据代位求偿权向海上货物运输承运人提起的涉外海上货物运输合同货损纠纷。因本案双方当事人均同意适用中华人民共和国法律解决本案纠纷，依照《中华人民共和国海商法》第269条的规定，本案应适用中华人民共和国法律。

本案提单所涉海上货物运输的承运人是被告，中粮国际(北京)有限公司是收货人，根据《中华人民共和国海商法》第78条第1款的规定，被告与中粮国际(北京)有限公司建立了海上货物运输合同关系，双方权利义务依据该提单的规定来确定。原告支付保险赔偿金后，有权向被告行使代位求偿权。

被告对本案货物签发了清洁提单，表明本案货物在装船时表面状况良好，被告作为承运人，依法应当妥善地、谨慎地装载、运输、保管、照料和卸载所承运的货物，将货物安全无损地运抵目的港。本案中，货物在卸载时，发现部分货物水湿、发霉、结块、发臭、变质，在被告未能举证证明该货物损失是由于法定可以免责原因造成的情况下，被告应对货物损失42 914.49元以及检验费9229.00元承担赔偿责任。原告请求利息损失符合法律规定，应予准许，按中国人民银行同期流动资金贷款利率，从原告支付保险赔偿金之日(即2003年4月9日)起算。

根据《中华人民共和国海商法》第257条第1款的规定："就海上货物运输向承运人要求赔偿的请求权，时效期间为一年，自承运人交付或者应当交付货物之日起计算。"原告于2003年7月21日将本案起诉状传真至本院，并于7月22日将起诉状原件寄交本院，因此，应认为原告提起诉讼的日期为2003年7月21日。而本案货物的交付日期为2002年7月22日，原告的起诉没有超过一年的诉讼时效。被告认为原告的起诉已经超过一年的诉讼时效没有事实和法律依据，不予支持。

原告请求被告赔偿其为本案诉讼支出的咨询费、翻译费等费用，因没有提供任何有关证据，被告也不予确认，依法不予支持。

依照《中华人民共和国海商法》第55条、第252条第1款的规定，判决如下：

被告深圳金秀国际仓运有限公司赔偿原告中国人民保险公司广东省分公司货物损失42 914.49元、检验费9229.00元，以及上述款项利息(从2003年4月9日起至本判决确定的支付之日止，按中国人民银行同期流动资金贷款利率计算)。

本案受理费2174元，由被告深圳金秀国际仓运有限公司负担。

以上给付金钱义务，应于本判决生效之日起十日内履行完毕。

如不服本判决，可在判决书送达之日起十五日内，向本院递交上诉状，并按对方当事人的人数提出副本，上诉于广东省高级人民法院。

资料来源：法律图书馆. http://www.law-lib.com/cpws/cpws_view.asp?id＝200401237666

共同海损追偿案

案例评析5-2

基本案情

原告：香港民安保险有限公司

被告：统一和平海运有限公司

"SEADIAMOND"轮载有香港民安保险有限公司(以下简称民安保险)承保的货物由喀麦隆驶往中国蛇口港。2000年4月26日，该轮与统一和平海运有限公司(以下简称统一海运)所属的"ORIENT HONESTY"轮在中国长江口发生碰撞并受损。4月30日，"SEADIAMOND"轮卸下船上所有货物进厂修理。经该轮船船东宣布共同海损，香港德理有限公司(以下简称德理公司)进行了共同海损理算，太平保险有限公司(以下简称太平保险)为此向德理公司出具了共同海损担保。经理算，货方应分摊的共同海损金额为70 144.15美元。民安保险通过德理公司向"SEADIAMOND"轮船船东支付了上述分摊金额，指示收货人中盛实业有限公司向民安保险出具了收据，并将追偿权转让给民安保险。太平保险亦将其权利及义务转让给民安保险。另案中，法院判决统一海运在此次船舶碰撞损害赔偿纠纷案中应承担60%的责任。

裁判：上海海事法院经审理认为，本案为共同海损分摊费用追偿纠纷。"SEADIAMOND"轮发生碰撞事故以后，左舷船壳板严重受损，船和货物处于危险之中，该轮就近驶入上海港卸下全部货物进行修理，是为了船货共同安全及完成预定航程所必需。所以，该轮在上海港产生的费用符合共同海损条件。虽然共同海损调整的是本船船东与货主之间的分摊与追偿的关系，但海损系因船舶碰撞引起的，被分摊方民安保险基于船舶碰撞损害赔偿的法律关系有权向第三方追偿，共同海损分摊费用亦属于船舶碰撞中货物损失的范围。统一海运应赔偿民安保险因船舶碰撞而参与共同海损分摊的损失，但以其所承担的碰撞责任比例为限。据此，判决统一和平海运有限公司赔偿香港民安保险有限公司共同海损分摊费用42086.40美元及利息。统一海运不服一审判决提起上诉。上海市高级人民法院经审理认为，原判认定事实清楚，适用法律正确，判决驳回上诉，维持原判。

评析

共同海损是指为了使船舶及其所载货物避免共同危险，有意而合理地作出的特殊牺牲，或支付的特殊费用。对于共同海损行为所致损失，受益的船、货各方应按照到达港口的船货价值比例予以分担，但分担各方或一方不一定是最终责任人。引起共同海损发生的法律事实分为自然事件与人的行为，人的行为中又包含过失或不可免责的行为。共同海损分摊之后就过失或不可免责的行为往往还有继续追偿的问题，从而由对共同海损负有责任的人最终承担赔偿责任，视为共同海损分摊费用的追偿。

(1) 共同海损及其追偿涉及的法律关系。海事海商纠纷案件具有涉及多个或多层法律关系的特点，共同海损即其中一例。共同海损分摊费用追偿纠纷含以下几层法律关系：①基础法律关系，即权利人据以向义务人追偿共同海损分摊费用的侵权(法定)或合同(约定)法律关系。本案为货物保险人民安保险向对船舶碰撞负有责任的"ORIENT HONESTY"轮船所有人统一海运请求侵权行为损害赔偿的法律关系。②共同海损法律关系。即追偿权利人分摊共同海损费用并据以向本船或对方船追偿的法律关系。本案为民安保险因其承保的货物参与共同海损分摊而向本船所有人支付分摊费用的法律关系。③其他相关法律关系。以本案为例，一般涉及保险人赔付及代位求偿的法律关系，即民安保险指示收货人中盛实业有限公司支付共同海损分摊费用，因而取得代位求偿权，有权向统一海运请求损害赔偿的法律关系；担保人出具共同海损保函或提供保证金，保证支付分摊费用的法律关系，即太平保险为货主支付分摊费用进行担保的法律关系；还有德理公司为船、货方进行共同海损理算的法律关系等。这些法律关系均围绕共同海损及其追偿而产生，对追偿权利人的权利取得与行使有一定影响。

(2) 共同海损追偿的要件。首先应将共同海损要件与共同海损追偿要件予以区分。共同海损的要件有4项：①船舶、货物和其他财产处于同一海上航程，面临共同的、真实存在的危险；②所采取的措施是为了确保船舶、货物和其他财产的共同安全，且是有意的、合理的；③所造成的牺牲和支付的费用是特殊的；④所采取的措施取得了一定效果，达到了全部或部分保全船舶、货物和其他财产的目的。而依据本案判决，共同海损追偿的要件亦有4项：①构成共同海损且其费用已分摊；②追偿权利人已支付共同海损分摊费用，对追偿权利人而言，未支付分摊费用，即未实际受到损失，所以不得进行追偿；③追偿义务人对共同海损负有法定责任或约定责任，所以义务人应当依据侵权行为或合同等基础法律关系承担损害赔偿责任；④追偿义务人在其责任范围内负赔偿之责。本案中，统一海运已经另案判决对涉案船舶碰撞承担60%的责任，民安保险行使共同海损分摊费用追偿权时，应以统一海运所承担的碰撞责任的比例为限。同理，如船方对碰撞损失依法享有责任限制，其对追偿权利人承担损害赔偿之责亦应在其责任限制范围之内。

货方(货物所有人及其保险人)进行的共同海损追偿，可分为向本船舶所有人的追偿，及向对方船舶所有人(第三人)的追偿。本案属于向对方船的追偿。而上述共同海损追偿的4项要件，无论是向本船追偿还是向对方船追偿，均适用。

(3) 共同海损追偿与船方过失的关系。货方向与本船碰撞的对方船舶的所有人进行共同海损追偿，如本案的情形，其实质为货方因船舶碰撞提出的侵权行为损害赔偿请求。同样，本船对其已分摊的共同海损费用也可依据侵权行为的规定进行追偿，按对方船在碰撞中的过错程度或责任比例请求损害赔偿。对此，最高人民法院《关于审理船舶碰撞和触碰案件财产损害赔偿的规定》第四条第三款规定，共同海损分摊费用，属于船舶碰撞的损害赔偿范围。而针对货方或本船的损害赔偿请求，对方船有权从过错、因果关系、免责、责任限制等方面进行各种抗辩。

在共同海损中，货方与本船之间的关系包括分摊、抗辩、理赔、追偿等。实践中，货方进行共同海损追偿，有"先分摊、后追偿"与"先追偿、后分摊"两种方式。究其依据有两个，一是《约克-安特卫普规则》对"先分摊、后追偿"做了规定。该规则D条规定："尽管引起牺牲和费用的事故可能是由于航海事业中一方的过失所造成，亦不得影响其在共同海损中进行分摊的权利。但这并不应对于就此项过失而得向该方提出的任何赔偿要求，或该方得就此而进行的抗辩有妨碍。"二是1975年《北京理算规则》对"先追偿、后分摊"做了规定。该规则第二条规定："对作为共同海损提出理算的案件，如果构成案件的事故确系运输契约一方不能免责的过失所引起，则不进行共同海损理算，但可根据具体情况，通过协商另做适当处理。"从我国海事审判实践来看，这两种追偿方式均有生效判决加以支持。

我国《海商法》第190条的规定与《约克-安特卫普规则》D条相同，规定："引起共同海损特殊牺牲、特殊费用的事故，可能是由航程中一方的过失造成的，不影响该方要求分摊共同海损的权利；但是，非过失方或者过失方可以就此项过失提出赔偿请求或者进行抗辩。"依据通常的解释，可以在推定各方都没有过失的情况下先进行共同海损理算，尽管航程中某一方可能存在某种过失，但可以先不考虑这一过失，之后在决定共同海损费用分摊时，如果确定航程中某一方确实存在过失，则非过失方可以拒绝参加分摊。所以，如船方因其不可免责的过失造成共同海损，不得请求货方分摊共同海损费用。但第197条的适用以当事人无相反约定为前提。据此，共同海损的分担与追偿，有约定的依约定，无约定的依法律规定"先分摊、后追偿"。

当然，如本船是否有过失在共同海损分摊时仍不能确定，即使货方已经支付分摊费用，其对船方的追偿权也不受影响。如分摊之后确定没有过失方，即海损因各方均无过失的自然事件引起，则共同海损理算及分摊结束后，不发生追偿问题；若海损因本船可以免责的过失引起，比如属于《中华人民共和国海商法》第51条规定的驾驶船舶、管理船舶的过失等免责情形，也不发生追偿问题；若海损因本船不可免责的过失引起，则货方可向船方进行追偿，由船方对货方的损失承担赔偿责任。

资料来源：找法网. http://china.findlaw.cn/hetongfa/shewaihetong/121421.html

│实训题│

一、思考题

1. 如何理解海上货运保险承保的责任风险？

2. 单独海损与共同海损有哪些区别？

3. 共同海损的构成条件有哪些？

4. 何为委付？委付必须满足哪些条件？

5. 举例说明什么是施救费用。

6. 施救费用与救助费用有哪些区别？

二、操作题

1. 我A公司按CIF汉堡条件向德国进口商出口一批草编制品。合同中规定，由我方向中国人民保险公司投保一切险，并采用信用证方式支付。我A公司按规定期限在指定的装运港装船完毕，船公司签发了提单，第二天于中国银行，A公司接到客户来电，称：装货海轮在海上失火，草编制品全部烧毁。要求我A公司出面向保险公司提出索赔，否则要求我公司退回全部货款。

(1) 有关CIF贸易术语，以下描述正确的是( )。

    A. CIF是在指定装运港交货的贸易术语

    B. CIF是向承运人交货的贸易术语

    C. CIF合同下由买方负责货物的运输

    D. CIF合同下由卖方负责货物的运输

(2) 以CIF汉堡条件成交，A公司应负担货物风险直到( )。

    A. 船到汉堡为止   B. 在汉堡港卸下货物为止

    C. 货在装运港装上船为止   D. 运到买方仓库为止

(3) CIF的交货方式为( )。

    A. 象征性交货   B. 货交承运人

    C. 实际交货   D. 货交船方

(4) 在本案例中，关于A公司承担保险责任的阐述，正确的是( )。

    A. 公司为德国进口商的利益而办理货运保险

    B. 合同如没有规定，A公司只需按平安险投保

    C. 保险金额为合同CIF价款加10%(即110%)投保

    D. 保险金额的货币必须与合同货币一致

    E. 公司可以通过背书将保险单转让给德国进口商

2. 某货轮从大连港驶往美国西雅图，航行途中船舶货舱起火，大火蔓延到机舱，船长为了船货的共同安全，决定采取紧急措施，往舱中灌水灭火。火虽被扑灭，但由于主机受损无法继续航行，于是船长决定雇用拖轮拖回大连港修理，检修后再重新驶往西雅图。事后调查，这次事故造成的损失为：1000箱货物被火烧毁；600箱货物由于灌水灭火而受损；主机和部分甲板被烧坏；拖轮费用和额外增加的燃料及船长、船员工资。

(1) 本案中发生的各项损失分别属于什么性质？

(2) 本案中发生的各项损失应该由谁承担？

第六章
国际海洋运输货物保险条款及其应用

学习目标:

掌握中国海洋运输货物保险基本险的内容;

理解"仓至仓"条款的含义及其应用;

了解中国海洋货物运输专门险别;

掌握ICC2009(A)、(B)和(C)承保风险及除外责任;

了解英国《1906年海上保险法》与ICC2009的关系;

了解2009年协会条款恶意损害险的承保范围;

对中国海运保险条款和2009年协会条款进行比较。

本章导读:

我国某保险公司承保了三个进口商的进口棉布,甲商投保了海上货物平安险,乙商投保了水渍险,丙商投保了一切险。载货船舶航行途中遭遇恶劣气候,船员虽尽快关闭了货舱的通风口,但仍有一些海水在通风关闭以前流入货舱,三个货主的棉布各有一部分不幸被浸泡在海水中。船长命令船员立即采取行动打开包装进行晾晒,并进行了重新包装,但货物仍遭受了一定损失。由于恶劣气候持续不去,通风口关闭时间过长,使得船舱温度上升,大量舱汗聚集,导致通风口附近的三批棉布也遭受了水湿损失。到货后,三位货主就棉布的损失分别向保险公司索赔。结果,甲商的索赔遭到了拒绝,保险公司称海水和舱汗造成的损失不属于承保范围;乙商的部分索赔请求得到了满足,保险公司对海水浸泡棉布的损失进行了赔偿,而对舱汗造成的另一部分货物损失拒绝赔偿,称这部分不在承保范围内;丙商的索赔请求得到了全部满足,保险公司对于他进口的棉布所遭受的海水损失和舱汗损失都进行了赔偿。甲商和乙商感到十分遗憾,如果了解了承保险别的区别,根据货物的特性选择适合的险别,他们的损失就不会那么大了。

在国际海运货物保险市场上,各国保险组织或保险公司将其承保的风险按范围不同分为不同的险别,并制定了自己的保险条款。投保人或被保险人在办理保险时,可以采用某国保险条款,选择不同的投保险别,获得保险的保障。在我国国际贸易中,进出口货物保险通常采用中国保险条款(CIC)。但应国外商人的要求,也可以采用国际保险市场上通用的伦敦协会货物条款或贸易对手国的保险条款。伦敦协会货物条款(ICC)在国际保险市场上应用相当广泛,全世界约有2/3的国家(包括我国)都在采用协会货物条款。因此,本章主要对中国人民保险公司的海洋运输货物保险条款和伦敦保险协会的货物保险条款进行详细的论述。

第一节　中国海洋运输货物保险条款

中国人民保险公司根据中国保险的实际情况，并参照国际保险市场的实践做法，制定了"中国保险条款"。我国的进出口企业按照CIF或CIP条件出口货物时，一般都会选择我国的保险公司投保海洋运输货物保险，同时选择中国人民保险公司(PICC)保险条款投保。根据中国人民保险公司于1981年1月1日颁布实施的"海洋运输货物保险条款"的规定，海洋运输货物保险的险别分为三种基本险、三种附加险和专门险。

一、基本险

基本险又称主险，可以独立投保，主要承保海上风险造成的货物损失，包括平安险、水渍险和一切险三种。

(一) 基本险责任范围

1. 平安险(Free from Particular Average，FPA)

平安险的原文含义是"单独海损不赔"。"平安险"一词是中国保险业的习惯用语，沿用已久。"单独海损不赔"的说法，虽从字义上较"平安险"明确，但仍然会使人产生误解，人们会以为，在这个险别下，保险人对只要是单独海损的损失项目都不负赔偿责任。

PICC海上货物运输保险的平安险中，保险人承保8个方面的保险责任。

(1) 被保险货物在运输途中由于恶劣气候、雷电、海啸、地震、洪水等自然灾害造成整批货物的全部损失或推定全损。

(2) 由于运输工具遭受搁浅、触礁、沉没、互撞、与流冰或其他物体碰撞以及失火、爆炸等意外事故造成货物的全部或部分损失。

"运输工具"是指船舶，但不限于海轮，还包括运输过程中使用的驳船和内河船只。

(3) 在运输工具已经发生搁浅、触礁、沉没、焚毁等意外的情况下，货物在此前后又在海上遭受恶劣气候、雷电、海啸等自然灾害所造成的部分损失。

[实务训练6-1]

载货船舶在海上航行，货物投保了平安险，该船舶在海上遭遇大风浪，部分海水从舱盖和通风管进入各货舱，进港时船舶又发生搁浅，导致第二货舱船板破裂，海水涌入第二货舱。保险公司是否应对各货舱的货物损失进行赔偿？

[实务操作]

第二货舱货物的部分损失，是由海上意外事故和自然灾害接续发生造成的，在平安险下应全部由保险人负责赔偿；其他货舱的货物湿损是自然灾害造成的，保险人没有赔偿责任。

(4) 在装卸或转运时，由于一件或数件整件货物落海造成的全部或部分损失。

本项承保风险限于货物在装卸或转运过程中发生意外，如吊钩脱落、吊绳断裂或吊杆折断等，致使钩吊货物落海所造成的货损，实践中一般称为吊索损害。在理解该条款时应注意以下问题。

① 该货物只有落海损失，才予赔付，而落到岸上致损不赔；

② 该货损既可以是全部损失，也可以是部分损失；

③ 如果一件或几件货物，只有其中一部分落于海中导致损失，保险人不予赔偿。

(5) 被保险人对遭受承保责任内的风险的货物采取抢救、防止或减少货损的措施而支付的合理费用，但以不超过该批货物的保险金额为限。

此项费用赔付应由保险公司在保险标的损失的赔偿以外，再另行按实际金额赔付，但不能超过该批货物的保险金额。

例如，一箱货物在装船过程中落海，该箱货物价值1万元，保险金额为1万元，如果打捞和整理费用为1.2万元，保险人除对该落海的货物的灭失进行全损赔偿以外，另需赔付1万元的施救、抢救费用，超过保额的部分(2000元)不予赔偿。

(6) 运输工具遭遇海难后，在避难港由于卸货所引起的损失，以及在中途港、避难港由于卸货、存仓以及运送货物所产生的特别费用。

本项规定中的"特别费用"简称续运费用(Forwarding Charges)。保险标的除货物本身以外，还包括整个运输航程的完成。如果运输在中途终止不能继续航行，需要换船续运货物至原定目的地所发生的续运费用，应视做施救费用，由保险人负责赔偿。

(7) 共同海损的牺牲、分摊和救助费用。

共同海损包括共同海损牺牲和共同海损费用两部分，PICC货物保险条款没有明确规定保险人应对货物的共同海损牺牲先予赔偿。但在保险实务中，保险人仍然是将货物遭受的共同海损牺牲(如灭火水湿的货物)先予赔付，而不等待完成共同海损理算。当然，对共同海损牺牲要求分摊的权利，应在保险人进行赔付之后，由被保险人转由保险人享有。货物保险人对于该条款中共同海损牺牲或分摊项目的赔偿，完全依赖于共同海损理算师依据有关海商法及共同海损理算规则对共损实践的法律评判以及进行理算所得出的共同海损理算书的结果。

救助费用即法律限定的救助报酬，救助报酬的给付以海上财产安全获救为前提条件。但救助完成地可能在航程终止地之前，因为从救助完成地至航程终止地的航行过程中，船舶、货物还可能会因面临新的风险而受损。而共同海损则是以海上财产安全抵达航程终止地为前提条件的，即并非所有的救助报酬皆可在事后作为共同海损牺牲处理而要求各受益方分摊。

(8) 运输合同订有"船舶互撞责任条款"(Both to Blame Collision Clause)的，保险公司负责赔偿货主应偿还船方的费用。

"船舶互撞责任条款"是海上货物运输合同中的一个特别条款。按照海牙规则中"航行过失免责条款"的规定，船舶对货物的损害赔偿，一般不包括对本船所载货物的赔偿。但是根据美国法，因共有过失造成船舶碰撞，无论双方责任大小，各负50%的责任，并且对共有过失造成船舶碰撞所导致的货损也适用连带责任。

因此，根据对半责任原则，虽然每艘过失船只负50%的过失责任，但货方却享有向非载货船请求赔偿100%损失的权利；而非载货船的所有人则有权向载货船取得其付与对方船所载货物的托运人的金额的半数，亦即载货船的所有人间接地将损失金额的50%付与本船所载货物的托运人。为了能使载货船的所有人收回其间接付与本船货物托运人的全部损失金额的50%，凡是去美国的载货船舶在运输合同上均载有双方互有过失碰撞条款，规定货主应向承运人退还他从对方船获得的承运人过失比例的赔款。

平安险一般适用低值、粗糙、无包装的大宗货物，如木材、矿砂、废钢材等的海上运输。

[实务训练6-2]

某海上货物运输保险承保的货物(该货货主是S)装在A船上。在运输途中，A船与B船发生碰撞，两船互有过失，应按过失比例承担碰撞责任，假设碰撞造成的A船上的保险货物损失为$40 000，两船的碰撞责任比例各为50%。请问：货物损失赔偿责任应如何承担？

[实务操作]

第一步，货物被保险人S会向保险人索赔全部碰撞损失$40 000。

第二步，货物保险人取得代位求偿权。但由于美国的法律规定了双方有责碰撞船舶对货损承担连带责任，货物保险人会向无权援用航行过失免责的B船追偿全部货损$40 000。

第三步，B船会根据其与A船各自应承担的过失比例，向A船索赔一半的货损赔款，即$20 000。

第四步，为避免如此循环索赔，根据平安险的上述第8项责任中提到的运输合同中的"船舶互撞责任条款"的规定，A船有权从本船货方向B船索赔到的全部货损赔偿额($40 000)里要回A船本应根据航行过失免责可以不赔的$20 000(A船自己应负的过失比例部分)。这样，A船上的货物被保险人S就负担了$20 000的损失(法律责任)。

第五步，根据平安险的第8项规定，保险人有责任补偿被保险人S向A船支付的$20 000。结果是，A船(载运船)船东有权免责的部分仍由货物保险人承担，货物保险人通过行使代位求偿权，只得到了B船(非载运船)按照自己的过失比例应承担的损失赔偿。

2. 水渍险(With Particular Average，WPA)

水渍险也是中国保险业沿用已久的名称，原意是"负责单独海损"。水渍险承保范围包括以下几个方面。

(1) 平安险的所有责任，即某商人若投保了水渍险，则意味着他不必再顾虑平安险中的任一保险责任。

(2) 在平安险的基础上，水渍险还对被保险货物由于自然灾害直接造成的全部或部分损失负赔偿责任。而对于因自然灾害直接造成的被保险货物的部分损失，在平安险下是不负责赔偿的。

也就是说，平安险仅对恶劣气候、雷电、海啸、地震、洪水等自然灾害造成保险货物的全部损失负赔偿责任；而水渍险对上述列举的自然灾害所造成的保险货物的全部损失及部分损失都负赔偿责任。具体地说，水渍险的承保范围除包括上列平安险的各项责任外，还负责被保险货物由于恶劣气候、雷电、海啸、地震、洪水等自然灾害直接造成的部分损失。

从上述水渍险具体承保的责任范围可以看出，有关这个险别的两个名称，即"水渍险"与"负责单独海损",同样没有十分准确地反映出它所承保的责任范围的真正含义,易使人对其承保内容产生误解。实际上,这个险别的责任范围包括由于海上风险(自然灾害或意外事故)所造成的全部损失(实际全损和推定全损)和部分损失(单独海损或共同海损),并不是仅对货物遭受海水水渍的损失负责,也不是仅对单独海损负责。

水渍险一般适用于不易损坏或不因生锈而影响使用的货物,如五金材料,旧的汽车、机械、机床、散装金属原料等。

[实务训练6-3]

我某贸易公司向欧洲出口坯布500包,我方按合同规定加一成投保水渍险,货物在海上运输途中,因舱内食用水管漏水,致使该批坯布中的50包浸有水渍。请问:对此损失应向保险公司索赔还是应向船公司索赔?

[实务操作]

食用水管漏水导致50包坯布浸有水渍,该损失并不是海水湿损,不属于水渍险承保的风险范围,保险公司不负赔偿责任。食用水管漏水导致货损是船公司的责任,因此,损失应向船公司索赔。

3. 一切险(All Risks,AR)

一切险是海上货物运输保险中承保范围最大的一种基本险别,其保险费率也最高,但是一切险并不是对运输过程中的一切风险所造成的损失都负赔偿责任。它的责任范围,除包括平安险和水渍险的所有责任外,还包括被保险货物在运输过程中,由于一般外来原因所造成的保险货物的全部或部分损失。

具体来说,一般外来原因引起的外来风险通常包括:偷窃、提货不着险、淡水雨淋险、短量险、混杂沾污险、渗漏险、碰撞破碎险、串味险、受潮受热险、钩损险、包装破裂险、锈损险等。为适应投保人对外来原因致损货物的风险而寻求保险保障的要求,保险人设立了一系列附加险。所以,一切险的责任范围是平安险、水渍险和一般附加险的总和。

在我国海上货物运输保险的一切险中,保险人承保两个方面的保险责任:①承保上述平安险和水渍险的各项损失和费用;②负责被保险货物在运输途中由于外来原因所致的全部或部分损失。

(二) 基本险的除外责任

除外责任(Exclusions)指保险不予负责的损失或费用。为了明确保险人承保的责任范围,中国人民保险公司《海洋运输货物保险条款》中规定海运基本险别的除外责任有下列5项。

(1) 被保险人的故意行为或过失所造成的损失。在海上保险中,海运保险单的合法持有者就是被保险人。这里的被保险人是指被保险人本人或其代表,不包括较低层的管理人员、普通雇员或其代理人。

"故意行为"是指明知自己的行为可能造成损害结果,而仍希望这种结果发生或放任这种结果发生。比如被保险人参与海运欺诈、勾结船员将完好的货物抛弃并谎报海难、故意装运走私货物等。由以上故意行为造成的货物损失,保险人不负赔偿责任。

"过失"是指应当预见自己的行为可能造成货物损失，却因为疏忽大意没有预见或者已经预见但却心存侥幸未采取措施，以致损害发生。例如，被保险人未能及时提货而造成货物损失或使货物的损失程度加大；被保险人租用不适航的船舶或委托信用不良的承运人运输，导致货物受损。对于过失造成的损失，保险人也不负赔偿责任。

(2) 属于发货人引起的损失。主要指贸易商人(通常是发货人/出口商)的故意行为或过失而引起的货物损失。主要包括发货人货物包装不足、不当造成货物损失；标志不清或错误造成货物运往合同规定以外的港口；发货人发错货物等。

对于整箱发运的集装箱货物，发货人装箱时发生的短装、积载不当、错装或因选用了不适合装运保险货物的集装箱造成的货物损失，保险人也不负赔偿责任。

(3) 保险责任开始前，被保险货物已存在的品质不良或数量短差所造成的损失。保险责任开始前便存在的货物损失也称为"原残"，如易生锈的钢材、二手设备等货物通常存在着原残，货主如果对这些损失提出索赔，保险人有权拒绝赔偿。

但是一项损失究竟是原残产生的还是保险责任期间因承保风险造成的，通常是保险双方争议的焦点，为避免不必要的争议，保险人通常会规定对特定货物在装船前进行品质检验。另外，提单上关于货物状况、数量的记载也是保险人判断货物损失时间的重要依据。

(4) 被保险货物的自然损耗、本质缺陷、特性、市价跌落以及运输延迟所引起的损失或费用。

货物的自然损耗是指因货物本身特性而导致的在运输中不可避免的损耗，通常表现为水分蒸发、渗漏、扬尘、易碎品的破碎、散装货物的短量等。如粮谷、豆类会因含水量减少而导致重量减轻；袋装水泥因扬尘而短量；油脂类货物在油舱、管壁粘留造成数量减少等。保险人一般在保险单中规定一定的免赔比例，对于损失率低于免赔率的损失不予赔偿。

货物的本质缺陷是指货物本身固有的缺陷，或者货物在发运前已经存在质量上的瑕疵。比如粮谷商品在装船前已有虫卵，在温度、湿度一定的情况下虫卵孵化，导致货物遭受虫蛀。

货物特性是指在没有外来原因或事故的情况下，货物自身在运输途中性能发生变化而造成的损失，如水果腐烂、煤炭等的自燃，保险人不负责这些损失的赔偿。但是如果引起火灾造成其他货物受损，保险人赔偿其他受损货物的损失。

海上运输一般耗时较长，货物在抵达目的港时，市场的价格下跌也会给被保险人造成损失，但这属于商业风险，因此不受保险保障。

运输延迟是指运输过程中因某些原因使得货物未能在预定的时间抵达目的港。常见的有季节性商品市价的下跌、蔬菜水果等腐烂变质、节日商品因延迟在节后抵达等。对于这些因运输延迟造成的损失，保险人一般不负赔偿责任，即使引起延迟的原因属于承保风险。

(5) 海洋运输货物战争险条款和罢工险条款规定的责任范围和除外责任。战争险和罢工险属于特殊附加险，不在基本险的责任范围之内，要另行投保，其除外责任在特殊附加险中加以介绍。

除上述5项除外责任之外，1995年的PICC送审稿又新增了以下4种重要的除外责任。

(1) 由于船舶所有人、管理人、租船人或经营人破产或不履行债务引起的损失或费用。

(2) 海上欺诈行为、整批货交货不到所引起的损失或费用。

(3) 由于船舶或驳船不适航，或船舶、运输工具、集装箱或大型海运箱不适宜安全运载货物，造成的损失或引起的费用，但以被保险人或其受雇人自行装载或知道这种不适航或不适宜安全装载的情况为限。

(4) 因虫咬、鼠咬、黄曲霉素所造成的损失。

确定除外责任，有助于保险标的物发生损失时，保险人、被保险人、发货人、承运人等有关方面划清各自应该承担的责任和损失数额，促使参与国际贸易的各方面各尽职责，保障国际贸易、航运等的顺利进行。

(三) 保险期限

保险期限又称保险责任的起讫期限，是指保险人承担保险责任的起讫时限。海上运输货物保险的保险人只对保险期限内发生的损失和费用负赔偿责任，因此本条规定可视做对保险人责任的又一种限制，对双方当事人来说都很重要。同国际保险市场的习惯做法相同，中国海运货物保险基本险的保险期间适用"仓至仓"原则。

"仓至仓"(Warehouse to Warehouse Clause，W/W)是海运货物保险起讫(期限)的基本原则，它规定了保险人承担责任的空间范围，即被保险人受保险保障的时间与空间范围。它的基本内容是：保险人对被保险货物所承担的保险责任，是从货物运离保险单所载明的起运地发货人仓库或储存处所开始运输时生效，包括正常运输过程中的海上、陆上、内河和驳船运输在内，直至该项货物运到保险单所载明的目的港(地)收货人的最后仓库或储存处所为止，如未抵达上述仓库或储存处所或被保险人用做分配、分派或非正常运输的其他储存处所，则以被保险货物在最后的卸载港全部卸离海轮后满60天为止。如在上述60天内将被保险货物转运到非保险单所载明的目的地，则于货物开始转运时终止。

根据上述规定，保险起讫期限可以分为正常运输与非正常运输两种情况。

1. 正常运输情况下，保险责任的起讫期限

正常运输是指保险货物自保单载明的起运地发货人仓库或储存处所开始，不论使用何种运输工具，只要是航程的需要都属于正常运输的范围。在正常运输下，保险按照"仓至仓"原则办理，即自被保险货物运离保险单所载明的起运地仓库或储存处所开始运输时生效。包括正常运输过程中的海上、陆上、内河和驳船运输在内，直至该项货物到达保险单所载明的目的地收货人的最后仓库或储存处所或被保险人用作分配、分派或非正常运输的其他储存处所为止。如未抵达上述仓库或储存处所，则以被保险货物在最后卸载港全部卸离海轮后满60天为止。如在上述60天内被保险货物需转运到非保险单所载明的目的地，则以该项货物开始转运时终止。

2. 非正常运输情况下，保险责任的起讫期限

所谓非正常运输是指被保险货物在运输中，由于被保险人无法控制的运输延迟、绕道、被迫卸货、重新装载、转载或承运人运用运输契约赋予的权限所做的任何航海上的变更或终止运输契约，致使被保险货物运到非保险单所载明目的地。

根据我国海洋货物运输保险条款第3条第2款的规定，在海上运输过程中，如果出现被保险人不能控制的意外情况，保险责任将按下列规定办理。

(1) 当出现由于被保险人无法控制的运输延迟、绕道、被迫卸货、重新装载、转载或承运人运用运输契约赋予的权限所做的任何航海上的变更或终止运输契约，致使被保险货物运到非保险单所载明的目的地时，在被保险人及时将获知的情况通知保险人，并在必要时加缴保险费的情况下，保险仍继续有效。

(2) 在被保险人无法控制的情况下，保险货物如在运抵保险单载明的目的地之前，运输契约在非保单载明的其他港口或地方终止时，在被保险人立即通知保险人并在必要时加缴一定保险费的条件下，保险继续有效，直到货物在这个卸载港口或地方售出并交货时为止。但是，最长时间不能超过货物在卸载港全部卸离海轮后满60天。

这两种情况保险期限的终止，应以先发生者为准。

另外，我国海运货物保险条款还规定，保险责任按下列规定终止：第一，被保险货物如在非保险单所载明的目的地出售，保险责任至交货时为止。但不论任何情况，均以被保险货物在卸载港全部卸离海轮后满60天为止。第二，被保险货物如在上述60天期限内继续运往保险单所载原目的地或其他目的地时，保险责任仍按上述第一款的规定终止。

(四) 被保险人义务条款

我国海洋运输货物保险条款中的被保险人义务条款规定，被保险人应当按照条款规定的义务办理有关事项，如因未履行规定的义务而影响保险人义务的，保险人对有关损失有权拒绝赔偿。被保险人的义务具体有以下几项。

1. 防止延迟的义务

(1) 当被保险货物运抵保险单所载明的目的港以后，被保险人应当及时提货。

(2) 当被保险货物遭受任何损失，应当立即向保单上所载明的检验代理人申请检验。

(3) 如果发现被保险货物整件短少或有明显残损痕迹，应立即向承运人、受托人或有关当局(海关、港务当局)索取货损货差证明。

2. 减少损失的义务

(1) 对遭受承保责任范围内危险的货物，被保险人应该迅速采取抢救措施，防止或减少货物的损失。

(2) 如果货损货差是由于承运人、受托人或有关方面的责任方造成的，被保险人以书面形式向他们提出索赔，必要时还须取得延长时效的认证。

3. 告知义务

(1) 如遇到航程变更或发现保险单载明的货物、船名、航程有遗漏或错误时，被保险人应在获悉后立即通知保险人并在必要时加缴保费。

(2) 在获悉有关运输契约中"船舶互撞"款的实际责任后，应及时通知保险人。

(五) 索赔条款

1. 索赔时提供的单证

被保险人在向保险人索赔时，必须提供下列单证：保险单正本、提单、发票、装箱单、磅码单、货损货差证明、检验报告及索赔清单，如果涉及第三者责任，还须提供向责任方追偿的有关函电。

海洋货物运输发生损失，涉及的有关第三者责任方有船方、港方、码头、仓库等。如货物在运输中发生货损货差，首先应由承运人(船方)负责。承运人对货物运输的责任概括起来，主要有三个方面：提供适航的船舶，即承运人在开航前应尽职责，使船舶适于航行；提供适当的船员、装备和供应；承运人必须适当和谨慎地装载、收受、配载、承运、保管和卸载货物。如果承运人没有尽到这些方面的责任，就应对货损货差负责。

2. 索赔时效

索赔时效，又称为保险索赔期限，它是被保险人在发生承保责任范围内的货物损失时，向保险人提出索赔的有效期限。我国海洋货物运输保险条款第5条规定，保险索赔时效，从被保险货物在最后的卸载港全部卸离海轮后起算，最多不超过两年。但我国《海商法》第246条规定：“据海上保险合同向保险人要求保险赔偿的请求权，时效期为两年，自保险事故发生之日起计算。”值得注意的是，如果货损属于保险责任范围，同时又涉及船方或其他第三者责任方的索赔，被保险人必须在法律、法规或公约规定的有关责任方的有效期内办理索赔。否则，因被保险人疏忽或其他原因逾期而丧失向有关责任方索赔的权利的，保险人不予赔偿。按照我国《海商法》的规定：“就海上货物运输向承运人要求赔偿的请求权，时效期间为1年，自承运人交付或者应当交付货物之日起计算；在时效期间内或者时效期间届满后，被认定为负有责任的人向第三人提起追偿请求的，时效期间为90日，自追偿请求人解决原赔偿请求之日起或者收到受理对其本人提起诉讼的法院的起诉状副本之日起计算。”如果被保险人没有按照上述规定要求相关责任方进行赔偿，保险人便不负责赔偿。

二、　海洋运输货物保险附加险

海运货物在运输中可能遭遇的风险和损失，除了基本险所承保的自然灾害和意外事故所造成的风险损失外，往往还会有其他外来风险原因造成的风险损失。为了满足投保人的需要，保险人在基本险条款之外又制定了各种附加险条款。这些附加险是基本险的扩大和补充，附加险不能单独投保，只能在投保基本险的基础上加保，加保的附加险可以是一种，也可以是多种，由被保险人根据需要进行选择。附加险主要承保由于外来原因所造成的损失，分为一般附加险、特别附加险和特殊附加险。

(一) 一般附加险

一般附加险是承保由于一切外来原因引起的一般风险而造成的各种损失的险别。一般附加险有11种。

1. 偷窃，提货不着险(Theft，Pilferage and Non Delivery，TPND)

这一险别主要承保在保险有效期内，保险人对被保险货物因被偷窃，以及被保险货物运抵目的地后整件未交的损失承担保险责任。“偷”一般是指货物的整件或整箱被偷走；“窃”一般是指整件货物中的一部分被窃取。偷窃不包括使用暴力手段的公开劫夺。“提货不着"指货物的全部或整件未能在目的地交付给收货人。导致提货不着的原因仍要求是偷窃性质的，只是不要求被保险人证明损失的原因确实是偷窃。

保险人对被保险货物遭受的下列损失，按保险价值负责赔偿：第一，偷窃行为所致的损失；第二，整件提货不着；第三，根据运输契约规定船东和其他责任方免除赔偿的部分。近年来发生的海上欺诈、整船货被偷窃卖掉、被保险人在目的港收不到货等情况，收货人都可根据TPND条款向保险人索赔。但货物中途被扣押、被抛弃、被承运人误交他人或错运到其他港口，被保险人不能根据TPND条款索赔。

2. 淡水雨淋险(Fresh water and/or Rain Damage)

这一险别专门承保货物在运输途中由于淡水或雨淋、冰雪融化造成的损失，淡水通常来自船上淡水仓、水管漏水和舱汗等。

平安险和水渍险只对海水或航道中的水意外进入所致的各种损失负赔偿责任，因此，淡水雨淋险是在平安险和水渍险基础上的扩展。检验货物的淡水雨淋险时，通常货物的包装外部应有雨水或淡水痕迹。检验报告必须鉴定造成湿损的水到底是淡水还是海水，而且要在损失发生后的10天内申请检验，并要以外包装痕迹或其他证明为依据，否则保险公司拒赔。

3. 短量险(Risk of Shortage in Weight)

这一险别对货物在运输过程中，因外包装破裂或散装货物发生数量散失和实际重量短缺的损失负责赔偿，但正常的途耗除外。包装货物发生短量索赔时，必须有包装破裂的迹象，以排除装船前的短量。在保险实务中，保险双方需要在保险单中约定一个免赔比率，如规定散装货物的免赔比率是4%，保险人只赔偿超过免赔比率部分的损失。

4. 渗漏险(Risk of Leakage)

这一险别承保被保险货物在运输途中，因容器损坏而导致的渗漏损失(流质、半流质、油类货物)，也包括液体外流引起的用液体盛装的物品的变质、腐烂造成的损失，如酱菜等。

5. 混杂、沾污险(Risk of Intermixture and Contamination)

这一险别承保被保险货物在运输过程中，因混进了杂物或被沾污所造成的损失。例如，散装的谷物、矿砂、矿石等混进了泥土、草屑、碎石等。此外，还包括布匹、纸张、食物、服装等被油类或带色的物质污染而造成的经济上的损失等。

6. 碰损、破碎险(Risk of Cash and Breakage)

这一险别承保货物在运输途中，因震动、碰撞、受压造成的碰损和破碎的损失。所谓碰损主要是指金属或金属制品，如机器、仪器仪表、搪瓷、钢精器皿、景泰蓝、漆木器和家具等，在运输途中因受震、受压、碰击等造成的货物本身的凹痕、脱瓷、脱漆、划痕等损失。破碎主要是指易碎货物，如玻璃、玻璃制品、陶瓷、石棉瓦、大理石以及玉石、贝壳制品、观赏性工艺品等，在运输过程中因野蛮装卸、运输工具的震颤等外来原因造成货物的破碎。保险人对保险货物本身发生的碰损或破碎承担赔偿责任，但对于被碰破碎的货物造成的其他货物的碰损破碎损失不负赔偿责任。

7. 串味险(Risk of Odour)

该险主要承保被保险食用物品、中药材、化妆品原料等货物在运输途中，因受其他物品(如皮革、樟脑等)影响而引起的串味损失。这种串味损失如果是由于船方配载不当引起的，海上保险人在对被保险人进行赔付后，应向船方追偿损失。

8. 受潮受热险(Sweating and Heating Risk)

该险承保被保险货物在运输过程中，因气温突然变化或由于船上通风设备失灵致使船舱内水汽凝结、发潮或发热所造成的损失。一些袋装及易于吸收水分的货物容易遭受这类损失，如黄豆，极易因船舱内水汽过大而受潮发霉变质。货物受热通常是指温度骤然升高使货物发生变质损失，如船舶经过炎热的赤道地带。在西方，受潮受热有时与自燃(Spontaneous Combustion)合在一起加保。

9. 钩损险(Hook Damage Risk)

该险承保捆装、袋装等货物在装卸过程中，因使用钩子包括手钩、吊钩等工具装卸，野蛮作业致使包装破漏，造成货物外漏以及被钩子直接钩破的货物损失。此外，对钩损的货物的包装进行修补或调换所支付的费用，也由保险公司负责。该损失包括两部分：一是内容的损失，如货物破损或散落短重；二是包装损失，主要指重新整理、修理或更换包装的费用。袋装水泥、化肥等货物经常加保该险。这里的装卸不限于起运港和最后卸货港，凡在保险期间中途转载、转运的装卸都包括在内。

10. 包装破裂险(Breakage of Packing Risk)

该险承保用袋装、箱装、桶装、篓装的块、粒、粉状物品在运输过程中因搬运、装卸不当，使包装破裂，造成物品的短少、沾污、受潮等损失；以及出于保险货物在运输过程中安全续运的需要，对包装进行修补或调换所支付的费用，主要为了保障不慎装卸对包装及内容造成的损害。该项责任适合于各种包装货物。

11. 锈损险(Risk of Rust)

该险承保保险货物在运输过程中因为生锈造成的损失。这种生锈只要在保险期限内发生，且不是原装时就存在的，保险公司都将负责赔偿，因此责任较大。在海上保险实务中，一般对于易生锈的铁丝、铁绳、水管零件等货物，以及必然会生锈的裸装金属板、块、条、管等，保险公司不予承保。此外，锈损险需要专业检验人员给出较准确的鉴定。

(二) 特别附加险

特别附加险是以导致货损的某些政府行为风险作为承保对象的，它不包括在一切险范围内，不论被保险人投保何种基本险，要想获取保险人对政府行为等政治风险的保险保障，必须与保险人特别约定，经保险人特别同意。否则，保险人对此不承担保险责任。我国保险公司开办的特别附加险现有6种。

1. 交货不到险(Failure to Deliver)

该险承保自被保险货物装上船舶时开始，在6个月内不能运到原定目的地交货的损失。不论何种原因造成交货不到，保险人都按全部损失予以赔偿，但是，被保险人应将货物的全部权益转移给保险人，因为造成交货不到的原因并非运输上的，而是某些政治原因(如被另一国在中途港强迫卸货等)，所以，被保险人在投保该险别时必须获得进口货物所有的一切许可手续，否则投保该险是无效的。中国人民保险公司在条款中规定，提货不着险和战争险项下所承担的责任，不在交货不到险的保险责任范围之内。

2. 进口关税险(Import Duty Risk)

投保进口关税险，往往是针对某些国家的规定，如加拿大，进口货物不论是否短少、残损均需按完好价值纳税。该险承保的是被保险货物受损后，仍须在目的港按完好货物总额缴纳进口关税而造成相应货损部分的关税损失。但是，保险人对此承担赔偿责任的条件是，货物遭受的损失必须是保险单承保责任范围内的原因造成的。进口关税险的保险金额根据进口国的进口税率确定，并与货物的保险金额分开，在保险单上另行列出。而保险人在损失发生后，对关税损失部分的赔付以该保险金额为限。

3. 舱面货物险(On Deck Risk)

该附加险承保装载于舱面的货物被抛弃或海浪冲击落水所致的损失。一般来讲，保险人确定货物运输保险的责任范围和制定保险费时，是以舱内装载运输为基础的。但有些货物，如体积大或有毒性或有污染性或根据航运习惯必须装载于舱面，对这类货物的损失提供保险保障，可以加保舱面货物险。加保该附加险后，保险人除了按基本险责任范围承担保险责任外，还要依舱面货物险对舱面货物被抛弃或风浪冲击落水的损失予以赔偿。由于舱面货物处于暴露状态，易受损害，所以，保险人通常只是在"平安险"的基础上加保舱面货物险，而不愿意接受在一切险的基础上加保本险，以免责任过大。

4. 拒收险(Rejection Risk)

当被保险货物出于各种原因，在进口港被进口国政府或有关当局拒绝进口或没收而产生损失时，保险人依拒收险对此承担赔偿责任。但是，投保拒收险的条件是被保险人在投保时必须持有进口所需的一切手续(特许证或许可证或进口限额)。如果被保险货物在起运后至抵达进口港之前的期间，进口国宣布禁运或禁止进口的，保险人只负责赔偿将该货物运回出口国或转口到其他目的地所增加的运费，且以该货物的保险金额为限。同时，拒收险条款还规定，被保险人所投保的货物在生产、质量、包装、商品检验等方面，必须符合产地国和进口国的有关规定。如果因被保险货物的记载错误、商标或生产标志错误、贸易合同或其他文件存在错误或遗漏、违反产地国政府或有关当局关于出口货物的规定而引起的损失，保险人概不承担保险责任。

5. 黄曲霉素险(Aflatoxin)

该附加险承保被保险货物(主要是花生)在进口港或进口地经卫生当局检验证明，其所含黄曲霉素超过进口国限制标准，而被拒绝进口、没收或强制改变用途所造成的损失。按该险条款规定，经保险人要求，被保险人有责任处理被拒绝进口或强制改变用途的货物或者申请仲裁。

6. 出口货物到我国香港(包括九龙)或澳门存仓火险责任扩展条款(Fire Risks Extension Clause for Storage of Cargo at Destination HongKong，including Kowloon，or Marco，FREC)

本项特别附加险指对被保险货物自内地出口运抵我国香港(包括九龙)或澳门，卸离运输工具，直接存放于保险单载明的过户银行所指定的仓库期间发生火灾所受的损失，承担赔偿责任。该附加险是一种保障过户银行权益的险种。因为货主通过银行为货物办理押汇，在货主未向银行归还贷款前，货物的权益属于银行，所以，在该保险单上必须注明过户给放款银行。

相应的，货物在此期间到达目的港的，收货人无法提货，必须存放在过户银行指定的仓库。保险单附加该险条款的，保险人承担火险责任。该附加险的保险期限，自被保险货物运入过户银行指定的仓库之时起，至过户银行解除货物权益之时，或者运输责任终止时起满30天止。若被保险人在保险期限届满前向保险人书面申请延期的，在加缴所需保险费后可以继续延长。

(三) 特殊附加险

特殊附加险主要包括战争险和罢工险，在当前国际海上货物运输保险中普遍适用。罢工险与战争险的关系密切，按国际海上保险市场的习惯，保了战争险，再加保罢工险时，一般不再加收保险费，所以，一般被保险人在投保战争险的同时加保罢工险。

1. 海上货物运输战争险(Ocean Marine Cargo War Risk)

海上货物运输战争险是保险人承保因战争、类似战争、武装冲突或海盗行为造成的货物损失的特殊附加险。被保险人必须在投保货运基本险之后，才能经特别约定投保战争险。

1) 战争险的保险责任

(1) 直接由于战争、类似战争行为和敌对行为、武装冲突或海盗行为所致的损失。

(2) 由于上述原因所引起的捕获、拘留、扣留、禁制、扣押所造成的损失。

(3) 各种常规武器，包括水雷、鱼雷、炸弹所致的损失。

(4) 由于上述原因所引起的共同海损的牺牲、分摊和救助费用。

2) 战争险的除外责任

(1) 由于敌对行为使用原子或热核制造的武器(如原子弹、氢弹等)所致的损失和费用。

(2) 根据执政者、当权者或其他武装集团的扣押、拘留引起的承保航程的丧失和挫折而提出的任何索赔。

3) 保险期间

(1) 正常运输情况下。本保险责任自被保险货物装上保险单所载明的起运港的海轮或驳船时开始，到卸离保单所载明的目的港的海轮或驳船时为止。如果被保险货物不卸离海轮或驳船，本保险责任最长期限以海轮到达目的港的当日午夜起算满15天为限。

(2) 中途港转运情况下。如在中途港转船，不论货物在当地卸货与否，保险责任以海轮到达该港或卸货地点的当日午夜起算满15天为止，至再装上续运海轮时恢复有效。

(3) 运输契约终止情况下。运输契约在保险单所载明的目的地以外的地点终止时，该地即视为保险目的地，按照上述1)款的规定终止责任。如需运往原定目的地或其他目的地，在被保险人于续运前通知保险人并加缴保险费的情况下，自装上续运的海轮时重新有效。

(4) 扩展责任条款。如运输发生绕道、改变航程或承运人运用运输契约赋予的权限作出任何航海上的改变，在被保险人及时将获知的情况通知保险人，并在必要时加缴保费的情况下，本保险继续有效。关于战争险责任的起讫，不再遵循"仓至仓"原则，而是以"水上风险"为限，从货物装上海船时开始，到货物在最后卸货港卸离海船时止，或者在海船到达最后卸货港当日午夜起算满15天为止，两种情况以先发生者为准。如为转船货物，则从原海船抵达中途港当日午夜起算满15天为止，但从货物装上续运海船时起，保险再度生效(Reattach)。战争险之所以负责"水上风险"，是因为战争时期存放于港口码头上的货物往往不易疏散，容易造成大量积压，同时，战争时期也加大了货物在陆上发生损失的风险。

2. 海上货物运输罢工险(Strikes Risk)

海上货物运输罢工险是保险人承保被保险货物因罢工等人为活动造成损失的特殊附加险。我国保险人对罢工险的保险责任范围进行了如下规定。

(1) 罢工者、被迫停工工人或参加工潮暴动、民众斗争的人员的行动所造成的直接损失。

(2) 任何人的敌意行动所造成的直接损失。

[实务训练6-4]

我方按CIF条件出口大豆1000公斤，即10 000包。合同规定投保一切险加战争险、罢工险。货物卸至目的港码头后，当地码头工人开始罢工。在工人与政府的武装力量对抗中，该批大豆有的被撒在地面，有的被当作掩体，有的丢失，总共损失近半，这种损失保险公司是否负责赔偿？

[实务操作]

该批大豆有的被撒在地面，有的被当作掩体，有的丢失，这种损失是码头工人罢工行动所造成的直接损失，属于罢工险承保范围，保险公司应负责赔偿。

(3) 因上述行动或行为引起的共同海损的牺牲、分摊和救助费用。

海洋运输货物罢工险以罢工引起的间接损失为除外责任，即在罢工期间由于劳动力短缺或不能运输所致被保险货物的损失；或因罢工引起动力或燃料缺乏，使冷藏机停止工作所致的货物冷藏损失。

[实务训练6-5]

我方按CIF条件出口冻带骨兔10吨。合同规定：投保一切险加战争险、罢工险。货物卸至目的港码头后，当地码头工人开始罢工。港口无人作业，货物无法卸载。不久货轮因无法补充燃料以致冷冻设备停机，等到罢工结束该批冷冻食品已变质。这种损失保险公司是否负责赔偿？

[实务操作]

该批冷冻食品变质的原因是，码头工人罢工、港口无人作业、货物无法卸载。食品变质是罢工行动所造成的间接损失，不属于罢工险承保范围，保险公司不负责赔偿。

可以预料的周期性罢工属于免赔条款，罢工险的责任起讫仍然采用"仓至仓"条款。海上货运保险的特殊附加险不能单独投保，必须在投保基本险的基础上才能加保，主要包括战争险与罢工险。

按照国际保险市场的习惯做法，被保险货物如果已经投保战争险，在加保罢工险时，一般不再加收保险费。中国人民保险公司也采用这种做法。

三、海洋运输货物专门险

海洋运输货物专门险是根据海上运输货物的特性承保的专门险别。主要有海洋运输冷藏货物保险、海洋运输散装桐油保险。

(一) 海洋运输冷藏货物保险

1. 责任范围

海洋运输冷藏货物保险分为冷藏险和冷藏一切险两种。冷藏一切险是在冷藏货物保险的基础上还负责被保险货物在运输途中由于外来原因所致的腐败或损失。冷藏险的责任范围如下所述。

(1) 被保险货物在运输途中由于恶劣气候、雷电、海啸、地震、洪水等自然灾害，或由于运输工具遭受搁浅、触礁、沉没、互撞、流冰或其他物体碰撞以及失火、爆炸等意外事故，或由于冷藏机器停止工作连续达24小时以上所造成的腐败或损失。

(2) 在装卸或转运时由于一件或数件整件货物落海所造成的全部或部分损失。

(3) 被保险人对遭受承保责任内危险的货物采取抢救、防止或减少货损的措施而支付的合理费用，但以不超过该批被救货物的保险金额为限。

(4) 运输工具遭遇海难后，在避难港由于卸货所引起的损失以及在中途港、避难港由于卸货、存仓以及运送货物所产生的特别费用。

(5) 共同海损的牺牲、分摊和救助费用。

(6) 运输契约订有"船舶互撞责任"条款，根据该条款规定，应由货方偿还船方的损失。

2. 除外责任

海洋运输冷藏货物保险对下列损失不负赔偿责任。

(1) 被保险人的故意行为或过失所造成的损失。

(2) 属于发货人责任所引起的损失。

(3) 被保险货物在运输过程中的任何阶段，因未存放在有冷藏设备的仓库或运输工具中，或辅助运输工具没有隔温设备造成的货物腐败。

(4) 被保险货物在保险责任开始时因未保持良好状态，包括整理加工和包扎不妥、冷冻上的不合规定及骨头变质所引起的货物腐败和损失。

(5) 被保险货物的自然损耗、本质缺陷、特性及市价跌落、运输延迟所引起的损失和费用。

(6) 本公司海洋运输货物战争险条款和货物运输罢工条款规定的责任范围和除外责任。

3. 责任起讫

海洋运输货物保险条款规定冷藏货物保险的起讫期限如下所述。

(1) 本保险责任自被保险货物运离保险单所载明的起运地点的冷藏仓库装入运送工具开始运输时生效，包括正常运输过程中的海上、陆上、内河和驳船运输在内，直至该项货物到达保险单所载明的最后卸载港30天内卸离海轮，并将货物存入岸上冷藏库后继续有效。但以货物全部卸离海轮时起算，满10天为限。在上述期限内货物一经移出冷藏库，则责任即行终止，如卸离海轮后不存入冷藏库，则至卸离海轮时终止。

(2) 由于被保险人无法控制的运输延迟、绕道、被迫卸货、重行装载、转载或承运人运用运输契约赋予的权限所做的任何航海上的变更或终止运输契约，致使被保险货物运到非保险单所载明的目的地，在被保险人及时将获知的情况通知保险人，并在必要时加缴保险费的情况下，本保险继续有效，保险责任按下列规定终止。

① 在货物到达卸载港30天内卸离海轮并将货物存入岸上冷藏仓库后继续有效，但以货物全部卸离海轮后时起算，满10天终止。在上述期限内，被保险货物如在非保险单所载明的目的地出售，保险责任至交货时为止。

② 被保险货物如在上述10天期限内继续运往保险单所载明的原目的地或其他目的地，保险责任仍按规定终止。

4. 被保险人的义务

被保险人应按照以下规定的应尽义务办理有关事项，如因未履行规定的应尽义务而影响本公司利益，本公司对有关损失有权拒绝赔偿。

(1) 当被保险货物运抵保险单所载明的目的港以后，被保险人应及时提货，当发现被保险货物任何部分有腐败或损失，应立即向保险单所载明的检验、理赔代理人申请检验，由其在本保险责任终止前确定腐败件数或损失程度。如发现被保险货物整件短少或有明显残损痕迹，应立即向承运人、受托人或有关当局(海关、港务当局等)索取货损货差证明。如果货损货差是由于承运人、受托人或其他有关方面的责任所造成的，应以书面方式向他们提出索赔，必要时还须取得延长时效的认证。

(2) 对遭受承保责任内危险的货物，应迅速采取合理的抢救措施，防止或减少货物的损失。被保险人采取此项措施，不应视为放弃委付的表示，本公司采取此项措施，也不得视为接受委付的表示。

(3) 如遇航程变更或发现保险单所载明的货物、船名或航程有遗漏或错误时，被保险人应在获悉后立即通知保险人，并在必要时加缴保险费，本保险才继续有效。

(4) 在向保险人索赔时，必须提供下列单证：保险单正本、提单、发票、装箱单、磅码单、货损货差证明、检验报告及索赔清单。如涉及第三者责任，还须提供向责任方追偿的有关函电及其他必要单证或文件。

(5) 在获悉有关运输契约中"船舶互撞责任"条款的实际责任后，应及时通知保险人。

5. 赔款的处理

海洋冷藏货物保险对赔款的规定是，对同一标记和同一价值的或不同标记但是同一价值的各种包、件、扎、块，除非另有规定，均视做同一重量和同一保险价值计算处理赔偿。海洋冷藏货物保险的索赔时效，从被保险货物在最后卸载港全部卸离海轮后起计算，最多不超过两年。

(二) 海洋运输散装桐油保险

1. 责任范围

根据我国海洋货物运输保险条款规定，海洋运输散装桐油保险在以下几种情况下负责赔偿。

(1) 不论任何原因所致被保险桐油短少、渗漏损失且超过本保险单规定的免赔率时(以每个油仓作为计算单位)。

(2) 不论任何原因所致被保险桐油的沾污或变质损坏。

(3) 被保险人对遭受承保责任内危险的桐油采取抢救、防止或减少货损的措施而支付的合理费用，但以不超过该批被救桐油的保险额为限。

(4) 共同海损的牺牲、分摊和救助费用。

(5) 运输契约订有"船舶互撞责任"条款，根据该条款规定应由货方偿还船方的损失。

2. 除外责任

海洋运输散装桐油保险的除外责任与海洋冷藏货物保险的除外责任基本相同，主要包括以下几项。

(1) 被保险人的故意行为或过失所造成的损失。

(2) 属于发货人责任所引起的损失。

(3) 在保险责任开始前，被保险桐油已存在的品质不良或数量短差所造成的损失。

(4) 被保险桐油的市价跌落或运输延迟所引起的损失或费用。

(5) 本公司海洋运输货物战争险和货物运输罢工险条款规定的责任范围和除外责任。

3. 责任起讫

海洋运输散装桐油保险的责任起讫按照"仓至仓"条款，具体内容如下所述。

(1) 自被保险桐油运离保险单所载明的起运港的岸上油库或盛装容器开始运输时生效，在整个运输过程中，包括油管卸油，继续有效，直至安全交至保险单所载明的目的地的岸上油库时为止。但如桐油不及时卸离海轮或未交至岸上油库，则最长保险期限以海轮到达目的港后15天为限。

(2) 由于被保险人无法控制的运输延迟、绕道、被迫卸货、重行装载、转载或承运人运用运输契约赋予的权限所做的任何航海上的变更或终止运输契约，致使被保险桐油运到非保险单所载明的目的港时，被保险桐油应在到达该港口15天内卸离海轮，在卸离海轮后满15天责任终止，如在前述期限内，货物在该地出售，则在交货时终止。

(3) 被保险桐油如在上述15天内继续运往保险单所载原目的地或其他目的地，保险责任仍按上述规定终止。

4. 特别约定

(1) 被保险人在起运港必须取得下列检验保证书，如不按此执行，则保险公司不负责桐油品质上的损失。

① 船上油仓在装油前必须清洁并经在场的商品检验局代表检验出具合格的证书。

② 桐油装船后的容量或重量和温度必须由商品检验局详细检验并出具证书，装船重量即作为本保险负责的装运量。

③ 装船桐油的品质还须由商品检验局抽样化验并出具合格证书，证明在装运时确无沾污、变质或"培他"(桐油损失专门名词)迹象。

(2) 如遇必须卸货的情况，在卸货前须进行品质鉴定并取得证书，对接受所卸桐油的油驳、岸上油库其他容器以及重新装载桐油的船舶、油轮均须申请当地合格检验人进行检验，并取得证书。

(3) 被保险桐油在运抵本保险单所载明的目的港后，被保险人必须在卸货前通知本保险单指定的检验、理赔代理人，由他指定的检验人进行检验。确定卸货时油仓中的温度、容量、重量或量尺，并由代理人指定的合格化验师一次或数次抽样化验，出具确定当时品质状况的证书。如到货后由油驳驳运，则油驳在装油前须经检验人检验出证。

5. 赔款的处理

海洋运输散装桐油保险赔款的处理，根据桐油保险的特点，规定如下所述。

(1) 如被保险桐油经检验和化验证明已发生短少或损失，必须同装船时的检验和化验报告相比较，估定损失数额。

(2) 如根据化验报告中的鉴定，被保险桐油品质上有变异，本保险按实际所需的提炼费用(包括提炼后的短量、贬值、运输、人工、存仓、保险等各项费用)减去通常所需的提炼费用后差额的赔付。

(3) 一切检验和化验费用均由被保险人负担，但为了决定赔款数额而支付的必要检验和化验费用，可由保险人负担。海洋运输散装桐油保险的索赔时效，从被保险货物在最后卸载港全部卸离海轮后起计算，最多不超过两年。

除了上述各险种外，在中国人民保险公司所承保的货物运输保险险别中，还有一种名为卖方利益险(Contingency Insurance Covers Seller's Interest Only)的险别。这种险别是供中国出口企业在采用托收方式并按FOB或CFR条件成交出口时，为保障自身利益而设立的一种独立险别。卖方利益险条款规定："本保险系卖方利益险，负责赔偿货物在遭受本保险单载明承保险别的条款责任范围内的卖方损失。但本保险仅在买方不支付该项受损货物的部分损失时才予以赔偿。被保险人应将其向买方或第三者的权利转移给保险人。如对本保险单项下的任何利益或赔款转让，保险人即解除其全部责任。"

卖方利益险的费率为货运保险费率的25%。卖方利益险条款还规定，被保险人应将其向第三方或买方追偿的权利转让给保险人。由于买方不付款赎单的行为违反了贸易合同，应当承担违约责任，保险人取得代位求偿权后可向买方追偿。

四、中国海洋运输货物保险条款范例

保险条款是国际货物买卖合同的重要组成部分之一，必须订得明确、合理。保险条款的内容因选用不同的贸易术语而有所区别。

(一) 以FOB、CFR条件成交的合同

保险条款可订为保险由买方负责(Insurance to be Covered by the Buyer)，如果买方委托卖方代办保险，则应明确规定保险金额、投保险别、按什么保险条款保险以及保险费由买方负担，同时规定保险费的支付时间和办法。

(二) 以CIF条件成交的合同

保险条款内容须明确规定由谁办理保险、投保险别、保险金额的确定方法以及按什么保险条款保险，并注明该条款的生效日期。应注意避免使用通常险(Usual Risks)、惯常险(Customary)、海运保险(Marine Clause)等笼统的规定方法，具体订法举例如下所述。

(1) 海洋运输。保险由卖方按发票金额的×%投保××险，以中国人民保险公司××××年×月×日的有关海洋运输货物保险条款为准。(Insurance to be covered by the seller for... % of total invoice value against..., ... as per and subject to the relevant ocean marine

clauses of the Peoples' Insurance Company of China，dated...)

(2) 加保混杂、沾污险。(Including Risk of Intermixture and Contamination)。

(3) 投保平安险和受潮受热险。(Insurance to be covered by the Seller against F.P.A and Sweating and Heating Risk.)

(4) 卖方按发票全额加10%的投保平安险，卖方如需加保，由其自行投保并负担费用。(Marine insurance to be effected by the Seller against F.P.A for invoice amount plus ten percent only，any additional insurance required by the buyer shall be effected by him and at his own expense.)

(5) 投保水渍险。必要时卖方可投保战争险，但费用由买方负担。(Insurance shall be covered on W. A.any additional insurance required by the buyer shall be effected at his own expense. Seller may，if necessary，insure against War Risk for account of Buyer.)

(6) 加保短量险，短量绝对免赔率为整批货物保险的0.5%。(Including shortage in weight in excess if 0.5% on the whole consignment.)

(7) 用于陆海联运。保险由卖方按发票金额的×%投保陆运一切险和海洋运输货物一切险，以中国人民保险公司××××年×月×日陆上运输货物保险条款和有关海洋运输货物保险条款为准。(Insurance to be covered by the seller for...% of total invoice value against overland transportation cargo insurance clauses and ocean marine clauses of the Peoples' Insurance Company of China，dated...)

第二节　伦敦保险协会海运货物保险条款

在国际海运保险业务中，英国保险业历史悠久、业务发达。长期以来，它所制定的保险规章制度，特别是海运保险单和保险条款，对世界各国影响很大。目前，世界上大多数国家在海上保险业务中直接采用英国伦敦保险协会所制定的"协会货物条款"(Institute Cargo Clause，ICC)。还有一些国家在制定本国保险条款时，参考或部分地采用了上述条款。

一、伦敦协会货物保险条款简介

英国"协会货物条款"最早制定于1912年，它是为了补充、修正沿用已久、内容陈旧、用语古老过时的"船、货保险单"(The S.G.Policy Form，1779)而制定的。因此，旧的"协会货物条款"是"S.G.保险单"的主要组成部分。为了适应不同时期法律、判例、商业、贸易、航运等方面的变化和发展，"协会货物条款"需要经常进行修订和补充。如1963年，曾进行过修订和补充，但基本上仍维持1912年的内容，只是文字上稍有润饰，仍然与"S.G.保险单"配合使用。为保持英国在世界上的保险中心地位，英国于1981年对ICC进行了修订，并自1982年1月1日起在伦敦保险市场上开始使用。根据伦敦保险协会的规定，"S.G.保险单"和旧的"协会货物条款"已于1983年3月31日起在伦敦保险市场上停止使用，1983年4月1日起改用新的海上保险单格式(The New Marine Policy From The Lloyd's Marine Policy)和新的"协会货物条款"(Institute Cargo Clauses，1982)。

新的海上保险单格式比较简单、清晰，新的海上保险单与"协会货物条款"配合使用。新条款系统地阐述了承包范围、除外责任、保险期限、索赔、保险利益、减少损失、防止延迟和法律与管理等内容。新条款除个别险别外，对承保责任均采用"列明风险"和"一切风险减除外责任"两种方式，取消了"全部损失"和"部分损失"划分，主要险别名称改用英文字母表示，险别的差距扩大而且险别的划分变得更加容易。

2009年1月1日，英国又对ICC 1982予以修订。与ICC 1982相比，ICC 2009用词更加准确简洁，条款表达更加清楚，除外责任取消了副标题，扩展了保险责任起讫的期限，"航程变更"发生变化，扩大了被保险人的范围。

伦敦保险协会新的海运货物保险基本条款主要分为6种，其中，ICC(A)、ICC(B)、ICC(C)以及战争险和罢工险为基本险，恶意损害险为附加项。新旧保险协会货物保险条款名称对比如表6-1所示。

表6-1　伦敦保险协会新旧海运货物保险条款比较

旧条款名称 (1963—1982)	新条款名称 (1982至今)
协会货物一切险条款 (Institute Cargo Clauses—All Risks) 简称ICC 1963(AR)	协会货物条款(A) (Institute Cargo Clauses A) 简称ICC 1982(A)
协会货物水渍险条款 (Institute Cargo Clauses—W.A.) 简称ICC 1963(WA)	协会货物保险条款(B) (Institute Cargo Clauses B) 简称ICC 1982(B)
协会货物平安险条款 (Institute Cargo Clauses—F.P.A) 简称ICC 1963(FPA)	协会货物条款(C) (Institute Cargo Clauses C) 简称ICC 1982(C)
协会战争险条款 (Institute War Clauses)	协会战争险条款(货物) (Institute Cargo Clauses—Cargo)
协会罢工、暴动和民变险条款(Institute Strikes Riots&Civil Commotions Clauses)	协会罢工险条款(货物) (Institute Strikes Clauses—Cargo)
	恶意损害险条款 (Malicious Damage Clauses)

二、协会海运货物保险条款的承保责任

2009年，协会货物条款ICC(A)、ICC(B)、ICC(C)的承保责任是由三个条款组成的，它们是风险条款、共同海损条款和船舶互撞条款。

(一) 风险条款

1. ICC(A)的风险条款

ICC(A)对其承保风险的规定采取"一切风险减除外责任"的说明方式，而并未列举

具体承保风险的名称，凡未列入除外责任项下的损失，保险人均予负责。因此，要全面理解ICC(A)，必须弄清楚它的"除外责任"。对于ICC(A)的除外责任将在下一节中介绍。

2. ICC(B)的风险条款

ICC(B)对承保风险的规定采取列明风险的方式，对承保的风险逐一罗列。但B条款的承保范围比A条款小。这种方式对被保险人来说，承保风险十分明确、肯定，便于被保险人(或投保人)选择适当的险别；对保险人来说有利于处理保险索赔。具体内容如下所述。

1) 火灾或爆炸

在实际业务中，出险后无须追究火灾或爆炸的直接、具体原因，只要能够确定不是由于战争或被保险人的故意及不法行为所致，即可获得赔偿。具体可以从以下两个方面理解。

(1) 只要保险货物的灭失或损害可以合理归因(Reasonably Attributable to)于火灾或爆炸，保险人即给予负责，而不需要被保险人证明货物的灭失或损害是由火灾或爆炸直接造成的。如船舶、驳船、仓库或其他运输工具发生了火灾，因火灾高温造成货物损失，以及爆炸震裂货物均可以合理归因于火灾和爆炸。

(2) 无须追究火灾或爆炸的原因，但因战争或因被保险人的故意或不法行为所导致者除外。

2) 船舶或驳船搁浅、触礁、沉没或倾覆

当货物卸离船舶或驳船后，发现已被压碎或损坏，该损失究竟是因理货不当，还是因触礁、搁浅等原因所致，难以判断。因此，只要船舶、驳船发生了触礁或搁浅，该损失即可合理归因于这些风险，而无须证明触礁、搁浅直接导致了货物损失。同理，如因沉没、倾覆导致海水进入，则保险人仍应负责。

3) 陆上运输工具倾覆或出轨

据此，如果货物的灭失或损害可合理归因于载货船舶、驳船或运输工具与其他外界物体的碰撞，保险人应负赔偿责任。但由于天气恶劣，货物在舱内滑动撞击而造成损坏，不符合与外界物体相撞的条件，保险人不负赔偿责任。

4) 在避难港卸货

这一承保风险用于承保保险货物在避难港卸货所发生的损失。由于船舶遇难，不能将货物继续运抵目的地，因而在中途避难港卸货。当货物以各种运输途径运抵目的地后，才发现货物受损。该损失究竟是在避难港被迫卸货时造成的，还是在避难港重装、继续向目的地运送途中发生的，亦或是在最终目的港卸货时造成的，对此难以判断。要解决这一问题，只要证据显示，货物的损失合理归因于在避难港的卸货，保险人则应予以负责。

5) 船舶、驳船或运输工具与水以外的任何外界物体碰撞或接触

若灭失或损害可合理归因于载货船舶、驳船或运输工具与其他外界物体碰撞，则保险人应负赔偿责任；若由于天气恶劣，货物在船舱内滑动撞击而造成损坏，而不是与外界物体相撞，保险人就不负责任。同样，在陆上运输中，货物因车辆颠簸而发生损坏，也不在承保范围内。

6) 地震、火山爆发或雷电

ICC(B)规定，货物的损失若合理归因于雷电，不论是否因雷电发生火灾，均属保险范围，而且扩大到陆上和海上运输阶段。但ICC(C)并未将地震、火山爆发、雷电列入承保风

险范围，货物因此而发生损失，保险人不负责任。

7) 共同海损牺牲

发生共同海损后，被保险人不需等待共同海损理算结束即可向保险人索赔共同海损的牺牲。保险人赔付被保险人后，依法取得代位追偿权，就共同海损额求偿。如果保险人从共同海损额中所分配的数额超过其赔付的保险金额时，应将超额部分退还被保险人。

8) 抛弃和浪击落海

抛货又称为投弃，是指在发生海难时，为避免全部损失，而将货物或其他财产投入海中。抛弃时，若船舶与货物分属于不同所有人，则货物的全部或一部分投弃均构成共同海损的牺牲。但在船舶与货物同属于船东时，无法适用共同海损，因此，保险人不按共同海损理赔，但只要有投弃事实的发生，保险人就给予赔偿。浪击落海是指甲板上的货物被海浪冲入海中的一种风险。ICC(B)虽然承保"Sling Loss"，但并不扩及甲板货物因恶劣气候而使船体摇动所发生的落海损失，因为此非浪击落海损失。

9) 海水、湖水或河水进入船舶、驳船、运输工具、集装箱或储存处所

凡海水、湖水或河水进入船舶、驳船、集装箱、运输工具、大型海运箱或储存处所而造成货物损失均在承保的范围内，即使压舱海水从底舱进入货舱导致货物损失，保险人同样应予负责。也就是说，只要有海水等进入船舶等而导致货物损失的事实，不论其起因如何，都属承保责任范围，被保险人无须证明海水进入船舶等是因保险事故所致。ICC(B)的特点是将承保范围扩大到海水、湖水或河水进入货物的储存处所所造成货物的损失。

储存处所是指储放保险货物的任何地点，不论其有无加盖，也不论其是永久性还是暂时性的。此外，因海水涨潮、湖水进入或河水泛滥所造成的货物损失也在承保范围。

10) 货物在装卸时落水或坠落而造成的整件货物的全部损失

此条款常被称做吊索损失条款，在本条款中需特别强调的是，保险人只有在发生货物的整件全损时才负责赔偿，对未整件全损的情况是拒绝赔偿的。ICC(B)第1条第3款虽将"整件"(Entire)一词删除，但实质上并末有所改变，即保险人对并未整件全损的情况，仍然拒绝赔偿。另外，装卸船舶或驳船，既包括原定装货港、目的港，又包括转船时的装卸船舶或收船。

3. ICC(C)的风险条款

ICC(C)对承保风险的规定也采取列明风险的方式。但C条款的承保范围比B条款小，主要承保意外事故所导致的损失以及共同海损和救助费用，对于自然灾害造成的损失不负责赔偿，其承保的责任范围主要包括以下几个。

(1) 火灾或爆炸；

(2) 船舶或驳船搁浅、触礁、沉没或倾覆；

(3) 陆上运输工具倾覆或出轨；

(4) 在避难港卸货；

(5) 船舶、驳船或运输工具与水以外的任何外界物体碰撞或接触；

(6) 共同海损牺牲；

(7) 投弃(或抛弃)。

ICC 1982(A)、(B)、(C)条款保险人承保的风险的比较，如表6-2所示。

表6-2 ICC 1982(A)、(B)、(C)条款保险人承保的风险的比较

承保风险	ICC(A)	ICC(B)	ICC(C)
1. 火灾、爆炸	V	V	V
2. 船舶、驳船的搁浅、触礁、沉没、倾覆	V	V	V
3. 陆上运输工具的倾覆或出轨	V	V	V
4. 在避难港卸货	V	V	V
5. 船舶、驳船或运输工具同除水以外的任何外界物体碰撞或接触	V	V	V
6. 地震、火山爆发或雷电	V	V	X
7. 共同海损牺牲	V	V	V
8. 投弃(或抛弃)	V	V	V
9. 浪击落海	V	V	X
10. 海水、湖水或河水进入船舶、驳船、运输工具、集装箱、大型海运箱或储存处所	V	V	X
11. 货物在船舶或驳船装卸时落海或跌落造成任何整件全损	V	V	X
12. 由于被保险人以外的其他人的故意不法行为所造成的损失或费用	V	X	X
13. 海盗行为	V	X	X
14. 由一般外来因素造成的损失	V	X	X

说明："V"表示承保风险，"X"表示除外风险。

(二) 共同海损条款

根据英国《1906年海上保险法》第66条的规定，共同海损是指在发生海难时，为避免财物遭受共同危难的损害而有意地、合理地作出特别牺牲或支出特别费用。在货物保险中，共同海损损失包括全部或部分损失，在ICC 2009(A)、(B)、(C)中，除了除外责任或其他条款的不保责任外，对共同海损损失予以承保。共同海损的损失包括共同海损的牺牲和共同海损的费用。在货物保险中，前者是指共同海损行为使保险标的被投弃入海直接造成的损失；后者是指船、货及运费遭遇共同危险时，为了解除危险，船长及其他人为保险标的所支出的非常费用，如将船舶驶入避难港而发生的引水费、驳船费及卸货费等。保险人对共同海损的牺牲和费用予以负责，并对因共同海损应分摊的责任给予赔偿。

共同海损发生后，被保险人必须参与损失分摊。因共同海损而牺牲的货物，由于其本身作为共同海损被赔偿的价值，也参与共同海损的分摊。保险的承保责任范围，原则上是全部分摊额，但当保险金额与摊付金额不等时，保险人对共同海损分摊额所应付的赔偿金额，则须按比例计算。

英国《1906年海上保险法》规定，保险人仅对保险事故所引起的共同海损负赔偿责任；ICC 2009(A)、(B)、(C)进一步规定保险人对所有共同海损的分摊额，均应予以负责，

但属于除外责任者不在此限。若有不足额投保者，保险人所应赔偿的数额同样应依其不足的保险金额比例扣除。

当救助费用应由船舶和所载货物负担时，所有因救助而获益的当事人(包括船方、货方)的应分摊额以救助费用总额为基础，按被救财产价值与被救全部财产价值的比例确定。被保险货物的分摊额的确定与共同海损分摊额的确定相同，所不同的是，被救货物分担价值以救助完成时的价值为准，而不以货物到达目的港时的价值为准。至于救助费用，保险人对被救货物分担的部分给予负责，其情形与前述的共同海损相同。另外，由于共同海损与救助费用问题都规定于ICC2009(A)、(B)、(C)第2条之中，其除外责任的规定，对共同海损和救助费用都有相同的适用性。

(三) 船舶互撞条款

这一条款也称互有过失碰撞责任条款，具体内容是："本保险扩大对被保险人的赔偿范围，根据运输契约的船舶互撞责任条款的规定，应由被保险人承担的比例责任，视为本保险单项下应予赔偿的损失。如果船舶所有人根据上述条款提出任何索赔要求，被保险人同意通知保险人，保险人有权自负费用为被保险人就此项索赔进行辩护。"

根据船舶互撞条款的规定，如果载货承运人依据运输契约中的船舶互撞责任条款向本船货主(被保险人)提出偿还要求，被保险人必须通知保险人，以便保险人自付费用，以被保险人名义对承运人的索赔进行抗辩。保险人之所以采用这样的方式保护自己的利益，是因为美国的法院至今还没有完全承认船舶互撞责任条款是合法的，因此货物的保险人仍有可能抗辩成功，而不必向载货承运人支付赔款。保险人承保这项责任，一方面是为了向被保险人(货主)提供更加全面的保险保障，另一方面也是为了保障保险人的利益。

一般情况下，在货物保险中，保险人承保的范围不包括被保险人对第三者应承担的法律责任。但在海上货物运输中，如果载货船舶与他船有过失相撞，有可能出现承运人(载货船船东)对货主因船舶碰撞而导致的货物损失免除责任，而货主则有可能须因此承担补偿承运人的责任。这就是有些海运提单或运输合同中的船舶互撞责任(Both to Blame Collision Clause)条款的规定。现将该条款与货物保险的关系做如下说明。

(1) 承运人因其船长、船员或其他受雇人在驾驶或管理船舶中的过失，导致运载货物灭失或损坏，依有关法规(如海牙规则)或依提单约定可以免除责任。

(2) 在这种情况下，货物保险人须对被保险人(货主)负赔偿责任。

(3) 该货物保险人理赔货主后，代位货主对发生船舶碰撞的他船，基于侵权行为的理由行使货物损失百分之百的代位追偿权。

(4) 该他船对载货船舶按双方过失比例行使内部(两相撞船舶)分担求偿权。本来载货承运人依有关法规或依提单约定可以对本船货主的货损免责，这样一来，反而因他船的分担求偿变得无法免责。

(5) 载货承运人将与之相撞的他船因连带责任赔偿货物保险人的一部分责任求偿又转向货主，要求货主予以补偿。

三、 协会海运货物保险条款的除外责任

ICC 2009(A)关于承保风险的规定采用"一切险减除外责任"的概括说明方式，因此，"除外责任"就成为理解ICC(A)的关键。ICC(A)除外责任包括法定除外责任和约定除外责任两大类，内容可分为一般除外责任，不适航、不适货除外责任。

(一) 一般除外责任

ICC(A)规定的一般除外责任包括以下各项。

1. 可归因于被保险人故意不法行为所造成的损失、损害或费用

ICC 2009(A)、(B)、(C)在§4.1中规定，归因于被保险人的恶意行为造成标的损失或费用，保险人不予负责。这一规定与《MIA 1906》第55条第2款(a)的规定相同。在此应特别注意，在ICC 2009(A)中仅规定保险人对被保险人的恶意行为所致损失或费用不负赔偿责任，而没有规定归因于被保险人以外的其他人的恶意行为所致损失或费用不予负责。这意味着在ICC(A)下，类似船长、船员等的恶意行为，如沉船、纵火或任何形式的破坏所致的损失，保险人均须负责，即ICC(A)的承保风险包括恶意损害险所承保的风险。

2. 正常渗漏、自然损耗、自然磨损

(1) 正常渗漏[ICC 2009(A)、(B)、(C)§4.2]。正常渗漏是指液体货物、含水分货物在通常运输过程中，一般情况下难以避免发生的渗漏、蒸发而导致的损失，如油类减少、谷物缩水等。这类损失是因货物的本质原因而引起的，是意料之中的，因此列为除外责任，保险人不予赔偿。不仅如此，货物发生部分损失、保险人理赔时，经常先扣除正常渗漏、蒸发的损失，作为估算实际损失之用。

(2) 重量或数(容)量的自然损耗[ICC(A)、(B)、(C)§4.2]。在《MIA1906》中，将"自然(正常)破碎"列为除外风险，但ICC 2009中并未对此加以规定。反之，在《MIA1906》中没有规定"重量或数(容)量的自然损耗"为除外责任，但在ICC(A)、(B)、(C)中则均有规定。两者的关系如何？有人认为，"自然(正常)破碎"可包含于"重量或数(容)量的自然损耗"之中。但这种观点是否妥当，有待探讨。例如，保险标的为玻璃时，玻璃可能发生正常破碎，但该正常损失未必发生重量或数量损失。

(3) 自然磨损[ICC(A)、(B)、(C)§4.2]。自然磨损为除外责任，并不适用于原料或新制造的产品。也就是说，原料或新制造的产品若有"自然磨损"，保险人仍应负责。反之，二手货的"自然磨损"属除外责任范围。

3. 包装或准备不足或不当

包装或准备不足或不当规定在ICC 2009(A)、(B)、(C)§4.3。除非保险单特别约定将包装物列为保险范围，否则，保险人对于包装物单独受损(货物未受损)，不负赔偿责任。

当包装物与货物均受损时，一般只以货物受损的比例，按其足额保险或不足额保险计算赔偿金额。至于包装物的损失，不另行计算，因为货物保险的保险金额，通常包括货物成本、费用、保险费及预期利润，而包装物已构成货物成本的一部分，无须另行计算。

如果因包装或准备不足或不适当而导致货物受损，按ICC 2009(A)、(B)、(C)的规定，保险人不予理赔。但如何判断"包装或准备不足或不当"，须根据贸易习惯和货物种类及

运输的需要等确定。例如，当货物为易碎品(如玻璃及其制品等)，如果没有给予特殊的衬垫或以其他特殊方法包装，以确保其足以承受该特定运输过程中正常操作时所发生的震动等，则属于包装或准备不足、不适当。保险人对于因此所导致的损失或者因更换不当包装所引起的费用，不予赔偿。再如，在集装箱货物运输中，如果货物由被保险人或其受雇人自行装箱，不论装箱时间是在保险合同生效之前或之后，有装箱不当者，同样视为包装或准备不足、不适当，由此引起的货物受损，保险人不予负责；相反，被保险人或其受雇人没有参与装箱工作，而是由其他集装箱操作人员装箱，因其装箱操作不当所导致的货物受损，若当时保险合同已经生效，保险人则应予赔偿。

4. 保险标的的固有缺陷及特性所引起的损失、损害或费用

保险标的的固有缺陷及特性所引起的损失、损害或费用明确规定在ICC 2009(A)、(B)、(C) §4.4中。所谓保险标的的固有缺陷及特性是指保险标的本身蕴藏或存在的瑕疵或本性，这种瑕疵或本性极易导致标的受损。例如，保险货物为易燃或易爆物品，其本身在适当条件下极易引起损失；再如，水果类等易腐物品，如迟延交货，极易腐烂。此类损失均属因货物本身内在缺陷或特性而引起，不属保险承保范围。上述原因导致保险标的的损失或费用，在《MIA1906》和ICC 2009(A)、(B)、(C)中均被列为除外责任。

5. 直接由于延迟(包括承保风险引起的延迟)所造成的损失、损害或费用

《MIA1906》与ICC 2009(A)、(B)、(C)都将迟延列为除外责任，即使该迟延是因承保风险的发生而引起的也是如此。例如，船舶碰撞而引起迟延，因迟延又引起货物品质受损，即使货物品质受损起因于船舶碰撞，而船舶碰撞又属承保风险范围，保险人对于货物品质受损所造成的损失或费用，仍不负赔偿责任。ICC 2009(A)、(B)、(C)将因迟延所导致的灭失、损害或费用均列为除外责任，但《MIA1906》并未将损害和费用列为除外责任，一般认为ICC 2009的规定旨在加强并明确《MIA1906》的除外责任。

如果迟延是非被保险人所能控制的原因导致的，根据运输条款的规定，保险合同仍然有效，只是被保险人就该迟延直接造成的损失或费用，不能请求保险人赔偿。但如果因共同海损或救助而引起的迟延，被保险人可以请求保险人补偿在迟延期间其所分摊的任何费用，如应分摊的船员工资。

6. 由于船舶所有人、经理人、承租人或经营人破产或不履行债务产生的损失或费用

由于船舶所有人、经理人、承租人或经营人破产或经济困境产生的损失或费用的除外责任规定在ICC 2009(A)、(B)、(C) §4.6中，ICC 2009将船舶所有人或租船人等的经营破产导致被保险人的损失或费用列为除外责任，其目的在于，防止或降低被保险人将货物交给有财务困难的承运人。这一除外责任包括因船舶所有人、经理人或租船人等承运人财务困难，导致货物发生的任何损失，以及致使被保险人增加的任何费用。例如，承运人因财务困难而破产导致未能完成航程，而在中途港口卸货，保险人对于卸货、另装他船，或任何继续运送的费用所发生的损失，不负赔偿责任。这一除外责任与ICC 2009(A)、(B)、(C)第12条规定的承保"续运费用"有所不同，该条规定承保的是因发生承保风险事故，导致货物在中途港卸货，保险人对由此产生的费用负责。

不履行债务一般多指承运人在航行途中，因财务困难而在中途港口以货物作担保物，

将货物留下使他人(承运人的债权人)占有，以求准予放行船舶，并运载其他货物继续航行。虽然承运人在主观上打算返回该中途港口，偿还有关费用，取回货物，继续运往目的港，交付货物。但客观上，船舶在返回该中途港口前可能发生碰撞或沉没等事故，致使承运人无力偿还债权人的债务，从而导致该货物继续被留置或供担保，被保险人因此而丧失货物。这种由于承运人不履行债务导致的损失或费用，保险人不予赔偿。

此情况适用于，在保险标的装上船舶之时，被保险人知道或被保险人在正常业务经营中应当知道，此种破产或不履行债务会导致该航程被取消。本条除外条款不适用于当保险合同已经转让给另一方，即另一方已经善意购买或同意购买保险标的且受保险合同约束的情况。

7. 任何个人或数人恶意行为导致保险标的的全部或一部分损坏或破坏

该项除外责任规定在ICC 2009(B)、(C)§4.7中，ICC 2009(A)未将其列为除外责任。这一除外责任的范围较广，如纵火(Arson)、沉船(Scuttling)、任何方式的破坏行动(Any Form of Sabotage)或任何其他恶意行为(Any Other Malicious Acts)等故意损坏或破坏保险标的的行为或行动，保险人对此造成的损失不负赔偿责任。在ICC(A)§4中，保险人对被保险人的故意不法行为所致损失或费用不负赔偿责任；而在ICC(B)、(C)§4.7中，保险人对任何人的故意不法行为造成的损失均不予赔偿。因此，在ICC 2009(B)、(C)下，被保险人要获得此种风险的保障，须另外加保恶意损害险。

8. 原子或热核武器等

该项除外责任规定在ICC 2009(B)、(C)§4.7和ICC 1982(B)、(C)§4.8中。ICC(A)第4条第7款和ICC 1982(B)、(C)第4条第8款均将"由于使用任何原子或热核武器等所造成的损失或费用"列为除外责任，但该除外责任在ICC(A)和ICC(B)、(C)中有不同的作用。原子或热核武器导致的事故，既有敌对行为，又有非敌对行为(如核武器试验等)，而后者不是"战争"除外责任所能包含的。因此，将原子或热核武器等所导致的损失或费用列为除外责任，具有补充作用，可以扩大保险人的除外责任范围。在ICC(B)§6.2"战争除外责任"中没有像ICC(A)§6.2那样表明"海盗行为"不属于除外责任，而ICC(B)中的"海盗行为"属除外责任。在ICC(B)、(C)下，被保险人要获得此种风险的保障，要另行加保。

(二) 不适航、不适货除外责任

ICC(A)、(B)和(C)第5条是关于"不适航、不适货"的除外责任规定，其内容是："本保险不承保保险标的在装载船舶或驳船时，被保险人或其受雇人已经知道船舶、驳船不适航，以及船舶、驳船、运输工具、集装箱等不适货所引起的损失或费用。如果(承运人)违反船舶适航和适货的默示担保为被保险人或其受雇人所知，保险人不予负责任。"

根据《MIA 1906》第39条第1款及第40条第2款的规定，所有航程保险(海运货物保险通常为航程保险)船舶在每航段开始时，都必须具有适航性和适货性，这是被保险人的两项默示担保，只要实际上存在不适航、不适货的情况，则不论被保险人是否知情，保险人对因此而导致的货物损失不负赔偿责任。但《MIA 1906》关于适航和适货的规定，只限于船舶，对于驳船、运输工具、集装箱或其他货箱是否也有此项义务，没有明文的规定。

在理解该项除外责任时，还应该注意以下问题。

1. 被保险人的受雇人

被保险人的受雇人是指直接受被保险人指挥的人，但不包括集装箱操作人员、托运代理人、码头装卸工人、船舶所有人、驳船操作人以及上述人员的受雇人。因为这些人员基本上是代理人或代理人的受雇人，即受代理人指挥的人，他们的意见来自代理人本身，而非受雇于被保险人，因此他们对不适航、不适货的知情，并不构成保险人拒赔的理由。

2. 适航与适货的时间标准

船舶是否具备适航性或适货性是以每一航段开航前和开始时为判断标准的。但判断被保险人或其受雇人对不适航性或不适货是否知情，则以货物装载时为判断标准。

3. 因不适航、不适货导致的共同海损

如果船舶或驳船因其不适航、不适货导致发生共同海损，而被保险人或其受雇人在装货时知悉该不适航、不适货的事实，保险人对于共同海损的牺牲或因此而发生的共同海损分摊都不予赔偿。

四、协会海运货物保险条款的其他内容

(一) 保险期间

ICC(A)、ICC(B)和ICC(C)的三个条款有关保险期间(Duration)的规定是完全相同的，主要包括运输条款、运输合同终止条款和航程变更条款三个条款。

1. 运输条款(Transit Clause)

2009年协会货物条款中的运输条款对保险责任的开始、持续和终止的条件作出规定，由仓至仓条款和扩展责任条款构成。

1) 仓至仓条款

在正常运输情况下，保险责任期限采用仓至仓条款。它的基本内容是：保险人对被保险货物所承担的保险责任，从货物运离保险单所载明的起运地发货人仓库或储存处所开始运输时生效，包括正常运输过程中的海上、陆上、内河和驳船运输在内，直至该项货物运到保险单所载明的目的港(地)收货人的最后仓库或储存处所，或被保险人用作分配、分派或非正常运输的其他储存处所，以被保险货物在最后的卸载港全部卸离海轮后满60天为止；如在上述60天内将被保险货物转运到非保险单所载明的目的地，则于货物开始转运时终止。

2) 扩展责任条款

这一条款规定，在被保险人无法控制的情况下发生船舶绕航、运输延迟、被迫卸货、重新装载、转运或由于承运人行使运输契约所赋予的自由处置权而发生变更航程等情况，保险人扩展了保险的责任。在海上运输过程中，如果出现被保险人所不能控制的意外情况，保险期间将按下列规定办理：当出现由于被保险人无法控制的运输延迟、绕道、被迫卸货、重行装载、转载或承运人运用运输契约赋予的权限作任何航海上的变更时，在被保险人及时将获知的情况通知保险人并加缴保险费的情况下，保险人可继续承担责任。

2. 运输合同终止条款(Termination of Contract of Carriage Clause)

运输合同终止条款主要规定：由于被保险人无法控制的原因，被保险货物在运抵保险

单载明的目的地之前，运输契约即在其他港口或处所终止，在被保险人立即通知保险人并在必要时加缴一定保险费的条件下，保险继续有效，直到货物在这个卸载港口或处所卖出和送交之时为止，但最长时间以不超过货物到达该港口或处所满60天为限。

航程终止是非正常运输的一种特殊情况。根据很多国家的海运提单的规定，如果目的地发生战争、瘟疫、冰冻、罢工、港口拥挤等情况，承运人有权将货物卸于他认为安全而方便的任何其他港口或地点，这种情况下运输契约可视为履行。

3. 航程变更条款(Change of Voyage Clause)

航程变更条款主要规定：在保险责任开始之后，如果被保险人要求变更保险单所载明的目的地，则在立即通知保险人并另行确定保险费及保险条件的情况下，保险继续有效。

本条允许被保险人在及时通知保险人并另行缴费的前提下变更目的地。货物保险均为航程保险单，正如前面所讲的，保险人承担仓至仓责任，目的地变更，也就是承保航程的变更。在发生承保航程变更时，只有在被保险人及时通知保险人并另行加费的情况下，保险才能继续有效。

(二) 保险索赔

保险索赔(Claims)部分包括4个条款，即可保利益条款、续运费用条款、推定全损条款与增值条款。

1. 可保利益条款(Insurable Interest Clause)

可保利益条款规定了被保险人索赔必备的条件，即发生损失时，被保险人对保险标的必须具有保险利益，否则不能获得保险赔偿。可以说，可保利益是保险人对被保险人进行赔偿的基础。

该条款还规定，除另有规定外，被保险人有权获得在保险期间发生的承保损失的赔偿，尽管该损失发生在本保险合同订立之前，除非当时被保险人知道该项损失而保险人不知道。

2. 续运费用条款(Forwarding Charges Clause)

续运费用条款规定，由于承保责任范围内的风险导致运输在非保险单载明的港口或处所终止时，保险人应赔偿由此产生的卸货、存仓以及续运保险标的至保险单载明目的地而产生的合理的额外费用，但不包括由被保险人或其雇佣人员的错误、疏忽、破产或经济困境而引起的费用。本条规定也不适用于共同海损或救助费用，并应受前述除外责任的限制。

对于续运引起的额外费用，必须符合下列条件才可获得补偿。

(1) 航程终止的原因必须属于承保危险；

(2) 发生的费用必须正当、合理；

(3) 这些费用必须不是被保险人或其雇员的过失等原因引起的。

3. 推定全损条款(Constructive Total Loss Clause)

推定全损条款重申了推定全损的概念，即规定：如果由于实际全损看来不可避免，或因为恢复、整理和续运保险标的到保险目的地的费用会超过其抵达目的地的价值，经过委付，被保险人可得到推定全损赔偿。

按本条款的规定，货物构成推定全损必须符合两个条件：保险标的的实际全损已经不可避免，或由于恢复整理以及续运保险标的到保单载明的目的地的费用超过其本身的价值。

4. 增值条款(Increased Value Clause)

增值条款是货物在投保增值保险的情况下对有关赔偿问题的规定。由于货物的价值会随着市场行情的变动而发生变化，在投保货运保险后，卖方按保险价值投保的金额可能低于买方期望出售的金额。在这种情况下，买方往往希望另行购买保险，对此差额予以保险。增值保险正是指买方估计所买进的货物在到达目的地时的完好价值将比卖方投保原始保险的保险金额要高，而将两者之间的估计差额另行投保(一般在原保险单基础上按原保险条件投保)的保险。

本条款规定：如果被保险人在本保险项下的承保货物投保了增值保险，则该货物的约定价值将被视为增至本保险与其他全部增值保险的保险金额的总和，而本保险项下的责任将按其保险金额占全部保险金额的比例而定。被保险人在索赔时必须提供所有其他保险的保险金额的证明给保险人。

(三) 其他规定

1. 保险利益(Benefit of Insurance)

ICC 2009第15条规定了保险利益条款，取代了ICC 1982无受益条款或不生效条款，其内容是："本保险保障被保险人，包括根据本保险合同提出索赔的人或收货人；除非有特别说明，承运人或其他受托人不得享受本保险的利益。"该条第1款是新增加的，将被保险人的范围扩大到收货人。

此条款的规定是为了避免承运人或其他受托人因有保险存在而享有保险利益，并因此来摆脱对货损、货差或迟延交货的责任，从而使保险人丧失代位求偿权。如果货物的损失是由承运人或其受托人的责任造成的，保险人有权向承运人等进行损失追偿，承运人不能享有货主对保险货物所具有的权益。

2. 减少损失(Minimizing Losses)

首先，ICC 2009第16条规定明确了被保险人所应负的义务(Duty of Assures Clause)。根据本条规定，被保险人及其雇员和代理人对于保险项下的索赔，应负以下义务：①为避免或减轻损失而采取合理措施；②保证保留及行使对承运人、受托人或其他第三者的权利，即保护保险人的代位追偿权。保险人除赔偿保险项下的各项损失外，还应补偿为履行这些义务而支付的适当及合理的开支，并且保险人对施救费用的赔偿独立于对保险标的的赔偿。

其次，本条款规定了放弃条款(Waiver Clause)，以便更好地减少损失。被保险人或保险人为施救、保护或恢复保险标的所采取的措施，不应视为放弃或接受委付的表示，或视为影响任何一方的权益。

3. 防止延迟(Reasonable Despatch Clause)

防止延迟条款是指被保险人在其所能控制的、任何力所能及的情况下，迅速、合理地处置保险货物所发生的情况，以免造成损失或扩大损失。这样可以避免有的被保险人认为已经投保就可以忽略保管和照顾的责任。

4. 法律和惯例(Law and Practice Clause)

ICC 2009第19条规定："当保险双方协议采用协会保险条款并且事后发生诉讼，而英国以外的其他国家对该诉讼没有管辖权时，法庭应采用英国的法律和惯例作为准据法。"

五、英国协会海运货物其他保险条款

(一) 协会货物战争险条款

在早期的海上保险业务中，战争险和其他海上风险是不分开承保的，当时战争风险是海上风险的重要风险之一。但自拿破仑战争后，世界近代史上各国之间爆发的各种战争使得保险人对战争险的做法发生了改变。随着海上保险业务的发展，战争险成为独立的条款，无论在承保范围还是在除外责任上都有了进一步的发展。

1. 承保范围

协会海运货物战争险的承保范围由承保风险条款、共同海损条款和船舶互撞条款三个条款构成，其中共同海损条款和船舶互撞条款的规定与ICC(A)、ICC(B)、 ICC(C)完全相同。

协会货物战争险条款(Institute War Clause Cargo)具体承保下列风险。

(1) 战争、内战、革命、叛乱、造反或由此引起的内乱，交战国的或针对交战国的任何敌对行为造成保险货物的损失。

(2) 由于上述承保风险引起的捕获、拘留、扣留、禁制或扣押及其后果，或任何有关企图造成的保险货物的损失。

(3) 遗弃的水雷、鱼雷、炸弹或其他遗弃的战争武器造成的保险货物的损失。

(4) 为避免或与避免上述承保风险有关的行动所引起的共同海损和救助费用。

承保了战争险，保险人承担直接由于上述原因造成的保险标的的损失。但是在上述承保风险中不包括海盗行为所造成的损失，这一点与中国现行的海运货物战争险条款的规定不同。

2. 除外责任

在除外责任方面，战争险与ICC(A)的"一般除外责任"和"不适航、不适货除外责任"的规定基本相同，但在一般除外责任条款中增加了一个航程挫折条款(Frustration Clause)。航程挫折是指载货船舶由于战争原因导致航程中止，货物未能到达保险单所载明的目的地而引起的间接损失，保险人不负赔偿责任。这种行为往往不会造成船上所载货物的直接损失。但是本款并不意味着排除任何涉及航程或航海上的损失或受阻的索赔。如果在航程挫折的同时，货物又因本保险的承保风险遭受损失，那么保险人对于保险标的的损失、损害还是应予以赔偿的。

另外，对于原子或热核武器等所致的损失，该条款规定，由于敌对行为使用原子或热核武器所致灭失或损害不负赔偿责任。

3. 保险期限

保险人一般只承保保险标的在水上期间的战争风险，主要原因是陆上静止目标的累积风险是难以控制的，必须征收高昂的保费才能保证收回经营成本。协会战争险条款关于保险期限的具体规定如下所述。

(1) 正常运输情况下的水上危险条款。该条款指出，保险责任自货物装上船舶开始，到货物卸离船舶为止，若货物不及时卸离船舶，则本保险的责任期限从船舶到达最终卸货港之日午夜12时起算，满15天为限。

(2) 中途转运的情况。如果货物在中途港口卸货，改由其他运输方式运往目的地，则可在加收一定保险费的条件下，保单重新恢复法律效力。并且对于存放地点的要求有所放宽，只要存放地点不超出转船港口的辖区，并且存放时间不超过船舶抵达转运港口15天，保险人仍予以负责。

(3) 驳船驳运。对于在装货港码头与海轮之间以及在海轮与卸货港码头之间需经驳船转运的货物，保险人仅对已装在驳船上的，由于驳船触及水雷或遗弃的鱼雷而导致的货物损失负赔偿责任。除非另有协议，保险人对从海轮上卸入驳船的货物的承保期限为60天。

(4) 航程终止的情况。若海上运输合同在载明的航程以及合同约定的目的地以外的港口或场所中断，该港口或场所即为最终卸货港，本保险责任终止。如之后被保险货物需再装运往更远的目的地或其他目的地，被保险人在继续运输前应通知保险人，并加缴一定比例的保险费，本保险自被保险货物装上续运的船舶时重新生效。

(5) 扩展责任条款。以被保险人直接通知保险人并需加缴一定保险费为条件，本保险对在本条款范围内的一切绕航，及因海上运输合同赋予船舶所有人或承租人的自由处置权所做的任何航行的变更，继续承担责任。

(二) 协会海运货物罢工险条款

1. 承保风险

协会海运货物罢工险的承保风险与中国人民保险公司的罢工险一样，仅负责由于罢工等风险所直接造成的保险标的的物质损失，而不负责由于罢工等风险所产生的费用或间接损失。

协会海运货物罢工险条款对承保风险的规定如下所述。

(1) 罢工者、被迫停工工人或参与工潮、暴动或民众骚扰者所致的灭失或损害；

(2) 任何恐怖主义者或任何出于政治动机采取行动的人所引起的灭失或损害；

(3) 为避免以上承保风险所造成的共同海损和救助费用。

从上述承保风险中可以看出，协会罢工险的承保范围大大超出了罢工的范围。它除了负责罢工风险损失外，对于工潮、民众骚扰以及恐怖主义者或出于政治动机采取行动的人所致风险损失也予以负责。由于近年来国际恐怖主义活动频繁，给国际贸易货物运输的安全造成极大威胁，为了适应被保险人的投保需求，协会罢工险将恐怖主义者的行为所致损失也列入罢工险承保范围。

2. 除外责任评析

罢工险的除外责任包括"一般除外责任"和"不适航、不适货除外责任"，与ICC 1982(A)

的规定基本相同。但由于罢工险只负责由承保风险直接造成的损失，因此，对于下列损失或费用，保险人不负赔偿责任。

(1) 由于罢工、停工、工潮、暴动或民众骚扰等造成劳动力缺乏、短少或扣押所引起的损失或费用；

(2) 由于航程挫折而引起的损失；

(3) 由于战争、内战、革命、叛乱或由此引起的内乱，交战国或针对交战国的任何敌对行为所造成的损失或费用。

3. 保险期限

同ICC(A)、(B)、(C)一样，罢工险遵循仓至仓原则，保险人对货物从卖方仓库到买方仓库的整个运输期间负保险责任。

(三) 协会货物附加险

1. 协会货物恶意损害险条款(Institute Malicious Damage Clause)

恶意损害险是伦敦保险协会于1982年新增加的附加险别，作为补充性的协会条款，它不能单独投保，而只能在基本条款的基础上加保使用。该条款规定："兹同意缴付附加保险费之后，任何人的不法行为和故意对保险标的的全部或一部分的损坏或破坏的除外责任条款视为被删除。兹又同意除本保险的其他除外责任条款另有约定外，本保险承保保险标的因恶意行为或恶意破坏引起的灭失或损害。"它的承保责任如下所述。

(1) 因任何人的恶意行为而造成保险货物的全部或部分的有意损害或破坏；

(2) 由于破坏行为或故意破坏行为造成的保险货物的灭失或损害。

恶意损害的风险除了在ICC 1982(A)中被列为承保风险外，在ICC 1982(B)、(C)中均列为除外责任。因此，在投保ICC 1982(B)、(C)时，如果被保险人需要对这种风险取得保险保障，就需另行加保恶意损害险。

2. 偷窃、提货不着险(Theft，Pilferage and Non-delivery Clause)

1983年12月1日开始实施的协会偷窃、提货不着险条款规定："以支付附加保险费为对价，兹同意本保险承保由偷窃或整件货物提货不着造成的保险标的灭失或损害，但须受本保险包含的除外责任的限制。"

协会偷窃、提货不着险条款同协会恶意损害险条款一样，投保ICC(A)时被保险人无须加保。

本条款承保两类风险，一是偷窃(Theft，Pilferage)，二是提货不着(Non-delivery)。

(1) 偷窃。依据英国《1906年海上保险法》的规定，所谓"偷"(Theft)是指海上袭击性偷窃，须伴有暴力或暴力威胁，不包括暗中的小偷小摸；而"窃"(Pilferage)是指暗中进行的小偷小摸。

(2) 提货不着。提货不着是指由于任何不明原因造成整件货物不知去向，或者误交给不知姓名的其他提货人而无法追回。而货物短量或件数不足的短交不属于这个范畴。另外，如果交货不到的原因和货物所在的处所是知道的，那么也不属于"提货不着"的范畴。

(四) 协会专门险条款

在伦敦保险市场，人们把ICC(A)、ICC(B)和ICC(C)等条款称为标准条款，而将按照国际商品类别制定的各种货物运输条款称为协会专门险条款。这些条款主要包括：协会煤炭条款、协会散装石油条款、协会生橡胶条款、协会黄麻条款、协会木材贸易条款、协会冷冻食品条款、协会冷冻肉条款与协会日用品贸易条款等。

六、中英海上货物运输保险条款对比

(一) 保险责任范围的比较

由于ICC(A)、ICC(B)和 ICC(C)以及平安、水渍和一切险的风险保障范围不同，所以将此分开比较。

1. 一切险条款与ICC(A)的比较

ICC(A)条款采用的是一切风险加除外责任的方式来规定责任范围；而PICC一切险条款仍是列明风险，对于一切险的承保责任范围与ICC(A)条款基本是相同的。

2. 水渍险条款与ICC(B)条款的比较

(1) PICC水渍险对海水造成的货物水损负责赔偿，但对淡水水损原则上按附加险处理；ICC(B)负责海水、河水、湖水进入船舶、驳船、集装箱等运输工具所致的货物水损。

(2) PICC水渍险对浪击落海的损失不予赔偿，我国在舱面险中予以赔偿；而ICC(B)对这类损失予以赔偿。

3. 平安险条款与ICC(C)条款的比较

(1) PICC平安险条款是按照国际水险市场习惯，对恶劣气候、雷电、海啸、地震、洪水等自然灾害及意外事故造成的整件货物的损失负责，还规定用驳船运往或运离海轮的每一驳船所装货物，可视为一个整批；ICC(C)承保责任范围仅限意外事故，即运输事故所致的损失。

(2) PICC平安险条款对自然灾害造成的全部损失负责赔偿，对部分损失则不赔，但由于运输工具搁浅、触礁、沉没、互撞、流冰与其他物体碰撞以及失火、爆炸等意外事故造成的全部或部分损失给予赔偿；ICC(C)对自然灾害不负责，但由于运输工具事故所致的货物的灭失、损坏，无论全部损失还是部分损失均给予赔偿。

(3) PICC平安险条款不仅负责在避难港卸货所致的灭失或损坏，还负责在装卸或转运时，由于一件或数件整件货物落海造成的全部或部分损失；ICC(C)只负责在避难港卸货所致的保险标的的灭失或损坏。

(二) 除外责任、保险责任起讫的比较

1. 除外责任比较

协会货物保险条款规定的除外责任比PICC所列条款更具体，几乎所有的法定除外责任都在条款中重申，以便被保险人一目了然；而我国PICC条款仍没有把某些默示保证和法定除外责任明确列于条款内，被保险人仍需要到《海商法》中找依据。

2. 保险责任起讫比较

PICC在责任起讫及被保险人义务等条款中，对保险期限作了一些规定；而ICC(2009)条款在运送、运输终止以及航程变更等条款中作了相应的规定。

七、协会货物运输保险条款范例

(1) 保险条款规定：由卖方负责投保，按2009年1月1日伦敦协会货物保险条款投保协会货物条款A。(Insurance：to be covered by the SELLERS for 110% of the invoice value against ICCA as per ICC dated 1/1/2009.)

(2) 投保伦敦协会货物保险条款战争险。(Including Risk of Institute Cargo Clauses—Cargo.)

(3) 投保伦敦协会货物保险条款中的协会货物条款B，加保恶意损害险。(Insurance to be covered by the Seller against ICCB and Malicious Damage Clauses)

案例评析6-1

国内水路货物运输保险合同纠纷

基本案情

原告：汕头经济特区发洋工贸公司

被告：中国人民保险公司汕头分公司

原告将一批聚酯切片销售给香港顺成兴化纤原料总公司(简称化纤公司)，委托汕头市永泰港务公司将货物从汕头港运往香港。2008年10月1日，原告的货物585包计468吨装上"闽连运9503"船。装船后，船方在货物交接清单上批注"大破14袋、小破20袋，另计收散装料织包74个，另收原装改装袋3个"。同日，原告向被告设于永泰港务公司的保险代理处投保国内水路货物运输综合险，保险单记载：货物重量468吨计585包，保险金额5 054 000元。10月25日，"闽连运9503"船在香港卸货，香港东港装卸公司在货物交接清单上另注"另外在卸货过程中发现有5包外包装底部受潮"，后又书面补充证明货物"大破14包、小破15包，因破损使调包20包，扫舱包6包，另外，在卸货过程中发现有5包外包装底部受潮"。被告提供两张照片，证实货物装船时有破漏，部分货物装在甲板上。

该批货物由收货人化纤公司自行验收，没有港务部门制作的货运记录，未向有关部门申请公证检验，原告、被告及收货人亦未会同检验。2009年1月14日，化纤公司单方面确定货物受损情况为"落地料4.8吨，破包63.2吨，混杂料12吨，短缺3.78吨"，经济损失为342 424元。2月23日，被告以货物装船时存在破损、包装不善、半成品与成品混装以及装载甲板货造成损失为由，认为货损不属保险责任而拒赔。原告于8月24日向海事法院起诉，认为装船时发现有少量包装破损，已由码头工人重新加工包装并封固后全数装船，卸货后已报告保险公司，被告没有马上派人调查，货物已被收货人售完，被告以货物在起运港时已有破损拒赔，原告请求判令被告赔偿损失34万元。

被告答辩认为，根据起运港和目的港的货物交接清单以及香港东港装卸公司证明，货物包装存在严重缺陷，不能满足本次运输安全的要求。同时，原告未将部分货物装在甲板上的情况向被告申报。托运人和收货人没有向当地保险机构申请检验，自行处理了货物，原告不能提供有效的索赔单证。请求驳回原告的诉讼请求。

审判

海事法院认为，双方签订的保险合同合法有效。原告应当履行被保险人的义务，保证投保的货物符合安全运输的规定。配装在甲板上的货物，应符合耐湿、耐晒、耐冻等要求，本案货物不适合装在甲板上，原告将部分货物装在甲板上，不符合安全运输的要求。除非有特别约定，由此造成的损失，保险人不负责赔偿。该批货物由收货人自行验收，有关货损及经济损失没有经公证检验机构确定，也没有经保险人确认，不具证据效力。原告请求被告承担保险赔偿责任缺乏事实和法律依据，不予支持。

判决如下：驳回原告汕头经济特区发洋工贸公司的诉讼请求。

本案判决后，双方均没有上诉。

评述

本案属国内水路货物运输保险合同纠纷，主要涉及被保险人的义务问题。本案保险合同适用国内水路、铁路货物运输保险条款，该保险条款第七条规定："被保险人应当严格遵守国家及交通运输部门关于安全运输的各项规定。还应当接受并协助保险人对保险货物进行的查验防损工作，货物包装必须符合国家和主管部门规定的标准。"

在海上货物运输中，货物的包装是由托运人负责的，承运人对货物包装不善造成的损坏和灭失不负责任。在海上货物运输保险合同中，也要求货物必须包装良好，符合安全运输的要求。我国现行的包装标准分为国家级、部级、省级和企业级四级。被运输的保险货物按规定应达到哪一级标准，就适用哪一级标准，不得随意降级，没有规定的，应达到通常适于运输的包装要求。本案的货物，原本是袋装的，装运时已有部分包装破损，明显没有达到要求的标准，保险人对因包装不良造成的损失，有权拒赔。如果损失的部分货物是因包装不良造成的，部分是因承运人在运输过程中的过失造成的，被保险人应负责举证。关于甲板货问题，则比较复杂，不应一概而论。保险条款并没有就甲板货问题作约定。根据我国《海商法》第53条规定："承运人在舱面上装载货物，应当同托运人达成协议，或者符合航运惯例，或者符合有关法律、行政法规的规定。"《水路货物运输合同实施细则》第九条规定，货物的配积载，是承运人的义务，承运人应"按照船舶甲板货物运输的规定，谨慎配装甲板货物"。《水路货物运输规则》(1995年)第四十五条规定："配装在船舶露天甲板、船楼甲板和通道等无固定遮蔽部位的货物为甲板货物。配装甲板货物必须符合下列条件之一：①不适合在舱内积载的笨重、长大货物；②按照运输习惯，可以配装在甲板上的货物；③经承托双方协商，同意配装在甲板上的货物。""对按照前述第三款规定配装在甲板上的货物，应在货物运单'特约事项'栏内记明'托运人同意配装甲板'字样后，承运人才能承运。"我国《海商法》第222条规定："保险合同订立前，被保险人应当将其知道的或者在通常业务中应当知道的有关影响保险人据以确定保险费率或者确定是否同意承保的重要情况，如实告知保险人。"舱面(甲板)货明显比舱内货物的运输风险大，这对保险人核收保险费和确定是否接受承保，有重要的影响，被保险人应将货物装在舱面的情况如实告知保险人。但如前所述，货物的积载，是承运人的责任，如果承运人没有经托运人的同意，擅自将货物装在甲板上，被保险人对此情况不一定知晓，这种情况下，被保险人不能告知保险人，亦不构成保险条款第七条中违反安全运输的规定。以上是从被保险人的责任的角度分析，至于甲板货的风险是否属保险人的承保范围，则是另外一个问题。

保险条款第10条、第11条规定，自货物运抵收货当地的第一个仓库或储存处所时起，应在十天内向保险机构申请并会同检验。向保险人申请索赔时，必须提供：①保险凭证、运单、提货单、发货票。②承运部门签发的货运记录、普通记录、交接验收记录、鉴定书。③收货单位的入库记录、检验报告、损失清单及救护货物所支付的直接费用的单据。这两条约定，主要为方便确定货物的损失，十天内向保险机构申请会检，保险人不一定在十天内进行检验。要求被保险人提供的单证，亦未必每一票货物均完全具备这些单证。被保险人应注意提取和收集港口部门的货运记录、理货报告等一切有关货物价值、受损情况、受损原因等证据材料，必要时申请商检等公证机关检验、鉴定。本案原告只能提供收货人单方面出具的证明材料，证据不够充分。保险人拒赔和法院驳回其诉讼请求，是正确的。

资料来源：http://www.maxlaw.cn/l/20150211/809608585483.shtml

案例评析6-2

无单放货百万损失向谁索赔

基本案情

1995年6月6日，江苏中山集团国际贸易公司(以下简称中山公司)与美国PMS公司签订了一份供货合同，即中山公司向美方PMS公司提供12英寸黑白电视机3589台，总货价值126 693.70美元。中山公司分别于同年8月11日和8月15日向中国人民保险公司江苏省分公司国际部(改制后称中保财产保险有限公司江苏省分公司，以下简称江苏财保)投保了短期出口信用综合险和伦敦协会货物条款(A)附加战争险，货运险保险金额为139 362美元，并缴付了相应的保费。1995年8月11日，该批货交美国Speedy公司承运，签发清洁提单。货物出运后，中山公司多次催促买方付款提货，买方迟迟拖欠，不予正面答复。直至同年11月15日，中山公司收到中国银行江苏省分行退回的全套正本单据，方知买方拒付货款。后经多方查询方知，该货已被买方律师用担保函提走，当中山公司转向承运人追索时，美方Speedy公司在上海的代理办事处已悄然搬迁，不知去向。这显然是一起国际贸易欺诈案。

事发后，中山公司于1996年2月向江苏财保在信用险项下提出索赔申请，江苏财保以承运人无单放货造成损失属承运人责任，根据出口信用险除外责任规定，由承运人行为引起的损失属除外责任为由拒赔。同年5月，中山公司又以协会货物A条款为依据，以提货不着为由向保险人提出139 362美元的索赔申请，并于同年7月26日起诉于上海海事法院，同时就货运险及出口信用险状告保险人。

法院审理结果如下所述。

(1) 一审法院判定为保险责任。

上海海事法院依法立案并审理了此案，于1997年1月28日、4月8日两次公开开庭审理。法院认为：①关于出口信用保险：虽然原、被告双方对本案涉及的出口信用险综合保险成立均不置异议，但原告仅凭承运人代理一纸传真，认为货物运抵美国后被无单放行，且已由买方收货；被告仅凭分析原告传来证据，不进行任何查勘，也认为无单放货。基于原、被告均认为本案所涉货物已被无单放行，法院可予认可，被告辩称承运人无单放货行为属出口信用保险条款规定的除外责任，可以采纳。②关于协会货物条款(A)：原、被告双方约定适用该条款，未见损害国家利益和社会公共利益，可以准许。现被告辩称本案所涉货物被非法提走不属于正常的损失和灭失，因证据不足，不予认定；而原告已按该条款各项规定履行其义务，原告货物之灭失未见原告本身有何过错，也不属该条款的除外责任范围，故被告应当承担赔偿责任。

据此，法院判决：①原、被告间订立的出口信用保险合同有效，被告依据其短期出口信用险综合保险条款第二条第六款，不负赔偿责任。②原、被告间适用的协会货物条款(A)可以准许，被告应向原告支付保险赔偿款项139 362美元及利息。

(2) 保险人不服判决，上诉高级人民法院。

一审判决下达后，江苏财保不服判决，于1997年7月25日上诉上海高级人民法院。上诉理由为：①既然法院已经认定了出口信用险和出口货运险保险合同项下的货物已被承运人无正本提单放货给被上诉人的美国买方这一事实，那么，这种无提单交货而遭受的损失，不属于出口信用综合保险和出口货运险合同项下保险所指的货物正常货损或灭失。②既然法院已经认定被上诉人所选定的承运人Speedy公司在没有正本提单的情况下将货物交予被上诉人的买方，构成承运人无单交货事实，那么根据伦敦协会货物条款(A)第八条规定：保险人之保险责任始于货物运离载明的仓库或储存处开始运送之时，终止于在载明的目的地交付到收货人之时，在保险人未收到任何有关货物出险通知的情况下，保险人的保险责任已经结束，何来保险标的的损失和保险事故的赔偿？③原审法院误解了伦敦协会货物条款(A)中所指的保险标的的"损失或损害"的含义，将无提单交货行为给上诉人带来的经济损失误认为保险合同所指的保险标的的损失或损害。江苏财保要求法院撤销原审判决。

(3) 高院调解，双方当事人达成协议。

上海市高级人民法院依法立案受理此案。1997年10月，经法院调解，双方当事人自愿达成协议，协商了结了这宗长达两年的保险合同纠纷案。

评析

这宗因国际贸易欺诈而引发的保险人与被保险人海上货物保险合同纠纷案虽说勉强画上了句号，但此案引起的一系列问题是发人深思的，有些保险技术问题是值得探讨的。对于此案关于保险责任的认定从一开始就存在两种截然不同的意见。

一种意见认为，中山公司的损失属买方欺诈行为所致，属商业信用风险，应在出口信用险下赔付。即使出口信用险项下以承运人责任为除外责任拒付，也应在出口货运险下以"提货不着"给予偿付。

另一种意见认为，虽然中山公司投保了协会货物条款(A)和短期出口信用保险综合险，但因承运人无单放货，买方有意欺诈而引起的损失均不在上述两种险别项下保险责任范围内。①关于出口信用险，中山公司贸易上的经济损失是因买方以保函无单提货、承运人无单放货所致，短期出口信用保险综合险条款第二条除外责任第六项列明：由于被保险人或买方的代理，或被保险人的承运人，或任何有关的银行或金融机构破产、欺诈、违约或其他行为引起的损失。由此可见，承运人无单放货造成的损失不属于出口信用险责任范围。②关于货运险，协会货物条款(A)第一条第一项列明：本保险承担一切风险所致的保险标的的损失或损害。保险标的的损失或损害是指被保险货物本身的损失或损害，而实际上，该货并没有灭失或损害，是被提单指示的通知人即实际收货人以担保函方式骗提，纯属欺诈，属道德风险，故不能视为"保险标的的损失或损害"，保险人可以不承担由此而造成的经济损失。

结论

上述两种观点中，第二种观点更具说服力。无论是作为出口信用险还是作为货运险，保险人都不必承担因无单放货而造成的货物损失。

资料来源：http://www.enwaimao.cn/cases/measures/200804/7595.html

|实训题|

一、思考题

1. 简述中国保险条款基本险的承保责任范围及除外责任。

2. 解释仓至仓条款的基本内容。

3. 为什么说"平安险"或"单独海损不赔"的说法不准确？

4. 试述ICC(A)、(B)、(C)承保的风险及除外责任。

5. 简述中国海洋货物运输保险条款与英国伦敦保险协会货物条款在承保风险和除外责任等方面存在哪些区别。

二、操作题

1. 某载货轮船抵达我国天津新港集装箱码头，装卸公司承担了20个集装箱的卸货任务。在最后一个集装箱被吊钩钩起后向岸上移动的过程中，吊杆突然折断，集装箱重重地坠落在地。后经查验，发现箱中有三个进口商的货物均遭受了不同程度的损毁。这些货物均按伦敦保险协会货物条款在保险公司投保了海运货物保险，但是保险条件并不相同，分别是ICC(A)、ICC(B)和ICC(C)条款。请问这三个进口商是否能够得到赔偿？

2. 某年，我国福建省某进出口公司(卖方)与法国某有限公司(买方)签订合同，约定由卖方提供20 000箱芦笋罐头，每箱15.50美元，FOB厦门，合同总值为310 000美元，收到信用证后15天内发货。买方致电卖方，要求代其以发票金额110%将货物投保至法国马赛A保险公司的一切险。卖方收到买方开来的信用证及派船通知后，按买方要求代其向A保险公司投保，保险单的被保险人是买方，保险单上所载明的起运地为供货厂商所在地龙岩市，目的港为法国马赛。但是，三天后货物自龙岩市运往厦门港的途中发生了意外，致使10%的货物受损。事后，卖方以保险单中含有仓至仓条款为由，向A保险公司提出索赔要求，但遭到拒绝。后卖方又请买方以买方的名义凭保险单向A保险公司提出索赔，同样遭到拒绝。在此情况下，卖方以自己的名义向福建省中级人民法院提起诉讼，要求保险公司赔偿其损失。保险公司是否应赔偿？

第七章
其他国际货物运输方式保险

学习目标:

了解其他国际货物运输方式保险;

熟悉陆上运输货物保险、航空货物运输保险和邮包保险的基本概念;

掌握陆上运输货物保险、航空货物运输保险和邮包保险的保险责任。

本章导读:

陆上运输货物保险源于19世纪末期,并在第一次世界大战爆发后得到了较快的发展,在欧洲、非洲及拉丁美洲的内陆国家,经由陆上运输的国际贸易货物比重相当大。陆上运输货物保险主要承保以火车、汽车等陆上运输工具进行货物运输的保险,以我国为例,我国对周边国家的进出口货物基本上也是通过铁路运送的;对东欧国家的进出口货物采用铁路运输的比重也很大;对我国港澳地区除少数采用海运外,大多采用铁路运输,还有部分货物是采用汽车运输的。陆上运输主要包括铁路和公路运输两种,运输工具主要是火车和汽车。国际上保险公司对于采用人力车和牲畜驮运等落后工具运输货物的风险一般不予以承保。中国人民保险公司现行的陆上运输货物保险条款也明确规定以火车、汽车为限。前者适用于有铁路相通的国家或地区;后者大多适用于边境贸易或毗邻国家、地区之间的贸易。陆上货物运输保险主要承保以火车、汽车等陆上运输工具进行货物运输的保险。

与海洋货物运输可能遭受的风险不同,陆上货物运输的风险有其自身的特点。按照惯例,在陆上运输货物保险业务中,只要因发生承保责任范围内的风险所导致的损失,保险人一般都予以赔偿,因此,陆运货物不再区分全部损失和部分损失,这就决定了陆运货物保险的基本险别与海洋运输货物的险别有所区别。

在我国保险市场上,基本险方面,火车、汽车均采用相同的险别和责任范围。而在国际保险市场上,保险公司对于火车和汽车运输往往分别列有不同的条款。根据1981年1月1日修订的《中国人民保险公司陆上运输货物保险条款》,陆上运输货物保险的基本险分为陆运险和陆运一切险两种。此外,还有为适应冷藏运输货物的需要而设的专门险,即陆上运输冷藏货物保险以及附加险——陆上运输货物战争险。

第一节　陆上运输货物保险

一、陆运险与陆运一切险

(一) 陆运险与陆运一切险的责任范围

1. 陆运险的责任范围

陆运险(Overland Transportation Risks)的承保责任范围大致相当于海洋运输货物保险条款中的"水渍险"。被保险货物在运输途中遭受暴风、雷电、洪水、地震等自然灾害，或由于运输工具遭受碰撞、倾覆、出轨，或在驳运过程中因驳运工具遭受搁浅、触礁、沉没、碰撞，或由于遭受隧道坍塌、崖崩或失火、爆炸等意外事故所造成的全部或部分损失由保险公司负责赔偿。此外，被保险人对遭受承保责任内危险的货物采取抢救、防止或减少货损的措施而支付的合理费用，保险公司也负责赔偿，但以不超过该批被救货物的保险金额为限。

2. 陆运一切险的责任范围

陆运一切险(Overland Transportation All Risks)的承保责任类似于海上运输货物保险条款中的"一切险"。保险公司除承担上述陆运险的赔偿责任外，还负责被保险货物在运输途中由于一般外来原因所造成的全部或部分损失。以上责任范围均适用于火车和汽车运输，并以此为限。

陆运险与陆运一切险的除外责任与海洋运输货物险的除外责任基本相同。

(二) 陆运险与陆运一切险的责任起讫

陆上运输货物险的责任起讫也采用"仓至仓"的责任条款。保险人责任自被保险货物运离保险单所载明的起运地仓库或储存处所开始运输时生效，包括正常运输过程中的陆上和与其有关的水上驳运在内，直至该项货物运达保险单所载明的目的地收货人的最后仓库或储存处所或被保险人用做分配、分派的其他储存处所为止。如未抵运上述仓库或储存处所，则以被保险货物运抵最后卸载的车站满60天为止。

陆上运输货物险的索赔时效为：从被保险货物在最后目的地车站全部卸离车辆后起算，最多不超过两年。

(三) 陆运险与陆运一切险的区别

陆运货物保险的两种基本险(陆运险和陆运一切险)与海运货物的基本险有以下不同。

(1) 在陆运货物保险的承保风险中，不包括流冰、海啸等海上运输中的自然灾害，而增加了倾覆、出轨、隧道坍塌、崖崩等陆上运输中所特有的意外事故；

(2) 在陆运货物保险的承保风险中，没有共同海损牺牲、分摊以及救助费用等海上损失和费用；

(3) 在陆运货物保险中，凡属承保范围内的损失，不论起因于自然灾害，还是意外事故，也不论损失的程度是全部还是部分，保险人一般都予以赔偿。因此，在陆运货物保险中不存在海运货物保险中的"单独海损不赔"的问题。也因此，陆运货物保险的基本险只有陆运险和陆运一切险，前者相当于海运货物保险中的"水渍险"，后者相当于海运货物保险中的"一切险"，而没有与海运货物保险中的"平安险"相当的险别。

(4) 虽然陆运货物保险的责任起讫期间也采用"仓至仓"的原则，但规定，如果货物在运达目的地后不卸离运输工具，或不及时运往收货人仓库储存处所，则保险期限规定为到达卸载站后满60天终止。

二、陆上运输冷藏货物险

陆上运输冷藏货物险(Overland Transportation Insurance"Frozen Products")是陆上货物运输保险中的一种专门保险。

1. 陆上运输冷藏货物险的责任范围

陆上运输冷藏货物险负责赔偿的主要责任范围如下所述。

(1) 被保险货物在运输途中由于遭遇暴风、雷电、地震、洪水；陆上运输工具遭受碰撞、倾覆或出轨；在驳运过程中驳运工具的搁浅、触礁、沉没、碰撞；隧道坍塌、崖崩、失火、爆炸等所造成的全部或部分损失。

(2) 冷藏机器或隔温设备在运输途中损失所造成的被保险货物解冻溶化而腐烂的损失。

(3) 被保险人对遭受承保责任内危险的货物采取抢救、防止或减少货损的措施而支付的合理费用，但以不超过该批被救货物的保险金额为限。

但因战争、工人罢工或运输延迟而造成的被保险货物的腐烂或损失及被保险冷藏货物在保险责任开始时未能保持良好状况，整理、包扎不妥或冷冻不合规格所造成的损失不负赔偿责任。一般除外责任条款也适用本险别。

2. 陆上运输冷藏货物险的责任起讫

陆上运输冷藏货物险的责任自被保险货物运离保险单所载明的起运地点的冷藏仓库装入运输工具开始运输时生效，包括正常陆运和与其有关的水上驳运在内，直至货物达到保险单所载明的目的地收货人仓库为止。但是，最长保险责任的有效期限以被保险货物到达目的地车站后10天为限。中国人民保险公司的该项保险条款还规定：装货的任何运输工具，必须有相应的冷藏设备或隔温设备；或供应和贮存足够的冰块使车厢内始终保持适当的温度，保证被保险冷藏货物不致因融化而腐败，直至到达目的地收货人仓库为止。

3. 陆上运输冷藏货物险的索赔时效

陆上运输冷藏货物险的索赔时效为：从被保险货物在最后目的地车站全部卸离车厢后起算，最多不超过两年。

三、陆上运输货物战争险

陆上运输货物战争险(Overland Transportation Cargo War Risks)是陆上运输货物险的一种附加险，只有在投保了陆运险或陆运一切险的基础上方可加保。这种陆运战争险，国外私营保险公司大都不予承保，中国人民保险公司为适应外贸业务需要，接受加保，但目前仅限于火车运输，若使用汽车运输则不能加保。

1. 陆上运输货物战争险的责任范围

陆上运输货物战争险的责任范围：保险公司负责赔偿在火车运输途中由于战争、类似战争行为和敌对行为、武装冲突所致的损失以及各种常规武器(包括地雷、炸弹)所致的损失。

2. 陆上运输货物战争险的除外责任

陆上运输货物战争险的除外责任：由于敌对行为使用原子弹或热核武器所致的损失和费用，以及根据执政者、当权者或其他武装集团的扣押、拘留引起的承保过程的丧失和挫折而造成的损失，保险公司不负责赔偿。

3. 陆上运输货物战争险的责任起讫

陆上运输货物战争险的责任起讫与海运战争险相似，以货物置于运输工具时为限。即自被保险货物装上保险单所载起运地的火车时开始，到卸离保险单所载目的地火车时为止。如果被保险货物不卸离火车，则以火车到达目的地的当日午夜起计算，满48小时为止；如在运输中途转车，不论货物在当地卸载与否，保险责任以火车到达该中途站的当日午夜起计算，满10天为止。如货物在此期限内重新装车续运，仍恢复有效。但需指出，如运输契约在保险单所载目的地以外的地点终止时，该地即视做本保险单所载目的地，在货物卸离该地火车时为止；如不卸离火车，则保险责任以火车到达该地当日午夜起计算，满48小时为止。

同海洋运输货物保险一样，陆上运输货物可以在投保战争险的基础上加保罢工险，加保罢工险不另外收费。但如单独要求加保罢工险，则按战争险费率收费。陆上运输罢工险的承保责任范围与海洋运输货物罢工险的责任范围相同。

第二节　航空运输货物保险

航空运输货物保险是以飞机为运输工具的货物运输保险。利用飞机进行国际货物运输始于20世纪初。初期的空运货物主要是一些军用品和部分邮件等，而且运量很小。1929年，荷兰海牙成立了国际航空协会，推动了航空工业和航空货运的发展。

由于航空运输货物保险起步较晚，加上本身较为复杂，致使航空运输货物保险迄今未能发展成为一个完整、独立的体系。为了适应航空货物运输及保险业务顺利开展的需要，伦敦保险协会于1965年针对实际业务中最常用的航空运输货物一切险制定了一份比较完整的《协会航空运输货物一切险条款》(Institute Cargo Clauses All Risks)。该条款于1982年重新修订，现为《协会货物险条款(航空)(邮包除外)》。此外，伦敦保险协会还另行制定了《协会航空运输货物战争险条款》(Institute War Clauses-Air Risks)及《协会航空运输货物罢工险条款》(Institute Strikes Clauses Air-Risks)，以供保险界采用。目前，国际保险市场上的保险人，在接受投保航空运输险时，多采用上述条款的规定。

我国利用航空运输方式运送进出口货物虽然起步较其他先进国家晚，但自进入20世纪70年代以来，空运出口的业务迅速增加，从初期只限于贵重商品和鲜活商品，现已发展到纺织品匹头、成品，甚至土特产等普通出口商品；目的地已从初期的以我国港、澳地区为主，发展到世界主要国家。为了满足我国外贸业务发展的需要，中国人民保险公司也开办航空运输货物的保险业务，并制定了航空运输保险条款。

一、中国航空运输货物保险

根据中国人民保险公司于1981年1月1日修订的《航空运输货物保险条款》的规定，空运货物保险的基本险别有航空运输险和航空运输一切险，这两种基本险都可单独投保，在投保其中一种的基础上，经投保人与保险公司协商可以加保战争险等附加险。

(一) 航空运输险

1. 航空运输险和航空运输一切险的责任范围

1) 航空运输险的责任范围

航空运输险(Air Transportation Risks)的承保责任范围与海洋运输货物保险条款中的"水渍险"大致相同。保险公司负责赔偿被保险货物在运输途中遭受雷电、火灾、爆炸，或由于飞机遭受恶劣气候或其他危难事故而被抛弃，或由于飞机遭受碰撞、倾覆、坠落或失踪等自然灾害和意外事故所造成的全部或部分损失。被保险人对遭受承保责任内危险的货物采取抢救、防止或减少货损的措施而支付的合理费用，也由保险公司支付，但以不超过该批被救货物的保险金额为限。

2) 航空运输一切险的责任范围

航空运输一切险(Air Transportation All Risks)的承保责任范围，除包括上述航空运输险的全部责任外，被保险货物由于被偷窃、短少等一般外来原因所造成的全部或部分损失也由保险公司负责赔偿。

2. 航空运输险的除外责任

航空运输险与航空运输一切险的除外责任与海洋运输货物险的除外责任基本相同。主要包括：被保险人的故意行为或过失所造成的损失；被保险货物的自然损耗、本质缺陷、特性以及市场跌落、运输延迟所引起的损失和费用；在保险责任开始前，被保险货物已存在的品质不良或数量短差所造成的损失；属于发货人责任所引起的损失；本公司陆上运输货物战争险条款和货物运输罢工险条款规定的责任范围和除外责任。

3. 航空运输险和航空运输一切险的责任起讫

航空运输货物的两种基本险的保险责任也采用"仓至仓"原则，自被保险货物运离保险单所载明的起运地仓库或储存处所开始运输时生效，包括正常运输过程中的运输工具在内，直至该项货物运达保险单所载明的目的地收货人的最后仓库或储存处所或被保险人用做分配、分派或非正常运输的其他储存处所为止。它与海洋运输险的"仓至仓"责任条款的不同表现在以下几个方面。

(1) 如未运抵上述仓库或储存处所，则以被保险货物在最后卸载地卸离飞机后满30天为止。如在上述30天内被保险的货物需转送到非保险单所载明的目的地，则以该项货物开始转运时终止。

(2) 如果由于被保险人无法控制的运输延迟、绕道、被迫卸货、重行装载、转载或承运人运用运输契约赋予的权限所做的任何航行上的变更或终止运输契约，致使被保险货物运到非保险单所载目的地，在被保险人及时将获知的情况通知保险人，并在必要时加缴保险费的情况下，本保险继续有效，保险责任按下述规定终止：被保险货物如在非保险单所载目的地出售，保险责任至交货时为止。但无论何种情况，均以被保险的货物在卸载地卸离飞机后满30天为止。被保险货物在上述30天期限内继续运往保险单所载原目的地或其他目的地时，保险责任仍按"仓至仓"条款的规定终止。

(二) 航空运输货物战争险

航空运输货物战争险(Air Transportation Cargo War Risks)是航空运输货物的一种附加险，只有在投保了航空运输险或航空运输一切险的基础上才可加保。

加保航空运输货物战争险后，保险公司承担赔偿在航空运输途中由于战争、类似战争行为、敌对行为或武装冲突以及各种常规武器和炸弹所造成的货物的损失，但不包括因使用原子弹或热核制造的武器所造成的损失。

航空运输货物战争险的保险责任自被保险货物装上保险单所载明的起运地的飞机时开始，直到卸离保险单所载明的目的地的飞机时为止。如果被保险货物不卸离飞机，则从飞机到达目的地当日午夜起计算，满15天为止；如被保险货物在中途转运，保险责任从飞机到达转运地的当日午夜起计算，满15天为止，一旦保险货物装上续运的飞机，保险责任再次恢复有效。

与海运、陆运险一样，航空运输货物在投保战争险的基础上，可加保罢工险，加保罢工险不另外收费。如仅要求加保罢工险，则按战争险费率收费。航空运输罢工险的责任范围与海洋运输罢工险的责任范围相同。

二、协会航空运输货物保险

为了适应航空货物运输及保险业务的顺利开展，伦敦保险协会直至1965年才对实际业务中最常用的航空运输货物一切险制定了一份比较完整的《协会航空运输货物一切险条款》。该条款于1982年重新修订，包括以下三种：即《协会货物险条款(航空)(邮包除外)》《协会战争险条款(航空)(邮包除外)》《协会罢工险条款(航空)(邮包除外)》。该条款的规定方法与适用于海运的协会货物ICC条款颇为相似。

(一) 协会货物险条款(航空) (邮包除外)

1. 责任范围

该条款的承保范围较广，对承保风险的规定与ICC(A)条款一样，是采用一切风险减除外责任的方法。在本保险条款中特别规定了除外责任的一般除外责任、战争除外责任和罢工除外责任。与ICC(A)条款的不同之处在于，该条款缺少不适航、不适货的除外责任。这是考虑到飞机运输的特殊性而采取的一种措施，即使没有规定，承担货物运输的飞机起飞时均应具备适航性，用于航空运输的特殊集装箱也必须适合货物的安全运输。这些都是应当具备的前提条件。

此外，在"承保风险"的标题下，该条款与ICC(A)条款相比，没有共同海损条款和船舶互撞责任条款，而只有风险条款。这是因为航空运输有其特殊性，一旦发生事故，其发生全损的可能性最大。

2. 保险期限

协会货物险条款(航空)的保险期限也采用"仓至仓"条款，与我国的航空运输险和航空运输一切险基本相同。卸货后的保险期限是，在最终卸货地，货物从飞机卸下以后30天内被保险货物转运到非保险单所载明的目的地时，以该货物开始转运时保险责任终止。该条款的其他内容与海运ICC(A)条款的各有关内容相同。

(二) 协会战争险条款(航空) (邮包除外)

投保协会战争险(航空货物)，保险公司承担赔偿在航空货物运输途中因战争、内乱、革命、叛乱、动乱及由此而发生的国内斗争，或由交战国采取的或对交战国采取的一切敌对行为引起的捕获、禁制、拘留而造成的保险标的的损失，其中也包括废弃水雷、鱼雷、炸弹以及其他废弃武器造成的损失。可见，该条款不包括因使用原子武器所造成的损失。此外，在一般除外责任中，还包括专门针对航空运输的飞机与集装箱等不合格的除外责任。

协会战争险(航空货物)的保险期限是自保险标的或其一部分因开始运输而被装上飞机时开始，直到在最终卸货地卸离飞机时为止。如保险标的不卸离飞机，则自飞机到达最终卸货地当天午夜12时起，满15天为止。若保险标的的中途转达运地，在转达运地的承保期限是15天，一旦保险货物装上续运飞机，保险责任恢复有效。由此可见，如同海上运输的战争险适用水上风险一样，航空运输战争险适用的是所谓的空中危险。

该条款中的其他内容，诸如索赔、保险利益等条款均与海运货物保险ICC(A)条款相同。这些条款的存在，使该险具有独立性及完整性，因而也可以单独投保。

(三) 协会罢工险条款(航空)

投保协会罢工险(航空货物)，保险公司负责赔偿在航空货物运输途中因罢工、关厂、劳资纠纷、暴动、骚乱或出于恐怖主义与政治动机而采取的行动所引起的保险标的的损失。

该险别的保险期限与协会货物条款(航空)一致采用"仓至仓"责任原则，货物卸离飞机后的承保期限是30天。该险别的其他条款与协会战争险条款(航空货物)均具有独立性和完整性，可单独投保。

第三节　邮包运输货物保险

邮包运输是一种比较简便的运输方式。无论是经营国际贸易的企业，还是非经营国际贸易的机关、事业单位以及一般个人都可采用邮包运输。但是，邮包运输一般须经由海、陆、空辗转运送，在运送过程中遭遇自然灾害和意外事故而导致损失的可能性很大。为此，寄件人必然寻求发生损失后能得到补偿的办法——邮递运输货物保险。

邮递运输货物保险也称邮包保险，主要承保通过邮局以邮包方式抵运的货物，因邮包在邮递过程中遭到自然灾害、意外事故或外来原因造成的货物损失。以邮包方式将货物发送到目的地可能通过海运，也可能通过陆上或航空运输，或者经过两种或两种以上的运输工具运送。不论通过何种运送工具，凡是以邮包方式将贸易货物运达目的地的保险均属邮包保险。按照邮包保险的惯例，凡经常有需要经邮局递送货物的货主，通常都与保险人订有总括保险单，为整个运输期间的货物投保一切险。

一、中国邮政包裹运输保险

在我国，中国人民保险公司参照国际上的通行做法，结合我国邮政包裹业务的实际情况，于1981年1月1日修订并颁布了一套较为完备的邮包运输保险条款，具体包括邮包险、邮包一切险和邮包战争险三种。

(一) 邮包险和邮包一切险

1. 邮包险和邮包一切险的责任范围

1) 邮包险的责任范围

邮包险(Parcel Post Risks)的承保责任范围是负责赔偿被保险邮包在运输途中由于恶劣气候、雷电、海啸、地震、洪水等自然灾害，或由于运输工具遭受搁浅、触礁、沉没、碰撞、倾覆、出轨、坠落、失踪，或由于失火爆炸等意外事故所造成的全部或部分损失。另外，负责被保险人对遭受承保责任内风险的货物采取抢救、防止或减少货损的措施而支付的合理费用，但以不超过该批被救货物的保险金额为限。

2) 邮包一切险的责任范围

邮包一切险(Parcel Post All Risks)的承保责任范围，除包括上述邮包险的全部责任外，还负责被保险邮包在运输途中由于外来原因所致的全部或部分损失。

2. 邮包险和邮包一切险的除外责任

投保这两种险别，保险公司对因战争、敌对行为、类似战争行为、武装冲突、海盗行为、工人罢工所造成的损失，直接由于运输延迟或被保险物品本质上的缺点和其他国际货物运输方式保险自然耗损所造成的损失，以及属于寄件人责任和被保险邮包在保险责任开始前已存在的品质不良或数量短差所造成的损失，被保险人的故意行为或过失所造成的损失，不负赔偿责任。

3. 邮包险和邮包一切险的责任起讫

邮包险和邮包一切险的保险责任自被保险邮包离开保险单所载起运地点寄件人的处所运往邮局时开始生效，直至被保险邮包运达保险单所载明的目的地邮局，并由邮局发出到货通知书给收件人当日午夜起算，满15天为止，但在此期限内，邮包一经递交至收件人的处所，保险责任即行终止。这一期限与海运货物保险规定为在卸货港全部卸离海轮后满60天不同。

4. 邮递、海运货物保险的基本险的区别

邮递货物保险的两种基本险同海运货物保险的基本险的不同表现在以下方面。

(1) 由于邮包递送涉及海运、陆运及空运三种运输方式，所以邮包运输保险基本险的承保责任范围兼顾海、陆、空三种运输工具。它除了负责海运货物保险所承保的自然灾害和意外事故，还负责陆、空运输中的自然灾害和意外事故；被保险人在投保时，无须申明使用何种运输工具运送，保险人对海运、陆运及空运的邮包均予以负责，即使邮包使用海、陆、空三种运输工具联运，也予以负责。

(2) 邮包运输保险的责任终止期限是在货物运抵保险单所载明的目的地邮局，由邮局签发到货通知书的当日午夜起算，满15天终止。这一期限与海运货物保险规定为在卸货港全部卸离海轮后满60天不同。

(二) 邮包战争险

邮包战争险(Parcel Post War Risks)是邮包险或邮包一切险的一种附加险，只有在投保了邮包险或邮包一切险的基础上方可加保。

1. 邮包战争险的责任范围

投保邮包战争险，保险公司负责赔偿在邮包运输过程中由于战争、类似战争行为、敌对行为、武装冲突、海盗行为以及各种常规武器，包括水雷、鱼雷、炸弹所造成的损失。此外，保险公司还负责被保险人对遭受以上承保责任内危险的物品采取抢救、防止或减少损失的措施而支付的合理费用。

2. 邮包战争险的除外责任

保险公司不赔偿因使用原子弹或热核制造的武器所造成的损失。

3. 邮包战争险的责任起讫

邮包战争险的保险责任，是指被保险邮包经邮政机构收讫后，自储存处所开始运送时生效，直至该项邮包运达保险单所载明的目的地邮政机构送交收件人为止。

邮政包裹附加险，除战争险外，还有罢工险。在投保战争险的前提下，加保罢工险不另收费。如仅要求加保罢工险，按战争险费率收费。邮政包裹罢工险的责任范围与海洋运输罢工险的责任范围相同。

4. 我国邮包运输货物保险的做法

在办理国际邮包运输时，应当正确选用邮包的保价与保险。凡经过保价的邮包，一旦在途中遗失或损坏，即可向邮政机构按保价金额取得补偿。因此，对寄往办理保价业务的国家，可予以保价。鉴于有些国家和地区不办理保价业务，或有关邮政机构对保价邮包损失赔偿限制过严，或保价限额低于邮包实际价值，则可采取保险，也可采取既保险又保价的做法。根据中国人民保险公司的规定，凡进行保价的邮包，可享受保险费减半收费的优待。我国通过邮包运输进口的货物，按邮包运输进口货物预约保险合同的规定办理投保手续。

二、协会战争险条款(邮包)

对于邮递货物保险，英国伦敦保险协会只制定了《协会战争条款(邮包)》[Institute War

Clauses(sendings by post)—1982.1.1]，而未制定邮递货物保险的标准条款。此外，同空运货物保险一样，协会邮递战争险也使用海洋运输货物保险单附加邮递战争险条款的做法。

(一) 协会战争险的责任范围与除外责任

协会战争险(邮包)的承保责任范围与协会战争险条款的风险条款相同，只是在一般除外责任中，从邮件的特殊性出发，没有特别规定飞机、运输工具、集装箱等不合格的除外责任条款及海上承运人、航空承运人等破产的风险除外责任条款，而增加了受理国际邮件时由于地址姓名不清楚及不正确所引起的损害的除外责任。

(二) 协会战争险的责任起讫

协会战争险(邮包)的保险责任至将保险标的交到标明的收件人住所后终止。这一规定考虑了邮包运输方式的特殊性，为邮包规定了"仓至仓"责任原则。

该险别的其他条款与协会战争险条款类似，因而本条款具备了独立性及自身的完整性，故也可单独投保。

案例评析7-1

国际航空货运保险代位追偿

基本情况

原告：中兴通讯股份有限公司

被告：北京康捷空货运代理有限公司及其深圳分公司和美国华盛顿国际速递公司

2003年1月10日，中兴通讯股份有限公司(下称托运人或被保险人)通过北京康捷空货运代理有限公司(下称康捷空)深圳分公司和美国华盛顿国际速递公司(Expeditors International of Washington, Inc)(下称华盛顿速递)承运一批通信设备，自深圳经我国香港运抵我国澳门，然后由华盛顿速递代表托运人租赁一架IL-763414型飞机，将货物从我国澳门空运至东帝汶的包考(Baucau，East Timor)。康捷空深圳公司签发了航空运单，运单抬头为欧亚航空货物运输公司(Eum-Asia Aviation Air Cargo Transportation)(下称欧亚航空)，另外托运人与华盛顿速递签订了一份货物运输租赁协议。

2003年1月31日，东帝汶当地时间16时承运飞机在包考市附近撞山坠毁，机上六名人员全部遇难，上述承运的货物全部毁损。该批货物在中国人民财产保险股份有限公司深圳市分公司(下称保险公司)处投保了货物运输保险，保险公司聘请我国香港一家公估公司对货物损失进行公估，并于2003年12月16日向被保险人支付了保险赔款135.3万美元，被保险人向保险公司出具了权益转让书。保险公司向康捷空及其深圳分公司和华盛顿速递要求赔偿货物损失，均遭到拒绝。

2004年10月20日，保险公司在广东省深圳市罗湖区人民法院对康捷空及其深圳分公司提起代位求偿权诉讼，要求两名被告赔偿原告货运损失612 140美元。2005年1月28日，保险公司委托美国律师在美国纽约南部地区联邦法院，以被保险人及本公司名义对华盛顿速递提起诉讼，要求被告赔偿货物损失135.3万美元及利息。由于被告提出管辖权异议，国内法院直到2005年5月9日才进行第一次开庭，7月26日进行第二次开庭，对案件实体问题进行审理。美国法院于2005年3月10日进行初步审理。

评析

保险公司在国内案件中诉称，被保险人按被告要求填写了空运货物托运书，被告以自己的名义签发了航空货运单，因此被告是承运人。根据《华沙公约》规定的承运人责任限制，按照每公斤20美元计算，被告应赔偿612 140美元。保险公司在开庭前提交了投标邀请书、投标书、商务报价单、运费发票，以证明康捷空深圳分公司是货物承运人。被告康捷空深圳分公司在第一次开庭时辩称：首先，保险公司已经在美国就同一事实提起诉讼，为防止原告不当得利，国内诉讼应中止审理；其次，康捷空是货运代理人而不是货物承运人，不应承担货损赔偿责任；再次，康捷空与华盛顿速递属于同一集团。第二次开庭时，康捷空提交了澳大利亚交通安全部对本次事故所做的空难事故报告(Air Safety Occurrence Report)，认为本次事故是机组人员严重过失造成的，依据《华沙公约》的规定，承运人可以完全免责。保险公司在美国案件申诉称，被告未能按照其与被保险人签订的包租协议的规定，将货物运送至目的地，原告享有《华沙公约》和有关修订文件规定的以及判例法确定的有关权利和救济，被告应赔偿全部损失。被告华盛顿国际速递辩称：根据"不方便法院原则"和28U.S.C.§2406的规定，应驳回本案诉讼；中国法院已经先受理了一个当事人和案件事实都相同的案件，美国法院应该驳回原告提起的诉讼，或将案件移送至一个更合适、更方便的法院审理；根据相关国际公约，被告享有责任限制权利。美国法院法官认为，虽然两起案件的被告不同，但是涉及同样的证据，从提高司法效率角度看，应放在一起审理，因此要求原告限期将国内被告追加为美国案件的当事人或更正诉讼请求。在国内案件开庭以后，两个案件的被告都主动提出和解，经过多轮磋商，2005年8月初，最终达成和解协议：由美国被告赔偿保险公司43万美元，保险公司撤销美国和国内的两个诉讼。

学术点评

本案是一起典型的国际货物运输保险代位求偿案件，保险公司采取了少见的跨国平行诉讼的追偿策略，取得了较为理想的效果。中美两国分属不同法系，两国法院对于案件程序和实体问题所采取的处理方式非常值得探究。

资料来源：找法网. http://china.findlaw.cn

案例评析7-2

陆上运输冷藏货物保险案

基本案情

被保险人某公司，由朝鲜新义州经公路向沈阳运送冷藏海鲜产品，起运日期为2007年7月15日，于7月16日在途经沈丹高速本溪服务区时，负责运输冷藏海鲜产品的车牌号为沈某××××××的冷藏车与一车相撞，致使冷藏海鲜产品散落，冷藏车制冷系统损坏，被保险人一面通过朋友向本溪调用冷藏车，一面向沈阳某保险公司报案。某保险公司接到报案，问明车是否能开等相关情况后，要求被保险人某公司立即将冷藏车开回沈阳。但被保险人坚持等本溪车来，原因是回沈阳需要40分钟左右，本溪车需要20分钟左右就能到现场。由于各种原因，本溪冷藏车2个小时也没到，在这种情况下，被保险人不得不开回沈阳，其所运冷藏海产品全部化掉，且其中大部分有腐烂气味，造成保险标的损失，估损金额32 700元。

评析

本案焦点在于，出险情况已确认，保险公司对冷藏车与一车相撞，致使冷藏海产品化掉，造成保险标的损失的保险责任该如何认定及采用何种赔偿标准。

(1) 确定被保险人的保险信息，被保险人某公司投保的是"陆上运输冷藏货物保险"。

(2) 根据陆上运输冷藏货物保险条款中的保险责任第一项、第二项的规定，在运输途中，陆上运输工具遭受碰撞、倾覆或出轨，致使冷藏机器或隔温设备损坏造成的解冻融化且腐败的损失属于保险责任。因此本案属于保险责任。但本案发生过程中，保险人某保险公司要求被保险人某有限公司立即将出险的冷藏车开回沈阳，但被保险人坚持等本溪车来，并且不作为地等了两个小时才回沈阳，致使所运冷藏海产品全部化掉，明显有过失。在有过失的情况下，陆上运输冷藏货物保险的除外责任中的第一项、第二项明显指出"过失所造成的损失、发货人责任所引起的损失属于除外责任"。

本案明显是因为被保险人的责任，造成货物的最终损失。因此，本案不属于保险责任，保险公司对某公司提出所载货物损失的索赔申请，依据保险合同约定拒绝赔偿。相关车损，保险公司要依据交警部门出具的责任认定，并根据保险项目给予赔偿。

学术点评

被保险人某有限公司投保的陆上运输冷藏货物保险是陆上运输冷藏货物规避意外事故、减少损失的好方法。但是本案例未获赔偿。原因在于，投保人觉得自己在短时间内能处理好冷藏的问题，主观想象事故按自己的要求发展。在这种情况下，没有听从保险公司的劝告和要求，并且因不可预料的原因，自己本身没有处理好冷藏车的接续，导致保险标的损失。对于本案中被保险人的这种行为，在这里要提醒大家，一旦出险，如对抢救措施没有十足的把握，一定要听从保险公司的安排，以避免不必要的损失。

资料来源：NBA智库文档. http://doc.mbalib.com

|实训题|

一、思考题

1. 我国陆上运输货物保险有哪些基本险别？这些险别的保险责任范围有什么不同？

2. 我国航空运输货物保险的承保责任范围是什么？

3. 我国邮包运输保险的承保责任范围是什么？

4. 伦敦协会航空运输货物保险有哪些险别？它们与我国航空运输货物保险的有关险别有何区别？

5. 简述我国邮包险和邮包一切险的责任范围和责任起讫。

二、操作题

1. 2013年1月6日，为了代吉达公司从白俄罗斯购买一台机床，西迈克公司与戈梅利公司签订了一份进口该机床的合同。9月30日，戈梅利公司依据与西迈克公司的购货合同，将机床(4件)交予俄铁戈梅尔站承运，铁路联运单上的收货人为吉达公司。10月27日，戈梅利公司用电传将该机床的国际铁路联运单传给西迈克公司。同年10月15日，俄铁以3249号货物交接单将该批货物交给中铁满洲里站，满洲里交接所将该机床国际铁路运输收货人错译成"利达动力机械厂"，将机床错译为车床，并漏译收货人地址。由于找不到收货人，满洲里站当时按作业程序将货票(运单)交给满洲里外运公司。外运公司于10月16日将运单返回满洲里站，并出具扣货卡片，扣货原因是无合同，这一行为致使外运公司无法履行报关手续。同年11月8日，该货物因长期滞留口岸而被口岸管理部门依照行政法规予以变卖。

(1) 该例中，西迈克公司在此事件中有无不当之处？

(2) 满洲里站交接所在此事件中有无不当之处？

2. 2012年，某裘皮进出口公司(卖方)与德国一家公司在交易会上订立裘皮服装买卖合同，价值20万美元，贸易术语规定为CIF Frankfort。运输方式为空运，起运地为北京，目的地为法兰克福。支付方式为100%不可撤销银行信用证。合同订立后，买方按时开来了银行信用证，开证行为德国一家银行，通知行和议付行为国内银行。国内卖方接证后，按合同规定发运了货物，将信用证要求的各种单据提交给国内银行，并办理了议付手续。看起来一切顺利，卖方开始筹划与该德国客户做下一笔生意。不料，国内银行在将有关索汇单据寄交给德国开证行后第7天，即收到开证行的拒付通知，理由是单证不符。卖方马上与货物承运人某国际航空公司联系，被告知，货物早已被空运单上写明的收货人(实际上就是买方)提走。再与买方联系，又杳无音讯。后经查实，该买方公司经理以不同的公司名义，用同样的手段，已从国内数家企业手中"提货"，价值近百万美元。在这种情况下，卖方再与国内通知行接洽，一致认为：根据国际商会《UCP500》的规定，开证行所谓单证不符的说法，是不能成立的。但经多次与开证行联系，该银行均以同样理由推托。后经调查得知，该开证行为一家金融公司所办，实力很弱。三个月后，国内银行以单证不符、遭开证行拒付为由，收回议付款，并加收利息，卖方处于货款两空的境地。本案的关键是什么？对我们有什么启示？

第八章

国际货物运输保险业务操作流程

学习目标：

熟悉投保险别的选择；

熟悉海上货运保险的投保程序；

熟悉保险金额与保险费的计算；

熟悉海上保险索赔所需提交的单据；

掌握海上保险理赔的原则；

能够计算赔偿金额。

本章导读：

宏宇出口贸易公司与美国某贸易公司合作，主要出口产品是手工布衣工艺品，为规避风险，每笔出口合同均投保国际货物运输保险。长期业务往来中双方合作愉快，相互信任度不断提高，经双方商议决定调整保险方案，由最初合作时采用逐笔投保的方式改为预约保险合同形式，由于该产品运输中面临风险较大，原来采用平安险难以抗拒风险，决定扩大保险范围。保险公司在承保前充分调查了该公司的背景、出口货物的资料、载货船只的船级和船籍、目的港口的泊位及安全性等情况，最终承保了平安险加沾污险、钩损险及受热受潮险。

在国际货运输保险合同成立前，投保人和保险人都需考虑货物的性质和特点、运输路线及船舶停靠的港口等诸多因素，以选择合适的保险险别，还要选择合适的保险方式等。合同成立后，在履行过程中，如果发生保险责任范围内的风险损失，还要按照一定的程序进行索赔、理赔。这一章我们将介绍国际货物运输保险的投保、承保手续和一般需要注意的问题，货物保险索赔的步骤和所需单证，以及保险理赔的具体操作。

第一节 投保与承保实务

一、投保实务

(一) 国际货物买卖合同中的保险条款内容

海上货物运输保险是国际货物买卖合同的重要组成部分，它涉及买卖双方的利益。一般来说，国际货物买卖合同中的保险条款所涉及的内容有投保人、投保的险别、保险金额和适用的保险条款等。

1. 投保人

投保人向保险人投保，是一种签订合同的法律行为。投保人就是要约人，习惯上多以书面形式提出，经保险人承诺，双方确立了合同关系。按照保险的基本原则，投保人或被保险人对保险标的必须拥有可保利益，保险合同才有效。

在保险业务中，投保人的选取通常由国际买卖合同中采用的贸易术语决定。根据《2010年国际贸易术语解释通则》的规定，按FOB或CFR条件成交的出口货物，由买方承担运输途中的风险，并由买方自行办理保险，一般情况下卖方无须办理投保。按CIF条件成交的出口货物，虽然由买方承担运输途中的风险，但卖方负有办理保险的责任。

2. 投保的险别

关于贸易货物需要投保的保险险别也要在贸易合同中加以明确。如果合同中没有约定，那么由卖方办理保险的CIF和CIP术语中，卖方只要按照最低责任险投保即可，如果买方提出额外的要求，卖方在买方自负费用的条件下，可以投保战争险和罢工险。各种险别或附加险别的名称要明确，不能笼统含糊。例如，要明确承保一切险加战争险，不能写成"承保一般险或者惯常险"等。

保险人承担保险责任的依据是险别。险别不同，保险人承担的责任也不同，保险费率也不同。投保人在选择险别时，既要使所选择的险别能为被保险货物提供充分的保险保障，又要注意到保险费用的节省，避免不必要的保险费的支出。另外，在不同险别下，保险人和被保险人所负担的举证责任也有很大不同，这一点，作为被保险人也是要慎重考虑的。

3. 保险金额

保险金额是被保险人对保险标的的实际投保金额，是保险人所应承担的最高赔偿金额和计算保险费的标准。被保险货物发生保险责任范围内的损失时，保险金额就是保险人赔偿的最高限额。因此，投保人投保运输保险时，一般要向保险人申报保险金额。出口货物运输保险的保险金额一般按CIF或CIP总值加10%计算，所加的百分率称为投保加成率，它作为买方的经营管理费用和预期利润加保。在CIF或CIP合同中，如买方要求以较高加成率计算保险金额投保，在保险公司同意承保的条件下，出口方也可接受，但因此而增加的保险费，原则上应由买方支付。

4. 适用的保险条款

在国际货物买卖合同的保险条款中，不仅要明确由谁投保、投保什么样的险别、保险的金额，还应该明确规定适用的保险条款。在我国进出口贸易合同的保险条款中，一般会选择适用英国伦敦协会保险条款ICC(1982)或PICC指定的中国海洋运输货物保险条款。

(二) 保险险别的选择

1. 货物的性质和特点

货物的性质和特点是考虑投保条件的首要因素。例如，粮谷类商品的特点是含有水分，在运输过程中如果通风不良，容易受潮受热发霉，所以在投保此类商品时，可在投保平安险、水渍险的基础上加保受热受潮险。而高级成衣、精密仪器等，由于价值较高，又易毁损，需要投保一切险。如表9-1所示，为常见贸易商品的特性和适宜投保的险别。

表9-1 常见贸易商品的特性和适宜投保的险别

商品种类	商品分类	商品名称	商品性质特点	投保险别
粮油食品类	粮食类	粮食、谷物豆类、花生仁、饲料	易因水分蒸发而短量；易受潮霉变；易发生发汗发热损失	一切险；平安险或水渍险加保短量险和受潮受热险；散装规定免赔额
	油脂类	食用动植物油	易渗漏和沾污	水渍险加短量险和沾污险；散装规定免赔额
	食品类	水果、肉类、罐头、包装食品	包装易生锈、变形、破裂，易被偷窃	一切险；平安险或水渍险加包装破裂险、碰损险、锈损险和偷窃提货不着险
	冻品类	冷冻肉禽	易解冻、变质或腐败	冷藏货物险
	活牲畜、活家禽和活鱼	活牛、活马、活鸡、活鸭、活鱼等	易在途中发生死亡	活牲畜、活家禽死亡险
土产畜产类	麻类	黄麻、苎麻	易因受潮发热而变质或自燃	平安险或水渍险加保受热受潮险
	鱼粉		在一定温度和湿度条件下易因受潮受热而变质和自燃	平安险或水渍险加保受热受潮险
	毛绒类	羊毛、羽毛、羊绒	易因沾污而影响质量	平安险或水渍险加保混杂沾污险
	皮张类	山羊皮、兔皮、黄鼠狼皮	易因沾污、受潮、受热而变质和被偷窃	平安险或水渍险加保受潮受热险、沾污险及偷窃提货不着险；一切险
	盐渍肠衣、兽皮类		易因盐水渗漏而变质	平安险或水渍险加保渗漏险
轻工业品类	玻璃制品类	热水瓶、灯泡、灯管、玻璃瓶、玻璃板等	易破碎	平安险或水渍险加保破碎险
	陶瓷制品	日用陶瓷器、工艺陶、陶瓷洁具、陶瓷管、瓷砖	易破碎	同上(包装不足者可能招致拒保)
	家用电器和照相机	无线电、半导体收音机、电视机、收录两用机、电扇、电冰箱、仪表	易碰损和被偷窃	平安险或水渍险加保碰损险和偷窃提货不着险
	杂货类	金属餐具、文体用品和鞋类	易遭受水渍损失	水渍险加保淡水雨淋险

(续表)

商品种类	商品分类	商品名称	商品性质特点	投保险别
工艺品类 五金类		工艺首饰、珐琅、雕刻、漆器、陶瓷品、金属板、铸铁制品、小五金	比较贵重，易遭偷窃或碰损，受潮易锈损	水渍险或平安险加保碰损险、破碎险及偷窃提货不着险，平安险或水渍险加保锈损险
矿产类		水泥、矿砂和矿石	易短少，水泥可能破包漏损	平安险加保短量险、包装破损险，有免赔率
建筑材料类			易破碎	平安险或水渍险加保破碎险
化工类	液体类	原油、成品油	散舱运输、易发生短量和沾污	平安险加保散舱油类险
	粉粒状化工产品	化肥、石墨粉	包装易破裂造成外漏、短少	平安险或水渍险加保包装破裂险
机械类	机床、通用电力机械、车辆		易受碰撞、擦损，车辆零件可能遭窃	平安险或水渍险加保碰损险及偷窃提货不着险，甲板货还要加保舱面险
纺织纤维类	纤维布匹、抽纱制品及服装		水渍、包装破裂、偷窃诸多风险	一切险；在平安险或水渍险的基础上加保沾污险、钩损险和淡水雨淋险

2. 货物的包装

包装材料及包装方式合理与否会直接影响货物是否损毁。货物的包装或由贸易当事人约定，或依据国际贸易惯例的规定。有的包装虽符合约定或国际惯例规定，但仍避免不了在运输过程中遭到损害，因此，货物的包装情形是投保人选择运输保险条件时应予以考虑的重要因素。

3. 运输路线及船舶停靠的港口

海运中，船舶的航行路线和停靠的港口不同，货物可能遭受的风险和损失也有很大不同。某些航线途经气候炎热的地区，载货船舶一旦通风不良，就会增大货损。而在政局动荡不定或已经发生战争的海域内航行，货物遭受意外损失的可能性自然增加。同时，由于停靠港口在设备、装卸能力以及安全等方面有很大差异，进出口货物在不同港口装卸时发生货损货差的情况也不同。

(三) 投保方式

1. 出口货物的投保

我国出口货物的投保一般采用逐笔办理的方式，投保人逐笔填写投保书或投保单，提出书面申请，填写投保单(在尚未装货前)，然后经保险公司审单，收取保费，并由保险公司签发保单给投保人。

2. 进口货物的投保

我国进口货物办理投保既可采用预约保险的方式，也可采用逐笔投保的方式。

1) 预约保险

预约保险是指投保人与保险人签订一段时间内的预约保险合同，双方约定保险标的、保险险别、保险费率、适用保险条款、保险费和赔款的支付方法等。当遇到投保人未及时办理投保手续的特殊情况时，只要货物装上保险单载明的运输工具，或被承运人收受签发运单，保险公司就自动承担了被保险人的货物风险责任。

需要注意的是，预约保险并不意味着投保人可以不办投保手续，保险公司就自然承保。在预约保险中，投保人仍需向保险公司逐笔办理投保，只不过投保时限要求没有那么严格。同时，保险公司也会经常查核投保单位的账目，一旦发现漏保或未投保的货物，不论是否发生保险事故，即使货物已安全运抵，都会要求补办投保手续并收取相应的保险费。

2) 逐笔投保

对不经常有进口货物的投保人，一般采用逐笔办理投保的方式。货主在接到国外的发货通知后，立即向保险公司索取并填写货物启运通知书，随即送交保险公司申请投保。

(四) 保险金额与保险费的计算

1. 保险金额的计算

出口货物运输保险的保险金额一般按CIF或CIP总值加10%计算。所加的百分率称为投保加成率，它作为买方的经营管理费用和预期利润加保。在CIF或CIP合同中，如买方要求以较高加成率计算保险金额投保，在保险公司同意承保的条件下，出口方也可接受，但因此而增加的保险费，原则上应由买方支付，计算公式如下所述。

(1) 已知CIF价格和加成率，计算保险金额。

保险金额的计算公式为

$$保险金额＝CIF价格×(1+加成率)$$

例如：CIF货价为105美元，加成率为10%，则

$$保险金额＝105×(1+10\%)＝115.5(美元)$$

保险金额取整数为116美元。

(2) 已知CFR价格、保险费率和加成率，计算保险金额。

保险金额是以CIF价格为基础计算的，如果对外报价为CFR，而对方要求改报CIF，或者在CFR合同下，卖方代买方办理保险，都不能以CFR价格为基础直接进行保险费的计算，而应先把CFR价格转化为CIF价格再加成计算保险金额。

从CFR价格换算为CIF价格时的公式为

$$CIF价格＝CFR价格/1-(1+加成率)×保险费率$$

[实务训练8-1]

某公司出口某一批商品到法国马赛。原报CFR Marseille，总金额为10 000美元，投保一切险及战争险。一切险费率为0.6%，战争险费率为0.04%，保险加成率为10%，则改报CIF价格为多少？如出口按照CFR成交，买方要求卖方按照CIF价格加成10%代办投保，计算保险金额。

[实务操作]

CIF价格＝ 10 000/1−(1+10%)×(0.6%+0.04%) ＝10 070.90(美元)

保险金额＝10 070.90×(1+10%)＝11 077.99(美元)

根据保险惯例，保险金额如有小数应进位为整数，故上例的保险金额为11 078美元。

2. 保险费的计算

保险费是保险人经营业务的基本收入，也是保险人用做支付保险赔偿的保险基金的主要来源。每个被保险人应缴纳的保险费，是以投保货物的保险金额为基础，按一定的保险费率计算出来的，其计算公式为

$$保险费＝保险金额×保险费率$$

如按CIF价格加成投保，公式为

$$保险费＝CIF×(1+加成率)×保险费率$$

在已知CFR价格的条件下，保险费还可以按下列方法计算

$$保险费＝CIF价格−CFR价格$$

保险费率是保险人根据一定范围的保险标的在一定时期内发生的频率和毁损率(两者之积称为损失率)来计算的，同时参考同一灾害事故在同一个范围内、同一时期的实际赔付率。目前，我国的出口货物保险费率通常分为以下几种。

(1) 一般货物保险费率。一般货物保险费率适用于所有海运出口的货物，凡投保基本险别(平安险、水渍险和一切险)的所有海运出口货物，均需按照"一般货物费率表"所列标准核收保险费。

(2) 指明货物增加费率。指明货物增加费率是按货物的大类进行分类的，如粮油类、轻工产品类等。需要增加费率的货物在商品栏内应明确，同时在备注栏内注明免赔率，加贴条款等有关规定。凡属于知名货物费率表中所列举的货物，在计算费率时，应首先算出一般货物费率，然后再加上该项指明货物的增加费率。

(3) 附加险加费费率。该费率为特殊的承保条件所指定，如战争险费率，需单独列出。海运、陆运、空运、邮包的战争险费率一般为0.03%，可视某一地区战争形势的变化，随时调整。

(4) 逾龄运输工具(船龄)加费。船龄在15年以上被认为是老船，保险公司按老船的费率表加收保险费，加费多少取决于船龄的长短。

(五) 投保单的填制

当一个贸易商需要对一笔货物进行保险时，他首先要跟保险公司联系，通常是填制一张投保单，投保单经保险公司接收后，就开始生效。被保险人对投保单中的下列内容必须填写明确：①被保险人；②发票号码和合同号码；③包装及数量；④保险货物项目；⑤保险金额；⑥装载运输工具；⑦航次、航班；⑧开航日期；⑨运输线路；⑩承保险别；⑪赔款地点；⑫投保人签章及企业名称、电话、地址；⑬投保日期。(此部分内容详见第九章第二节)

(六) 办理投保手续应注意的事项

1. 投保时所申报的情况必须属实

保险是建立在最大诚信原则基础之上的合同关系，保险人对投保人的投保是否接受，按什么费率承保，主要是以投保人所申报的情况为依据来确定的。因此，投保人在办理投保时，应当将有关被保险货物的重要事项(包括货物的名称、装载的工具以及包装的性质等)向保险人做真实的申报和正确的陈述。如果申报情节不实或隐瞒真实情况，保险人有权解除合同或不负赔偿责任，且不必退还保险费。如果投保人因过失而未如实申报重要事实，保险人也可以酌情解除保险合同或加收保险费。

2. 投保单的内容必须与贸易合同及信用证的有关规定相一致

由于保险单是以投保单为依据填制的，如果投保人不按贸易合同的规定填写投保单，保险人据此出立的保险单就会与贸易合同的规定不符，收货人就可以拒绝接受这种保险单。另外，在信用证支付方式下，投保单的内容还应符合信用证的有关规定，否则保险人所签发的保险单就会与信用证的规定不相符合，银行会因"单证不符"而拒绝议付。因此，投保单的内容必须同时与贸易合同及信用证的规定一致。

3. 尽可能投保到内陆目的地

国际贸易中收货人的收货地点往往在内陆，但是常用的CIF贸易术语却只规定将货物运送到目的港。如果同贸易术语一样，投保人只将货运保险保到目的港，则货物从目的港运输到内陆的收货人仓库这一段发生的损失就得不到保险赔偿。在实际业务中，有很多损失在港口是无法发现的，只有在货物运达收货人的内陆目的地仓库，经检验后才能确定，如只保到目的港，就会对损失责任的确定造成困难。因此，为解决收货人的实际需要并避免纠纷，投保到内陆目的地为宜。目前在保险实务中，我国保险公司对于国内的投保人一般都同意将货运保险保到国外内陆目的地，并根据情况酌情加收一定费用。

4. 如有错误和遗漏应及时申请变更

投保后如果发现有错误和遗漏，要及时向保险公司申请批改，特别是涉及保险金额的增减、保险目的地变更、船名错报等，都应立即通知保险公司，否则可能导致保险合同失效。

二、海上货物运输保险的承保操作

(一) 承保程序——海上货物运输保险合同的签订

1. 审核投保单

收到投保单后，保险人首先要审核投保单上各个项目是否填写清楚，如有不清楚，可请投保人注明。审核投保单的另一项任务就是对具体业务的投保对象和保险标的进行选择。首先要考虑投保人及被保险人的资信情况、保险标的的特点、运输设备情况。经过综合考虑后，确定是否承保以及保险费率水平。

2. 核定保险费率并计算保险费

审核投保单后，由经办人按照货物的种类、保险目的地、承保险别等有关内容，按照费率表确定费率并计算应收取的保险费，在投保单上注明，交复核人员审核。

3. 确定保险单和保险费收据内容

投保单经审核无误后，即成为制定保险单和保险费的依据。要注意保险单据的内容要与投保单一致。承保险别的措辞要根据投保单的内容，符合信用证的要求与保险习惯。各种货物运输保险条款的排列一般应按照下列顺序：先主险，后为一般附加险、特殊附加险，如有限制性的特别条款和扩展责任，则依次列在后面。

4. 粘贴保险条款和特约条款

如果保险双方有一些特别约定，那么就要将该条款粘贴在保险单上，以使双方明确责任。粘贴条款的顺序是先贴主险，后贴一般附加险、特殊附加险、特别附加险、特殊条款，依次粘贴，如粘贴的条款中内容有冲突，以后粘贴的条款为准。

5. 复核

复核的主要内容是保险单上的项目是否完整，保险单上的内容与投保单是否一致；承保险别是否符合投保要求以及信用证要求，是否符合保险习惯；理赔代理人的名称、地址是否准确；保险费率与保险费的计算是否有误；该业务是否违反有关政策规定等。以上复核无误后，由复核人员在保险单副本留底上签字。

6. 签章

复核完毕后，将保险单或凭证送至负责人或指定签章人员加盖公司印章，此行为就是保险人同意承保的标志，也表示海上货运保险合同成立，海上货物运输保险合同双方当事人受保险合同的约束。

7. 立卷存档

保险单据正本和投保人需要的副本份数连同保险费收据送交投保人，保险公司可自留两份保险单据副本，一份同保险费收据按顺序理齐，订本归卷，以备日后理赔时查询，另一份留作统计或办理分保险用。

(二) 保险单的缮制

保险单是保险公司根据投保人提供的投保单的内容而制作的，因此保险人在接受投保后，所缮制的保险单内容应与投保单一致，以满足投保人对保险的要求。下面就货运保险单的缮制逐项予以说明。保险单中的下列内容必须填写明确：①保险公司名称；②保险单名称；③被保险人名称；④发票号与唛头；⑤货物标记；⑥包装及数量；⑦货物名称；⑧保险金额；⑨保险费和保险费率；⑩总保险金额；⑪运输工具；⑫开航日期；⑬提单或运单号码；⑭运输起讫地；⑮承保险别；⑯赔款地点；⑰投保日期；⑱理赔代理人；⑲保险公司签章。(此部分内容详见第九章第二节)

(三) 保险批单

1. 保险单的批改

保险单签发后，在保险期限内，被保险人如果发现投保的申报有错误或有遗漏，或有新的意外情况出现，致使保险单上所载内容与实际情况不符，被保险人必须向保险人申请批改，由其出具批单，对原保险单上的内容进行补充或变更，以便保险标的获得与实际情况相适应的保险保障。保险单的批改实际上是对保险合同变更的一种具体体现。

2. 批单的内容

保险人批改保险单一般采用签发批单的形式。保险人所签发的批单，一般应粘贴在原保险单上，构成原保险合同的一个组成部分。批单可以由保险人直接签发，也可以由保险公司设立的代办处代为批改。

(四) 影响海上货物运输保险的因素

1. 保险标的

保险标的是保险公司承担风险责任的对象，保险标的本身的特性、客观条件与灾害事故危及标的物的可能性及其损失程度有着密切关系，也是保险公司确定是否予以承保和厘定保险费率的依据。因此，保险公司对投保标的物的危险性质、管理的情况，在核保过程中必须进行调查。

2. 被保险人的信誉与道德风险

在保险承保活动中，调查被保险人的信誉与道德风险是至关重要的，其原因在于，风险的发生在很大程度上同人的因素有关。不诚实、不道德的被保险人会给保险公司带来难以预料的风险。在核保过程中，应追踪审查被保险人的信誉和其他事项，如经营状况、财务状况等。

3. 运输工具

运输工具包括船舶及陆上运输工具等。以船舶运输工具为例，要查对与投保有关的船舶的建造年份、吨位、配备及各方面性能，还要审查投保人所约定的船舶价值是否适当。

4. 行程及地区

行程的长短、途中有无转换船舶、起运港的设备及其管理情况好坏等，对风险的产生与否均有极大影响。

5. 保险条件

保险条件是决定费率高低的主要因素。除了要认真审查保险条件外，还要审查货物与保险条件是否适当，投保的保险条件与信用证、银行的要求是否相适应。

6. 气候条件

航行期间和航行范围内的气候因素，诸如季风、雨雾、地震、火山爆发、礁石、浅滩、海啸及风暴等情况，均在审查范围之内。

7. 以往的损失记录

对于那些从未向保险公司提出索赔或索赔金额很小的被保险人，保险公司在续保时应该考虑给予一定的优惠。

第二节　保险索赔与理赔实务

一、保险索赔与理赔的意义

保险索赔是指当被保险的货物发生属于保险责任范围内的损失时，投保人向保险人提出赔偿要求的过程。保险理赔是保险人对保险赔偿的处理。索赔和理赔是海上保险业务中的一项重要工作，也是海上保险补偿职能的具体体现。当被保险人提出索赔时，保险人要积极地做好理赔工作，保险的索赔与理赔工作不仅是被保险人应得保险权益的保障，也涉及保险补偿职能作用的发挥，意义重大。

索赔是被保险人的权利。而做好理赔工作对被保险人和保险人来说，都非常重要，主要体现在以下几个方面。

(一) 做好保险理赔，有利于提高保险人在国内外市场上的信誉

保险人是通过理赔来履行自己的保险责任的，理赔工作的好坏直接关系保险补偿职能能否得到正确的发挥。保险人能否取得被保险人的信任，在相当程度上取决于理赔工作的质量，因为被保险人往往是以理赔质量来衡量保险人是否能够很好地履行其应承担的保险赔偿义务的。尤其是海上保险业务具有很强的国际性特点，理赔工作除了必然会涉及国外客户外，还不可避免地要和国外的检验理赔代理人、船方、港口、律师和法院发生联系。做好理赔工作，不但能使被保险人应享受的保险权益得到保护，而且有利于保险人在国际市场上树立良好形象和提高声誉，进而推动行业发展。

(二) 做好理赔，有利于促进保险人有效地开展防损工作

理赔是对保险承保质量的检验。保险人通过理赔可以发现承保工作中存在的问题，从而对承保管理的质量作出评价。理赔又是对保险防损工作成效的检查，保险人通过理赔过程中的损因分析和责任审定，能够找出防损工作的疏漏，总结经验、吸取教训，并提出改进措施，以防止或避免今后工作中类似问题的发生。

(三) 理赔业务有利于改进保险人的保险条款和费率制定

保险人制定保险条款，力求内容全面、文字准确，使之成为保险关系双方履行义务和享有权利的可靠法律依据；同样，保险人确定保险费率，也是希望做到科学合理、高低不偏。由于海上货物运输保险的国际性，无论是保险条款还是费率的制定，保险人都给予高度的重视。然而，保险条款制定得是否明确、解释是否合适、保险费率定得是否妥当，需要通过理赔逐步检验、总结。

二、保险理赔的原则

(一) 以保险合同为依据的原则

运输事故发生后，是否属保险责任范围、是否在保险期限内、保险赔偿金额的多少、免赔额的确定、被保险人的自负责任等均依据保险合同中约定的责任判断。

(二) 遵守我国法律和国际惯例、国际公约的原则

保险理赔工作应遵循我国的《保险法》及《民法通则》《合同法》《海商法》中有关保险赔偿的具体规定。由于海上保险合同具有国际性，海上保险理赔往往涉及国际公约以及有关的国际惯例，如关于共同海损理算的国际公约《1974年约克·安特卫普规则》。

(三) 合理赔偿的原则

保险人在处理保险赔偿时，要以保险合同为依据并遵循合理原则，因为海上保险合同条款不能概括所有情况，必要时允许灵活处理。

(四) 及时原则

货运保险的主要职能是提供经济补偿。保险事故发生后，保险人应迅速查勘、检验、定损，将保险赔偿及时送到被保险人手中。

三、海上保险的追偿

(一) 海上保险追偿的概念和意义

追偿是保险人根据其代位追偿权向第三方索赔的一种行为。保险人在赔偿被保险人损失后，可以在赔付金额的限度内，要求被保险人转让其对造成损失的第三者追偿的权利。因此，海上保险的被保险人或保险单的持有人不得放弃对第三方的赔偿权。否则，保险人将以不能行使代位求偿权为由，拒绝被保险人的索赔。

追偿是海上保险损失补偿原则的具体体现。在海上保险中，如果一个被保险人因为他人过失而发生损失，当他获得保险人的赔偿后，又向导致损失发生的第三方主张权利时，就会导致被保险人获得双份赔偿，这与财产保险的补偿原则相违背。然而，如果被保险人在获得保险公司的赔偿前，放弃对第三方的赔偿要求，就会使保险人受到损失。

(二) 海上保险追偿的依据

海上保险代位追偿权产生的前提是第三方对保险标的负赔偿责任，如果保险标的的损害是第三方的违法行为导致的，海上保险人就可以被保险人的名义向该第三方行使代位追偿权。根据《保险法》第44条规定："因第三者对保险标的的损害而造成保险事故的，保险人自向被保险人赔偿保险金之日起，在赔偿金额范围内代位行使被保险人对第三者请求赔偿的权利。前款规定的保险事故发生后，被保险人已经从第三者取得损害赔偿的，保险人赔偿保险金时，可以相应扣减被保险人从第三者已取得的赔偿金额。"《海商法》第

252条规定："保险标的发生保险责任范围内的损失是由第三人造成的，被保险人向第三人要求赔偿的权利，自保险人支付赔偿之日起，相应转移给保险人。被保险人应当向保险人提供必要的文件和其所需知道的情况，并尽力协助保险人向第三人追偿。"

(三) 海上保险追偿的主要步骤和注意事项

海上保险人在行使代位追偿权之前，必须先赔付被保险人的损失，赔付是追偿的前提。同时，保险人凭借被保险人转让的权利向第三者进行追偿，所得款项也仅以赔偿的金额为限，如果追回的款项大于赔付的余额，在没有委付的情况下，超出部分应该返还给被保险人。

在已经支付赔款的前提下，海上保险的追偿还有很多涉外因素，较为复杂，在进行追偿时要注意以下事项。

1. 注意选择起诉地点与适用的法律

在海上保险的诉讼业务中，择地诉讼是非常重要的。择地诉讼的存在是因为各国立法不统一而存在法律制度的差异，以及船舶营运的国际流动性。择地诉讼时应注意考虑以下因素：船东责任限制制度、各国法律关于扣船的规定、各国法律对索赔的货币及利息的规定和船舶的营运航线等。就我国海上保险人来说，应根据海上保险合同和有关单证的内容，尽量选择在与我国关系较佳的国家和地区起诉，同时选择有利于追偿的法律。

2. 根据追偿需要可以向法院申请财产保全

海上保险人追偿的目的是获得第三人的赔偿。为防止第三人转移财产导致判决不能执行，在必要时，保险人可以向法院申请财产保全。具体措施通常是船舶扣押、扣留第三人的财产，或要求第三方对索赔财产提供足够的担保。

3. 收集足够的追偿或诉讼证据

海上保险人应该收集充分的证据，以符合诉讼中举证责任的要求；保险人应取得被保险人、其他有关方的配合，收集第三方负海事责任的证据；保险人亦应保留好保险合同和有关单证，以此证明保险人对该项索赔的权利。

4. 律师的选择

律师是基于当事人的委托而参加海事诉讼的，海事案件专业性较强，法律关系错综复杂，如果海上保险人对第三人提起诉讼，在诉前要委托精通法律的律师才能保障诉前调查的及时性、单证审查判断的准确性、引用法律条文的正确性，从而取得最佳的经济效益。

5. 注意海上追偿的诉讼时效

国际及各国海商立法都规定了海事请求权的时效，我国《海商法》第13章专门规定了海事诉讼时效。《海商法》第264条规定，根据海上保险合同向保险人要求保险赔偿的请求权，时效为两年，自保险事故发生之日起计算。第266条规定，在时效期间的最后六个月内，因不可抗力或者其他障碍不能行使请求权的，时效终止；自终止时效的原因消除之日起，有效期继续计算。第267条规定，时效因请求人起诉、提交仲裁或者被保险人同意履行义务而中断，但请求人撤回起诉、撤回仲裁或者诉讼被裁定驳回的，时效不中断。

6. 注意海上赔偿责任的限额问题

我国《海商法》第206条规定，被保险人可以限额赔偿责任的，对该海事赔偿请求的保险人, 有权享受同等的赔偿责任限制。

四、保险索赔和理赔操作

(一) 索赔的步骤和注意事项

1. 损失通知

被保险人获悉被保险货物发生损失后, 应立即通知保险公司或保险单上指明的代理人, 并申请联合检验。损失一经通知, 表示索赔行为已经开始, 不再受保险索赔时效的限制。在联合检验之前, 被保险人应尽可能保护现场, 保存受损货物的原有状态。

2. 向有关责任方提出索赔

被保险货物运抵目的地后, 收货人如发现整件短少或有明显残损, 应立即向承运人、受托人以及海关、检验局、理货公司、港务当局等有关方面索取货损或货差证明。如果这些货损货差涉及承运人、受托人或其他方面的责任, 应该立即以书面形式向他们提出索赔, 保留追偿的权利, 必要时还应取得第三方责任人有关延长时效的认证。

3. 采取合理的施救、整理措施

被保险人应采取必要的措施以防止损失的扩大, 保险公司对此提出处理意见的, 应按保险公司的要求办理。所支出的费用可由保险公司负责, 但以与理赔金额之和不超过该批货物的保险金额为限。

4. 备妥索赔单证

被保险人向保险人提出索赔时通常要提供下列单证。若涉及第三者责任, 还须提供向责任方追偿的有关函电及其他必要的单证或文件。

(1) 保险单正本(Original Document)。这是被保险人向保险人索赔时的基本单证, 可以证明保险人承担的保险责任。

(2) 运输单据(Transportation Document)。这可以证明被保险货物的承运状况, 如承运的件数、运输路线、交运时货物的状况, 以确定货物在保险责任开始前的状况以及受损货物是否属于责任范围。

(3) 发票(Invoice)。这是保险人计算保险赔款的依据之一, 保险人可以通过核对发票与保险单及提单的内容是否相符, 以确定赔偿金额。

(4) 装箱单(Packing List)和重量单(Weight Memo)。这是被保险货物在装运时的数量和重量的证明, 保险人据以核定货物在数量上及重量上的损失。

(5) 货损货差证明(Certificate of Loss or Damage)。这是货物抵达目的港或目的地出现残损或短少时, 由承运人或其责任方签字的理货单据, 如货物残损单、货物溢短单和货运记录等, 它既是被保险人向保险人索赔的证据, 又是被保险人和保险人据以向责任方追偿的重要依据。

(6) 检验报告(Survey Report)。包括对受损货物的损失原因、损失程度、损失金额、损失价值的判断或鉴定及处理损失经过等的记录。

(7) 海事报告(Master's Report or Marine Accident Report)。这是对于海上遭受的风险情

况、货损原因以及采取的措施的记载，对于确定损失原因和保险责任具有重要的参考作用。海事造成的货物损失，一般由保险公司赔付，船方不承担责任。

(8) 索赔清单(Statement of China)。这是被保险人提交的要求保险人赔偿的详细清单，主要列明索赔的金额和计算依据，以及有关费用的项目等。

5. 等候结案

被保险人可在办好有关索赔手续后，等待保险公司最后的审定责任，然后领取赔款。在等待过程中应积极配合保险公司工作，对个别不清楚的问题予以补充。如果证件手续齐全，保险公司没有及时答复，也有权催赔。

(二) 理赔的步骤和注意事项

1. 立案

当保险人接到被保险人的损失通知时，应立即查明保险单和批单的底单，并按照手头的资料建立赔案，按顺序登记在赔案登记簿中。赔案登记的内容包括：赔案的编号、保险单号码、保险标的、保险金额、运输工具、损失细节。在全案处理结束后，应将处理经过和处理结果进行记录，以便了解赔案的全过程。

2. 查勘检验

保险人在获得被保险人的报损通知后，应当立即派人到现场开展勘查检验工作。在海上货物运输保险的理赔实践中，由于出口货物的损失往往发生在国外，且损失一般是在货物运抵目的地后才发现的，保险人通常需要委托当地的代理机构进行勘查检验。

3. 核实保险案情

保险人收到代理人或委托人的检验报告后，还应向有关各方收集资料，并加以核实、补充和修正赔案的材料。

4. 分析理赔案情，确定责任

保险人应判断原因是否属保险责任，是否发生在保险期限内，索赔人是否具有可保利益等，并审查有关单证(如保险单证、事故检验报告、保险事故证明、保险标的施救和修理等方面的文件)。

1) 险别的审定

保险公司可根据保险单所载明的险别确定损失是否属于保险责任。一般情况下保险单上除了明确规定保险公司所承保的险别外，还附有保险条款，这是判定损失是否属于赔偿范围的依据。

2) 保险期限的审定

审定损失发生的时间是否在保险的有效期内，这也是审核赔偿的重要环节。审定时，一般把注意力放在以下几个问题上。

(1) 查看保险单上的责任起讫地点。例如在海运中，保险责任是从货物运离保险单载明的起运地发货人仓库时生效；货物离开发货人仓库但没有直接装船，而是存放在承运部门的仓库里，在此期间发生的损失，保险公司也应该负责。

(2) 查看不同保险期限的限制。如果保险单中没有特别说明，海运货物一般在目的港卸货离开海轮满60天、陆运在货物运抵最后卸载车站满60天、航空运输在货物卸离最后卸离地飞机满30天，保险责任即终止。

(3) 查看保险单上被保险人的身份。保险人所承保的标的，是保险所要保障的对象。但被保险人(投保人)投保的并不是保险标的本身，而是被保险人对保险标的所具有的利益，即保险利益。

投保人对保险标的不具有保险利益的，保险合同无效。国际货运保险同其他保险一样，被保险人必须对保险标的具有保险利益。在国际货运中，保险利益体现在对保险标的的所有权和所承担的风险责任上。以FOB、CFR、FCA和CPT方式达成的交易，货物在装运港装船后或在卖方所在地、其他指定地点交货后，风险由买方承担，一旦货物发生损失，买方的利益受到损失，买方具有保险利益，则由买方作为被保险人向保险公司投保，保险合同只在货物装船后才生效。货物装船以前买方不具有保险利益，因此不属于保险人对买方所投保险的承保范围。以CIF和CIP方式达成的交易，投保是卖方的合同义务，卖方拥有货物所有权，当然具有保险利益。卖方向保险公司投保，保险合同在货物启运地启运后即生效。同样一张保险单，会因为抬头所写的被保险人不同而有保险期限的差异。例如，在海运中被保险人是卖方，保险责任从发货人仓库货物运离仓库开始；如果被保险人是买方，则保险责任从货物装船后开始。

(4) 查看是否属于正常运输。运输工具按照正常航程、航线、港口等运输发生的损失应该属于保险公司负责的范围，但是，也不排除在运输过程中遇到特殊情况迫使运输工具改变航线、目的地的情况，这种情况往往不是人力所能决定的，就是说被保险人也是在不得已的情况下作出的改变决定，保险公司应该本着合理保障的原则予以负责。

3) 对被保险义务人的审定

保险合同依靠当事人的诚心与合作，在发生货物损失后，保险公司也会审核被保险人履行合同的告知义务、保证义务等情况，并以此作为判断是否予以赔偿的依据之一。

(1) 审查被保险人的诚信情况。了解被保险人是否真实地告知货物损失的重要情况，如果存在隐瞒重要事实的情况，保险公司可以据此解除保险合同；还要查看被保险人是否始终遵守所作承诺，一旦违反合同中的保证条款，保险公司也有权解除保险合同。

(2) 考察在合同有效期间，被保险人是否将货物危险程度的增加及时通知保险公司。

(3) 审查被保险人在事故发生后是否尽力采取措施，尽可能减少损失，如果存在故意纵容损失的行为，也有权对扩大的损失拒绝赔偿。

5. 计算赔偿金额，支付保险赔偿

如果经过上述程序可以确定损失属于保险公司责任，保险公司应该及时对被保险人进行经济赔偿。我国《保险法》第23条规定："保险人收到赔偿请求后，应及时核定，如属保险责任，应在同被保险人达成保险赔偿协议后10日内支付保险赔款。否则，保险人应当赔偿被保险人因此受到的损失。如果案情复杂，保险人自收到赔偿请求及有关资料60天内不能确定赔偿金额的，应当根据已有证明和材料对可以确定的最低数额先予支付，最终确定赔偿金额后再支付相应差额。"保险人通常依据索赔清单计算保险赔偿额。保险赔偿额的计算可以由保险人进行，也可由其代理人或委托海损理赔人进行。

1) 全部损失

当货物发生实际全损或推定全损时，被保险人进行委付，保险公司也接受委付，只要保险金额不超过约定的保险价值，保险人按照保险金额给予全额赔偿，不管损失时货物的完好市价是多少，如果货物尚有残值，则归保险公司所有。

2) 部分损失

发生部分损失时，要根据损失的程度或损失的数量确定损失的比例，以此来计算赔付的金额。

(1) 数量或重量短少。保险货物中部分货物灭失或发生数量(重量)短少，以灭失或损失的部分占保险货物总量之比来计算赔偿的金额。

计算公式为

$$保险赔款＝保险金额×损失数量(重量)/保险货物总数量(重量)$$

[实务训练8-2]

一批货物5箱，每箱400千克，保险金额为50 000美元，加保短量险，运输途中短少800千克，赔款金额为多少？

[实务操作]

赔款金额：$50\,000×800/5×400＝20\,000(美元)$

(2) 质量损失。保险货物遭受质量损失时，应该先确定货物完好的价值和受损的价值，计算出贬值率，以此乘以保险金额，即可计算出赔偿金额。

完好价值和受损价值一般以货物运抵目的地检验时的市场价格为准。如果受损货物在中途处理不再运往目的地，可按照处理地市价计算。处理地或目的地市价一般是指当地的批发价。

计算公式为

$$赔款额＝保险金额×(货物完好价值-货物受损后的价值)/货物完好价值$$

[实务训练8-3]

一批货物500箱，保险金额为50 000美元，货物受损后只能按八折出售，当地完好价值为60 000美元，保险人应赔款多少？如果其中只有200箱受损，按当地完好价值每箱120美元的八折出售，保险人应赔款多少？

[实务操作]

500箱受损的赔款：$50\,000×(60\,000-48\,000)/60\,000＝10\,000(美元)$

200箱受损的赔款：$20\,000×(120×200-96×200)/120×200＝4000(美元)$

(3) 规定有免赔率时的货物损失。有些货物因为易碎、易损、易耗，保险公司往往规定一定比率的免赔率。免赔率的具体比例由各公司根据不同货物而定。我国现在实行的是绝对免赔率，即无论货物损失的程度如何，对于免赔范围内的货物损失，保险公司概不负责。

(4) 修复时的赔偿。有些货物遭受损失后，经过修复可以维持原状，保险公司对于这些合理的修复费用可以在保险金额范围内予以赔偿。

3) 共同海损

发生共同海损时，无论投保了什么险种，保险公司必须对共同海损的牺牲和费用负责赔偿。具体方法是，保险公司先按实际损失对共同海损的牺牲予以赔付，然后参与共同海损的分摊，摊回部分归保险公司所有。被保险人可以提前得到保险赔偿而不受共同海损分摊价值的影响。如果保险货物本身没有受到共同海损牺牲，但需要承担共同海损费用或其他方的共同海损分摊，一般先由保险人出具共同海损担保函，等分摊结束后保险公司对分摊金额予以赔付。共同海损分摊价值和保险金额不一定相等，保险公司赔偿的金额也有调整。

4) 连续损失

连续损失指的是货物在保险期限内发生几次保险事故造成的损失。我国《海商法》第239条规定，保险标的在保险期内发生几次保险事故所造成的损失，即使损失金额的总和超过保险金额，保险公司也应当赔偿。但是，对发生部分损失未经修复又发生全部损失的，保险公司按照全部损失赔偿。

5) 费用的赔偿

发生货物损失的时候，也会因此而发生一些费用的损失，如为了避免损失的扩大或者处理余损物、继续完成航程、检验货物而支付的费用，可分为施救费用、救助费用、续运费用、检验费用、出售费用、理算费用等。保险公司对这些费用的支付一般要考虑货物损失是否属于保险责任，否则不予赔偿。

6) 处理损余，行使代位权

损余是指经过保险公司赔款后的受损货物中仍有一定价值的残余部分。一般来说，按照全部损失和部分损失赔付后的保险货物都有可能存在损余。如果存在损余，保险公司应在赔款计算书中标明损余编号，将损余的处理意见和要求向代理人或收货人交代清楚。损余记录本上要写上损余编号、登记的时间、赔案编号、损余名称、损余数量、保存地点、损余处理意见等。

案例8-1　海上货物运输保险代位求偿纠纷

基本案情

1999年10月16日，某保险公司(以下称保险公司)承保自鹿特丹运往上海的29卷装饰纸。投保人为某木业公司(以下称木业公司)，收货人是某装饰耐火板公司(以下称收货人)，保险条款为一切险附加战争险。该批货物于1999年10月6日装船，某外运公司(以下称外运公司)的德国代理人签发了以外运公司为承运人的已装船清洁提单，承运船舶为某船公司的"HANJINSAVANNAH"轮。该轮于1999年11月6日抵达上海，11月16日，收货人开箱后发现货物有水湿现象，遂由理货公司出具了发现货物水湿的报告。11月23日，保险公司委托某公估行对受损货物进行检验并出具了检验报告，认定货损原因系运输过程中淡水进入集装箱所致，货物实际损失为23521.96美元。保险公司依保险条款向收货人赔偿后，取得代位求偿权益转让书，并据此向外运公司和承运人某船公司提起诉讼，请求判处两被告赔偿损失。

审判

法院认为，此案是一起海上货物运输保险代位求偿纠纷，并查明：①保险公司与木业公司的海上货物运输保险合同符合法律规定，依法成立且有效；②保险公司依照保险条款向收货人赔偿后得到权益转让书，取得了涉案货物的代位求偿权；③被告外运公司是涉案货物的承运人；④货损的价值以公估行出具的检验报告为准；⑤原告仅凭承运船舶名称"HANJINSAVANNAH"猜测，但没有证据证明某船公司是承运船公司，该公司不承担责任。因此，法院依据《中华人民共和国海商法》第四十二条第(一)项、第二百五十二条第一款、第二百五十七条第一款的规定判决：被告外运公司赔偿原告货物损失23 521.96美元；驳回对被告某船公司的诉讼请求。

被告外运公司不服判决提起上诉，上诉法院驳回上诉，维持一审判决。

评述

本案是一起海上货物保险代位求偿案件，众所周知，保险业产生于海运，所以保险业的基本原理必然在本案中得以体现。投保人对货物投保，俗称买保险；运输过程中货物受损，俗称出险；保险公司依检验结论对受益人(被保险人)进行赔偿，术语称为理赔；而事项中如有第三方责任，保险公司赔偿受益人后则取得代位权，向第三方追偿损失，这就是代位求偿。本案中有三点值得注意。

一、代位求偿权的取得。我国《保险法》规定："因第三者对保险标的的损害而造成保险事故的，保险人自向被保险人赔偿保险金之日起，在赔偿金额范围内代位行使被保险人对第三者请求赔偿的权利。"《海商法》规定："保险标的发生保险责任范围内的损失是由第三人造成的，被保险人向第三人要求赔偿的权利，自保险人支付赔偿之日起，相应转移给保险人。"取得代位求偿权必须同时具备三个条件：①被保险人因海上保险事故对第三人有损害赔偿请求权，即发生货损货差，收货人(被保险人)有权对承运人索赔；②保险人已经向被保险人实际支付保险赔偿，在此应注意保险人向被保险人赔付的决定性凭证是付款凭证，而不是被保险人签署的代位求偿权益转让书；③保险人行使代位求偿权以保险赔偿范围为限，即保险人对第三人的索赔数额不应超出其向被保险人赔付的数额。

二、诉讼时效。《海商法》规定："就海上货物运输向承运人要求赔偿的请求权，时效期间为一年，自承运人交付或应当交付货物之日起计算。"一年的期间对收货人(被保险人)而言是十分紧迫的，因为索赔人必须在一年的时间内备妥全部合格文件，以正当原告的名义在有管辖权的法院对正确的被告提起诉讼，任何错误或疏漏都有可能导致诉讼被驳回，从而失去索赔的机会。所以一旦发生海运货物灭失或损坏，保险公司会采取下面两种方式来保护向承运人的索赔权：①在进行检验、定损和理赔的同时，要求承运人延长诉讼时效。这种方法的优点是有可能与承运人达成和解从而减少讼累，其风险则是由于不同国家法院对延长诉讼时效的效力的不同态度，承运人同意延长诉讼时效未必最终得到法院认可，在这种情况下，一旦与承运人的协商破裂，就有可能失去诉讼保护权益的机会。②接到被保险人的出险报告后迅速检验、定损和理赔，然后在诉讼时效期内对承运人提起诉讼。采取这种方式，保险人更有把握取得赔偿，案件中的保险人采取的是第二种方式，可谓上策。

三、承运人和实际承运人。《海商法》对承运人和实际承运人都做了定义。承运人是指本人或者委托他人以本人名义与托运人订立海上货物运输合同的人。实际承运人是指接受承运人委托，从事货物运输或者部分运输的人，包括接受委托从事此项运输的其他人。该法同时规定承运人应对货物负全程责任，但如果运输合同中明确约定将全部或部分运输委托给实际承运人，则承运人可以对由实际承运人掌管期间的货物灭失或损坏不负责任。在司法实践中，承运人也可以通过举证来证明货物灭失或损坏发生在实际承运人掌管期间，应对之负责，从而使自己摆脱责任。但在本案中除原告将实际承运人列为共同被告外，作为第一被告的承运人外运公司对此无所作为，真可谓引颈受戮。出现此种情况原因有二：①承运人与实际承运人有关联，他们通过私下的约定来解决货损货差时的赔偿问题，无须对簿公堂；②承运人是国际运输的"菜鸟"。总而言之，承运人在处理本案货损赔偿中的行为举止不具有典型性，不可效仿。

资料来源：中华考试网.http://www.examw.com/huoyun/anli/107978/

案例8-2 技术进出口公司与保险公司国际货物运输保险合同索赔纠纷案

基本案情

原告：湖北省技术进出口公司(下称技术进出口公司)，住所地：武汉市中北路66号金穗大厦7楼B座。

法定代表人：王晓林，总经理。

委托代理人：李璐，女，身份证号码420106721130322，湖北省三高通信技术发展总公司职员。

委托代理人：李新天，湖北珞珈律师事务所律师。

被告：中国人民保险公司湖北省分公司(下称保险公司)，住所地：武汉市建设大道426号。

法定代表人：韩千里，总经理。

委托代理人：余浩，男，身份证号码420102531224081，该公司职员。

委托代理人：金玉来，上海市凯荣律师事务所律师。

原告技术进出口公司诉被告保险公司国际货物运输保险合同索赔纠纷一案，本院于2001年3月28日受理后，依法组成合议庭，于2001年7月16日公开开庭进行了审理。原告进出口公司的委托代理人李璐、李新天，被告保险公司的委托代理人金玉来到庭参加诉讼。本案现已审理终结。

原告诉称，2000年11月15日，原告委托大通国际运输有限公司湖北分公司(下称大通公司)，向被告为原告在加拿大购买的价值851 108美元的数字数据网络设备办理运输保险，并由大通公司代交了保险费人民币32 417元。被保险人是进出口公司，保险货物项目是一套数字数据网络设备，投保险别为一切险，保险金额为978 774.2美元，运输方式为陆空联运，运输线路为国外陆运Kanata(公路运输)—渥太华机场(空运)—北京首都机场—天河机场。

　　2000年11月16日，投保设备在加拿大渥太华被盗。同年11月21日，原告从大通公司得知此事后，即与大通公司分别于2000年12月7日和2000年12月21日将出险情况通知被告，原告向被告书面提出了理赔要求，但被告置之不理。为此，诉请判令被告支付保险金978 774.2美元，并承担本案的全部诉讼费用。

　　原告技术进出口公司为支持其诉讼请求，举证如下：

　　1. 原告单位营业执照副本复印件，用于证明原告有进出口权。

　　2. 中国电信集团湖北省电信公司计划建设部致武汉海关的函，用于证明进口口岸为武汉海关。

　　3. 机电产品进口登记表，证明进口手续合法。

　　4. 原告技术进出口公司于2000年10月26日与中国建设银行武汉市省直支行签订的开立信用证协议，用于证明按国际货物买卖合同约定办理信用证。

　　5. 原告技术进出口公司与阿尔卡特网络(亚洲)有限公司于2000年9月27日签订的国际货物买卖合同，用于证明原告对货物享有保险利益。

　　6. 由被告保险公司于2000年11月15日出具的中保财产保险有限公司《国际运输预约保险起运通知书》(下称《通知书》)，用于证明原告与被告间的保险合同关系成立、有效。

　　7. 被告保险公司于2000年11月15日开具给大通公司的保险费收据以及大通公司于2001年5月24日开具给原告技术进出口公司的收费收据，用于证明保险费的支付。

　　8. 大通公司于2001年4月2日给技术进出口公司的证明，用于证明被告保险公司开具的《通知书》正本(第98110807号)和保险费收据正本(2000 No.0003261)在该公司留存。

　　9. 大通公司于2001年1月9日给被告保险公司函，请其查收大通公司与加拿大Secure Freight Systems, inc.(下称Secure公司)之间的运输代理协议，用于证明保险事故发生后，被告保险公司要求大通公司提供上述协议。

　　10. 大通公司李岚于2000年10月31日给湖北省三高通信技术发展总公司(下称湖北三高公司)的函件，用于证明运费报价及运输代理关系的存在。

　　11. 大通公司贺延于2000年11月6日给湖北三高公司的传真，用于证明大通公司告知湖北三高公司国外代理联系方式。

　　12. 湖北三高公司于2000年11月8日给阿尔卡特广州办事处潘建安的传真，用于证明告知CCKHT-2000080合同项下货物的国外提货人为Secure公司。

　　13. 湖北三高公司于2000年11月8日给大通公司李岚的传真，用于证明湖北三高公司将阿尔卡特公司发货联系人告知大通公司。

　　14、15、16. 2000年11月11日至16日，Secure公司与大通公司的许晓芬关于货物起运相关事宜的往来传真函件，主要内容是渥太华时间2000年11月14日16:08，Secure公司要求大通公司许晓芬确认买卖合同货物的销售号(订单号)；2000年11月15日9:39，大通公司李岚通过传真要求湖北三高公司李璐尽快提供销售号(订单号)，以便安排运输。渥太华时间2000年11月15日8:07，Secure公司告知大通公司已从阿尔卡特公司得到被保险货物的销售号及装运通知。2000年11月16日17:13，大通公司许晓芬告知Secure公司可以按原计划开始运输。用于证明运输关系的成立。

17. 2000年11月14日，Secure公司给大通公司许晓芬以及大通公司李岚于2000年11月15日与湖北三高公司李璐的往来传真，用于证明2000年11月15日，此单货物尚未启运。

18. 阿尔卡特公司广州办事处潘建安于2000年12月5日致湖北三高公司李璐的传真，用于证明此单货物于2000年11月16日在渥太华被盗。

19. 2000年11月21日，大通公司致湖北三高公司函，用于证明此单货物于2000年11月16日晚在加拿大被盗。

20. 技术进出口公司于2000年12月4日向保险公司提出理赔的申请，用于证明技术进出口公司已经提出了理赔要求。

21. 阿尔卡特公司致技术进出口公司传真，用于证明议付货款事宜。

22. 技术进出口公司于2000年12月21日致保险公司的理赔函。

23. 2000年12月26日，技术进出口公司致大通公司函，要求大通公司向保险公司提供CCKHT-2000080合同设备被盗相关单证。

24. 大通公司于2000年12月29日向保险公司提交保险费发票、进出口合同、货物交换单等相关证据。

25. 保险公司于2001年3月21日致技术进出口公司函，用于证明保险公司对货物被盗不持异议，只是要求提供相关单证等情况。

被告保险公司书面辩称：①原告技术进出口公司的诉讼请求混淆了保险合同成立和保险责任开始的时间概念。《通知书》是一份航程保险合同，该合同成立的时间为2000年11月15日，保险责任生效时间为2000年11月16日，投保货物离开阿尔卡特公司仓库，直至被保险人在中国武汉的仓库，投保险别为一切险。②原告技术进出口公司提供的证据不能确认保险事故的原因和损失程度，一是原告技术进出口公司未提供其与大通公司的运输合同，也未看到承运人签发的联运提单；二是加拿大TSC公司(出租货运卡车的公司)的报案记录，仅涉及两万加元的车损，显然不能代替被投保的851 108美元的货物；三是原告技术进出口公司提供的经加拿大外交部盖章的TSC公司向渥太华警局报案的材料，其真实性并未得到渥太华警局的确认。③保运货物提前提货提高了危险系数，被告保险公司有权拒赔。④根据被告保险公司的调查，此单货物意欲运往蒙特利尔市的Dorval地区的YUL机场，由大韩航空公司的飞机运往北京机场。加拿大Kanata市距离蒙特利尔市的Dorval地区约为200km，而Kanata市距离渥太华机场仅20～25km，因此原告技术进出口公司的诉讼请求完全不应由被告承担。⑤被告保险公司保险责任开始于2000年11月16日，被保险货物从阿尔卡特公司仓库运出，终止于该批货物经过公路、航空运输运抵原告的仓库，加之原告技术进出口公司没有取得阿尔卡特公司议付货款的证据，对此单货物不享有保险利益。因此，原告技术进出口公司的诉讼请求不应得到支持。

被告保险公司为支持其辩称，举证如下：

1. 加拿大渥太华市及蒙特利尔市交通图三份，用于证明Kanata至渥太华的运输距离为20～25km，以及蒙特利尔市的Dorval与Kanata间的运输距离约为200km。

2. 2001年6月27日来自加拿大"William Hopkins，CIP"的第6份报告及附件Bordem Ladner Gervais(2001年6月21日)、Secure Freight Systems(2001年11月13日)传真复印件，用于证明原告技术进出口公司的加拿大运输商于2000年11月14日(渥太华时间)提前提货及改变货物未来的运输路线。

3. 2001年1月24日，来自加拿大"Matthan Wrezel，CIP"的第2份报告，用于证明被窃保险货物的价值为851 108美元，卡车和拖车是从堆场被盗走的，该堆场是由围墙围起来的场地。

4. 大通公司于2000年11月21日给保险公司去函称："①11月15日，三高公司(即前述的湖北三高公司)授权我司开始操作此票空运货。同天下午，我司给加拿大代理Secure公司发出可以开始提货的指示；②11月16日，接代理发来的消息，已派卡车公司去提货，估计16日晚此票货可到达渥太华YUL机场；③11月17日，代理发来消息，卡车公司被盗，装有湖北三高公司这票货的卡车、拖车在公司堆场被盗；(4)11月21日，接到代理发来的确认和加方警局的一份案情记录。"用于证明加拿大渥太华市没有YUL机场，YUL机场位于加拿大蒙特利尔市的Dorval地区，投保货物改变运输路线。

5. 2001年1月24日，加拿大私人调查员出具关于拖车堆场的调查报告，证明拖货卡车在堆场被盗，这可用于界定保险责任开始的时间。

经过2001年4月17日的庭前证据交换及7月16日的庭审质证，被告保险公司对于原告技术进出口公司提供的证据1、2、3、4、5、6、7、9、20、21、22、23、24、25不持异议；对证据8，认为不合常理，既然是原告技术进出口公司投保，为什么《通知书》正本及保险费收据正本在大通公司留存？对证据10、11、14、15、16，认为被告保险公司不知道这些过程，表示无法质证；认为证据12、13不能说明是本案所涉的这单货物；对证据17有异议，认为与原告技术进出口公司自己提供的证据18、19相冲突；对证据18、19表示怀疑，认为与原告技术进出口公司自己提供的证据17不能形成证据链。原告技术进出口公司对被告保险公司出具的证据1不持异议；对证据2、3、5，认为未经公证、鉴证程序，不具有证明力；对证据4，表示无法质证，认为是大通公司与被告保险公司间的往来函件。

针对2001年4月17日的庭前证据交换情况，为查明案件事实和明确案件争议焦点，合议庭认为，原告技术进出口公司必须对证明投保货物被盗的证据的合法性和客观性进一步举证。在7月16日的庭审中，原告技术进出口公司未能提供相关证据，但在合议庭限定的举证期限内，原告技术进出口公司于2001年7月23日提交了加拿大渥太华警察局出具的、该国外交部认证的投保货物被盗材料。该材料与原告技术进出口公司提交的证据的主要内容基本一致，并交予被告保险公司质证，其仍坚持前述质证意见。本院于2001年7月24日致函中华人民共和国外交部条约法律司，就原告技术进出口公司提供的上述证据材料要求确认合法性。2001年7月30日，外交部条约法律司以条函(2001)1210号致函本院，称："经了解，加拿大渥太华警察局出具的材料已在加拿大外交部办理了认证，材料第1页背面的印章为加拿大外交部认证专用章，并由加拿大外交部主管法律事务的副部长授权签署。"

根据当事人举证、质证及本院函调的情况，经合议庭评议，对原告技术进出口公司与被告保险公司之间没有争议的证据，予以采信；对原告技术进出口公司所举证据8、10、11、12、13、14、15、16、17、18、19，对被告保险公司所举的证据2、3、4、5，综合全案案情，根据民事诉讼证据合法性、客观性、关联性规则进行审查，认为能够形成证据链，均应予以采信。

经审理查明，2000年9月27日，原告技术进出口公司代理湖北三高公司，与阿尔卡特网络(亚洲)有限公司签订了一份数字数据网络设备国际货物买卖合同，合同号为CCKHT-2000080。合同约定的总价款为851 108美元，以FOB加拿大Kanata离岸价为价格条件。该价格术语FOB的解释，参照《国际商会贸易术语解释通则》(INCOTERMS1990)。以上合同总价不包括空运费用、投保一切险和所有合同设备运抵目的港的所有运输费用。价款的90%以信用证方式支付，10%在合同设备验收证书签发后以电汇方式支付。合同签订后，湖北三高公司与大通公司联系运输事宜。

2000年11月15日，大通公司代理原告技术进出口公司与被告保险公司在武汉签署一份中保财产保险有限公司《通知书》，编号为98110807号。该通知书载明被保险人是湖北省技术进出口公司(湖北大通代理保险)；保险货物项目(唛头)是一套数字数据网络设备；包装及数量是纸箱48件；价格条件是EX-Work；货价(原币)为USD851 108；合同号为CCKHT-2000080；发票号码为CI-0111012；运输方式为陆运、空运联运；开航日期是2000年11月16日；运输路线自Kanata、Ottawa、Canada至中国湖北武汉；投保险别为一切险；费率是4‰；保险金额为USD978 774.2；保险费为USD3915.09；落款栏中盖有中保财产保险有限公司湖北省分公司业务专用章和大通国际运输有限公司湖北省分公司发票专用章(地税)；备注栏载明，Kanata—渥太华机场(公路运输)，渥太华机场—北京首都机场—天河机场(空运)(货物离开机场及武汉市内通知保险公司)。2000年11月15日，大通公司向被告保险公司支付了保险费人民币32 417元，并收到被告保险公司出具的保险费收据，上面盖有中国人民保险公司湖北省分公司国际保险部财务专用章。2001年5月24日，原告技术进出口公司将上述保险费人民币32 417元支付给大通公司。

渥太华时间2000年11月15日19:00即北京时间2000年11月16日8:00，被保险货物在渥太华2270STEVENAGE路、地区35、小区505、地点350504被盗窃。2000年12月7日，大通公司将出险情况告知被告保险公司。12月21日，原告技术进出口公司向被告保险公司提出了理赔要求，并提交了相关证明文件。

另查明，本单货物大通公司委托的海外运输商是Secure公司，提货时间是渥太华时间2000年11月14日。被告保险公司未能向本院提交陆空联运保险条款，在其向本院提交的中国人民保险公司《陆上运输货物保险条款》(火车、汽车，1981年1月1

日修订)中，载明陆运一切险除包括陆运险的责任外，还包括被保险货物在运输途中由于外来原因所致的全部或者部分损失；责任起讫为"仓至仓"责任。另外，众所周知，北京时间比渥太华时间早13个小时。

经合议庭评议，本案当事人争议的焦点是：①被告保险公司保险责任的起讫问题；②买卖合同中的FOB加拿大Kanata与《通知书》中的价格条件EX-Work的关系问题；③投保货物是否提前提货、首次空运港是否改变及其对本案被告保险公司赔偿责任是否存在影响的问题；④原告技术进出口公司是否享有可保利益的问题。

关于第一个问题，原、被告均认为《国际运输预约保险起运通知书》成立于北京时间2000年11月15日。原告技术进出口公司认为，保险责任开始的时间是投保货物离开阿尔卡特公司仓库的时间，且上述的11月15日、11月16日，均应理解为北京时间。被告保险公司则认为，11月16日应理解为货物启运当地的时间即加拿大渥太华时间，此时为被告保险公司的保险责任始期。

关于第二个问题，原告技术进出口公司认为，本案是国际货物买卖保险合同纠纷，被告保险公司的保险责任应以《通知书》中载明的价格条件EX-Wok为依据。被告保险公司则认为，EX-Work是贸易合同中的价格条件，与保险合同无关。

关于第三个问题，原告技术进出口公司认为，提单上的时间是阿尔卡特公司打印的，只能说明是打印日期，不能证明就是提货时间，提货司机并未在提货单上的提货日期栏签署时间，因此，不存在提前提货情况；未来的空运地点，不是已发生的法律事实，与本案无关。被告保险公司则认为，保险责任的始期是渥太华时间11月16日，保险货物于渥太华时间11月14日提运，是提前提货行为；改变运输路线，增加了运输距离，加大了被保险货物的危险程度。

关于第四个问题，原告技术进出口公司认为，FOB价格条件的重要含义之一是，买方承担在装运港货物越过船舷后的风险和费用；EX-Work的含义是工厂交货，在大通公司委托的加拿大Secure公司从阿尔卡特公司工厂提货后，货物的风险就转移给了原告，被盗的货物是原告的货物，原告享有可保利益。被告保险公司认为，根据原告技术进出口公司提供的买卖合同中有关付款的规定，阿尔卡特公司因未能提供有关空运单而无法通过银行的信用证向原告技术进出口公司收取货款，原告技术进出口公司亦未能提供付款凭证证明其已支付了有关款项，因此原告目前没有任何经济损失，也就不存有可保利益，无权提出支付保险金的诉讼请求。

审理

本院认为：

1. 关于本案准据法的适用问题。就程序法而言，被告保险公司对本院就本案的管辖权未提出异议，适用法院地法当属无疑；且原被告间的纠纷为平等主体间的纠纷，因此应适用《中华人民共和国民事诉讼法》；就实体法而言，双方当事人未对争议所适用的实体法作出约定，但根据《中华人民共和国合同法》第一百二十六条"涉外合同的当事人可以选择处理合同争议所适用的法律，法律另有规定的除外。

涉外合同的当事人没有选择的，适用与合同有密切联系的国家的法律"的规定，由于原被告的住所地在武汉、《通知书》的签订地亦在武汉，因此，原、被告所签订的《通知书》与武汉有密切联系，应当适用中华人民共和国有关调整保险法律关系的实体法。

2. 关于本案案由的问题。案由直接涉及当事人诉争的法律关系及其争议。本案当事人的诉争起于被保险货物被盗，基于《通知书》提起索赔。本案的原、被告均为中国法人，但被告保险公司经营的保险业务，就本案而言，已延伸至中国境外，且保险事故发生地亦在中国境外。根据最高人民法院《关于适用〈中华人民共和国民事诉讼法〉若干问题的意见》第304条"……当事人之间民事法律关系的设立、变更、终止的法律事实发生在国外，或者诉讼标的物在外国的民事案件，为涉外民事案件"的规定，本案是一起国际货物运输保险合同索赔纠纷案件。

3. 关于《通知书》依据的保险条款问题。在诉讼中，被告保险公司仅向本院提供了《陆上运输货物保险条款》(火车、汽车)，并称《通知书》的签订以此条款为依据。本院认为，在我国尚无多式联运货物保险条款的情况下，本案应以外币保险条款中的《陆上运输货物保险条款》《航空运输货物保险条款》和《通知书》确定保险公司的责任范围。上述两个保险条款，对一切险规定为除陆运险、航空运输险外，两种保险条款还负责被保险货物由于外来原因所致的全部或者部分损失，其责任起讫均为"仓至仓"责任；它们所规定的除外责任情形，被告保险公司并未提供证据。根据《中华人民共和国保险法》第十六条第五款"保险事故是指保险合同约定的保险责任范围内的事故"的规定，再反观上述两种保险条款对一切险的界定，本院认为，盗窃行为属于外来原因，应认定本案被保险货物的全部损失是由于保险事故所致。

4. 关于《通知书》相关问题的解释。该《通知书》是由本案所涉货物的运输商大通公司代理原告技术进出口公司与被告保险公司于2000年11月15日在武汉签订的。在双方当事人在合同中除备注栏有特别约定外，对其他相关事项无特别约定的情况下，对上述《通知书》，应适用《通知书》签订地所在国家的法律进行解释：一是根据《中华人民共和国保险法》第三十条"对于保险合同的解释，保险人与投保人、被保险人或者受益人有争议时，人民法院或者仲裁机关应当作出有利于被保险人和受益人的解释"的规定，适用不利于《通知书》提供者的原则进行解释；二是根据《中华人民共和国合同法》第一百二十五条"当事人对合同条款的理解有争议的，应当按照合同所使用的语句、合同的有关条款、合同目的、交易习惯以及诚实信用原则，确定该条款的真实意思"的规定进行解释。基于上述解释规则或者方法，本案保险合同成立、生效的时间应为北京时间2000年11月15日。《通知书》中，2000年11月16日这一开航时间，也应理解为北京时间。因此，被告保险公司认为，2000年11月16日应理解为加拿大渥太华时间的主张，本院不予支持。对"开航时间"中"开航"的理解，在被告保险公司未提供合理解释的情况下，在排除船舶运输适用于本案的情况后，只能从《通知书》的文法和目的，特别是《通知书》备注栏中"货物离开机场及武汉市内通知保险公司"的特别约定所表现出的被告保险公司对开航时间的极端关注，并以上述本院认为第三点中被告保险公司的责任起讫是"仓至仓"责任为基础，解释为飞机这一运输工具的开航。

5. 关于买卖合同中FOB加拿大Kanata与《通知书》中价格条件EX-Work的关系问题。原告技术进出口公司与阿尔卡特网络(亚洲)有限公司签订的国际货物买卖合同是基础合同。根据1990年《国际贸易术语解释通则》的规定，FOB的基本含义是船上交货；从保险的角度看，则是不带保险的。原告技术进出口公司与被告保险公司签订的《通知书》是服务合同，所约定的价格条件是EX-Work，其含义是工厂交货，该价格条件下的货物价格与基础合同FOB价格条件下的货物价格是一致的，均为851 108美元。从上述合同之间的关系以及保险价值看，本案不存在对同一货物的双重保险问题。作为保险合同的《通知书》中的EX-Work价格条件，直接起着决定被保险货物的价值及被告保险公司保险责任始期的双重作用。被告保险公司所辩称的EX-Work与保险合同无关的主张，本院不予采纳。

6. 关于保险事故是否发生在被告保险公司承保责任期间的问题。根据加拿大渥太华警局出具的材料，保险标的被盗的时间为渥太华时间2000年11月15日17:00，即北京时间2000年11月16日8:00；以《通知书》的约定为基础以及根据作为本案《通知书》签订的基础文件——《陆上运输货物保险条款》和《航空运输货物保险条款》的规定，被告保险公司的责任起讫为"仓至仓"；并结合上述两种保险条款对一切险的解释，本院认为，本案保险标的被盗的保险事故发生在被告保险公司承保的责任期间内，被告保险公司应当理赔。

7. 关于是否提前提货及改变首次航运港对本案的影响问题。被保险货物提货单这一打印件上的提货时间，是渥太华时间2000年11月14日，提货司机并未签署具体日期。从原告技术进出口公司提供的证据14、15、16、17来看，渥太华时间2000年11月14日16:08，Secure公司曾以传真形式要求大通公司的许晓芬确认基础合同所涉货物的销售号(订单号)；2000年11月15日9:39，大通公司李岚也以传真形式要求湖北三高公司李璐尽快提供销售号(订单号)，以便安排运输；渥太华时间2000年11月15日8:07，Secure公司告知大通公司许晓芬已从阿尔卡特公司得到被保险货物的销售号及装运通知；2000年11月16日17:13，大通公司许晓芬告知Secure公司可以按原计划开始运输。渥太华时间2000年11月15日8:07，就是北京时间11月15日21:07，本院由此推定，Secure公司是在北京时间11月15日21:07至被保险货物被盗时间11月16日8:00之间提的货。至于北京时间2000年11月16日17:13，大通公司许晓芬告知Secure公司可以按原计划开始运输一节，应视为迟到的通知。因此本案不存在提前提货的问题。被告保险公司关于Secure公司提前提货的主张，本院不予支持。关于改变首次航运港口的问题，是未来的、尚未发生的事实，不能作为本案定案的依据。

8. 关于《通知书》的法律效力和被告保险公司的赔偿额度问题。《通知书》是原告技术进出口公司的运输代理商大通公司基于其与被告保险公司的(保险)代理协议书以及大通公司与原告技术进出口公司事实上的运输代理关系与被告保险公司签定的，是当事人真实意思的表示，但根据《中华人民共和国保险法》第三十九条第二款"保险金额不得超过保险价值；超过保险价值的，超过的部分无效"的规定，《通知书》的保险金额为97 877.42美元，超出保险价值851 108美元的部分无效，保险公司应在851 108美元损失的范围内承担赔偿责任，并退还多收取的保险费510.66美元。

9. 关于原告技术进出口公司是否享有保险利益的问题。根据《中华人民共和国保险法》第十一条第三款的规定，保险利益是指投保人对保险标的具有的法律上承认的利益。本案原告技术进出口公司与被告保险公司签订了保险合同，并按约定的费率缴纳了保险费，是适格的投保人。保险合同中所涉及的标的是由基础合同所决定的，即一套价值851 108美元的数字数据网络设备。因此，就本案而言，原告技术进出口公司作为基础合同的买方、作为服务合同的投保人与作为保险标的的一套价值851 108美元的数字数据网络设备之间存在利益关系，表现为：第一，原告技术进出口公司的利益因保险事故的发生而受到损害，因保险事故不发生而得以保全。第二，原告技术进出口公司认为保险标的所享有的保险利益是一种可以确定的经济利益，表现在保险事故发生后，投保人技术进出口公司遭受851 108美元的经济损失。第三，原告技术进出口公司对保险标的的利益，是为我国法律所承认的利益。原告技术进出口公司具有外贸代理资格，所进口的货物已经行政许可；且基础合同对原告技术进出口公司在法律上的约束力，被告保险公司并未提出质疑。第四，保险利益是保险合同的保障对象，即保障技术进出口公司一套价值851 108美元的保险标的利益不因保险事故的发生遭受损失。根据上述分析，应当认为原告技术进出口公司851 108美元的财产受保险合同保障，享有保险金请求权；原告技术进出口公司对保险标的享有保险利益，被告保险公司否认原告享有保险利益的主张，本院不予支持。

此外，根据《中华人民共和国民事诉讼法》第二百五十条的规定，人民法院审理涉外民事案件的期间，不受该法第一百三十五条有关审限规定的限制。

判决

综上所述，根据《中华人民共和国保险法》第十三条、第三十九条第二款和《中华人民共和国合同法》第五十六条、第五十八条、第一百零七条、第一百二十四条以及《中华人民共和国民事诉讼法》第一百二十八条的规定，判决如下：

1. 原告湖北省技术进出口公司与被告中国人民保险公司湖北省分公司签订的《国际运输预约起运通知书》中的保险金额978 774.2美元，超出保险价值851 108美元的部分无效；

2. 被告中国人民保险公司湖北省分公司赔偿原告湖北省技术进出口公司经济损失851 108美元；

3. 被告中国人民保险公司湖北省分公司退还多收取的保险费510.66美元给原告湖北省技术进出口公司；

4. 上述二、三项，于本判决生效之日起十日内履行完毕。

本案案件受理费人民币50 140元，由原告湖北省技术进出口公司负担5014元，被告中国人民保险公司湖北省分公司负担45 126元(此费用原告起诉时已预交，由被告在执行时一并给付原告)。

如不服本判决，可在判决书送达之日起十五日内，向本院递交上诉状，并按对方当事人的人数提出副本，上诉于湖北省高级人民法院。

资料来源：http://www.110.com/panli/panli_17510.html

│实训题│

一、思考题

1. 国际货物买卖合同中的保险条款所涉及的内容有哪些？

2. 影响海上货物运输保险的因素有哪些？

3. 海上货物运输保险理赔应遵循的原则有哪些？

4. 海上保险中被保险人向保险人提出索赔时通常要提供的单证有哪些？

5. 海上保险索赔一般需要经过哪些步骤？

二、操作题

1. 一批出口货物CFR价格为1980美元，现客户来电要求按CIF价加20%，投保一切险，如保险费率为1%，请计算保险费。

2. 一批货物共计100箱，保险金额100 000美元，共有20箱受损，按当地完好价值每箱1200美元的6折出售，计算保险人应该支付的赔偿金额。

3. 某公司对外报价每箱330美元FOB天津新港，后外商来电要求改报CIF伦敦价，假设运费每箱40美元，保险费率为0.6%，试计算我方应报的CIF价。

4. 某公司以FOB上海合同进口食品1000箱，即期信用证付款。卖方装运货物后，凭已装船清洁提单和已投保一切险的保险单向银行收妥货款。货到上海进口复验时，发现下列情况：①涉及200箱食品内含某种细菌超过我国标准；②只收到998箱，短少2箱；③有15箱货物外表状况良好，但箱内货物共短少60公斤。对于上述情况，进口方应向谁索赔？为什么？

第九章
国际货物运输保险单据

学习目标:

掌握保险单的类型;

掌握保险单的批改及转让;

了解投保单及保险单的内容;

能够在国际贸易保险业务中熟练填制投保单及保险单。

本章导读:

1384年,在佛罗伦萨诞生了世界上第一份具有现代意义的保险单。这张保单承保一批货物从法国南部阿尔兹安全运抵意大利的比萨。这张保险单中有明确的保险标的和明确的保险责任,如"海难事故,其中包括船舶破损、搁浅、火灾或沉没造成的损失或伤害事故"。在其他责任方面,也列明了"海盗、抛弃、捕捉、报复、突袭"等所带来的船舶及货物的损失。15世纪以后,新航线的开辟使大部分西欧商品不再经过地中海,而是取道大西洋。16世纪时,英国商人从国外商人手里夺回海外贸易权,积极发展贸易及保险业务。到16世纪下半叶,经英国女王特许,在伦敦皇家交易所内建立了保险商会,专门办理保险单的登记事宜。国际商会为规范与信用证有关的各种单据的缮制,于1930年制定了《跟单信用证统一惯例》,此后修订了7次,该惯例对保险单据做了具体的规定。现行的是2007年版本,简称《UCP600》,已于2007年7月1日实行。

第一节 保险单据的种类、批改及转让

保险单是证明保险合同成立的法律文件,它既反映了保险人与被保险人之间的权利和义务关系,又是保险人的承保证明。一旦发生承保责任范围内的损失,它就是被保险人索赔的法律依据。

保险单一般包括下列内容:保险人与被保险人名称、保险标的和保险价值、保险金额、保险责任和除外责任、保险费、保险期间、损失和争议的处理规定、承保险别及适用条款、检验理赔人或代理人、运输工具等。

保险单虽然是保险合同的证明文件,但保险合同存在与否并不只是以是否出立保险单为准,只要投保人的要约(投保单)经保险人承诺,合同即告成立。承诺不限于书面,也可以是口头,与书面承诺同样有效。但由于保险情况复杂、期间又长,仅凭口头承诺可能会发生争议,因此,国际上开展保险业务时一般订立书面合同。

一、保险单据的种类

海运保险单据可以从不同的角度划分，常见的与海上运输有关的保险单据有以下几种类型。

(一) 按保险标的的不同分类

按保险标的的不同，可划分为船舶保险单、货物保险单和运费保险单。

1. 船舶保险单(Ship Policy)

船舶保险单是承保船舶的保险单据。船舶保险单与货物保险单格式类似，只是在保险单上附有船舶保险条款。

2. 货物保险单(Goods Policy)

货物保险单所承保的是具有价值的货物，这种货物一般以装在船舱内为限，舱面货物和活动物一般不在承保范围，但事先特别声明并商定费率后，保险人也可承保。

3. 运费保险单(Freight Policy)

运费保险单与船舶保险单和货物保险单不同，船舶、货物保险单的保险标的都是有形物体，而运费保险单所承保的是一种无形的利益。船东为了保障收取运费的安全，可向保险人办理运费保险。

(二) 按保险价值是否确定分类

按保险价值是否确定，可划分为定值保险单与不定值保险单。

1. 定值保险单(Valued Policy)

定值保险单是指在保险单内订明保险人与被保险人事先约定的保险标的价值的保险单。通常投保人以这个价值作为保险金额进行投保。双方约定的保险价值，包括货价、运费、保险费以及预期利润和有关费用。发生保险责任范围内的损失时，不论保险标的的实际价值如何变动，保险人均按约定的保险价值计算赔款。

海上保险中的保险标的——货物，在第三者承运人掌管之下，流动性大，在不同时期、不同市场，其货价也经常发生变动，因此货物保险一般都采用定值保险单。

定值保险单因已事先约定保险价值，免除了在船舶、货物受损后确定保险价值的困难，不仅易于计算赔款，而且可使被保险人获得充分补偿。进出口运输货物保险一般都采用定值保险单。

2. 不定值保险单(Unvalued Policy)

不定值保险单是指保险人与被保险人在保险单内不事先约定保险标的的价值，而留待以后再行确定的保险单。在不定值货物保险单下，若发生保险责任范围内的损失，按照我国《海商法》的规定，保险价值依照保险责任开始时，货物在起运地的发票价格以及运费和保险费的总和计算(即按CIF货价计算，不包括预期利润)。由此计算的保险价值，若等于保险金额(足额保险)，保险赔款按实际损失计算；若低于保险金额(超额保险)，保险赔款最高不超过保险价值；若高于保险金额(不足额保险)，保险赔款按保险金额与保险价值的比例计算，最高不超过保险价值。

不定值保险单大多应用于海运货物保险和船舶保险以外的财产保险或责任保险。

(三) 按保险期限分类

按保险期限，可划分为航程保险单、定期保险单和混合保险单。

1. 航程保险单(Voyage Policy)

航程保险单是指保险人与被保险人约定由保险人承担一定航程内风险的保险单。在这种保险单下，保险人对保险标的所负责的期限，不是某一时期，而是以航程来限定，即航程结束，保险人的责任期限亦结束。

2. 定期保险单(Time Policy)

定期保险单是保险人承担一定时期内风险的保险单。这种保险单在运输货物保险中很少应用，一般是在船舶保险中应用。在这种保险单下，被保险人因可在约定时期内获得保险保障，所以无须对每次航程分别投保。

3. 混合保险单(Mixed Policy)

混合保险单是兼有航程和定期两种性质的保险单。在这种保险单下，保险人既承保保险标的的特定航程，又在某一段固定时间内对之负责。例如，中国海洋运输货物保险中普遍采用的带有"仓至仓"条款的保险单，一方面，规定保险责任在航程范围内有效；另一方面，又规定货物卸离海轮后以60天为限。

(四) 按船名是否确定分类

按船名是否确定，可分为船名已定和船名未定两类保险单。

1. 船名已定保险单

船名已定保险单是指被保险人投保时载货的船舶已经确定，并在保险单上注明船名及开航日期的保险单。一般保险单都属于此类。

2. 船名未定保险单

凡投保时不能确定载货船舶名称，而需以后确定的，就是船名未定保险单。属于这类保险单的主要有：流动保险单、预约保险单及总括保险单三种。

1) 流动保险单(Floating Policy)

流动保险单是一种连续有效的保险单，适用于长期有相同类型货物需要陆续分批装运的场合。这种保险单一般只载明保险的一般条件，而将载货船舶的名称及其他细节留待以后每次装运货物时由被保险人分批申报。流动保险单内规定有一个总保险金额，被保险人在每次装运货物之后，将投保金额通知保险人，保险人即从总保险金额中逐笔予以扣除，直至总保险金额被扣完，流动保险单的效力即告终止。因此，流动保险单并不是具有一定固定期限的保险单，而是各个航程保险单的总和，它所提供的承保期限不是决定于一个固定的时间，而是决定于总保险金额、货运次数以及各次货运价值。但是，流动保险单一般都规定注销条款(Cancellation Clause)，在总保险金额被扣尽之前，任何一方均可按注销条款的规定通知对方注销合同。

在流动保险单下，保险费一般是在签发保险单时，根据总保险金额及平均保险费率[或称固定基础费率(Fixed Basic Rate)]预先全部支付，一般称做预付保险金(Deposit

Premium)，待全部保险金额用完后，再按实际费率计算，多退少补。例如，流动保险单的总保险金额为100美元，平均保险费率为0.8%；则被保险人预付保险费8000美元。如第一批装运货物保险金额为30万美元，保险费率定为0.8%；第二批货物保险金额为20万美元，费率仍为0.8%；第三批货物保险金额为20万美元，费率为0.5%；第四批货物保险金额为30万美元，费率为0.6%。则这四批货物应付保险费分别为2400美元、1600美元、1000美元和1800美元，总共应付保险费为6800美元，保险人应退回1200美元保险费。

流动保险单内除列有货物类别、投保险别、总保险金额等项目外，还规定了每船限额条款(Per Bottom Clause)、地点条款(Location Clause)、船籍核定条款(Classification Clause)等限制性条款。每船限额条款和地点条款是保险人为了避免对每一条船，或在某一地区所承担的风险责任过于集中而规定的。每船限额条款主要规定装在同一条船内的险货物的最高限额，保险人对超过限额部分不予承保。若被保险人运送的货物无法低于每船限额，应在装船前，另行安排额外保险。地点条款是每船限额条款的补充，主要规定保险人对装船前在一个地区内的货物所负责任的限额。这个条款一般仅适用于在起运地装船地区，不适用于在目的地卸货后的地区，因为货物一旦装船，被保险人对货物便无法控制。每船限额与地点限额的区别是：前者是保险人对每船装运货物的最高承载保金额，后者是保险人对一个地点内所发生的损失负责赔偿的限额，其目的是限制被保险货物在装船前过分集中于某一地点，特别是限制被保险人在载货船舶尚未落实和装船毫无把握的情况下，就把大量货物发往港口或码头，造成该货物和风险责任的积累。船籍核定条款主要规定载货船舶所应达到的最低标准，并要求载货船舶须经公认的船籍社审定船籍，如果所使用的船舶船龄超过15年，或班轮船船龄超过30年，须加收保险费，称老船加费(Overage)。

流动保险单是承保多批装运货物的保险单，因而它无法像一般保险单那样办理转让。为了方便被保险人办理交货和结算货款，保险人一般在收到被保险人每批装运货物的申报以后，为各批货物签发保险证明。

同一般临时投保的船名已定保险单相比，对被保险人来说，流动保险单相对于经常分批装运的货物有省时、省力、避免重复办理保险的优点。但也有一定的缺点：首先，装运货物的投保，受总保险金额的限制，被保险人必须随时注意总保险金额是否已用完。如有疏忽，超过总保险金额装运的货物，就会得不到保险的保障。其次，各批装运货物的保险费须于签发保险单时，按照总保险金额和平均费率一次预付，难免造成巨额资金的积压。

流动保险单由于存在上述缺陷，在近年来国际货运保险业务中其应用有逐渐减少的趋势，并逐渐为预约保险单所代替。

2) 预约保险单(Open Cover)

同流动保险单一样，预约保险单是经常有相同类型货物需要陆续分批装运时所采取的一种保险单。严格地讲，它是一种没有总保险金额限制的预约保险合同，是保险人对被保险人将要装运的属于约定范围内的一切货物自动承担的综合合同。在这种保险单下，被保险人在每批货物装运前后，必须把所装运货物的详细情况，如货物名称、数量、保险金额、载货船名、航程起讫地点、开航日期等向保险人申报，保险人对所申报的货物必须承担担保责任。被保险人的申报如有遗漏或差错，即使货物已经发生损失，只要不是出于恶意的，事后仍可更改，保险人仍按规定负责赔偿。如被保险人在申报时货物已经安全到达目的地，被保险人仍需缴纳保险费。

预约保险单可以是定期的，也可以是永久性的[即始终有效(Always Open)]。在定期的预约保险单下，缔约的一方如欲终止合同，一般应在合同终止前30天向另一方发出注销通知。在永久性的预约保险单下，缔约的一方如欲终止合同，应按注销条款的规定向对方发出注销通知。注销条款对注销通知发出日期的规定为：一般险别须在30天前发出；战争险和罢工险须在7天前发出；装往/自美国货物的罢工险须于48小时内发出。在合同注销生效之前，被保险人对其所装运的货物仍可继续申报。

预约保险单内一般都订有估价条款(Valuation Clause)，主要对标的的计算方法作出规定。例如，有的预约保险单规定："如果在损失发生之前，货物的价值已经申报，则以申报的价值为标准。如果损失发生在申报之前，这一货物的净出口成本加上各项杂费、运费、保险单以及一般为15%的利润加成，作为确定价值的标准。"估价条款的规定，可在货物损失已经发生而被保险人尚未申报货物价值的情况下，一般也规定有每船限额条款和地点条款，以限制保险责任。

中国人民保险公司与各进出口公司签订长期的预约保险合同，根据这一合同的规定，对进出口货物的保险采用预约保险单。它分为出口预约保险单和进口预约保险单。

(1) 出口预约保险单。在实务中，出口预约保险单是由保险公司签发保险凭证，用以代替出口预算保险单。出口公司将在预约保险合同范围内的货物装船，填制"出口货物装运通知"，将该批出口货物的名称、数量(重量)、包装、价格、装卸港、起运日期等项内容，通知保险公司，保险公司凭以签发保险凭证。出口公司若有疏忽、遗漏，应予以补办，若在补办时货物已经受损，保险公司仍予以负责。货物已安全抵达目的地后，保险公司若发现有疏忽、遗漏，仍按预约合同规定收取保险费。

(2) 进口预约保险单。在实务中，保险公司并不签发进口预约保险单，而把预约保险合同视做预约保险单。这实际上赋予预约保险合同双重身份：既是合同，又是保险单。进口公司收到国外卖方的"装船通知"后，即将合同号码、货物名称、数量(重量)、包装及标识、等级规格、单价、总值、装船港、装船日期、到达港等项内容制作"进口货物装船通知"，通知港口等有关接货单位，并抄送保险公司副本一份当作保单，保险公司据以自动承保，并据以每月与进口公司结算保险费。若有疏忽、遗漏，进口公司应予以补报，保险公司的责任仍追溯到装船时。

无论是从使用目的还是从内容上看，预约保险单与流动保险单都极为相似。例如，在使用目的上，两者都是为了适应经常有大量货物装运的投保人的需要，简化投保手续，避免逐笔投保和漏保，尤其是经常有大量进口的买方，往往由于无法在货物装运之前办理投保手续，得不到充分的保险保障，采用这两种保险单便可解决这个问题，同时在保险费方面获得一定优惠。投保人在每批进出口货物装运后，采用起运通知书的形式向投保人申报，换取保险凭证，即可凭以交货和结算货款。若申报有错漏，只要是出于善意的，即使货物已经发生损失，仍可在国内更改或补报，并不影响保险效力。这对投保人而言是非常有利的，因此为国际贸易提供了便利条件。在内容上，两者都订有"每船限额条款""地点条款"和"注销条款"等。但是，从被保险人的角度来看，预约保险单也有一些与流动保险单不同并超越流动保险单的优点，具体体现现在以下两个方面。

一方面，流动保险单规定有"总保险金额"，被保险人所装运的货物，如果超过这个金额，超过部分保险人不予承保；而预约保险单则没有"总保险金额"的规定和限制，因而预约保险单下的被保险人对其所装运的货物没有得不到保险保障之虑。

另一方面，流动保险单的保险费是在签发保险单时，根据"总保险金额"和"平均保险费率"计算的，并由被保险人全部预付；而预约保险单的保险费则是在货物装运之后，在约定的时间(如每月)按照已实际装运的货物计算收取，因而被保险人不会遭受资金积压的损失。

预约保险单虽然较流动保险单有着上述优点，但它同流动保险单一样，要求被保险人在每批货物装运之后，将装载船名、货物详细情况、起讫地点、开航日期等通知保险人，这对于一些价值大、运输时间长的货物而言是适宜的，但对于一些价值不大、运输时间和距离短的货物来说，就有费时、费力和不经济的缺点。在船名未定的三种保险单中，总括保险单最能适应此种情况的货物保险。

3) 总括保险单(Blanket Policy)

总括保险单又称闭口保险单(Blanket Policy or Closed Policy)，是保险人在约定的保险期间内对一定保险标的的总承保单。在总括保险单内，保险人和投保人就一定的保险货物商定一个总的保险金额、承保险别、起运地点、费率水平等，投保人支付一笔总的保险费，在约定的保险期限内，保险人对于被保险人每批出运的货物全部承保，也不需要逐批通知保险人。当货物发生损失，保险人的赔款应从总保险金额中扣除，总保险额扣净后，保险人就不再承担保险责任。如被保险人仍要保持原有保险金额，可加贴恢复条款(Reinstatement Clause)，按比例加付保险费后，可恢复原定保险总金额的保险责任。总括保险单适用于整批成交而多次分批出运、运输距离短、每次出运货物的种类及价值相似的货物，这样可以简化手续、节省时间，对保险双方都方便。

(五) 按保险单形式分类

按保险单形式，可划分为投保单、保险单、保险凭证、暂保单等。

1. 投保单(Application)

投保单是投保人申请保险的一种书面形式。投保单内容对于保险合同的签订有很大的影响。尤其重要的是，投保单经保险人接受后便成为保险合同的一部分，如果投保单填写不实或有意隐瞒、欺诈，都将影响合同的效力。投保单中所载明的内容，即为告知的主要事实，保险人借此作为保险选择、保费计费及合同订立的依据。投保单一般是保险人根据不同险种需要事先设计内容格式，由投保人在投保时按所列的内容进行填写，保险人据此核实情况决定承保后记载在保险合同上，同时投保单也构成保险合同的法律文件之一，如果在投保单上有记载，而保险单有遗漏，则投保单的内容与记载在保险单上的内容具有同等的法律效力。

2. 保险单(Insurance Policy)

保险单俗称"大保单"或"正式保险单"，是被保险人和保险人之间订立的正式保险合同的书面凭证。在海运货物保险中，这种保险单是由保险人根据投保人逐笔投保、逐笔签发的，它承保在保险单内所指定的、经由指定船舶和航次承运的货物在运输中的风险，货物安全抵达目的地，保险单的效力即告结束。

世界各地保险人签发的海运货物保险单，格式有一定差异，但内容基本一致。

保险单是保险人印就的固定格式，但使用时还可以根据双方当事人的约定进行增、删、修改，以调整双方的权利和义务。这种修改，一般采取在原保险单上加贴附加条款或其他书写语句的方式。从效力上看，书写条款的效力优先于打印的条款，打印条款优先于加贴条款，加贴条款又优先于原保险单印就的条款。

保险单是被保险人在保险标的遭受意外事故而发生损失时向保险人索赔的主要凭证，同时也是保险人向被保险人赔偿的主要依据。

3. 保险凭证(Insurance Certificate)

保险凭证俗称"小保单"，是保险人签发给被保险人的、用以证明保险合同业已生效的文件，是一种简化了的保险单，它同保险单具有相同的作用和效力。一般在信用证中大都规定保险单和保险凭证均可接受。它同正式保险单的区别在于，保险凭证背面没有列入保险条款，仅声明："承保货物按照正式保险单所载全部条款及本承保凭证的特定条款办理，两者如有抵触，以本承保凭证的特定条款为准。"

在采用预约保险单或流动保险单的情况下，经常采用保险凭证，它主要包括两个部分：第一部分记载预约保险单或流动保险单的主要条款，内容一般由保险人根据预约保险单或流动保险单事先印就在保险凭证上；第二部分填写被保险货物的名称、数量、保险金额、航程、标志及其他细节，一般由被保险人在每批货物起运前自行填制。保险凭证一般先由保险人在空白格式上签署交给被保险人，被保险人则在每批货物装运前将第二部分内容填上并加副签，然后将一份副本送交保险人存档。保险凭证的副本可代替起运通知书，作为被保险人根据预约保险单或流动保险单向保险人所做的申报。

4. 暂保单(Cover Note/Binder)

暂保单是一种临时性的保险单，是投保人在不了解货物装载船名及启航日期的情况下，先行办理投保时，保险人所签发的一种非正式的保险单，待投保人获得船名及启航日期后再通知保险人，换取正式保险单，或者用批单方式加贴在暂保单上。暂保单作为一种临时性保险单，在其规定的有效期内(一般30天)，其效力与正式保险单相同。

在国际保险市场上还有一种由保险经纪人签发的暂保单，它是保险经纪人收到被保险人的投保委托和保险费的一种证明，不起保险单作用。保险人对经纪人签发的暂保单不负法律责任。在被保险人不知情的条件下，如经纪人疏忽未换取正式保险单，这种暂保单可以作为被保险人向经纪人投保的证明。但在信用证支付方式下，银行一般不接受经纪人签发的暂保单。

保险人签发的暂保单为投保人，特别是为按FOB或CFR条件进口的投保人提供了方便。一般情况下，进口商无法于货物在国外装运前，甚至装运时，立即获知载货船名和启航日期，待收到国外装运通知时，很可能货物已遭意外而难以办理投保。有了暂保单，进口商则可预先办妥投保，获得国外装运通知后，再将装运细节通知保险人，换取正式保险单。

二、保险单据的批改及转让

(一) 保险单的批改

保险单在签发以后，在保险单有效期内，其内容一般以不作变更为佳。但在实际业务中，由于种种原因，投保人在向保险人申报时陈述错误或发生遗漏的情况是难以完全避免的。在此情况下，如不及时变更或修改，被保险人的利益就有可能受到影响，甚至导致保险合同失效。此外，保险货物在运输途中，也可能遇到某些变化，如承运人根据运输合同所赋予的权力改变航行路线、变更目的地、临时挂靠非预订港口或转船等，这些变化也要求对原保险单内容应及时进行变更或修改，以便保险标的获得与新情况相适合的保险保障。

保险单内容的变更或修改，往往会影响保险人的承保责任范围及其承保的风险。投保人或被保险人若需要对保险单内容进行变更或修改，应以书面方式向保险人申请批改。通常只要不超过保险条款规定允许的内容，保险人都会接受。若涉及扩大承保责任或增加保险金额，一般也是可以的，但必须在被保险人不知有损失事故发生的情况下，在货物抵达目的地之前申请办理，并需加缴一定的保险费。

保险人批改保险时，一般采用签发批单(Endorsement)的方式进行。此项工作可以由保险人自己办理，可以由保险人授权的设在国外港口的代理人办理。保险人或其代理人所签发的批单，一般应加贴在原保险单上，构成原保险单的一个组成部分，对双方当事人均有约束力。批改的内容如与保险合同有抵触，应以批单为准。

(二) 保险单的转让

保险单的转让一般是指保险单权利的转让，即被保险人将根据保险单赋予的损害赔偿请求权及相应的诉讼权转让给受让人。这种权利的转让同被保险货物本身所有权的转让是两种不同的法律行为。买卖双方交接货物，转移所有权，并不能自动转移保险单项下所享受的权利。

根据各国保险法或海商法，关于保险单的转让一般有以下规定。

(1) 海运货物保险单可以不经保险人的同意而自由转让；一般财产保险单则必须征得保险人的同意才能转让。

产生上述不同规定的原因是，海运保险的货物在整个运输过程中，始终处于承运人的控制保管之下，被保险人对保险货物在运输中的安危基本上不产生影响，因而，保险单的自由转让不会给保险人增加风险负担。同时，国际贸易海运货物在运输过程中，常需以卖路货的方式通过单据的转让进行转卖，有的货物有时需经过几次转手易主。如果货物保险单的转让须经保险人同意，将会影响交易的进行。而一般财产的所有权如果发生转移，往往会影响该项财产的管理水平，从而影响保险人所承担的风险。因此，为了维护保险人的利益，通常规定，一般财产保险单的转让必须征得保险人的同意。为此，中国《海商法》

第230条第一款规定："因船舶转让而转让船舶保险合同的，应取得保险人的同意。未经保险人同意，船舶保险合同从船舶转让时起解除；船舶转让发生在航次之中的，船舶保险合同至航次终了时解除。"中国《保险法》第39条规定："保险标的转让的，被保险人或者受让人应当及时通知保险人，但货物运输保险合同和另有约定的合同除外。"

(2) 保险单的转让，必须在保险标的的所有权转移之前或转移的同时进行。若所有权已经转移，事后再办理保险单的转让，这种转让是无效的。

上述规定是与可保利益原则相关联的。因为，在被保险人将保险标的的所有权转移给他人之后，他对保险标的的已经丧失了可保利益，因而保险单的转让也就失去了依据。

(3) 在办理保险单转让时，无论损失是否发生，只要被保险人对保险标的的仍然具有可保利益，保险单均可有效转让。

同上项规定一样，本项规定也与可保利益有关，即保险单的转让，是以被保险人对保险标的的具有合法的经济利益——可保利益为要件，若具有可保利益，则此时即使损失已经发生，保险单的转让仍然有效。

(4) 保险单的受让人只能享有与原被保险人在保险单下享有的相同的权利和义务。

在转让的保险单下，由于受让人对保险标的的所享有的可保利益是一种"派生的"(Derivative)权益，因而他不能取得优于原被保险人的权利。

(5) 保险单转让后，受让人有权以自己的名义向保险人进行诉讼；保险人也有权如同对待原被保险人一样，对保险合同项下引起的责任进行辩护。

在本项规定下，由于保险人在合同责任的问题上对待受让人与对待原被保险人相同，如果原被保险人有违法或违约的行为，尽管受让人对此并不知情，保险人仍可按照对待原被保险人的有关规定办理。例如，原被保险人若有不告知或违反保证的情况，保险人可以违反最大诚信原则为由，宣告解除合同义务。

(6) 保险单的转让，可以采取由被保险人在保险单上背书或其他习惯方式进行。按照习惯做法，采用空白背书方式转让的保险单，可以自由转让；采用记名背书方式转让的保险单，则只有被背书人才能成为保险单权利的受让人。

第二节　投保单的主要内容及其缮制

各个保险公司均有自己固定的投保单，投保单的内容包括被保险人名称、发票号码和合同号码、包装及数量、保险货物名称、保险金额、船名或装运工具、航次航班、开航日期、运输路线、投保险别、赔款地点等，保险公司据此考虑接受承保并缮制保险单据。

填报投保单时，应详细列明以下项目。

1. 被保险人

被保险人是享受保单权益的人。当货物以CIF或CIP条件出口时，应由出口商以投保人的身份办理保险，出口商应以本人作为被保险人。当货物在起运港装船或交付承运人之前发生损失时，风险由出口商承担，出口商可以向保险人索赔。一旦货物装船或交给承运人，出口商根据信用证或贸易合同的要求在保险单上签章背书，即可将保险单转让给进口商或指定的第三方(如银行)。在CIF或CIP交易条件下，投保人是出口方，被保险人是进口方，但投保人在填写投保单时，被保险人一栏中仍填写出口方名称、地址，除非信用证有明确要求填写进口商或指定的银行名称。

当货物以FOB、FCA或CFR、CPT等条件出口时，则由进口商自行办理运输货物保险，投保人与被保险人一般均为进口商。由出口商承担的、货物在起运港装船或货交承运人之前的风险，可通过投保国内运输货物险予以保障。

2. 发票号码和合同号码

为了便于在发生索赔时进行核对，投保人应在投保单上填写出口货物的发票号码和贸易合同号码。

3. 包装及数量

此栏需写明包装方式，例如捆(Bundles)、箱(Cases)、袋(Bags)、桶(Drums)等，以及包装的数量。如果一次投保有数种不同包装，可以"件"(Packages)为单位。散装货应填写散装重量(...M/T in Bulk)。如果采用集装箱运输，应予以注明(in Container)。

4. 保险货物项目

填写保险货物的具体类别、名称，例如小麦、茶叶、服装等，以便保险人确定适用的保险费率，一般不应填写货物统称。

5. 保险金额

保险金额应按照贸易合同或根据信用证规定的加成比例计算得出的保险金额数值填写，一般不要辅币，即小数点后的尾数一律向前进位为整数。保险金额的货币名称要与信用证、发票一致。

6. 装载运输工具

海运时应写明具体的船名，如果中途需转船，已知第二程船时应填写船名；如果第二程船名未知，则只需填写"转船"(With Transshipment)字样。如采用联运，应注明联运方式。

7. 航次、航班

如果使用轮船应写明船名，需转运的也要写明；若采用班轮，应注明船舶航行的航班、航次。如果选择火车或航空运输，只要写明火车、空运即可。如采取联运，最好写明联运方式，如空陆联运、海空联运等。

8. 开航日期

一般应注明"按照提单"(as per B/L)，或注明船舶的大致开航日期。有确切日期的，填上某年月日；无确切日期的，填上约于某年月日。

9. 运输线路

填写起始地和目的地名称。如中途如需转运，则应注明转运地。若到达目的地后，需转运内陆，应注明内陆地名称。如果到达目的地的路线不止一条，要填写进过的中途港(站)的名称。

10. 承保险别

填写投保何种保险险别(包括基本险和附加险)，还应注明采用何种条款，如ICC。投保人如果对保险条款有特殊要求，应予以注明，以便保险人考虑接受与否。

11. 赔款地点

通常在目的地支付赔款。如果被保险人要求在目的地以外的地方赔款，应予以注明。

12. 投保人签章及企业名称、电话、地址

填写投保人的名称、地址等具体信息。

13. 投保日期

出口商投保时，填写的投保日期应在船舶开航日期或货物起运日期之前。根据《UCP500》的规定，银行有权拒收保险单日期迟于货物装船或发运日期的保险单。

第三节　保险单的主要内容及其缮制

保险单是保险公司根据投保人提供的投保单的内容而制作的，因此保险人在接受投保后，所缮制的保险单内容应与投保单一致，以满足投保人对保险的要求。下面就货运保险单的缮制逐项予以说明。

1. 保险公司名称(Insurance Name)

保险单最上方均事先印就保险公司的名称，如"中国人民保险公司"(The people's Insurance Company of China)。

2. 保险单名称及编号(The Policy Name and Number)

每张保险单都有名称，如海运货物保险单的名称为"海洋货物运输保险单"(Marine Cargo Transportation Insurance of Policy)。保险编号(Policy No.)是保险公司按出单顺序对每张保险单所做的编号。

3. 被保险人名称(The Insured)

被保险人名称俗称"抬头"，按投保单中的内容填写。比如信用证规定，被保险人为某银行或某公司，保险单的抬头应直接打上该银行或该公司的名称。要按照保险利益的实际有关人填写，如属买方或卖方投保的，则分别写上买(或卖)方的名称。因为保险是否有效，同被保险人的保险利益直接相关。买卖双方的风险转移，从货物装上船开始，买方为被保险人，则保险责任从货物装上船时才开始；反之，卖方为被保险人，则自货物从保单载明起运地运出国开始负责。货运保险单由被保险人背书转让。在CIF或CIP条件下，除非信用证另有规定，受益人为被保险人。

信用证规定常见的形式及缮制方法有以下几种。

(1) 一般情况下，投保人与被保险人系同一个人，不指定受益人。来证若无明确规定，由卖方投保时，被保险人一栏应填写信用证上受益人的名称，并由该受益人在保单背面作空白背书。

(2) 信用证规定须转让给开证行或第三方时，则被保险人一栏内在受益人名称之后再

打上"Held to the order of ..."，并由该受益人在保单背面作空白背书。

(3) 信用证制定以"个人名义"或"来人"(To Order)为抬头人，则在被保险人一栏内直接打上"××"或直接打"To Order"，信用证上的受益人不要背书。

(4) 信用证指定"Endorse to the Order of ××"，则在被保险人一栏内仍打上信用证中受益人名称，同时在保单背面由信用证上的受益人空白背书的上方打上"Held/Pay to the order of ××"。

(5) 在FOB或CFR价格条件下，如国外买方委托卖方代办保险，被保险人栏可做成："××(卖方)on behalf of ××(买方)"，并且，卖方应按此形式背书。

4. 发票号与唛头(Invoice Nos. & Marks)

填写发票号码，一般还应将发票上的唛头打上。如果唛头比较复杂，可只填写发票号码。这是因为保险索赔必须提供发票，保险单和发票可以相互参照。

5. 货物标记(Goods Marks)

货物标记应该和提单上所载的标记符号相一致，特别是要与刷在货物外包装上的实际标记符号一样，以免因不一致，在发生索赔时，对检验、核赔、确定责任产生误解。

6. 包装及数量(Packing and Quantity)

按投保单打制，有包装的要注明包装件数、包装方式，如袋(Bags)、箱(Cases)等。有两种或两种以上包装方式时，应注明包装件数(Packages)；有时须注明重量(Kilos)；裸装货物要注明本身件数；粮食等散装货应注明净重"...M/T In Bulk"；有包装但以重量计价的应将包装数量与计价重量都注明。

7. 货物名称(Description of Goods)

保险单内必须有对货物的描述，如果货物名称单一，货名应与发票、投保单一致；如货名过多可注总称，但不同类别的多种货物应注明不同类别的总称。

货物名称要写得切实具体，如棉布、袜子、玻璃器皿等。一般不要笼统地写纺织品、百货、杂货等。

8. 保险金额(Amount Insured)

保险金额即保险金额的小写数字，以数字表示，保险金额一般应以信用证规定的货币种类及金额表示。小数点后的尾数一律进位整数，大小写金额必须一致。保险金额的加成比例应严格按信用证或合同规定掌握。如没有具体规定，应按CIF或CIP价格的110%投保。要求加成比例超过10%的，应征得保险公司的同意。发票金额中含有"佣金"与"折扣"的，除非信用证另有规定，佣金不需扣除，保险金额一律按发票金额计算；而"折扣"需要扣除，保险金额按发票金额扣减折扣后计算。如果发票价为FOB或CFR价，应先换算成CIF价格，再另行加成。如加保进口关税险，应另行注明关税险的保险金额。

9. 保险费和保险费率(Premium and Premium Rate)

通常不注具体数字而分别注明"As arranged"(如约定)。如果信用证要求注明"保费已付"(Premium Paid)，可以将印制的"As arranged"删掉，改打上"Paid"或"Prepaid"。

10. 总保险金额(Total Amount Insured)

总保险金额即保险金额的大写数字，以英文表示，末尾应加"ONLY"，币种应用全称，如美元不能用"USD"，而应写"U.S.DOLLARS"。大小写金额须相符，例如，"总保险金额：十万美元整"，应写成"Total Amount Insured：One Hundred Thousand Only"。如果加保其他险，须另外注明附加险的保险金额，例如，发票金额US＄100 000，加成10%，另加保30%的进口关税险，在总保险金额中应注明"Plus Loss of Import Duty At 30% of US＄30 000"。

11. 运输工具(Per Conveyance)

如果用轮船装运，该栏应注明装载货物的船名及航次号，例如，"Good Luck 1199V"。当转船运输时，应分别填写第一程船名和第二程船名，例如，S.S.××to be transhipped at Hong Kong on S.S.××(S.S即Steam Ship的缩写)。若采用铁路运输，则该栏应填写"By Railway"或加注车号，例如，"Wagon No.1234"；若采用航空运输，则该栏应填写"By Air"；若采用邮包运输，则该栏应填写"By Parcel Post"。采用联运的应写明联运方式，如空陆联运、海空联运等。

12. 开航日期(Sailing on or Abt/Date of Commencement)

有确切开航日期的，则填写具体的××××年××月××日；无确切开航时间的，则填写约于××××年××月××日。此栏根据提单中的装船日期填写"as per B/L"。

13. 提单或运单号码(Bill of lading or Waybill number)

应在提单或运单号码栏中写上提单或运单的号码以备保险公司核对。

14. 运输起讫地(From ... To ...)

按投保单和提单填写。如果货物需经转船到达目的港，填写方法是：From(装运港)to(目的港)W/T at(或via)(中转港)。例如，信用证要求海运从上海至伦敦，在新加坡转运，则应填写"From Shanghai W/T at (via)Singapore to London"。若信用证要求海运至某目的港，而保险至内地，此栏应填写目的港后再填写内陆地名，如目的港为马赛，信用证要求投保至巴黎，则应填写"From×××(装运港)to Marseille and thence to Paris"。若信用证规定为买方选择目的港，如Option London/Liverpool/Manchester，则目的港照填。

15. 承保险别(Conditions)

此栏具体填写保险公司承担的保险责任，要求全面详细而准确。例如，要求承保平安险加保战争险和短量险，应为"Covering FPA. Including Risks of shortage as per Ocean Marine Cargo Clause of the People's Insurance Company of China，dated1/1/1981"。若要求承保伦敦保险协会2009海运货物险(A)，则为"Covering Marine Risks Clanses(A) as per Institute Cargo Clause (A) date1/1/2009"。

16. 赔款地点(Claim Payment at)

一般以目的地为赔款偿付地，不能把国家名称作为赔付地点。

若信用证规定了赔付的货币名称，本栏应填写"At…(目的地)In…(货币名称)"，如"Claims，if any to be payable at KOBE in USD"。

一般都是在保险目的地支付赔款，如果要求在保险目的地以外的地点给付赔款应该申明。通常将目的地名称填入，表示将目的地作为赔付地点。

17. 投保日期(Insuring Date)

该日期应不迟于运输单据日期，因为银行不接受迟于运输单据日期的保单，实务中一般以投保单上的日期为保单签发日期。

ISBP规定，载有截止日期的保险单据必须清楚地表明该截止日期是关于货物装船、发运或接管的最迟日期，还是保险单据项下提出索赔的期限。

18. 理赔代理人(Named Survey Agent)

理赔代理人是指货物出险时，在货运目的地负责检验、理赔的保险代理人。无论信用证有没有规定，保单内都应注明理赔代理人。

19. 保险公司签章(Signature)

保险单只有经保险公司授权的人签章后才生效。

相关链接9-1　《UCP600》保险单据及保险范围

a. 保险单据，如保险单或预约保险项下的保险证明书或者证明书，必须看似由保险公司或承包人或其代理人出具并签署。

b. 如果保险单据表明其以多份正本出具，所有正本均须提交。

c. 暂保单将不被接受。

d. 可以接受保险单代预约保险项下的保险证明书或声明书。

e. 保险单据日期不得晚于发运日期，除非保险单据表明保险责任不迟于发运日生效。

f.

i. 保险单据必须表明投保金额并以与信用证相同的货币表示。

ii. 信用证对于投保金额为货物价值，发票金额或类似金额的某一比例的要求，将被视为对最低保额的要求。

如果信用证对投保金额未作规定，投保金额对类似金额的某一比例的要求，将被视为对最低保额的要求。

如果信用证对投保金额未作规定，投保金额须至少为货物的CIF或CIP价格的100%。

如果从单据中不能确定CIF或者CIP价格，投保金额必须基于要求承付或议付的金额，或者基于发票上显示的货物总值来计算，两者之中取金额较高者。

iii. 保险单据须表明承保的风险区间至少涵盖从信用证规定的货物接管地或发运地开始到卸货地或最终目的地为止。

g. 信用证应规定所需投保的险别及附加险(如有的话)。如果信用证使用诸如"通常保险"或"惯常风险"等含义不确切的用语，则无论是否有漏保之风险，保险单据将被照样接受。

h. 当信用证规定投保"一切险"时，如保险单据载有任何"一切险"批注或条款，无论是否有"一切险"标题，均将被接受，即使其声明任何风险除外。

i. 保险单据可以援引任何除外条款。

j. 保险单据可以注明受免赔率或免赔额(减除额)约束。

单据样本9-1

货物运输保险投保单
APPLICATION FORM FOR CARGO TRANSPORTATION INSURANCE

被保险人(insured): _____

发票号(Invoice No.): _____ 合同号(Contract No.): _____

信用证号(I/C No.): _____

发票金额(Invoice Amount): _____ 投保加成(Plus): _____%

兹有下列货物向_____投保。(Insurance is required on the following commodities。)

标记 Marks & No.	数量及包装 Quantity and Packaging	保险货物项目 Description of Goods	保险金额 Amount insured

启运日期: _____ 装载运输工具: _____

Date of Commencement: _____ Per Conveyance: _____

自_____经_____至_____

From_____Via_____To_____

提单号: _____赔款偿付地点: _____

B/L no.: _____Claim Payable At: _____

投保险别(Please indicate the conditions &/ or special coverages):

_____

请如实告知下列情况：如"是"在［］中打"√"，"不是"打"×"(if any，please mark "√"or "×")。

1. 货物种类: 袋装［］散装［］冷藏［］液体［］活动物机器/汽车［］危险品等级［］

   Goods: bag/jumbo bulk reefer liquid live animal machine/auto dangerous class

2. 集装箱种类: 普通［］开顶［］框架［］平板［］冷藏［］

   Container: ordinary open frame flat refrigerator

3. 转运工具: 海轮［］飞机［］驳船［］火车［］汽车［］

   By transit: ship plane barge train truck

4. 船舶资料: 船籍［］船龄［］

   Particular of ship: registry age

备注：被保险人确认本保险合同条款和内容已经完全了解。

投保人签章(applicant's signature)

The assured confirms herewith the terms and conditions of these insurance____contract fully understood.

电话: (Tel)_____ 投保日期: (Date)_____

地址: (Add)_____

_____

本公司自用(For office use only)

费率: 保费:

Rate: _____ Premium: _____

经办人　　　　　　　核保人　　　　　　　负责人

By _____　　　_____　　　_____

单据样本9-2

中国人民财产保险股份有限公司

PICC Property and Casualty Company LTD.

总公司设于北京　一九四九年创立

Head Office Beijing　Established in 1949

货物运输保险单

CARGO TRANSPORTATION INSURANCE POLICY

提单号(B/L No.)：KH-SPTBL01

发票号(INVOICE)：KH-SPTINV01　　　　　保单号次(POLICY NO.)：PYIE200621806548745

合同号(CONTRACT NO.)：KH-SPTSC38

信用证号(L/C NO.)：384010021947

被保险人：

Insured：EVERTRUST IMP. AND EXP. CO., LTD.

中国人民保险公司(以下简称本公司)根据被保险人的要求，由被保险人向本公司缴付约定的保险费，按照本保险单承保险别和背面所载条款与下列条款承保下述货物运输保险，特立本保险单。

THIS POLICY OF INSURANCE WITNESSES THAT THE PEOPLE'S INSURANCE COMPANY OF CHINA (HEREINAFTER CALLED "THE COMPANY")AT THE REQUEST OF THE INSURED AND IN CONSIDERATION OF THE AGREED PREMIUM PAID TO THE COMPANY BY THE INSURED，UNDERTAKES TO INSURE THE UNDERMENTIONED GOODS IN TRANSPORTATION SUBJECT TO THE CONDITIONS OF THIS OF THIS POLICY AS PER THE CLAUSES PRINTED OVERLEAF AND OTHER SPECIL CLAUSES ATTACHED HEREON.

标　记 MARKS&NOS.	包装及数量 PAKAGING AND QUANTITY	保险货物项目 DESCRIPTION OF GOODS	保险金额 AMOUNT INSURED
KD-SPTSC08 SPORTAR HAMBURG C NO. 1-1 700	1700 SETS	DUMBBELL ART NO. G6610-10KGS	USD24 141.70

总保险金额：<u>US DOLLAR TWENTY FOUR THOUSAND ONE HUNDRED FORTY ONE AND SEVENTY SENTS ONLY</u>

保费：　　　　　　　启运日期：　　　　装载运输工具：

PERMIUM：<u>AS ARRANGED</u>　DATE OF：<u>SEP. 4，2012</u>　PER CONVEYANCE：<u>YI XIANG V307</u>

自　　　　　　　　　　　经　　　　　　　　　　至

FROM　<u>SHANGHAI，CHINA</u>　VIA　_____　TO <u>HAMBURG，GERMANY</u>

承保险别:

CONDITIONS:

COVERING ALL RISKS AND WAR RISK AS PER C.I.C. OF PICC DATED 1/1/1981

ORIGINAL

所保货物，如发生保险单项下可能引起索赔的损失或损坏，应立即通知本公司下述代理人查勘。如有索赔，应向本公司提交保单正本(本保险单共有三份正本)及有关文件。如一份正本已用于索赔，其余正本自动失效。

IN THE EVENT OF LOSS OR DAMAGE WITCH MAY RESULT IN A CLAIM UNDER THIS POLICY，IMMEDIATE NOTICE MUST BE GIVEN TO THE COMPANY'S AGENT AS MENTIONED HEREUNDER. CLAIMS，IF ANY，ONE OF THE ORIGINAL POLICY WHICH HAS BEEN ISSUED IN THREE ORIGINAL(S) TOGETHER WITH THE RELEVENT DOCUMENTS SHALL BE SURRENDERED TO THE COMPANY.

IF ONE OF THE ORIGINAL POLICY HAS BEEN

ACCOMPLISHED，THE OTHERS TO BE VOID.

GLOBAL TRADING UM GMBH MOOSFELD TRABE 96，85238 PETERSHAUAUSEN，W-GERMANY	保险人： 中国人民财产保险股份有限公司上海市分公司 UNDERWRITTER PICC PROPERTY AND CASUALTY COMPANY LTD.，SHANGHAI BRANCH

TEL：08137/6280 FAX：08137/6290

赔款偿付地点

CLAIM PAYABLE AT   HAMBURG IN USD

地址/ADD：   中国上海中山南路56号

56 Zhong Shan Nan Road，Shanghai，China.

电话/TEL：   021-63234305

传真/FAX：   021-63217466-44

出单日期

ISSUING DATE ____ SEP. 2，2012 ____

核保人：徐丽   制单人：马良   经办人：邯郸   www.piccnet.com.cn

PICC Property and Casualty Company Limited Shanghai Branch NO. 0587654

Authorized Signature 周龙 Manager

单据样本9-3

批单

ENDORSEMENT

保单印刷号：　　　　　　　　　　　　　　批单号：

(Policy Printed No.)　　　　　　　　　　　(End No.)

保单号码：

(Policy/Certificate No.)

被保险人：

(Name of Ins)

险　种：

(Insurance)

批　文：

(Context)

保险公司签章

Date:

核批：　　　　　　　经办：　　　　　　　制单：

| 实训题 |

一、思考题

1. 如何处理投保单的内容与信用证的规定？

2. 船名未定保险单包括哪几种形式？这些保险单分别用于哪种情况？

3. 流动保险单、预约保险单和总括保险单各自有哪些优缺点？

4. 保险单的转让有哪些规定？

5. 什么是定值保险单和不定值保险单？

二、操作题

1. 我某外贸公司以CFR条件进口40 000吨钢管，我方为此批货物向某保险公司投保海运保险条款水渍险。钢管在上海卸货时发现有1000吨生锈，经查，其中400吨钢管在装船时就已生锈，但由于钢管外有包装，装船时没有被船方检查出来。还有400吨钢管因船舶在途中搁浅，船底出现裂缝，海水浸湿致生锈。另有200吨钢管因为在航行途中曾遇雨天，通风窗没有及时关闭而被淋湿致生锈。

分析导致上述损失的原因，保险人是否应予以赔偿，为什么？

2. 某年5月21日，天津某外贸公司与保险公司订立海运进口货物运输预约保险协议，承包险别为人保公司平安险，并特别约定，如因特殊原因漏保的货物发生损失，保险人也按上述规定在补交保费后予以赔偿。

次年2月8日，外贸公司进口10 000吨钢材，海运途中未发生自然灾害和意外事故，4月20日到货。4月22日，外贸公司发现货物严重锈蚀，部分因空气致锈，部分因海水致锈。当天将投保单传真给保险公司，并要求保险公司保险单日期提前到3月12日，承保风险为一切险。此后，外贸公司于4月23日和24日又向保险公司递交了两份投保单，所投保的货物开航日期分别为3月31日和3月16日，保险公司均接受并出具了保险单。进口货物均在开航后较长时间才由双方办理投保手续，部分货物在货物到达目的港后才办理手续。

4月27日，外贸公司向保险公司索赔钢材锈蚀的损失，保险公司经调查后认为，被保险人在装运货物发生损失后才投保一切险，合同无效，拒赔货损。

保险公司是否有理？为什么？

第十章
投保操作实训

学习目标：

了解出口货物保险的投保程序；

掌握投保单和保险单的基本内容和制作要领；

具备独立完成出口货物保险的能力。

本章导读：

在国际贸易中，对货物被保险人来说，掌握货物保险的投保程序，熟悉投保单和保险单的制作要领，并根据信用证的约定审核保险单据，这些都是贸易交易商的基本技能。本章需了解投保操作实训目的与要求、实训指导与步骤，并基于出口货物保险案例基础信息，完成投保操作过程。

第一节　投保操作实训指导

一、实训目的与要求

通过本章的实训操作，使实验者掌握投保单和保险单的制作要领，培养实验者独立完成出口货物保险的操作能力。本实验要求实验者了解出口货物保险的投保程序，正确填制投保单和保险单，通过实验操作，初步具备独立完成出口货物保险工作的技能，既保证保险工作符合买卖合同要求，又要使保险单符合信用证要求。

二、实训指导

本章的投保操作实训，需要实验者在学习了解以下相关内容的基础上进行。

1. 海上保险条款及险别

(1) CIC条款；

(2) ICC条款。

2. 有关法律、惯例规定

(1) 保险法的有关规定；

(2) INCOTERMS的规定；

(3) UCP600的要求。

3. 保险单据的转让

4. 投保单的主要内容

5. 保险单的主要内容

6. 审核保险单的重点

(1) 保险单中的被保险人、投保的险别、启运地、目的地以及承运工具的名称等是否与信用证的规定相符合；

(2) 投保的金额和币种是否符合规定；

(3) 对货物的描述是否符合信用证的规定并与发票一致；

(4) 保单的出单日是否合理；

(5) 背书是否符合要求。

三、实训步骤

(1) 复习本实验指导中的各条款、法律惯例以及有关单据内容的规定；

(2) 根据给出的实验数据填写投保单；

(3) 实验者互相核查投保单填制的正确性；

(4) 根据信用证的约定，审核保险单据。

第二节　投保操作实训

一、案例基础信息

(1) 我国出口公司——恒信进出口有限公司(以下简称恒信公司)名称及地址。

EVERTRUST TMP. & EXP. CO.，LTD.

ROOM 203，WORLD TRADE CENTER，277 WU XING ROAD，SHANGHAI，CHINA

TEL：86-21-64331255，FAX：86-21-64331256

(2) 德国进口公司(以下简称德国公司)名称及地址。

CLOBLE TRADING UM GMBH

MOOSFELDTRABE 96，85238 PETERSHAUSEN，W-GERMANY

TEL：08137/6280 FAX：08137/6290

E-MAIL ADDRES：GLOBLE@ ARCOR. DE

(3) 2012年6月12日的《中国日报》(China Daily) 上刊登，德国公司欲求购中国产的举重器。恒信公司商品信息表如表10-1所示。恒信公司举重器出口费用明细表如表10-2所示。

表10-1 恒信公司商品信息表

商品	举重器(DUMBBELL SETS)		
货号	G6610(5KG)	G6610(10KG)	G6610(15KG)
包装方式	2套/箱；20箱/托盘	1套/箱；20箱/托盘	10套/箱；10箱/托盘
毛/净重	5kgs	10kgs	15kgs
供货单价	40元/套	70元/套	110元/套
起订量	20集装箱	20集装箱	20集装箱
总量	1700套	1700套	1700套

表10-2 恒信公司举重器出口费用明细表

国内费用/元				国外运费/美元	汇率	利润率/%	保险费率/%			增值税税率/%	退税率/%
国内运费	商检报关费	港杂费	包装费/元/套				一切险	战争险	保险加成率		
1000	785	1525	1	1950	6.23	10	0.7	0.3	10	17	9

二、业务操作

(一) 制作销售确认书

恒信公司根据与德国公司双方往来函电确认的交易条件，制作销售确认书(S/C No.：KH-SPTSC38)，如图10-1、图10-2、图10-3所示。

SALES CONFIRMATION

卖方 Seller:	EVERTRUST TMP. & EXP. CO.，LTD.	NO.:	KH-SPTSC38
		DATE:	30-July-12
		SIGNED IN:	

买方 CLOBLE TRADING UM GMBH
Buyer:

经买卖双方同意成交下列商品，订立条款如下：
This contract is made by and agreed between the BUYER and SELLER，in accordance with the terms and conditions stipulated below.

货号 Item Number	名称及规格 Description of goods	数量 Quantity	单价 Unit Price/US $	金额 Amount/US$
G6610	Dumbbell 10kgs/set	1700	12.91	21 947.00

图10-1 销售确认书(一)

总值TOTAL：US DOLLAR TWENTY ONE THOUSAND NINE HUNDERED AND FORTY SEVEN ONLY

PRICE TERM   CIF Hamburg，Germany

PACKING   To be packed in cartons of 1 set each，20 cartons to a plate，total 1700 cartons to one 20 container

PORT OF LOADING   Shanghai

PORT OF DESTINATION   Hamburg

Transshipment (转运)：

☐ Allowed (允许)   ☐ Not allowed (不允许)

Partial shipments (分批装运)：

☐ Allowed (允许)   ☐ Not allowed (不允许)

Shipment date (装运期)：

Within 30 days after receipt of the relevant L/C

Insurance (保险)：

To be covered by the <u>seller</u> FOR 110% of the invoice value covering <u>All risks</u> additional <u>War Risk</u> as per CIC of PICC dated 1/1/1981.

Terms of payment (付款条件)：

    The buyers shall issue an irrevocable L/C at <u>30 days</u> sight through <u>a bank</u> in favor of the sellers. The buyer shall open the L/C to the seller before August 4，2012. The L/C shall be valid in China through negotiation within <u>15</u> day after the shipment effected，the L/C must mention the Contract Number.

Documents required (单据)：

卖方应将下列单据提交银行议付/托收。

The sellers shall present the following documents required for negotiation/collection to the banks.

☐ 整套正本清洁提单。

Full set of clean on Board Ocean Bills of Lading.

☐ 商业发票一式＿份。

Signed commercial invoice in ＿ copies.

☐ 装箱单或重量单一式＿份。

Packing list/weight memo in ＿ copies.

☐ 由＿签发的质量与数量证明书一式＿份。

Certificate of quantity and quality incopies issued by ＿.

☐ 保险单一式＿份。

Insurance policy in ＿ copies.

☐ 由＿签发的产地证一式＿份。

Certificate of Origin in ＿ copies issued by ＿.

Shipping advice (装运通知)：

一旦装运完毕，卖方应即电告买方合同号、商品号、已装载数量、发票总金额、毛重、运输工具名称及启运日期等。

The sellers shall immediately，upon the completion of the loading of the goods，advise the buyers of the Contract No.，names of commodity，loaded quantity，invoice values，gross weight，names of vessel and shipment date by TLX/FAX.

Inspection and Claims (检验与索赔)：

1. 卖方在发货前由＿＿＿＿＿＿检验机构对货物的品质、规格和数量进行检验，并出具检验证明书。

    The buyers shall have the qualities，specifications，quantities of the goods carefully inspected by the ＿＿＿＿＿Inspection Authority，which shall issue Inspection Certificate before shipment.

图10-2 销售确认书(二)

2. 货物到达目的口岸后，买方可委托当地的商品检验机构对货物进行复检。如果发现货物有损坏人、残缺，或规格、数量与合同规定不符，买方须于货到目的口岸的＿＿＿天内凭＿＿＿＿＿＿＿检验机构出具的检验证明书向卖方索赔。

The buyers have right to have the goods inspected by the local commodity inspection authority after the arrival of the goods at the port of destination if the goods are found damaged/short/their specifications and quantities not in compliance with that specified in the contract，the buyers shall lodge claims against the sellers based on the Inspection Certificate issued by the Commodity ＿＿＿＿＿ Inspection Authority within ＿＿＿days after the goods arrival at the destination.

3. 如买方提出索赔，凡属品质异议须于货到目的口岸之日起＿＿＿天内提出；凡属数量异议须于货到目的口岸之日起＿＿＿天内提出。对货物所提任何异议应由保险公司、运输公司或邮递机构负责的，卖方不负任何责任。

The claims，if any regarding to the quality of the goods，shall be lodged within ＿＿＿ days after arrival of the goods at the destination，if any regarding to the quantities of the goods，shall be lodged within ＿＿＿ days after arrival of the goods at the destination. The sellers shall not take any responsibility if any claims concerning the shipping goods is up to the responsibility of Insurance Company/Transportation Company/Post Office.

Force Majeure (人力不可抗拒)：

如因人力不可抗拒的原因造成本合同全部或部分不能履约，卖方概不负责。但卖方应将上述发生的情况及时通知买方。

The sellers shall not hold any responsibility for partial or total non-performance of this contract due to Force Majeure. But the sellers advise the buyers on time of such occurrence.

Disputes settlement (争议解决方式)：

凡因执行本合约或有关本合约所发生的一切争执，双方应协商解决。如果协商不能得到解决，应提交仲裁。仲裁地点在被告方所在国内，或者在双方同意的第三国。仲裁裁决是终局的，对双方都有约束力，仲裁费用由败诉方承担。

All disputes in connection with this contract of the execution thereof shall be amicably settled through negotiation. In case no amicable settlement can be reached between the two parties，the case under dispute shall be submitted to arbitration，which shall be held in the country where the defendant resides，or in third country agreed by both parties. The decision of the arbitration shall be accepted as final and binding upon both parties. The Arbitration Fees shall be borne by the losing party.

Law application (法律适用)：

本合同之签订地，或发生争议时货物所在地在中华人民共和国境内或被诉人为中国法人的，适用中华人民共和国法律，除此规定外，适用《联合国国际货物销售公约》。

It will be governed by the law of the People's Republic of China under the circumstances that the contract is signed or the goods while the disputes arising are in the People's Republic of China or the defendant is Chinese legal person，otherwise it is governed by Untied Nations Convention on Contract for the International Sale of Goods.

本合同使用的价格术语系根据国际商会《INCOTERMS 1990》。

The terms in the contract based on INCOTERMS 1990 of the International Chamber of Commerce.

Versions (文字)：

本合同中、英两种文字具有同等法律效力，在文字解释上，若有异议，以中文解释为准。

This contract is made out in both Chinese and English of which version is equally effective. Conflicts between these two languages arising therefrom，if any，shall be subject to Chinese version.

The Buyer	The Seller
CLOBLE TRADING UM GMBH	EVERTRUST TMP. & EXP. CO.，LTD.

图10-3　销售确认书(三)

（二）开立信用证

签订销售确认书之后，恒信公司致函德国公司请其会签并寄回一份，同时要求其按约开出信用证。德国公司开来信用证如图10-4、图10-5所示。

```
3-AUG-2012   8:30                    LOGICAL TERMINAL POO5
MT：S700        ISSUE OF DOCUMENTARY CREDIT         PAGE 00001
FUNC SWPR3
UMR 00182387
APPLICATIONG HEADER 1100 1586 70225
SAIB H.K.JTC××× 3846 992024 001015 1447
ISSUING BANK                 ◆52A：DEUTSCHE BANK
SEQUENCE OF TOTAL            27：SEQUENCE OF TOTAL 1/1
FORM OF DOC. CREDIT          ◆40：IRREVOCABLE
DOC. CREDIT NUMBER           ◆20：384010021947
DATE OF ISSUE                ◆31C：20120802
EXIPRY              ◆31D：DATE 20120905 AT NEGOTIATING BANK'S
COUNTER
APPLICANT                    ◆50：CLOBLE TRADING UM GMBH
MOOSFELDTRABE 96，
85238 PETERSHAUSEN，W-GERMANY
BENEFICIARY                  ◆59：EVERTRUST TMP. & EXP. CO.，LTD.
                                 ROOM 203，WORLD TRADE CENTER，
                                 277 WU XING ROAD，SHANGHAI，CHINA
AMOUNT                       ◆32B：CURRENCY USD 21 947.00
AVAILABLE WITH/BY            ◆41D：ANY BANK IN CHINA
DRAFTS AT…                   ◆42C：60 DAYS SIGHT
DRAWEE                       ◆42A：ISSUING BANK
PARTIAL SHIPMENTS            ◆43P：NOT ALLOWED
TRANSSHIPMENT                ◆43T：PROHIBITED
LOADING IN CHARGE            ◆44A：SHIPMENT FROM SHANGHAI
FOR TRANSPORT TO             ◆44B：HAMBURG，GERMANY
LATEST DATE OF SHIP          ◆44C：20120803
DESCRIPT.OF GOODS            ◆45A：1700 SETS OF DUMBBELL/ART
NO. G6610-10KGS
AT PRICE OF USD 12.91/SET
TOTAL AMOUNT：USD 21 947.00
CIF HAMBURG，GERMANY (INCOTERMS 2000)
                    AS PER S/C NO. KH-SPTSC38
DOCUMENTS REQUIRED           ◆46A：
+ ORIGINAL SIGNED COMMERCIAL INVOICE IN TRIPLICATE STATING FOB VALUE,
INSURANCE PREMIUM AND THIS DOCUMENTARY CREDIT NUMBER.
+ PACKING LIST IN TRIPLICATE.
```

图10-4　德国公司开来的信用证(一)

+ INSURANCE POLICY OR CERTIFICATE MADE OUT FOR USD 21 947.00 AND COVERING ALL RISKS AND WAR RISK AS PER C.I.C. OF PICC DATED 1/1/1981.

+ FULL SET OF CLEAN ON BOARD MARINE BILL OF LADING WITH 2 NON-NEGOTIABLE COPIES MADE OUT TI THE ORDER OF BENEFICIARY MARKED FREIGHT PREPAID，NOTIFY APPLICANT AND ISSUING BANK AND SHOWING THIS DOCUMENTARY CREDIT NUMBER.

+ CERTIFICATE OF ORIGIN IN AUTHENTICATED BY CHAMBER OF COMMERCE.

+ INSPECTION IS TO BE EFFECTED BEFORE SHIPMENT BY THE BENEFICIARY AND RELEVANT REPORTS OR CERTIFICATES SHALL BE ISSUED BY GEORGE SMITH INSPECTION AGENT OR INSPECTOR APPROVED BY THE APPLICANT. THE APPLICANT RESERVES THE RIGHT TO RE-INSPECT THE GOODS AT THE DESTINATION PORT.

+ SHIPPMENT ADVICE MUST BE SENT TO BENEFICIARY WITHIN 48 HOURS AFTER ISSURANCE OF B/L WITH SHIPPING DETAILS AND CONTRACT NUMBER.

+ ALL DOCUMENTS MUST QUOTE THE NUMBER OF THIS LETTER OF CREDIT.

ADDITIONAL COND.　　　　　◆47：

+MAKING SHIPPING MARK AS KD-SPTSC08/SPORTAR/HAMBURG/C/NO.1-UP

+MULTIMODAL TRANSPORT DOCUMENTS ACCEPTABLE

+DRAFTS TO BE PRSENTED FOR NEGOTIATION MUST BE MARKED AS BEING DRAWN UNDER THIS CREDIT AND BEAR ITS NUMBER.

+TO ADVISING BANK：KINDLY COLLECT YOUR ADVISING COMMISSION BEFORE RELEASING THE DOCUMENTARY CREDIT TO BENEFICIARY.

+IF DOCUMENTS PRESENTED ARE FOUND TO BE DISCREPANT，PLEASE STATE DISCREPANCIES NOTED.

DETAILS OF CHARGES　　　　　◆71B： ALL BANKING CHARGES OUTSIDE GERMANY INCLUDING REIMBURSING BANK COM. ARE FOR BENEFICIAY'S ACCOUNT .

PRESENTATION PERIOD　　　　　◆48：

DOCUMENTS TO BE PRESENTED WITHIN 14 DAYS AFTER THE DATE OF SHIPMENT，BUT WITHIN THE VALIDITY OF THE CREDIT.

CONFIRMATION　　　　　◆49： WITHOUT

REIMBURSING BANK　　　　　◆53A： BIG

INSTRUCTION　　　　　◆78：

THE NEGOTIATION BANK MUST FORWARD THE DRAFTS AND ALL DOCUMENTS BY REGISTERED AIRMAIL DIRECT TO US(BANK OF NEWYORK 48 WALL STREET P.O.BOX 11000 NEW YORK，N.Y.10249，U.S.A.) IN ONE LOTS，UPON RECEIPT OF THE DRAFTS AND DOCUMENTS IN ORDER，WE WILL REMIT THE PROCEEDS AS INSTRUCTED BY THE NEGOTIATING BANK.

IT IS SUBJECT TO THE UNIFORM CUSTOMS AND PRACTICE FOR DOCUMENTARY CREDITS(2007 VERSION)，INTERNATIONAL CHAMBER OF COMMERCE PUBLICATION NO. 600.

TRAILER：ORDER IS <MAC：><PAC：><ENG：><CHK：><PDE：>

MAC： 3CDFF889

CHK： 8A1AA1206080

图10-5 德国公司开来的信用证(二)

(三) 履行合同

收到信用证并审核无误后，恒信公司准备履行合同，首先制作了商业发票(发票编号：KH-SPTSINV01)及装箱单，然后填制出口货物订舱委托书向船公司订舱。收到配舱回单后，填制出口货物报关单，向海关办理货物的申报出口手续。

1. 商业发票

商业发票如图10-6所示。

COMMERCIAL INVOICE

ELLER
EVERTRUST TMP. & EXP. CO., LTD.
ROOM 203, WORLD TRADE CENTER, 277 WU XING ROAD,
SHANGHAI, CHINA

Invoice No.: KH-SPTSINV01
Invoice Date: 1-Sep-12

BUYER
CLOBLE TRADING UM GMBH
MOOSFELDTRABE 96,
85238 PETERSHAUSEN, W-GERMANY

S/C No.: KH-SPTSC38
S/C Date: 30-July-12

From: SHANGHAI, CHINA

To: HAMBURG, GERMANY

Letter of Credit No.: 384010021947

Issued By: DEUTSCHE BANK

DATED   2-Aug-12

Marks and Numbers	Number and kind of package Description of goods	Quantity	Unit Price	Amount
KD-SPTSC08 SPORTAR HAMBURG	DUMBBELL ART NO. G6610-10KGS C/NO.1-1 700 L/C NO.: 384010021947	1700SETS	CIF HUMBURG, GERMANY USD$12.91	US$21 947.00

TOTAL: US$21 947.00

ISSUED BY: EVERTRUST IMP. AND EXP. CO., LTD
SIGNATURE:

3 COPIES

图10-6　商业发票

2. 装箱单

装箱单如图10-7所示。

PACKING LIST

SELLER EVERTRUST TMP. & EXP. CO., LTD. ROOM 203, WORLD TRADE CENTER, 277 WU XING ROAD, SHANGHAI, CHINA	INVOICE NO. KH-SPTINV01		INVOICE DATE 1-Sep-12	
	FROM SHANGHAI, CHINA		TO HAMBURG, GERMANY	
BUYER CLOBLE TRADING UM GMBH MOOSFELDTRABE 96, 85238 PETERSHAUSEN, W-GERMANY	TOTAL PACKAGES (IN WORDS) SAY ONE THOUSAND AND SEVEN YUNDRED SETS ONLY			
	MARKS & NOS. KD-SPTSC08 SPORTAR HAMBURG C/NO.1~1700			
C/NOS.	NOS. & KINDS OF PKGS.	ITEM	QTY./ pcs	G.W./kg	N.W./kg	MEAS/m³
1~1700	1700 CARTONS IN ONE 20 FEER CONTAINER	DUMBBELL ART NO. G6610-10KGS	1700	17 000	17 000	25.00
L/C NO.: 384010021947						
ISSUED BY: EVERTRUST IMP. & EXP. CO., LTD.						
SIGNATURE						
						3 COPIES

图10-7 装箱单

(四) 投保单和保险单的填制

货物于2012年9月4日由YI XIANG号轮从上海运往HAMBURG, 航次号为V.307。

请根据相关信息填写出口货物投保单, 与保险公司办理投保手续。由于保险单是保险公司根据投保单内容来签发的, 因此, 在投保单提交之前, 一定要认真、仔细核对, 这样才能保证取得符合信用证要求的保险单。

1. 填制投保单

海运出口货物投保单如图10-8所示。

海运出口货物投保单

保险人：中国人民保险公司(PICC)   被保险人：EVERTRUST Imp. And Exp. Co.，Ltd.

标记	包装及数量	保险货物项目	保险金额
KD-SPTSC08 SPORTAR HAMBURG C NO. 1～1700	1700 CTNBHS 1×20' Container	Dumbbell/ART NO. G6610-10KGS	US $24 141.70

总保险金额

UNITED STATES DOLLARS NINETEEN THOUSAND NINE HUNDRED FIFTY AND NINETY CENTS ONLY

运输工具		装运港	目的港
船名：YI XIANG	航次：V.307	SHANGHAI, CHINA	HAMBURG, GERMANY
投保险别		货物启运日期	
OCEAN MARINE CARGO CLAUSES ALL RISKS AND WAR RISK AS PER CIC PICC DATED 1/1/1981		4- Sep-12	
投保日期：30-Aug-12		投保人签字：	

图10-8 海运出口货物投保单

2. 核对保险单

完成投保单的填制后，提交投保单，取得保险公司签发的保险单，认真核对，确认无误后，完成投保实训。保险单如图10-9所示。

PICC

中国人民财产保险股份有限公司

PICC Property and Casualty Company LTD.

总公司设于北京 一九四九年创立

Head Office Beijing   Established in 1949

货物运输保险单

(CARGO TRANSPORTATION INSURANCE POLICY)

提单号(B/L No)：KH-SPTBL01
发 票 号：(INVOICE KH-SPTINV01
合 同 号：KH-SPTSC38   保单号次(POLICY NO.)：PYIE200621806548745
信用证号(L/C NO.)：384010021947

被保险人：
Insured：EVERTRUST IMP. AND EXP. CO.，LTD.

中国人民保险公司(以下简称本公司)根据被保险人的要求，由被保险人向本公司缴付约定的保险费，按照本保险单承保险别和背面所载条款与下列条款承保下述货物运输保险，特立本保险单。

THIS POLICY OF INSURANCE WITNESSES THAT THE PEOPLE'S INSURANCE COMPANY OF CHINA (HEREINAFTER CALLED "THE COMPANY") AT THE REQUEST OF THE INSURED AND IN CONSIDERATION OF THE AGREED PREMIUM PAID TO THE COMPANY BY THE INSURED，UNDERTAKES TO INSURE THE UNDERMENTIONED GOODS IN TRANSPORTATION SUBJECT TO THE CONDITIONS OF THIS OF THIS POLICY AS PER THE CLAUSES PRINTED OVERLEAF AND OT HER SPECIL CLAUSES ATTACHED HEREON.

标 记 MARKS&NOS.	包装及数量 QUANTITY	保险货物项目 DESCRIPTION OF GOODS	保险金额 AMOUNT INSURED
KD-SPTSC08 SPORTAR HAMBURG C/NOS. 1～1700	1700	DUMBBELL ART NO. G6610-10KGS	USD24 141.70

总保险金额：
TOTAL：   AMOUNT US DOLLAR TWENTY FOUR THOUSAND ONE HUNDRED FORTY ONE AND SEVENTY SENTS ONLY

保费：   启运日期：   装载运输工具：
PERMIUM：AS ARRANGED   DATE OF COMMENCEMENT：SEP. 04, 2012 PER CONVEYANCE：   YI XIANG V307

自   经   至
FROM： SHANGHAI，CHINA   VIA   TO   HAMBURG，GERMANY

承保险别：
CONDITIONS：
COVERING ALL RISKS AND WAR RISK AS PER C.I.C. OF PICC DATED 1/1/1981

ORIGINAL

所保货物，如发生保险单项下可能引起索赔的损失或损坏，应立即通知本公司下述代理人查勘。如有索赔，应向本公司提交保单正本(本保险单共有三份正本) 及有关文件。如一份正本已用于索赔，其余正本自动失效。

IN THE EVENT OF LOSS OR DAMAGE WITCH MAY RESULT IN A CLAIM UNDER THIS POLICY，IMMEDIATE NOTICE MUST BE COMPANY'S AGENT AS MENTIONED HEREUNDER. CLAIMS，IF ANY，ONE OF THE ORIGINAL POLICY WHICH HAS BEEN ISSUED IN THREE ORIGINAL(S) TOGETHER WITH THE RELEVENT DOCUMENTS SHALL BE SURRENDERED TO THE COMPANY. IF ONE OF THE ORIGINAL POLICY HAS BEEN ACCOMPLISHED，THE OTHERS TO BE VOID.

GLOBAL TRADING UM GMBH MOOSFELDTRABE 96，
85238 PETERSHAUAUSEN，W-GERMANY
TEL：08137/6280   FAX：08137/6290

赔款偿付地点：
CLAIM PAYABLE AT：   HAMBURG IN USD
出单日期：
ISSUING DATE：   SEP.，02，2012
核保人：徐丽   制单人：马良   经办人：邯郸   www.piccnet.com.cn
PICC Property and Casualty Company Limited Shanghai Branch NO. 0587654

                                    Authorized Signature   周龙   Manager

图10-9 保险单

第十一章
出口信用保险

学习目标:

了解我国出口信用保险的概况;

熟悉我国出口信用保险的种类与作用;

认识出口信用保险在国际贸易活动中的重要性;

学会合理运用出口信用保险帮助出口企业规避汇率风险。

本章导读:

被保险人中国A公司从2001年7月开始,以O/A60天付款方式向欧洲B公司出口盐渍牛肝菌。同时,A公司向中国出口信用保险公司(以下简称"中国信保")投保了出口信用保险,中国信保对B公司批准限额为O/A60天150万美元。2001年7月—10月,A公司向B公司发货共计199万美元,B公司已支付85万美元,尚欠货款114万美元。因B公司逾期没有付款,A公司于2003年2月就上述拖欠货款向中国信保报告可能损失,并委托中国信保代为追讨。

经过调查,该案存在以下一些争议。

1. 存在贸易纠纷。B公司提出桶装货物短重程度超过合同允许的范围,并出具瑞士通用公正行(SGS)就重量问题随机抽样所做的检验报告。

2. 交易过程和当事人关系复杂。贸易合同签字人的资格不明确,给B公司否认付款义务以可乘之机。

(1) A公司与C公司签订销售合同。C公司是一家与B公司无任何资金关联的海外注册公司,其中国代表处出示的B公司致中国供应商函中明确该代表处具有监控质量、安排出运的权利,同时有权安排在中国的全部采购,但未明确其是否具有以自己的名义在采购合同上签字的权利。

(2) A公司向B公司发货。

(3) A公司商业发票上的抬头人为香港注册的D公司。

(4) E公司是付款人。收汇水单中付款人为另外一家香港公司E公司。

(5) 资信报告显示,香港D公司和E公司的注册地址和负责人相同,两公司均是注册资本不足1000美元的一人公司,无实际履约付款能力。B公司与D和E合作是为了避税。同时,根据国内同业出口商反映,C公司虽然在账面上与B公司无关系,但两者存在密切的私人交往,且B公司对C公司拥有实际控制权。

基于上述交易关系,B公司以贸易合同不是该公司所签的和相关商业单据均未规定B公司义务为由,拒绝承担付款义务,甚至全盘否认交易事实。

经过分析,中国信保给出对本案的处理意见。中国信保承保的是B公司的信用风险,中国信保的买方信用限额也是批复给B公司的。但是从合同形式上看,B公司没有在合同上签字，贸易合同存在严重瑕疵。事实上，B公司也否认与A公司有贸易往来，而且A公司和B公司对货物重量存有争议。鉴于此，按照保单中有关贸易纠纷的规定，中国信保要求保户按贸易合同仲裁条款，提交中国贸易促进委员会仲裁委员会仲裁。待贸易纠纷解决后，中国信保方可定损核赔。同时，因出口货物仅有一年的保质期，为最大限度减少损失，中国信保允许保户继续与买家谈判，尽快处理剩余货物。

由以上案例我们可以清楚地看到，出口信用保险在整个国际贸易过程中所起的作用是不容忽视的，下面我们将通过本章的学习具体了解出口信用保险。

第一节　出口信用保险概述

出口信用保险(Export Credit Insurance)，也称出口信贷保险，是各国政府为提高本国产品的国际竞争力，推动本国的出口贸易，保障出口商的收汇安全和银行的信贷安全，促进经济发展，以国家财政为后盾，为企业在出口贸易、对外投资和对外工程承包等经济活动中提供风险保障的一项政策性支持措施，是世界贸易组织(WTO)补贴和反补贴协议原则上允许的支持出口的政策手段。

在国际贸易中，经常发生买方不能按时付款的情况，例如：买方失信不肯按时付款或资金周转不灵无力付款；出于非商业性或政治原因买方无法付款，诸如战争、政治动乱、政府法令变更、原不限制进口的商品改为禁止输入、已登记申请的进口许可证又被撤销等。对此，如果出口商投保了出口信用保险，承保人可在保险责任范围内，赔偿货款损失。

目前，全球贸易额的12%～15%是在出口信用保险的支持下实现的，有的国家的出口信用保险机构提供的各种出口信用保险保额甚至超过其本国当年出口总额的三分之一。

一、出口信用保险的起源

出口信用保险诞生于19世纪末的欧洲，最早在英国和德国等地萌芽。1919年，英国建立了出口信用制度，成立了第一家官方支持的出口信贷担保机构——英国出口信用担保局(ECGD)。紧随其后，比利时于1921年成立出口信用保险局(ONDD)，荷兰政府于1925年建立国家出口信用担保机制，挪威政府于1929年建立出口信用担保公司，西班牙、瑞典、美国、加拿大和法国分别于1929年、1933年、1934年、1944年和1946年相继建立了以政府为背景的出口信用保险和担保机构，专门为本国的出口和海外投资提供政策支持。

第二次世界大战后，世界各国政府普遍把扩大出口和资本输出作为本国经济发展的主要战略，而对作为支持出口和海外投资的出口信用保险，官方也一直持支持的态度，将其作为国家政策性金融工具大力扶持。1950年，日本政府在通产省设立贸易保险科，经营出口信用保险业务。20世纪60年代以后，众多发展中国家纷纷建立自己的出口信用保险机构。由于出口信用保险的政策性强、风险大、盈利的可能性小，大多为政府直接经营或政府资助民间保险机构经营。

二、出口信用保险的种类及特点

(一) 出口信用保险的种类

出口信用保险一般包括以下几种。

1. 短期出口信用保险

一般是指信用期限不超过180天的，适用于初级产品和消费品出口的一种保险。它是出口信用保险中使用最为广泛的险种，许多国家称之为综合短期出口信用保险，其保险单可加保信用前风险，根据被保险人的请求，该保险单期限可延长至360天。

2. 延长期出口信用保险

延长期出口信用保险是承保180天到两年之间的出口贸易风险的一种保险，主要适用于汽车、机械设备、生产线等的出口。

3. 中长期出口信用保险

中长期出口信用保险是承保两年以上、金额巨大、付款期限长的信用风险的一种保险，主要适用于建筑工业、造船业等。另外，也可以承保海外工程承包和技术服务项下的费用结算的收汇风险。

4. 出运前风险

出运前风险下保险人承保从合同订立日起到出运日止的信用风险。出口商即使已与进口商订立了贸易合同，但它仍将面临进口商由于国际市场的变化、产品价格的上升或下降而提出终止合同的风险。此种风险造成损失后，保险人将承担一切由于合同订明的，出口商已支付的产品设计和制造的实际费用，包括运输等其他杂费。这种保险一般为出口信用险和附加险。

5. 特定出口信用保险

特定出口信用保险用于特定情况下，承保某些特定合同项下的信用风险。它的承保对象一般为复杂的、大型的项目，如大型转口贸易、军用设备、出口成套设备以及其他保险人认为风险较大、需单独出立保险单承保的项目。

(二) 出口信用保险的特点

与一般商业性保险相比，出口信用保险有以下特点。

(1) 出口信用保险承保被保险人在国际贸易中，因进口国或进口商的原因导致的货物发运后不能收回货款的风险，这种风险包括商业风险和政治风险。

(2) 出口信用保险是出口国政府鼓励发展本国出口贸易的重要措施，其目的在于，由政府承担国际贸易中的收汇风险，鼓励企业积极开拓国际市场，提高本国产品的国际竞争力，扩大出口。

(3) 出口信用保险与出口贸易融资结合在一起，是出口信贷融资的重要组成部分，是出口商获得信贷资金的条件之一。

(4) 出口信用保险机构通常由政府出资设立或给予资金支持，并提供各种税收优惠政策，同时，政府也是风险的最终承担者。

(5) 出口信用保险承保的是一般商业性保险机构不愿或无力承保的业务，其中包括部分短期险业务和大部分中长期信用险业务。

三、出口信用保险承保的风险

出口信用保险承保的风险主要包括两大部分：商业风险与政治风险。

(一) 商业风险

商业风险是指进口商付款信用方面的风险，又称买家风险，它包括以下几种。

(1) 进口商破产，无力偿付货款或其经济走向崩溃，对所购货物已无能力支付货款。

(2) 进口商逾期不付款，即买方收货后拖欠货款，这里是指买方在放账期满后(一般规定4个月或半年)仍不支付货款。

(3) 进口商在发货前无理终止合同或违约拒收货物。买方拒收货物或拒付货款行为并非因被保险人的过失所致，而是买方丧失信用或由其他不道德意图所致。例如：货物运抵目的地时，买方国家市场情况有变、货物不再适销；买方因担心货物滞销、积压资金而违约拒收。如果由于被保险人不按时交货或货物数量、质量及规格与合同规定不符而引起买方拒收、拒付，则属于被保险人未履行贸易合同，不属于出口信用保险的责任范围。

(二) 政治风险

政治风险又称国家风险，是指与被保险人进行贸易的进口商所在国家或地区内部的政治、经济状况的变化而导致的收汇风险。它主要包括以下几种。

(1) 进口商所在国家或地区实行外汇管制，限制汇兑。出口信用保险单规定，若发生此类事件，买方可按保险人的要求，在指定的银行或机构存入相等于他所欠货款的本国货币，以便一旦该国或地区政府取消外汇管制，买方可立即将该笔款项用来兑换自由货币，偿付被保险人的货款。

(2) 进口商所在国家或地区实行进口管制。买方所属国家或地区为保护其企业某些产品的市场而限制或不许某些外国产品进口。

(3) 进口商的进口许可证被撤销。

(4) 进口商所在国或支付货款需经过的第三国颁布延期付款令。这一般指在内陆国家，货物需经过邻国转到本国，若邻国有法令不许货物进入该国而产生的风险。

(5) 进口商所在国或地区发生战争或骚乱等。

(6) 进口商所在国或任何有关第三国发生非常事件。这是指一切被保险人所属国以外的国家或地区，发生被保险人或进口商无法控制的其他事件，经保险人合理认定进口商已无法履行付款义务。

四、出口信用保险的作用

出口信用保险作为一国发展出口贸易的重要经济措施，具体作用主要表现在以下几个方面。

1. 提高市场竞争能力，扩大贸易规模

投保出口信用保险使企业能够采纳灵活的结算方式，接受银行信用方式之外的商业信用方式(如D/P、D/A、O/A等)，使企业给予其买家更低的交易成本，从而在竞争中最大限度地抓住贸易机会，提高销售企业的竞争能力，扩大贸易规模。

2. 提升债权信用等级，获得融资便利

出口信用保险承保企业应收账款来自国外进口商的风险，从而变应收账款为安全性和流动性都比较高的资产，成为出口企业融资时对银行而言具有价值的"抵押品"，因此银行可以在有效控制风险的基础上降低企业融资门槛。

3. 建立风险防范机制，规避应收账款风险

借助专业的信用保险机构防范风险，可以获得单个企业无法实现的风险识别、判断能力，并获得改进内部风险管理流程的协助。另外，交易双方均无法控制的政治风险可以通过出口信用保险加以规避。

4. 通过损失补偿，确保经营安全

通过投保出口信用保险，信用保险机构将按合同规定在风险发生时对投保企业进行赔付，有效弥补企业财务损失，保障企业经营安全。同时，专业的信用保险机构能够通过其追偿能力实现企业无法实现的追偿效果。

第二节　中国出口信用保险

一、中国出口信用保险概述

与其他国家相比较，中国的出口信用保险起步比较晚，其发展还处于初级阶段，但发展速度较快，对促进中国的出口贸易发展起到了不可替代的作用，越来越多的出口企业享受到出口信用保险带来的好处，出口信用保险将成为支持我国出口企业开拓国际市场、扩大业务范围、提高产品国际竞争力的最有力措施之一。

(一) 中国出口信用保险的发展历史

自20世纪80年代起，中国的出口信用保险一直由中国人民保险公司和中国银行共同经营。1983年，中国人民保险公司上海分公司与中国银行上海分行达成协议，为中国出口船舶买方信贷提供中长期出口信用保险，试办了中国第一笔中长期出口信用保险业务。1986年年初，中国人民保险公司上海分公司开始试办有关短期货物出口信用保险。此后，其他保险分公司也开始试办短期信用保险。

随着中国改革开放的深入，为鼓励出口贸易的发展，国务院于1988年8月正式决定由中国人民保险公司正式开办出口信用保险业务。1988年至1992年，中国人民保险公司经营的主要是短期的出口信用保险。1992年6月，国务院决定正式建立出口信用保险制度，设立"国家风险基金"，对出口信用保险业务免征营业税。同时，中国人民保险公司开始经营中长期资本货物的出口信用保险业务。1994年7月，中国进出口银行成立，其业务范围包括出口信用保险业务，重点是支持机电产品等中长期出口信用保险业务。

2001年12月11日，中国正式加入世界贸易组织(WTO)(以下简称"世贸组织")，同年12月18日，中国政府成立了中国出口信用保险公司(China Export & Credit Insurance Corporation)，简称"中国信保"。该公司是中国政府规范出口信用保险运作，加大对出口贸易的支持力度而批准成立的全资国有公司，其主要职能是积极配合中国的外交、外贸、产业、财政和金融政策，采用政策性出口信用保险的手段，全面支持货物、技术、资本和服务的出口，为中国企业积极开拓国际市场提供收汇风险和出口融资的保障，提高中国出口企业的国际竞争力。与此同时，中国人民保险公司和中国进出口银行停办出口信用保险业务，其业务及其责任全部由中国出口信用保险公司承接。

目前，中国出口信用保险公司除设立了总公司四大营业部以外，还在辽宁、天津、山东、江苏、上海、浙江、福建、广东、深圳、宁波、厦门、云南、安徽、河南设立了14个分公司，同时还在南昌、长沙、成都、重庆、西安、武汉、南宁和哈尔滨设立了8个营业管理部。此外，中国出口信用保险公司还在英国伦敦设立了代表处。2002—2008年，中国信保累计支持的出口和投资的规模为1748亿美元，为数千家出口企业提供了出口信用保险服务，为数百个中长期项目提供了保险支持，包括高科技出口项目、大型机电产品和成套设备出口项目、大型对外工程承包项目等。同时，中国信保还带动90余家银行为出口企业融资3697亿元人民币。

(二) 中国出口信用保险的特征

与大多数国家一样，中国出口信用保险是政策性保险，国家财政是其后盾，它是以支持中国企业出口货物、服务、海外投资和对外承包工程等国际经贸活动为目的的一项特殊的政策性措施。因此，它具有以下明显的政策性特征。

1. 承保特殊性风险

中国出口信用保险公司承保商业性保险公司无力承保或不愿意承保的一些巨额风险。例如，进口商所在国政府颁布禁止进口法令、外汇管制等政治风险，进口商破产倒闭或恶意拖欠货款等风险。

2. 遵从国家经济与外交政策目标

中国出口信用保险公司为国家全资国有企业，因而它在险种设计、客户选择和确定、承保国别或地区方面，遵循国家制定的各项经济与外交政策，如国内产业政策、农业发展政策、中小企业政策、西部大开发战略、"走出去"战略以及市场多元化、科技兴贸、以质取胜和大经贸等战略。同时，在对外交往方面，还体现了中国的国别政策，服从国家经济、金融安全的要求等。

3. 商业化操作，收支基本平衡

按照世贸组织的规定，信用保险机构在较长时期内，需保持收支基本平衡。为此，中国政府支持的出口信用保险公司，既要体现国家的政策性目标，同时，要通过商业化的运作和经营机制，找到一定时间内的收支平衡点，争取达到保本经营的目标。因此，中国信

保公司在厘定费率和定损核赔时，仅以"保本"为限，并不追求利润最大化，但也不能给国家财政造成重大损失。

4. 国家财政支持和税收减免

由于中国出口信用保险公司为国有企业，国家设立了"出口信用保险风险基金"，为其全额提供资本金，当业务规模扩大、资本金不足时，由财政预算给予补充，以实现国家的政策性目标。另外，中国信保公司还享受税收优惠政策，如全部免除营业税，所得税实行"先征后返"等。

中国政府有关部门与中国信保公司联合发布有关文件，鼓励中国出口企业充分运用信用保险手段，开拓国际市场，扩大出口规模，投保企业因此享受出口信用保险的各种政策优惠。如对高新技术产品出口提供低贷款利率的出口信贷金融支持等。此外，各级地方政府也出台了一系列相关的扶持政策，鼓励当地的出口企业投保出口信用保险。

(三) 中国出口信用保险的承保范围

为了配合政府的"走出去"战略，中国出口信用保险在承保传统的货物出口收汇风险的基础上，还不断扩大承保范围，覆盖了货物、技术、服务和资本的全方位出口，陆续开发涉及上述范围的相关出口信用保险新产品，不断满足中国企业在"走出去"的过程中应收账款收汇安全的需要。

1. 承保的商品

中国出口信用保险可以承保所有出口商品的信用风险。近年来，为了促使中国从贸易大国向贸易强国转变，中国政府重点扶持高科技、高附加值产品的出口，以此改变出口结构，提高出口质量，减少资源的不合理使用和环境污染。

为此，出口信用保险在承保所有出口商品的同时，将机电产品、高科技产品、高附加值产品出口作为重点承保对象。

2. 承保的贸易方式

由于出口信用保险主要用于确保出口应收账款的安全回收，因此，中国出口信用保险重点支持一般贸易方式下的出口。近年来，加工贸易的份额在中国对外贸易方式中占有重要比重，尽管加工贸易不像一般贸易全部收汇，但其中也包括部分增值的收汇(生产增值、税款及工资等)，因而加工贸易尤其是进料加工，对出口信用保险也有较大的需求。

3. 承保的结算方式

中国出口信用保险重点承保非信用证结算方式的出口，如托收等。这些商业信用结算方式手续简便，成本较低，可以规避信用证欺诈风险，有利于扩大中国商品的出口，但相对于信用证结算方式而言商业信用的收汇风险较大，因此需要信用保险的保障。但由于信用证结算下的出险率越来越高，在2002年一年的统计数据中，中国信保公司短期信用证项下的赔付率竟高达80%以上。因此，信用证结算方式同样需要出口信用保险对收汇安全加以保障。

4. 承保的国别或地区

中国出口信用保险支持出口企业向全世界所有国家或地区的出口，无论出口到哪一个国家或地区的商品，均可投保出口信用保险。近年来，中国出口信用保险公司重点支持企业对非洲、拉丁美洲、中东、东欧和俄罗斯等市场的出口。

(四) 中国出口信用保险的种类

中国出口信用保险公司成立以来，国家财政支持力度不断加大，保险基金的增长较快，其承保能力也有了较大的提高。2004年修改后的《中华人民共和国对外贸易法》(以下简称《对外贸易法》)也加入了出口信用保险内容，其中第53条规定："国家通过用出口信贷、出口信用保险、出口退税及其他促进对外贸易的方式，发展对外贸易。"至此，中国出口信用保险业务已走上法制化、正规化轨道，并与国际惯例接轨。中国出口信用保险公司在原有险种的基础上，不断增加新的险种、降低保费、改善服务水平。目前，中国出口信用保险公司的险种主要包括短期出口信用保险、中长期出口信用保险、出口信用担保和海外投资保险。

1. 短期出口信用保险

中国出口信用保险公司成立后，已设计出近10个品种，2003年陆续推向市场以满足出口企业的不同需求。目前，短期出口信用保险主要包括以下几个险种。

1) 短期出口信用统保保险

短期出口信用统保保险主要承保企业以非信用证结算方式的出口，以最大限度支持和鼓励企业以非信用证开拓市场、扩大出口规模。如果企业将其出口的所有非信用证业务全部投保，其投保金额达到一定规模，中国出口信用保险公司将给予一个非常优惠的费率。

2) 短期出口信用证保险

短期出口信用证保险主要承保企业以信用证结算方式的出口，其费率只相当于统保费率的50%。由于信用证结算并不能消除安全收汇的所有风险，特别是某些发展中国家的外汇管制风险，对出口企业使用的远期信用证收汇构成一定风险，因此，信用证结算方式的出口贸易同样需要出口信用保险的保障。

3) 短期出口信用保险综合险

短期出口信用保险综合险主要承保企业以信用证和非信用证结算方式的所有出口业务，是将上述统保保险和信用证保险综合在一起的一种险种，其费率更加优惠。

4) 特定保险

为了重点支持机电产品和成套设备的出口，中国出口信用保险公司专门设计了短期险项下的"特定合同保险"与"特定买方保险"，以此满足企业以非信用证结算方式出口上述产品的特别需求。

此外，中国出口信用保险公司还专门设计了短期险项下的"买方违约保险"，支持企业充分利用分期付款方式出口。该险不仅按惯例承保出运后的风险，也承保出运前的风险。

2003年，中国出口信用保险公司再度开发了"农产品出口特别保险""出口票据保险"和"海外劳务风险保障"3个新品种，以满足企业的不同需求。

1) 农产品出口特别保险

该险对企业在农产品出口后到买方办妥进口清关手续之前所遭遇的封关损失给予补

偿。承保风险包括进口国家或地区发布的禁止进口令、提高检验检疫标准、增加检验检疫项目或突然变更许可证而导致的中国农产品无法在进口国通关。该险的最大好处是，出口企业遭遇上述风险后，保险公司立即对被保险企业的损失给予补偿，出口企业不必等到受损农产品被清理后才获补偿。

2) 出口票据保险

该险以提供出口融资的银行为被保险人，通过承保出口票据下付款人的商业信用风险和付款人所在国的政治风险，为融资银行贴现或押汇的出口票据提供收汇安全保障，以方便出口企业获得银行融资。该险不但有利于银行加强对票据融资业务的风险管理，保障资金的安全性和经营的稳定性，提高银行的竞争力，而且有利于为出口企业融资提供便利。

3) 海外劳务风险保障

该险承保被保险人与境外雇主签订的《对外劳务合作合同》，生效后，因政治风险和巨灾风险、境外雇主违约风险、外派劳务人员违约风险导致被保险人的经济损失，保险公司给予补偿。该险可以保障经营公司和劳务人员的合法权益，促进中国对外劳务合作的发展，它也是一项政策性较强的综合保险。

保险费是投保的成本，保险费的高低又是影响企业投保积极性的关键因素之一。为了鼓励出口企业投保，2003年以来，中国出口信用保险公司的短期险平均费率不断下降。中国出口信用保险公司与政府有关机构联合采取措施降低保险费的水平，如在财政部规定的许可范围内主动将保险费降低10%；对西部地区实行更优惠的保险费；对关键客户实行优惠保险费；地方政府实施各种优惠措施等。通过上述措施，投保企业的保险费负担大为降低，并与国际接近。

此外，中国出口信用保险公司也不断提高和改善服务水平和质量，根据企业的不同情况，可以为企业"量身定做"一些品种，以满足投保企业的特殊需求。

2. 中长期出口信用保险

中国出口信用保险中的中长期出口信用保险的承保信用期通常为1～10年，是主要针对出口企业或银行在国际经济活动中，因境外政治风险或商业风险遭受经济损失而设立的险种。该险承保金额较大、期限较长、融资需求较强、收汇风险较大的大型机电产品和成套设备的出口以及海外工程承包等项目，其险种主要有出口买方信贷保险和出口卖方信贷保险。

3. 出口信用担保

中国出口信用保险中的出口信用担保业务主要支持国内企业的一般贸易、大宗机电设备产品、高新技术产品的出口和对外工程承包等。该担保业务分为融资担保和非融资担保两大类。

4. 海外投资保险

中国出口信用保险中的海外投资保险是中国政府为鼓励中国企业开展境外投资而推出的一种政策性金融工具，主要承保中国企业在海外的投资及其收益因东道国或地区的政治风险等所遭受的损失。

二、中国短期出口信用保险

中国短期出口信用保险(Short-term Export Credit Insurance)，指承保信用期限在180天内或扩展承保信用期限在180天以上、360天以内的收汇风险，主要用于以付款交单(D/P)、承兑交单(D/A)、赊销(O/A)等商业信用为付款条件签订的销售合同项下的出口或银行及其他金融机构开立的信用证项下的出口的一种出口信用保险。

(一) 中国短期出口信用保险的种类

中国短期出口信用保险是一种政策性保险，由国家投资设立保险机构，以国家财政作为经济支柱，扶持企业参与国际竞争，通过立法对业务的经营进行规范和管理，国家其他机构给予各种优惠措施，最终保障出口企业安全收汇，鼓励本国产品的出口，主要包括以下几个险种。

1. 综合保险(Comprehensive Cover Insurance)

综合保险承保出口企业所有以信用证和非信用证为支付方式出口的收汇风险。它补偿出口企业按合同规定出口货物后，或作为信用证受益人按照信用证条款规定提交单据后，因政治风险或商业风险发生而直接导致的出口收汇损失。这一保险的承保范围较大，保险金额较高，但保险费率较低，承保条件如下所述。

(1) 货物、技术或服务从中国出口或转口；

(2) 支付方式为不可撤销跟单信用证、付款交单(D/P)、承兑交单(D/A)或赊销(O/A)等；

(3) 付款期限一般在180天以内，亦可扩展至360天；

(4) 有明确、规范的出口贸易合同。

2. 统保保险(Whole Turnover Insurance)

统保保险承保出口企业所有以非信用证为支付方式出口的收汇风险。它补偿出口企业按合同规定出口货物后，因政治风险或商业风险发生而导致的出口收汇应收账款经济损失，承保条件如下所述。

(1) 货物、技术或服务必须从中国出口或转口；

(2) 货款结算方式必须是付款交单(D/P)、承兑交单(D/A)或赊销(O/A)；

(3) 付款期限是180天以内，但也可扩展到360天；

(4) 签订了明确规范的出口贸易合同。

3. 信用证保险(L/C Insurance)

信用证保险承保出口企业以信用证支付方式出口时面临的收汇风险，付款期限在360天以内。在此保险项下，出口企业作为信用证受益人，按照信用证条款要求，在规定时间内提交单证相符、单单相符的单据，由于商业风险、政治风险的发生，不能如期收到付款的损失由中国信保补偿，承保条件如下所述。

(1) 货物、技术或服务必须从中国出口或转口；

(2) 结算方式必须是不可撤销的跟单信用证；

(3) 付款期限是180天以内，但也可扩展到360天；

(4) 有明确、规范的出口贸易合同。

4. 特定买方保险(Specific Buyer's Insurance)

特定买方保险专为中国出口企业而设。它承保企业对某个或某几个特定买方以各种非信用证支付方式出口时面临的收汇风险，付款期限在180天以内(可扩展至360天)。它的承保条件与统保保险相同，但由于出口商是选择性投保，保险金额较低，因而费率相对较高。

5. 特定合同保险(Specific Contract Insurance)

特定合同保险承保企业某一特定出口合同的收汇风险，适用于较大金额(200万美元以上)的机电产品和成套设备出口。其中，以各种非信用证为支付方式，付款期限在180天以内(可扩展至360天)。它的特点为：投保针对特定出口合同，支付方式为非信用证支付。与其他险种相比，该险种的承保条件较多，具体如下所述。

(1) 货物从中国出口；

(2) 出口产品属于机电产品或成套设备；

(3) 合同金额在200万美元以上；

(4) 支付方式为付款交单(D/P)、承兑交单(D/A)、赊销(O/A)等；

(5) 付款期限一般在180天以内，亦可扩展到360天；

(6) 有明确的出口贸易合同。

6. 买方违约保险(Insurance against Buyer's Break of Contract)

买方违约保险承保出口企业以分期付款方式出口因发生买方违约而遭受损失的风险。它不仅适用于机电产品、成套设备出口，而且适用于对外工程承包和劳务合作。它的特点是：出口以分期付款为支付方式，分期付款间隔不超过360天。与特定合同保险类似，该险要求的条件较为严格，具体如下所述。

(1) 货物或服务从中国出口；

(2) 出口产品属于机电产品、成套设备、高新技术，或带有机电设备出口的对外劳务合作，产品价值中的中国成分不低于70%，船舶不低于50%；

(3) 合同金额在100万美元以上，其中预付订金不低于15%；

(4) 支付方式为按工程或服务进度分期付款，最长付款间隔不超过一年；

(5) 付款期限一般在180天以内，亦可扩展到360天；

(6) 有明确的出口贸易合同，合同执行期不超过三年。

7. 农产品出口特别保险(Agricultural Products Export Specific Insurance)

农产品出口特别保险主要承保中国农产品在出口之后，买方办理进口通关手续之前，因进口国或地区颁布禁止进口令，提高检验检疫标准，增加检验检疫项目或突然变更许可文件等，导致中国农产品无法在进口国入关等事件，保险人对出口企业因此遭受的损失给予补偿。近年来，中国禽肉类产品出口因"禽流感"疫情，遭遇国外"封关"的事件时有发生，为保护农民利益，支持农业发展，为农产品出口企业解除后顾之忧，中国出口信用保险公司及时开办了农产品出口特别保险。

8. 出口票据保险(Export Bill Insurance)

出口票据保险以提供出口融资的银行为被保险人，通过承保出口票据项下付款人的商业信用风险和付款人所在国的政治风险，为融资银行贴现或押汇的出口票据提供收汇安全保障，帮助出口商获得银行融资便利。因此，凡从事出口票据融资的各类银行均可投保该险。

(二) 中国短期出口信用保险的承保风险及除外责任

1. 承保风险

中国短期出口信用保险的承保风险包括两大类：政治风险与商业风险。

(1) 政治风险是指在贸易双方当事人均无法控制的前提下，国外债务人如商业信用付款条件下的国外进口商，或在信用证付款条件下的国外开证银行或保兑银行，其所在国家或地区的政治、社会、经济环境发生变动，导致上述国外债务人不能或不能按时支付货款或其他债务等各种事件。主要包括债务人所在国家或地区的下列情况。

① 禁止或限制汇兑；

② 禁止进口商所购货物进口；

③ 撤销许可证；

④ 发布延期付款令；

⑤ 发生战争、暴动等政治事件等。

(2) 商业风险是指在商业信用付款条件下的国外进口商，或在信用证付款条件下，国外开证银行或保兑银行因出现信用问题，导致出口商或信用证受益人无法收汇的风险。这些风险主要包括以下几项。

① 进口商或开证银行或保兑银行破产或无力偿付债务；

② 进口商或开证银行或保兑银行拖欠债务；

③ 进口商拒绝受领货物；

④ 开证银行或保兑银行拒绝承兑汇票。

2. 除外责任

中国出口信用保险公司对下列损失不承担赔偿责任。

(1) 被保险人的过失或违法行为导致的损失。例如，被保险人或其代理人违约、欺诈以及其他违法行为所引致的损失，或者被保险人的代理人破产引致的损失；被保险人未能及时获得许可证，导致销售合同无法履行引致的损失。

(2) 被保险人的其他原因导致的损失。例如，被保险人未获得有效信用限额且不适用自行掌握的信用限额而向进口商出口所致的损失；被保险人在已知风险的情况下出运而导致的损失；被保险人向其关联公司出口，由于商业风险所致的损失。

(3) 进口商的过失导致的损失。例如，进口商未能及时获得许可证，导致贸易合同无法履行所致的损失；进口商的代理人破产、违约、欺诈或其他违约行为所致的损失。

(4) 第三方的责任。例如，货物运输保险人或其他保险人承保的损失；银行擅自放单、运输代理人或承运人擅自放货所致的损失；信用证结算方式下，虚假或无效的信用证所致的损失；因单据存在不符点，或单据在传递过程中延误、遗失、残缺不全或邮递错误所致的损失。

(5) 其他损失。例如，汇率变动所致的损失；非信用证结算方式下，货物出口前发生的损失；信用证结算方式下，在被保险人提交单据前所发生的损失；保险单承保责任以外的其他损失。

(三) 中国短期出口信用保险的承保程序

1. 保单投保

当出口商决定投保时，必须按照最大诚信原则履行告知、陈述和保证义务，填写保险公司提供的投保单各项内容。投保单的主要内容包括出口商的基本信息、投保范围、出口产品的信息、经营状况、未来的出口预测、内部风险控制制度等。而作为保险人的保险公司也需要对投保人的商业秘密给予保密。

2. 拟订承保方案

与一般的商业保险相比，出口信用保险承担的损失赔偿比例是有限的。通常，中国短期出口信用保险的做法是，因进口商拒收货物所致的损失赔偿最高为80%，其他原因导致的损失赔偿最高为90%。而信用限额则由被保险人自行掌握。所谓信用限额，是指保险人承诺对保险单项下某一特定进口商或银行，在特定结算条件下的信用风险承担赔偿责任的最高限额。短期出口信用保险的保险人承担的最高保险责任不是实际出口金额，而是以信用限额作为最高赔偿限额。当一个付款周期内发运货物的金额不超过被保险人自行掌握的信用限额时，被保险人无须事先向保险人申请信用限额即可直接发运货物，只要在发运货物后的申报期内直接向保险人申报即可。

3. 签发保单

保险单中将清晰地注明承保范围、责任范围、除外责任、责任限额、费率、损失索赔、争议解决、被保险人的义务等内容。当保险合同订立后，由于某种原因需要对原保险合同的某些内容予以变更或修改，须由保险人出具批单，并加盖公章。

4. 信用限额申请与审批

在信用证支付方式下，信用限额的使用有两种：一种是不可循环使用的，只适用于一笔信用证的额度，该信用证使用完毕后，信用限额自动失效；另一种是可以循环使用的，即对于同一进口商在同一银行开出的信用证的信用限额可以循环使用。某一进口商的信用限额一旦被保险人批准，自信用限额生效后，出口时可循环使用，直到保险人书面更正为止。

5. 出口申报及缴纳保险费

被保险人获得信用限额并安排货物出运后，应按照保险单中列明的出口申报方式，在规定的时间内，将符合承保范围的全部出口货物，按保险人规定的出口申报单格式向保险公司申报，保险人则按发票金额和约定的费率计收保险费，并开始承担保险责任。但保险人对未申报的出口货物不负赔偿责任。

单据样本11-1

短期出口信用保险

综合保险投保单

中国出口信用保险公司：

遵照贵公司《短期出口信用保险综合保险单》条款的规定，并在出具以下申报、要求和保证的基础上，我公司特向贵公司提出投保短期出口信用保险综合保险的申请。请贵公司对我公司自__年__月__日起适保范围内的出口予以审核承保，并及时通知我公司承保条件及费率。

一、投保人基本情况

公司名称(中文)_____

(英文)_____

注册地址_____

_____地区_____

营业地址_____

组织机构代码_____

工商注册号_____

电话_____传真_____邮编_____

电子信箱_____

网址_____

企业类型(请在适合的□内打"√")

国有企业□	国有独资□ 国有控股□ 国有联营□
民营企业□	乡镇企业□ 私营企业□ 个体企业□
外资企业□	外国独资□ 中外合资□ 中外合作□
其他□(请说明)	

经营性质(请在适合的□内打"√")

贸易公司□ 贸易代理□ 生产型企业□

是否上市公司(请在适合的□内打"√") 是□ 否□

营业范围_____

开始出口年份_____

法定代表人_____

姓名_____职务_____电话_____

委托代理人_____

姓名_____职务_____电话_____

电子信箱_____

主要联系人_____

姓名_____职务_____电话_____

电子信箱_____

姓名_____职务_____电话_____

电子信箱_____

二、投保人内部风险管理状况(请在适合的□内打"√")

(一) 风险管理系统

1. 风险控制责任人	有专门风险管理部门和专职风险管理的高级经理 □	公司高级财务经理 □	专职人员负责，但职位较低 □	没有专职风险管理人员 □

(续表)

2．风险控制规则	有明文风险管理规则，任何人不能突破 □	有明文风险管理规则，有时有突破 □	有明文风险管理规则，仅供业务参考 □	没有明文的风险管理规则 □
3．风险控制激励体系	风险管理规则中明确规定激励体系，全公司员工认同风险控制理念且全员参加 □	风险管理规则中明确规定激励体系，仅责任人员认同风险控制理念且履行 □	风险管理规则中未明确规定激励体系，公司量力而行 □	无风险控制激励体系 □

(二) 通过有关质量体系认证

已于_____年通过_____质量体系认证	未通过任何质量体系认证
□(如选择本项，请填写以上空格内容)	□

三、出口情况

(一) 出口商品

商品大类	所占比例/%

(二) 近三年出口额和经营情况

年份	出口总额/万美元	适保出口额/万美元	税后利润/万人民币

(详细情况见《资产负债表》)

(三) 适保出口情况分析

出口国家(地区)	出口额/万美元	不同支付方式的出口额/万美元			
		D/P	D/A	O/A	L/C
合计					

(四) 适保范围内的主要买方清单(按实际情况列举，填写前10个)

序号	买方名称 (英文大写)	买方详细地址 (英文大写)	年出口额/ 万美元	支付方式
1				
2				
3				
4				
5				
6				
7				
8				
9				
10				
	适保范围内的买方总个数			个

(五) 近三年逾期未收汇情况[请在上述(四)的序号中选择]

序号	未收汇 年份	未收汇金额/ 万美元	未收汇原因(请选择下述代码填写) (A=破产，B=拖欠，C=拒绝受领货 物，D=贸易纠纷，E=政治风险)	备注 (请说明结果等进 一步情况)

(六) 过去三年中超过10万美元逾期未收汇情况的细节

年份	国家	债务人名称/地址	最终损失金额/ 万美元	损失原因 [请填写上述(五) 的未收汇原因代码]

注：1. 如地方不够可另加页；

2. 可以近期向外汇管理局报送的逾期未收汇报表复印件代替此表。

四、投保范围

(一) 全部非信用证支付方式的出口和全部信用证支付方式的出口 □

(二) 全部非信用证支付方式的出口 □

(三) 信用证支付方式的出口 □

1. 全部信用证支付方式的出口 ○

2. 国家(地区)的全部信用证业务 ○

3. 如下表所示的信用证支付方式的业务 ○

序号	开证行名称 (英文大写)	保兑行名称(英文大写, 如是保兑信用证)	买方名称 (英文大写)	信用证金额 /万美元	信用证 付款期限
1					
2					
3					
4					
5					
6					
7					
8					
9					
10					

注：① 以上三种方式：第(一)种只能单选；第(二)种可单选也可与第(三)种组合选择；第(三)种只能与第(二)种组合选择，不能单选。

② 在选择第(三)种方式时请按如下方法选择：第1种只能单选；第2、3种可单选也可相互组合选择。

五、对赔偿比例的选择

鉴于政治风险所致损失的赔偿比例是固定的，而对商业风险所致损失的赔偿比例的选择结果会影响我公司所得保险费率，我公司选择意向如下。(请在适合的□内打"√")

拒绝受领货物风险所致 损失的赔偿比例	其他商业风险所致 损失的赔偿比例	选择结果
80%	90%	□
70%	80%	□
60%	70%	□
50%	60%	□
40%	50%	□

六、对争议解决方式的选择(请在下述□内打√，选一项)

仲裁	在北京仲裁委员会仲裁□
诉讼	在保险人所在地诉讼□　　在被保险人所在地诉讼□　　在保单签发地诉讼□

七、其他需要说明事项(被保险人如有特殊要求，可在此填写) ＿＿＿＿＿＿＿＿＿

八、随本投保单所附资料清单

九、保证事项

(一) 我公司郑重声明已经详读《短期出口信用保险综合保险单》条款，对该条款已经充分理解，并在此基础上填写本《投保单》。

(二) 我公司保证未经中国出口信用保险公司书面同意，不向除我公司开户银行以外的任何机构、买方或其他人披露本保险关系的存在或其他内容。

(三) 我公司保证将按《短期出口信用保险综合保险单》的规定，对所有适保范围内的出口按时向中国出口信用保险公司申报并足额缴纳保险费。

(四) 我公司保证按照《短期出口信用保险综合保险单》的规定全面履行被保险人的义务。

(五) 我公司保证本《投保单》中所填写的内容均是真实的，无隐瞒任何与本保险有关的重要情况，并同意以此作为贵公司承担保险责任的先决条件。

投保单位盖章　　　　　　　　　　　　法定代表人 _____

　　　　　　　　　　　　　　　　　　　　　　(用正楷填写)

　　　　　　　　　　　　　　　　　签字人职务 _____

　　　　　　　　　　　　　　　　　签　　　字 _____

　　　　　　　　　　　　　　　　　签字日期___年___月___日

三、中国中长期出口信用保险

中长期出口信用保险(Medium and Long-term Export Credit Insurance)是指承保信用期限为1年至10年(经协商，特殊项目的期限可为10年以上)，出口商或银行在贸易或投资等对外经济活动中，因境外政治风险或商业风险而遭受损失的一种信用保险。

中国出口信用保险公司开办中长期出口信用保险，旨在鼓励我国出口企业积极参与国际竞争，特别是高科技、高附加值的机电产品和成套设备等资本性货物的出口以及海外工程承包项目，支持银行等金融机构为出口贸易提供信贷融资。目前，中国出口信用保险公司开办的中长期出口信用保险包括出口卖方信贷保险和出口买方信贷保险。

(一) 出口卖方信贷保险

出口卖方信贷保险(Supplier's Credit Insurance)是中国信保公司的中长期出口信用保险业务之一，是指在大型机械装备与成套设备贸易中，为方便出口商以延期付款方式出卖设备融资，出口商所在地的银行对出口商向国外进口商出售设备、技术和劳务而提供的一种贷款。该险对出口商以延期付款方式出口设备等资本货物，并在卖方信贷融资方式下可能产生的出口收汇风险加以承保。

1. 出口卖方信贷保险的承保范围

出口卖方信贷保险对于被保险人在商务合同项下由下列事件引起的直接损失，承担赔偿责任。

(1) 进口商及其担保人破产、倒闭、解散；

(2) 进口商违反商务合同项下对被保险人的付款义务，且进口商的担保人(如有)也未履行担保合同项下的担保义务；

(3) 进口商违反商务合同的规定，致使商务合同提前终止或无法履行；

(4) 进口商所在国政府颁布法律、法令、命令或采取行政措施，禁止或限制进口商以

商务合同约定的货币或其他可自由兑换的货币履行商务合同项下对被保险人的付款义务;

(5) 进口商所在国、项目所在国或进口商付款须经过的第三国颁布延期付款令;

(6) 进口商所在国或项目所在国颁布法律、法令、命令或采取行政措施(包括撤销或不予展延进口许可证),致使商务合同部分或全部无法履行;

(7) 进口商所在国或项目所在国发生战争、敌对行动、内战、叛乱、革命或暴动,致使商务合同部分或全部无法履行。

2. 出口卖方信贷保险的除外责任

出口卖方信贷保险中保险人对下列损失不承担赔偿责任。

(1) 被保险人违反商务合同规定或违反有关法律、法规引起的损失;

(2) 由于进口商拒绝支付或推迟支付商务合同下的应付款所引起的间接损失;

(3) 被保险人在其出具的履约保函或其他保函项下发生的损失;

(4) 汇率变更引起的损失;

(5) 除进口商及其担保人外的任何与商务合同付款相关的机构和人员违约、欺诈、破产、违反法律或其行为引起的损失;

(6) 因进口商违约,被保险人按商务合同规定应向进口商收取的罚款或惩罚性赔偿;

(7) 在商务合同履行过程中,属于货物运输保险或其他财产以及责任保险范围内的损失;

(8) 商务合同生效后,被保险人得知合同列明的损失事件已经发生,仍继续履行合同引起的损失;

(9) 被保险人无权直接从进口商处收取款项的损失。

3. 出口卖方信贷的程序

出口商若决定投保出口卖方信贷保险,必须具备一定的资格和条件,例如:投保人是在中国注册的具有相关出口经营权和资质的法人,且在与中国出口信用保险公司的合作经历中,不存在不良记录或违约行为;出口项目必须符合进出口双方国家法律、法规,技术可靠,经济效益较好,符合进口国的环保法规,而且不得损害中国国家利益;投保时,进口国的政治风险应属于中国出口信用保险公司可接受的风险范畴,而且投保金额不超过投保时进口国国家限额的余额。具体的做法如下所述。

(1) 出口商(卖方)以延期付款或赊销方式向进口商(买方)出售大型机械装备或成套设备。在这种贸易方式下,进出口商签订合同后,进口商先支付10%~15%的定金,在分批交货验收和保证期满时,再分期支付10%~15%的货款,其余70%~80%的货款在全部交货后若干年内分期偿还(一般每半年还款一次),并支付延期付款期间的利息。

(2) 出口商(卖方)向其所在地的银行商借贷款,签订贷款协议,以融通资金。

(3) 进口商(买方)分期偿还出口商(卖方)货款及利息后,根据贷款协议,出口商再用以偿还其从银行取得的贷款。

出口商向银行借取卖方信贷,除按出口信贷利率支付利息外,并须支付信贷保险费、承担费、管理费等。这些费用均附加于出口成套设备的货价之中,但每项费用的具体金额进口商不得而知。所以,延期付款的货价一般高于以现汇支付的货价,有的高出3%~4%,有的甚至高出8%~10%。

办理出口卖方信贷保险通常的程序如下所述。

(1) 签订贸易合同，约定延期付款方式；

(2) 进口商向其担保行申请开立延期付款保函；

(3) 担保行开出付款保函后，转递给卖方信贷银行，由卖方信贷银行转递给卖方；

(4) 出口商收到保函后，填制投保单；

(5) 保险人收到出口商的投保单后，对进口商及其担保银行进行资信调查，决定是否承保；

(6) 保险人和出口商协商承保条件和条款，签发保险单，保险合同成立；

(7) 卖方信贷银行向出口商提供贷款，出口商将保险单项下的权益转给卖方信贷银行，约定一旦出口商获得了保险人的赔偿，出口商应以该赔偿金额偿还银行的贷款；

(8) 出口商按期发货，进口商向其担保银行分期支付货款。进口担保银行收到货款后，向卖方信贷银行分期偿付贷款。卖方信贷银行收到货款后，同出口商结算贷款；

(9) 如果进口商的分期付款出现风险，卖方信贷银行将依据协议向保险人索赔。

(二) 出口买方信贷保险

出口买方信贷保险(Buyer's Credit Insurance)是中国信保公司的中长期出口信用保险的另一项业务，是指在大型机械装备或成套设备贸易中，由出口商(卖方)的银行贷款给外国进口商(买方)或进口商的银行，用于支持进口商以即期付款形式购买出口商的产品、服务或技术的一种贷款。它是在出口买方信贷融资方式下，向贷款银行提供的还款风险保障。在出口买方信贷保险中，贷款银行是被保险人。投保人可以是出口商或贷款银行。在该保险下，贷款银行可以保证按期足额收回贷款本金和利息。

1. 出口买方信贷保险的承保范围

买方信贷保险对被保险人按贷款协议的规定履行义务后，由于下列商业或政治事件导致借款人未履行其在贷款协议项下的还本付息义务，且担保人未履行其在担保合同项下的担保义务而引起的直接损失，承担赔偿责任。政治事件包括以下几项。

(1) 借款人所在国家(或地区)政府或其在贷款协议项下还款必须经过的第三国(或地区)政府颁布法律、法令、命令、条例或采取行政措施，禁止或限制借款人以贷款协议约定的货币或其他可自由兑换的货币向被保险人偿还贷款；

(2) 借款人所在国家(或地区)政府或其在贷款协议项下还款必须经过的第三国(或地区)政府颁布延期付款令；

(3) 借款人所在国家(或地区)发生战争、革命、暴乱；

(4) 借款人所在国家(或地区)发生恐怖主义活动和与之相关的破坏活动；

(5) 保险人认定的其他政治事件。

商业事件包括以下两项。

(1) 借款人被宣告破产、倒闭或解散；

(2) 借款人拖欠贷款协议项下应付的本金或利息。

2. 出口买方信贷保险的除外责任

出口买方信贷保险对被保险人违反保险单或贷款协议的规定，或因被保险人的过错致使保险单或贷款协议部分或全部无效而产生的损失不承担赔偿责任。

3. 出口买方信贷保险的程序

出口买方信贷保险的具体做法因出口买方信贷的做法不同而有所不同，投保人可以是出口商，也可以是贷款银行。

1) 出口商为投保人

这种保险程序适用于出口买方信贷中出口国银行直接贷款给进口商的情况。具体程序如下所述。

(1) 订立贸易合同后，出口商以贷款银行为被保险人向中国信保公司申请投保出口买方信贷保险。

(2) 保险人在风险评估后，与出口商订立保险合同，约定出口商向保险人履行缴纳保险费义务，而保险人则对买方信贷给予承保。

(3) 保险人向出口商所在地的提供买方信贷的银行签发以其为被保险人的保险单，出口商所在地的提供买方信贷的银行与进口商的转贷银行签订买方信贷协议，贷款银行提供买方信贷。

(4) 进口商的转贷银行与进口商签订转贷协议，将买方信贷款项转贷给进口商。

(5) 出口商发货，进口商收到货物后，通知本国的转贷银行，用贷款即期向提供买方信贷的银行支付货款。提供买方信贷的银行收到货款后，即期向出口商支付项目设备的货款。

(6) 进口商按照协议规定按期向转贷银行偿还贷款本息，转贷银行同时也需要按期向买方信贷银行偿还贷款本息。

2) 贷款银行为投保人

这种保险程序适用于出口买方信贷中出口国银行把贷款贷给进口国银行，进口国银行再转贷给进口商的情况。在这个程序中，进口商和出口商订立贸易合同后，贷款银行以自己为投保人和被保险人向中国信保公司申请投保出口买方信贷保险。程序与出口商为投保人的操作程序大致相同，只是提供贷款的银行既是投保人也是被保险人，进口商银行既是借款银行又是转贷银行和担保人。

四、中国出口信用担保

出口信用担保(Export Credit Guarantee)是中国出口信用保险公司为中国国内出口企业和提供出口融资的银行提供的一种金融服务业务。它有助于提升中国出口企业的信用等级，帮助企业解决出口融资的困难，支持企业开拓海外市场。目前，中国出口信用保险公司开办的出口信用担保业务，主要有融资担保和非融资担保两大类。

(一) 融资担保

1. 融资担保的含义

融资担保(Financial Guarantee)主要是为中国出口企业向国内银行、政府部门等机构融入申请用于出口的贷款或专项基金提供还款担保，是指担保人直接向为出口商发放出口贷款的银行提供担保，保证在贷款发生损失时，由担保人给予赔偿的一种担保业务。它的担保范围限于出口商的融资还款风险，因而称之为融资担保。此类担保又分为出口项目贷款融资担保和出口流动资金贷款融资担保。

融资担保的方式对银行来说比信用保险的保障更为全面，因为出口商转让保单权益是有条件的。在出口商按合同履约的情况下，由于进口方发生的商业风险或政治风险而给融资银行贷款带来的损失，可以通过信用保险得到部分赔偿。但如果作为被保险人的出口商违反了保单条款的规定，保险人可以依据保单的除外责任条款拒赔，导致银行的贷款损失不能得到补偿。而融资担保是无条件的，不管出口商在出口信用险保单项下是否存在违约行为，融资银行都可以获得即时赔偿。

2. 融资担保的种类

1) 出口项目贷款担保

中国出口信用保险公司的出口项目贷款担保业务，主要是为某一出口或海外投资项目提供的融资担保，担保的资金只能用于出口或投资项目的前期投入，项目收汇或收益用来还贷。该担保的期限通常不超过10年，出口项目的最低合同金额一般不低于50万美元。根据项目类型的不同，出口项目贷款担保可分为出口卖方信贷项目融资担保、出口买方信贷项目融资担保和海外投资项目融资担保三种。

(1) 出口卖方信贷项目融资担保。出口卖方信贷项目融资担保是指，担保人应卖方信贷借款人(出口商)的申请，向卖方信贷银行出具的书面保证，保证借款人及时偿还贷款本息和相关费用。

(2) 出口买方信贷项目融资担保。该项担保业务只适用于一些对买方信贷有特殊要求的国家或地区，一般与出口买方信贷保险共同使用。

(3) 海外投资项目融资担保。该项担保使用范围较小，为了落实和贯彻国家"走出去"的战略，中国出口信用保险公司对中国企业到境外投资设厂项目、海外资源开发项目等提供融资担保服务。

2) 出口流动资金贷款融资担保

出口流动资金贷款融资担保业务主要为高新技术产品出口、一般机电产品及大宗农产品出口提供流动资金贷款担保，贷款期限限制在一年，最长不超过三年。该项担保的担保人承担以下风险：出口企业经营风险、收汇风险、还款风险和道德风险。由于流动资金贷款的风险点较多，中国出口信用保险公司在提供该项担保业务时，需要对贷款企业实行严格的考核与评估。

(二) 非融资担保

1. 非融资担保的含义

非融资担保(Non-financial Guarantee)主要是为中国企业提供履行出口合同或对外工程承包所必需的保函，是指担保人向进口商(受益人)保证出口商按照进出口双方签订的合同履行其义务，因担保范畴不包括出口商的融资需求和还款风险而被称为非融资担保。中国出口信用保险公司可以直接对外出具非融资担保函，也可以通过国内外其他金融机构转开此类保函。目前，中国信保公司开具的非融资担保函有投标保函、履约保函、预付款保函和质量维修保函等。

2. 非融资担保的种类

1) 投标保函

投标保函(Bid Bond)，是指担保人应投标人的申请，向招标人保证投标人中标后，履行标书规定的责任和义务的书面保证文件。

在国际贸易或工程承包中，大型机械设备的买卖或工程项目的承建招标，通常要求投标人提供标价金额的1%~5%的投标保函，保证投标人在其投标的有效期内不撤标、不改标、不更改原报价条件，以及一旦中标后，投标人将按标书的规定，在一定时间内与招标人签订合同并提供履约保函，否则，招标人将依据投标保函索赔。

投标保函的生效日为保函的开立日，若投标人流标，则发标日为失效日；若投标人中标，只有按保函的规定提交履约保函，投标保函才可失效。

开立投标保函时，需考察投标人的项目履约能力，否则一旦不具备履约能力的投标人中标，不能签订合同，则投标保函将面临索赔。

2) 履约保函

履约保函(Performance Bond)，是指担保人应出口商或工程承包商(即中标方)的申请，向进口商或业主(即招标方)出具的保证中标方履行合同项下的责任与义务的书面保证文件。按照国际惯例，履约保函的担保金额一般为合同金额的10%~20%。

3) 预付款保函

预付款保函(Advance Payment Bond)，是指担保人出具的保证出口商或工程承包商履行合同项下的责任和义务，否则退还进口商或业主预付订金的书面保证文件。

预付款保函通常在进口商的预付款到达出口商的账户后生效，否则极易导致"敞口"保函，一旦进口商无理索赔并未预付订金，则出口商或担保人将十分被动，有可能以自身资金作赔偿。

4) 质量维修保函

质量维修保函(Quality Maintenance Bond)，是指担保人出具的保证如果出口货物质量或工程质量与合同规定不符，国内出口商或工程承包商应及时更换、维修，否则担保人将按保函金额赔偿国外进口商或业主的书面保证文件。

5) 海关免税保函

海关免税保函(Duty-free Bond)，是指担保人应承包商的请求向工程所在国海关出具的，保证承包商在工程完工后将施工机械全部撤离的书面保证文件。

6) 保释金保函

保释金保函(Bail Bond)，是指担保人应国内船务公司或其他运输公司的申请为其保释因海上事故或其他原因而被扣留的船只或其他运输工具而向当地法院出具的保证文件，保证船运公司按当地法院判决赔偿损失，否则担保人代为赔偿。

7) 租赁保函

租赁保函(Lease Payment Bond)，是指担保人应承租人的申请向出租人出具的，当承租人未按租赁合同规定的期限支付租金时，由担保人代为给付的书面保证文件。

五、国外投资保险

投资保险是一般由国家出资经营或由国家授权商业保险机构经营的政策性保险业务。投资保险通过向跨境投资者提供中长期政治风险保险及相关投资风险咨询服务，积极配合本国外交、外贸、产业、财政、金融等政策，为跨境投资活动提供风险保障，对保单项下规定的损失进行赔偿，从而支持和鼓励本国投资者积极开拓海外市场，更好地利用国外的资源优势，实现促进本国经济发展的目的。

投资保险源自第二次世界大战后"欧洲复兴计划"中的投资保证方案。1948年，美国根据《对外援助法》制定了《经济合作法》，开始实施"欧洲复兴计划"，对战后欧洲进行经济援助，并通过投资保证制度促进本国国民对欧洲的投资，投资保险制度由此初步形成。

20世纪60—70年代，许多OECD国家，如日本、法国、德国、加拿大、英国等，纷纷仿效美国的做法，通过本国的出口信用机构(ECA)或其他政府代理机构开展投资保险业务，用以推动和保护具有本国利益的跨境投资活动。投资保险制度由此广泛建立。

进入20世纪90年代，全球经济一体化进程加速，跨国直接投资增长迅猛，国际资本流动加快，导致新兴市场风险日益显现，客观上形成了对投资保险的巨大需求，由此推动了投资保险业务的快速发展。

时至今日，投资保险已被各主要资本输出国在支持跨境投资方面广泛应用，被公认为是当今促进跨境投资和保护国际投资的通行做法和有效制度，并在国际投资活动中扮演着越来越重要的角色。

(一) 国外投资保险概述

1. 国外投资保险的概念

国外投资保险(Investment Insurance)又称海外投资保证(Investment Guarantee)，是指一国为鼓励企业对外投资由国家特设机构或委托特设机构，保证海外投资企业规避各种由于政治风险和信用风险所产生的不确定性损失的一种保险。它实质上是一种对海外投资者的"国家保证"，由国家充当经济后盾，针对的是源于国家权力的国家危险，而这种危险通常是商业保险不给予承保的。

2. 国外投资保险的特点

与其他政策性保险相比较，国外投资保险具有以下特点。

(1) 保险机构一般是政府的职能部门或直属于政府的独立机构，如中国出口信用保险公司是我国唯一从事政策性海外投资保险业务的机构；

(2) 保险标的为无形债权与利益，即本国投资企业进行对外投资或贷款后，应当从外国收回的款项、股息或红利；

(3) 承保范围只限于政治风险，主要包括外汇险、征用险、战乱险等；

(4) 保险的投保人只能是被保险机构或有关部门认定的合格投资者，且有特殊的认定标准；

(5) 保险只限于海外直接投资，有的国家还规定必须是在发展中国家进行的投资才有资格投保；

（6）保险赔偿数额一般不是赔偿投资的全部损失，而是按投保金额的一定比例进行赔偿；

（7）保险人在向被保险人支付了赔偿后，取得代位追偿权，有权向东道国要求赔偿，其目的不仅在于事后补偿，更在于防患于未然，当然这一目标的实现一般需结合两国双边投资保护协定的建立。

3. 国外投资保险的类别

从各国的国外投资保险实践来看，国外投资保险分为两种类型：一种是将双边投资保护协定作为国内进行海外投资保险的法定前提，即投资者只有到与本国签有双边投资保护协定的国家去投资才能投保，这种制度即双边投资保险制度，如美国与加拿大是典型的实行双边投资保险制度的国家；另一种是不以本国政府与东道国政府订有双边投资保护协定为前提，即保险制度并不与双边投资保护协定挂钩，这种制度即单边投资保险制度，如日本和中国均采用此制度。

（二）中国国外投资保险内容

中国信保公司开办国外投资保险业务，是为了支持和促进中国企业、金融机构向海外投资，鼓励和促进国(境)外投资者来中国内地投资，为投资者因投资所在国(地区)发生的战争、禁止汇兑、征用、政府违约等政治风险而造成的经济损失提供风险保障的政策性业务。

1. 中国国外投资保险的业务类型

中国信保公司目前已开办了海外投资保险业务和来华投资保险业务。

（1）海外投资保险(Overseas Investment Insurance)，是承保中国企业在海外的投资及其收益和为该项投资提供贷款的金融机构的贷款本金及应得利息，因投资所在国政治风险所造成的损失予以赔偿的保险。这也是贯彻"走出去"战略，利用国外资源和国外市场，鼓励中国企业进行境外投资的一种保险。具有国家规定的境外投资资格的下列投资者，可以投保海外投资保险：①在中华人民共和国境内(我国香港、澳门、台湾除外)注册成立的金融机构和企业，但由我国香港、澳门、台湾的企业、机构、公民或外国的企业、机构、公民控股的除外；②在我国香港、澳门、台湾和中华人民共和国境外注册成立的企业、金融机构，如果其95%以上的股份在中华人民共和国境内的企业、机构控制之下，可由该境内的企业、机构投保；③其他经批准的企业、社团、机构和自然人。

（2）来华投资保险(Inbound Investment Insurance)，又称境内投资保险，它是承保外国投资者的投资和既得收益，以及为中国内地投资项目提供贷款的金融机构贷款本金及利息，因承保风险发生而遭受损失给予赔偿的保险。经批准，在中国投资的外商可以投保来华投资保险。

2. 中国国外投资保险的承保范围

（1）征收(Expropriation)，是指投资所在国政府采取批准、授权或同意对投资实行强行征用、没收、国有化或扣押等行为，使投资者无法建立或经营企业，或者剥夺、妨碍投资者的权益，至少连续360天丧失上述权益或至少180天影响其货币资产。

（2）战争破坏和因战争不能经营(War Damage and Inability to Operate Due to War)，是指投资所在国参与的任何战争(无论是否宣战)和诸如国内革命、内战、叛乱、暴乱、大规模政治性骚乱或恐怖行为等类似战争的行为，造成企业有形财产的损失，以及因战争行为导致企业不能正常经营至少连续120天。

(3) 汇兑限制(Restrictions on Transfer and Conversion)，是指投资所在国政府实施的阻碍、限制投资者将当地货币兑换为可自由兑换货币或汇出投资所在国的措施，或者使投资者必须以远高于市场汇率的价格才能将当地货币兑换为可自由兑换货币或汇出投资所在国的措施，至少连续90天不能汇兑或不得不以歧视性汇率汇兑。

(4) 政府违约(Breach of Contract Due to Government Political Incidents)，是指投资所在国政府非法或者不合理地取消、违反、不履行或者拒绝承认其出具、签订的与投资相关的特定担保、保证或特许权协议等。

3. 中国国外投资保险的保额

中国国外投资保险有两个保险金额，即最高保险金额和当期保险金额。

(1) 最高保险金额，是指保险人在承诺保险期限内所承担的责任总限额。该限额在初始保险期限开始时，由被保险人选择决定，并经保险人同意。被保险人续保时，可以要求调低最高保险金额。最高保险金额还将在赔款发生后自动相应减少。对股权保险而言，最高保险金额一般应至少相当于承诺保险期内，某一保险期限中被保险人有可能遭受损失的投资与收益之和的最大值，但一般不超过投资额的300%。对债权保险而言，最高保险金额应为贷款本金和利息之和。

(2) 当期保险金额，是指当前保险期限保险人所承担的责任限额。该限额在当期保险期限开始时，由被保险人选择决定，并经保险人同意。当期保险金额还将在赔款发生后自动相应减少。对股权保险而言，当期保险金额一般应相当于当期保险期限内的投资额与预期收益之和。对于债权保险而言，当期保险金额应为当期保险期限开始时，尚未偿还的贷款本金与当期利息之和。

4. 中国国外投资保险的期限

中国国外投资保险的保险期限有两个，即承诺保险期限和初始保险期限。承诺保险期限至少相当于项目的投资回收期(对于股权保险而言)、债权回收期(对于债权保险而言)，通常为3~20年。初始保险期限一般为3年，此后每期为1年。首期届满后，投保人对是否续保有自由选择权，保险人无权拒绝续保。

5. 中国国外投资保险的费率

中国国外投资保险的保险费率主要考虑投资所在国、投资形式、保险合同期限、投资项目、投保风险等因素，视具体情况按每一种投保风险分别厘定单一风险费率。每一种投保风险的保险费率为保险金额的0.25%~0.5%，既可投保单一风险，也可投保综合风险。

6. 中国国外投资保险的除外责任

根据中国投资保险条款的规定，保险人对被保险人的下列投资损失，不负责赔偿。

(1) 被保险人的投资项目受损后造成被保险人的一切商业损失；

(2) 被保险人及其代表违背或不履行投资合同，或故意违法行为导致政府有关部门的征用或没收造成的损失；

(3) 被保险人没有按照政府有关部门规定的期限汇出汇款而造成的损失；

(4) 原子弹、氢弹等核武器造成的损失；

(5) 投资合同范围以外的任何其他财产的征用、没收造成的损失。

信用保险案例：如何应对跨国公司的恶意拖欠

基本案情

国外大买家X恶意拖欠本应于2008年1月偿付的货款，A公司多次进行催收。但买家X一直不予理睬，单方面作出应付货款冲抵其他批次货物的所谓额外损失的决定，且拒绝对损失原因及金额作出说明。A公司一方面想收回货款，另一方面又担心影响与买家X今后的合作，因此，应收账款追收工作毫无进展。当时，A公司已将全部业务投保了出口信用保险，该笔业务属于进口商拖欠货款，在保险责任范围内，于是A公司向中国信保提出索赔。

中国信保迅速介入此事，致函买家X告知其拖欠货款已经承保，并提出其应考虑在整个中国的采购利益，积极解决存在的问题，尽快履行货款偿付义务，同时，告知其若不按期回复，中国信保将通报出险、暂停所有中国信保客户对其开展出口业务。买家X对此提醒置若罔闻，到期仍未回复。为最大限度地保证我国出口企业和国家的利益，尽可能减少保户受损面，中国信保于4月1日向持有买家X限额的各保户发出公函，通报出险事实，提醒相关保户注意风险，并建议即日起暂停接受对该买家的出运申报。相关保户获知信息并暂停供货后，买家业务受到巨大影响，主动与A公司联系，同时指责中国信保影响其商誉，要求采取行动消除事件影响，但仍未对拖欠问题提出实质性解决方案，并要求各供应商立即恢复供货。

评析

据此，中国信保据理力争：首先，贸易项下货款的偿付与货物质量问题所引致的损失补偿是两项相互独立的行为，在任何情况下，均不能在双方未达成一致的情况下，单方面作出抵付的决定；其次，解决当期存在的货款拖欠是问题的关键所在，中国信保所采取的包括撤销信用限额和通知相关被保险人在内的任何措施，均是因中国信保自身经营的风险控制需要而作出的，买家X无权干涉中国信保的经营活动；最后，买家唯有以平等互利、真诚合作的态度与我国出口企业建立良好的合作关系，才能真正体现其在中国的采购利益，才能在信用额度上获得我们更多的支持。同时，A公司也不断地向中国信保反映谈判的最新进展，包括买家X一直无法提供实质性的所谓商品质量"损失证据"。鉴于多方压力，且一直未能提供明确的证据表明其在另一宗交易中的损失金额及该损失与A公司产品间的直接关系，买家X一度向A公司口头承诺，将于4月15日先行清偿贸易项下的货款，其后再就损失问题进行商洽。而到4月15日却以"已将事件向当地政府反映"为由拒绝偿付相关货款。中国信保及时向有关地方政府办公厅及当地保监局对事件做了书面汇报。买家X各种机关算尽，最终只好于4月22日清偿了全部拖欠的货款，中国信保在与A公司确认货款到账后，也立即向各保户发函，通报拖欠问题已经解决，明确恢复对买家的承保。

学术点评

对于成交金额、收汇风险较大，商业保险公司不愿承保的出口业务，为了减少风险，应尽量向中国出口信保投保出口信用险，在承保风险实际发生后，应配合中国信保做好相关索赔工作，尽可能减少损失。

案例评析11-2

一宗拒收案件的启示

基本案情

国内A公司于2012年9—10月向阿联酋买家B公司出运5票货物，申报发票金额为USD480 000.00，申报支付方式为D/P60天，中国信保批复买方信用限额为D/P60天、USD500 000.00。货物到港后买方拒收，2013年1月15日，A公司委托中国信保介入调查。

中国信保介入后，通过调查发现，此案中涉及的货物为一种金属原材料，受到国际市场价格波动的影响，该商品的国际市场报价一路走跌。据此初步判断，B公司拒收货物的原因应该是受到价格波动的影响。A公司出运的5票货物共计400MT，其中240MT发往B公司所在地阿联酋，目前已经到港，其余的160MT则是按照B公司指示发往尼日利亚，目前仍然在途。针对此种情况，中国信保与A公司制定了如下策略。

第一，对于已经到港的240MT，利用中国信保的海外渠道对B公司施压，使其尽快付款提货；

第二，对于在途的160MT，由于尼日利亚海关的特殊规定，如货物到港后拒收，无论转运或退运都需要原买家的"不反对确认书"，这将使A公司陷入非常被动的境地。鉴于此，中国信保要求A公司立即着手退运安排。

根据此案件处理思路，中国信保与A公司兵分两路开始了艰难的追讨进程。

一方面，中国信保的海外律师很快与B公司取得了联系，为了避免打草惊蛇，对于已着手退运的160MT的安排并未向B公司提及，律师要求B公司就此案项下全部货物立即付款提货。在初次与律师的接触中，B公司承诺会分两次付款并提货。根据以往的案件处理经验，中国信保判断B公司的承诺只是缓兵之计。果不其然，B公司在其承诺付款日再次言而无信。经过律师继续跟进，B公司终于暴露了真实意图，B公司表示受市场价格波动影响，无法按照合同价格提取货物，希望A公司给予一定折扣。

另一方面，A公司积极安排160MT货物的回运，利用B公司提出折扣的时机，中国信保的律师向B公司表示，由于折扣要求，将使A公司遭受巨大的损失，因此对于在途的160MT希望能够回运。"退运"计划在此时提出，合情合理。果然，B公司经过考虑，对A公司的退运安排表示了理解和支持。

最终，B公司以折扣价格提取了全部240MT货物并支付了货款，A公司成功将160MT货物回运并进行了妥善处理，使损失降到了最低。

评析

第一，洞悉国际市场风云变幻，及早做好应对措施。国际市场商品的价格变化会受到很多因素的影响，作为出口商要时刻关注这种变化，只有时刻警惕，出口商才能够防患于未然。先期制定方案B，当出现拒收风险时，就不会束手无策任由进口商摆布了。然而在实践操作中，大多数的出口商认为货物发运后就可以高枕无忧、坐等收钱了，而由于没有事前的预估和筹划，一旦国外买家拒收货物，出口商往往陷入一筹莫展的境地，最终很可能是钱货两空。

第二，知己知彼，不被"霸王条款"左右。此案中，由于对尼日利亚海关的特殊规定有所了解，160MT货物才没有轻易落入B公司囊中。如果未能在事前对此项规定有所了解，可以设想货物到港后也将面临同样被拒收的命运，而B公司一定会以种种借口拒绝配合出具"不反对确认书"，以此作为"压价"的筹码，甚至会等在罚没期以超低价将货物买走，而A公司最终将一无所获。虽然尼日利亚海关的规定并不为大多数国家和地区所采用，但我们不得不承认，一些欠发达国家和地区的海关，为了保护其进口商的权益，在相关规定中有着这样和那样的"陷阱"，广大出口商唯有时刻擦亮眼睛，才能避免陷入无助的境地。

第三，识破国外买家的缓兵之计，暗度陈仓。本案中，B公司在与中国信保律师的第一次接触中，承诺将会支付货款提取货物。事后证明，这不过是买家的缓兵之计。如果A公司在B公司的承诺下就放松警惕，中止160MT货物的回运安排，那最终的结果将损失惨重。对于拒收案件，买家的态度依据其对货物的需求，基本上分为"还想要货"和"不想要货"两种。对于已经对货物没有兴趣接收的买家，往往在和律师的第一次接触中就会表明想法，甚至完全拒绝与律师的接洽。而对于那些对货物还有需求的买家，其拒收的真实原因往往是希望以更低的价钱购买货物。此种买家就如本案中的B公司所表现的那样，在第一次的接触中先以种种承诺"稳住"出口商，随着时间的推移，货物在港的费用越来越高，同时距离拍卖期也越来越近，这个时候买家才会表明"打折"的真实意图，而此时出口商已经毫无退路可言。

纵观各国出口信用保险的发展，不难看出，拒收风险是一项复杂度很高、需要极高专业性来应对的风险，这也是目前大多数ECA机构不予承保拒收风险的原因之一。因此，面对这项高难度的挑战，仅仅采取事后补救是远远不够的，更多地需要未雨绸缪、防患于未然。

资料来源：陈婧.一宗拒收案件的启示[J].中国经贸，2013(09).

|实训题|

一、思考题

1. 投保出口信用保险有哪些好处？

2. 中国短期出口信用保险的种类有哪些？

3. 简述中国出口卖方信贷保险的承保范围。

4. 简述中国出口买方信贷保险的承保范围。

5. 信用保险如何帮助出口企业规避汇率调整的风险？

二、操作题

1. 2009年12月，国内某大型出口企业向国外B买家出运一批彩色显像管，涉及发票金额80万美元。货物到港后，因B买家资金周转出现问题，无力一次性付款赎单提货，大部分货物滞留目的港。鉴于货物滞港产生的高额费用，出口企业随即向中国信保通报可损并请中国信保委托追讨。中国信保全面了解案情，利用海外影响力向B买家施压，经过协商，B买家提走全部货物，并陆续支付货款，共计75万美元。由于案情清晰且货物处理完毕，中国信保于半个月内对出口企业最终损失的5万美元进行赔付，有效化解了企业出口大额损失风险。请分析出口信用保险在化解出口风险方面的作用。

2. 2012年5月，国内某出口企业向国外C买家出口6票纺织品，支付方式为赊销60天，总货值13万美元。应收款日到期后，买家要求延期支付逾期货款12万美元。该出口企业随即向中国信保报损，并在中国信保的指导下加紧向买家催讨欠款。中国信保对案情全面分析后发现，买家尚有一定的财务实力，但因目前资金紧张，还债动力和能力不足。经与买家多轮谈判，中国信保指导出口企业与买家达成继续交易但溢价付款的协议，用以抵补旧债。在此后数月，买家累计付款15万美元。中国信保随后对剩余欠款约1万美元及时进行了赔付。请分析出口信用保险在防灾、防损方面为出口企业提供的帮助。

第十二章

涉外责任保险

学习目标：

了解涉外责任保险的含义及种类；

熟悉各种涉外责任保险的责任范畴；

掌握各种涉外责任保险的除外责任。

本章导读：

由于现代科学技术的迅速发展，机械化、电气化、自动化已深入到科研、生产和日常生活的各个领域，它在给人们带来方便和福利的同时，也给人们带来了风险。诸如海上石油、核能等的开发和利用给人类带来新的风险，一旦事故发生，必然产生不同程度的经济赔偿责任，转嫁这一责任的最好途径之一就是投保责任保险。责任保险是当前国际保险市场上受到广泛重视的一项业务，尤其是在经济发达的国家。

本章介绍涉外责任保险的定义及种类，每个保险险种的责任范围及除外责任等内容。

第一节　涉外责任保险概述

一、责任保险的定义及种类

责任保险是以被保险人的民事损害赔偿责任作为保险标的的保险。当被保险人在从事各项业务和日常生活时，由于疏忽、过失等行为对他人造成损害，或者虽无过错但根据法律规定应对受害人承担民事赔偿责任，被保险人提出赔偿请求时，由保险人对此承担保险责任的一种保险。我国《保险法》第65条规定："保险人对责任保险的被保险人给第三者造成的损害，可以依照法律的规定或者合同的约定，直接向该第三者赔偿保险金。"并且还进一步规定："责任保险的被保险人给第三者造成损害，被保险人对第三者应负的赔偿责任确定的，根据被保险人的请求，保险人应当直接向该第三者赔偿保险金。被保险人怠于请求的，第三者有权就其应获赔偿部分直接向保险人请求赔偿保险金。"

责任保险的标的是经济赔偿责任，它需要满足以下几个要件：第一，须为被保险人对第三人所负的赔偿责任，此处的"第三人"为除被保险人以外的任何一人，被保险人若成为受害第三人，不可以主张责任保险金的给付；第二，须属民事责任范畴，若被保险人致人损害而须承担刑事责任、行政责任的，不得作为责任保险之标的；第三，须为损害赔偿责任，如被保险人致人损害而应承担赔礼道歉的民事责任不得作为责任保险的标的，但应注意的是，若责任的履行得以转化为损害赔偿或得以转化为金钱计算的，也可作为责任保险之标的；其四，此责任是由于疏忽、过失等造成的，或者虽无过错但根据法律规定应对受害人承担的民事赔偿责任，现行的责任保险仅对意外或不确定的损害危险有意义，不确定的危险不包括被保险人的故意行为，若被保险人故意制造保险事故，实属道德风险，不应划入责任保险的范畴。

责任保险主要有公众责任保险、第三者责任险、产品责任保险、雇主责任保险、职业责任保险等险种。

二、责任保险的发展

责任保险始创于法国，在19世纪初期颁布《拿破仑法典》并规定赔偿责任后，法国率先兴办了责任保险。责任保险的历史并不久远，仅有百年的渐进历程，但是发展速度却是相当惊人的，其保险费的增长速度已超过全部保险业务保费的增长速度。如今责任保险已经成为一个具有相对独立理论体系和运作系统的保险制度。

我国开办责任保险业务较晚。1979年以前，责任保险作为一项专门的险种办理，即使汽车第三者责任险也只是在20世纪50年代初期开办了很短的一段时间。涉外业务中除船舶、飞机保险附加的碰撞和第三者责任承保外，只开办了很少量的展览会公众责任保险。

1979年以后，我国涉外保险除在船舶、汽车、飞机以及建筑安装工程等领域开展责任保险的内容以外，还在国内的各类涉外企业如中外合资、中外合作企业、外资独资企业中，以及外国在华机构人员中，陆续开办了公众责任保险、产品责任保险和雇主责任保险等专门性的责任保险。

三、责任保险的适用范围

责任保险适用于一切可能造成他人财产损失与人身伤亡的各种单位、家庭或个人。具体而言，责任保险的适用范围，包括如下几部分。

(1) 各种公众活动场所的所有者、经营管理者。如体育场、展览馆、影剧院、市政机关、城市各种公用设施等，均有可能导致公众的人身或财产损害，这些地方的所有者或经营管理者就负有相应的法定赔偿责任，从而需要且可以通过责任保险的方式向保险公司转嫁风险。

(2) 各种产品的生产者、销售者、维修者。

(3) 各种运输工具的所有者、经营管理者或驾驶员。

(4) 各种需要雇佣员工的法人或个人。

(5) 各种提供职业技术服务的单位。

(6) 城乡居民家庭或个人。

此外，在各种工程项目的建设过程中，也存在着民事责任事故风险，建设工程的所有者、承包者等，亦对相关责任事故风险具有保险利益；各单位场所(即非公众活动场所)也存在着公众责任风险，企业等单位亦有投保公众责任保险的必要性。

可见，责任保险的适用范围，几乎覆盖了所有的团体组织和所有的社会成员。

四、责任保险的责任范围

责任保险的保险责任，一般包括以下两项。

(1) 被保险人依法对造成他人财产损失或人身伤亡应承担的经济赔偿责任。这一项责任是基本的保险责任，以受害人的损害程度及索赔金额为依据，以保险单上的赔偿限额为最高赔付额，由责任保险人予以赔偿。

(2) 因赔偿纠纷引起的由被保险人支付的诉讼、律师费用及其他事先经过保险人同意支付的费用。我国《保险法》第66条明确规定："责任保险的被保险人因给第三者造成损害的保险事故而被提起仲裁或者诉讼的，被保险人支付的仲裁或者诉讼费用以及其他必要的、合理的费用，除合同另有约定外，由保险人承担。"

保险人承担上述责任的前提条件是，责任事故的发生应符合保险条款的规定，包括事故原因、发生地点、损害范围等，均应审核清楚。所谓人身伤害，不仅指自然人身体的有形毁损，也包括脑力损害、听力损害、疾病、丧失工作能力及死亡等，但对精神方面的损害，一般除外不保；所谓财产损失，包括有形财产的损毁、受损财产的丧失使用及未受损财产的丧失使用。

五、责任保险的除外责任

在承担前述赔偿责任的同时，保险人在责任保险合同中一般规定若干除外责任，尽管不同的责任保险合同中的除外责任可能有出入，但主要的除外责任有如下几个。

(1) 被保险人的故意行为所致的各种损害后果；

(2) 战争、军事行动及罢工等政治事件造成的损害后果；

(3) 核事故危险导致的损害后果，但核事故保险或核责任保险例外；

(4) 被保险人家属、雇员的人身伤害或财产损失，但雇主责任保险承保雇主对雇员的损害赔偿责任；

(5) 被保险人所有、占有、使用或租赁的财产，或由被保险人照顾、看管或控制的财产损失；

(6) 被保险人的合同责任，经过特别约定者除外。

上述除外责任是责任保险的通常除外责任，但个别危险经过特别约定后可以承保。

六、责任保险的赔偿限额与免赔额

(一) 责任保险的赔偿限额

责任保险承保的是被保险人的赔偿责任，而非有固定价值的标的，赔偿责任因损害责任事故大小而异，很难准确预计。因此，不论何种责任保险，均无保险金额的规定，而是采用在承保时由保险双方约定赔偿限额的方式，来确定保险人承担的责任限额，凡超过赔偿限额的索赔仍须由被保险人自行承担。从责任保险的发展实践来看，赔偿限额作为保险人承担赔偿责任的最高限额，通常有以下几种类型。

(1) 每次责任事故或同一原因引起的一系列责任事故的赔偿限额，又可以分为财产损失赔偿限额和人身伤亡赔偿限额两项；

(2) 保险期内累计的赔偿限额，也可以分为累计的财产损失赔偿限额和累计的人身伤害赔偿限额；

(3) 在某些情况下，保险人也将财产损失和人身伤亡两者合成一个限额，或者只规定每次事故和同一原因引起的一系列责任事故的赔偿限额，而不规定累计赔偿限额。

(二) 责任保险的免赔额

此外，保险人还通常有免赔额的规定，以此达到促使被保险人小心谨慎、防止发生事故和减少小额零星赔款支出的目的。责任保险的免赔额，通常是绝对免赔额，即无论受害人的财产是否全部损失，免赔额内的损失均由被保险人自己负责；赔偿金额的确定，一般以具体数字表示，也可以规定赔偿限额或赔偿金额的一定比率。因此，责任保险人承担的赔偿责任，一般是超过免赔额之上又在赔偿限额之内的赔偿金额。

七、责任保险的保险费率

责任保险费率的制定，通常根据各种责任保险的危险大小及损失率的高低来确定。不同的责任保险种类，制定费率时所考虑的因素亦存在着差异。但从总体上看，保险人在制定责任保险费率时主要考虑的影响因素应当包括：被保险人的业务性质及其产生意外损害赔偿责任可能性的大小，法律制度对损害赔偿的规定，赔偿限额的高低，承保区域的大小，每笔责任保险业务的总量等因素；对于数量有限的出口产品责任保险业务，通常还有最低保险费的规定。

此外，保险人还会参考同类责任保险业务的历史损失资料，它虽然不是制定现行费率的直接依据，但可以为制定现行费率提供参考，具有很高的借鉴价值，是保险人在制定费率时必须参照的依据。

第二节 涉外产品责任保险

一、产品责任与产品责任保险

(一) 产品责任与产品责任保险概述

现代社会是一个大量消费的时代，人们无时无刻不在消费或使用商品。然而，随着生产、销售过程的复杂化,消费者因为使用商品而受到伤害的事件时有发生。为了切实保障消费者的生命、健康和财产免遭损害,先进国家无不以立法、司法、行政等措施保障消费者权益。为了顺应世界潮流,我国公布实施了《中华人民共和国消费者保护法》,标志着我国产品责任制的建立。

产品责任是侵权行为产生的民事责任的一种。引起产品责任的风险有两个特性:一是多为已发生事故却未被上报的(Incurred But Not Reported,IBNR); 另一个是一般都属于"长尾巴风险"(Long Tail Exposure)。 对于一家经营出口贸易的生产商或销售商来说,产品责任风险可能会带来以下影响。

(1) 一旦发生产品责任事故,企业可能面临消费者的巨额索赔及没完没了的法律诉讼。

(2) 如果法庭作出不利的高额判决,他们将被要求支付一大笔赔偿,这笔额外的资金负担无疑对企业将来的生产经营产生负面甚至灾害性的影响。

(3) 索赔案经过新闻媒体的报道,有可能招致连锁反应,引发更多的索赔;出口产品的声誉将因此受损,产品在该市场的前景将受阻。

那么如何才能规避产品责任风险呢?就产品而言,降低或减轻风险的最好方法是产品的设计和生产没有任何瑕疵,然而,现实中这只是一种美好的愿望。因此,采用一种后备保障的方式以减少企业的损失是非常必要的。产品责任保险就是这样一种后备保障的方式,而产品责任险正是解决这种问题的一种方法。

产品责任保险(Product Liability Insurance)是承保生产者或销售者因产品缺陷引起的依法承担赔偿责任的保险。由于被保险人制造、生产、出售、供给、修理、控制的商品因其缺陷造成他人的人身伤亡或财产损失,根据法律规定,被保险人对此应当承担法律责任。产品责任保险的目的就是对被保险人因其产品缺陷造成的损害赔偿责任提供经济损失保障。

美国产品责任保险在当今世界上最为发达,其原因是:1916年以前,美国法院对产品事故的损害赔偿以"合同责任"作为判案依据,即原告与被告必须有合同关系,被告按合同的规定承担赔偿责任。1916年以后,美国改按"过失责任"原则处理,即尽管原告与被告无合同关系,但若受害人能证明产品在设计或制造过程中有缺陷或被告有过失,即可起诉。1944年,美国法院通过审理埃斯科勒诉可口可乐制瓶公司一案,开始抛弃"过失责任"的主张,转而实行"严格责任"原则,即使用者只要因被告所制造的或修理的或服务的或试销的商品而造成人身伤亡或财产损失,便可以提出诉讼。此外,美国实行陪审团制度,对消费者比较有利,美国律师对产品责任案件实行按赔偿金额比例取酬,从而大大增加了成功索赔的几率。

(二) 产品责任的几种主要风险

几乎每种产品发生事故都可能造成不同程度的人身伤害或物质损失,因此,企业经营者对自己的产品责任风险要有清醒的认识。以下列举一些产品责任的主要风险。

(1) 烟花。在搬运、燃放、贮存时会发生爆炸事故,造成人员死亡或严重伤害。

(2) 轮胎。存在缺陷的轮胎会引起爆裂、人身伤害、财产损失;下雨或下雪时,不适合路面驾驶的轮胎会造成交通事故。

(3) 玩具。吞食小玩具会使儿童窒息；抛掷玩具时会使别的儿童受伤；儿童咽下有毒化学品制造的玩具会遭受伤害；骑玩具车会发生碰撞；碰漏电玩具会引起触电或烧伤。

(4) 家用电器。易引起触电、烧伤、火灾；接触活动部件可能造成伤害。

(5) 药物。接触或吞下有毒物质可能造成人身伤害或死亡，怀孕时对胎儿造成伤害。

(6) 化妆品。人体接触化妆品可能造成烧伤、感染、过敏、皮疹等。

(7) 服装。服装面料质量不良有可燃性，尤其睡衣或内衣的燃烧可能造成人体严重烧伤或人的死亡。

(8) 重型机械。拖拉机或叉车因发生事故、不良操作造成的人身伤害、死亡或财产损失。

(9) 发电机组。发生事故、火灾或不良操作造成人身伤害、死亡、财产损失或营业中断。

(10) 食品或糖果。咽下含有毒害物质的食品可能造成人身伤害和死亡。

(11) 化肥和农药。错误比例的混合、标记和不适当说明会造成农作物损失。

(12) 水泥制品。有缺陷的预制品会引起楼房倒塌，造成人身伤害或物质损失。

(13) 钢瓶装的气体或化学品。有毒素、易燃、易爆品一旦发生事故将造成人身终生残废或身患重病。钢瓶具有压力，其本身或者阀的缺陷使得内含物质外泄，造成人身伤害。

二、产品责任保险的范围

被保险人投保产品责任保险后，保险人通常承担两项责任。

(1) 在保险有效期间，被保险人生产、销售、分配或修理的产品发生事故，造成使用、消费该产品的人或其他任何人的人身伤害、疾病、死亡或财产损失，依法应由被保险人承担的民事赔偿责任，保险人在约定的保险赔偿限额内予以补偿。

(2) 被保险人为产品事故所支付的诉讼费及其他经保险人事先同意支付的费用。产品责任保险的赔偿责任及数额，由受害人通过诉讼由法院判定。但由于国外诉讼费用很高，保险人为避免支出过高的费用，对一些索赔金额不大的案件，常常与对方协商解决或通融赔付。

三、产品责任保险的除外责任

然而，并不是所有的由于生产商或经销商所销售的产品造成的损失，保险人都予以赔偿，有一些损失并不在保险人承保的范围之内，主要包括以下几种情况。

(1) 被保险产品本身的损失；

(2) 被保险人故意违法生产、销售的产品造成用户或其他任何人的损害；

(3) 被保险人根据合同或协议应承担的责任；

(4) 被保险人根据劳动法或雇佣合同对其雇员及有关人员应承担的责任；

(5) 被保险人所有或照管或控制的财产的损失。

凡属于以上几种情况之一的，保险人对其损失可以拒绝赔偿。

四、产品责任保险的保险赔偿限额

保险人对于由于产品问题造成的损失负责赔偿，然而产品责任保险的保险赔偿并不是无限的，也是有保险赔偿限额的。

保险赔偿限额是保险人承担的最高赔偿金额。被保险人因产品事故对受害人赔付的金额，由法院判定或双方协商确定，但保险人只能赔付限额内的金额。

保险赔偿限额由投保人和保险人事先商定并在保险单中列明。通常规定两项限额：每次事故的限额和保险单累计限额。前者指保险人在整个保险单有效期内对每次保险事故应赔付的最高数额。以上限额还可以分别划分为人身伤害和财产损失两个限额，如同时发生，则按各自的限额办理。

生产、出售或分配的同一批产品或商品，由于同样原因造成多人的人身伤害、疾病或死亡或多人的财产损失，应视为一次事故造成的损失。

五、产品责任保险的责任期限

产品责任保险的责任期限通常为一年，到期可以续保。对于使用年限较长的产品或商品，也可以投保3年、5年期的产品责任保险，但保险费仍逐年结算。产品责任保险的索赔有效期限应以保险单规定或当地有关法律规定的时间区间为准，如我国规定为1年，有的国家或地区规定为3年。

六、产品责任保险和产品质量保险的区别

在一些场合，人们极易将产品责任与产品质量违约责任相混淆。其实，尽管这两者都与产品直接相关，其风险都存在于产品本身且均需要产品的制造者、销售者、修理者承担相应的法律责任，但作为两类不同性质的保险业务，它们仍然有本质的区别。

(1) 风险性质不同。产品责任保险承保的是被保险人的侵权行为，且不以被保险人是否与受害人之间订有合同为条件。它以各国的民事民法制度为法律依据。而产品质量保证保险承保的是被保险人的违约行为，并以合同法供给方和产品的消费方签订合同为必要条件。它以经济合同法规制度为法律依据。

(2) 处理原则不同。对于产品责任事故的处理原则，许多国家采用严格责任的原则，即只要不是受害人出于故意或自伤所致，便能够从产品的制造者或销售者、修理者等处获得经济赔偿，并受到法律的保护。而产品质量保险的违约责任只能采取过错责任的原则进行处理，即产品的制造者、销售者、修理者等存在过错是其承担责任的前提条件。可见，严格责任原则与过错责任原则是有很大区别的，其对产品责任保险和产品质量保险的影响也具有直接意义。

(3) 自然承担者与受损方的情况不同。从责任承担方的角度看，在产品责任保险中，责任承担者可能是产品的制造者、修理者、消费者，也可能是产品的销售者甚至是承运者。其中，制造者与销售者负连带责任。受损方可以任择其一提出损失赔偿的要求，也可

以同时向多方提出赔偿请求。在产品质量保证保险中，责任承担者仅限于提供不合格产品的一方，受损人只能向他提出请求。从受损方的角度看，产品责任保险的受损方可以是产品的直接消费者或用户，也可以是与产品没有任何关系的其他法人或者自然人，即只要因产品造成了财产或人身损害，就有向责任承担者取得经济赔偿的法定权益。而在产品质量保险中，受损方只能是产品的消费者。

(4) 承担责任的方式与标准不同。产品责任事故的责任承担方式，通常只能采取损失赔偿的方式，即在产品责任保险中，保险人承担的是经济赔偿责任，这种经济赔偿的标准不受产品本身的实际价值的制约。而在产品质量保险中，保险公司承担的责任一般不会超过产品本身的实际价值。

(5) 诉讼的管辖权不同。产品责任保险所承保的是产品责任事故，因产品责任提起诉讼的案件应由被告所在地或侵权行为发生地法院管辖，产品质量保险违约责任的案件由合同签订地和履行地的法院管辖。

(6) 保险的内容性质不同。产品责任保险提供的是代替责任方承担的经济赔偿责任，属于责任保险。产品质量保险提供的是带有担保性质的保险，属于保证保险的范畴。

由于这两者的本质差异，保险公司在经营这两类保险业务时，必须严格区分。以避免因顾客的不了解而产生不必要的纠纷。不过，在欧美国家的产品保险市场上，被保险人一般同时承担产品责任保险和质量保险，以此达到控制风险和避免纠纷的目的。

第三节　涉外公众责任保险

一、公众责任保险概述

由于公司、企业或个人在从事业务活动或日常生活中因疏忽或意外事故而造成公众的人身伤亡或财产损失，根据法律须负损害赔偿责任，称之为公众赔偿责任。为转嫁这种责任，确保保险当事人的利益，投保人可以向保险人投保这种因侵权行为产生的民事损害赔偿责任。

随着对外开放的进一步扩大，越来越多的外国企业、个人来华投资，兴办合资、合作、独资企业或其他形式的经济合作组织，在业务经营活动中，难免发生意外事故，造成他人的人身伤亡和财产损失，从而担负巨额的经济损害赔偿责任。为适应这一需要，我国开办了公众责任保险。

公众责任保险的形式很多，一般包括普通责任险、综合责任险、场所责任险、电梯责任险、承包人责任险等。我国的公众责任险实际上是场所责任险，主要适用于各类涉外或利用外资的商店、办公楼、旅馆、公众娱乐场所、住宅楼、工厂等在进行业务活动时发生的民事损害赔偿责任。

二、公众责任保险的责任范围

(1) 在承保保险期间，因被保险人或其雇佣人员的侵权行为而造成第三者人身伤亡或财产损失，依法须由被保险人承担的经济赔偿责任。

(2) 因民事侵权行为应付给索赔人的诉讼费用。

一方面，公众责任保险的上述两个责任范围保险了被保险人因自己的侵权行为而承担的经济赔偿责任；另一方面，由于保险人承担了被保险人应承担的民事损害赔偿责任，使得受害方的利益也得到了保障。

公众责任范围很广，因此，保险单正面规定用"由于××意外事故……"来加以限制。例如，承保旅馆的公众责任险时，只限于从事旅馆业务时产生的民事责任，至于其他诸如产品责任、职业责任、油污责任等均除外。

关于赔偿责任限额，国外保险单中仅指上述前一项范围内的赔偿责任限额，诉讼费及其他费用是另行赔付的。我国公众责任保险单的限额指的是上述两项之和的每次事故限额和保险单累计限额。

三、公众责任保险的除外责任

根据我国公众责任险保险单除外责任条款的规定，除外责任由7个项目组成，亦即由此原因引起的民事损害赔偿责任，保险人不予负责。

(1) 合同责任。被保险人在合同项下承担的责任，是除外的。例如，合同规定，一方对另一方从事某项工作的人员的伤亡负赔偿责任，这种责任不在公众责任险责任范围之内。

(2) 对正在为被保险人服务的任何人所遭受的人身伤害的赔偿责任。此项指被保险人的雇员，在从事与职业有关工作时，遭受任何伤害，一概除外。如被保险人雇员下班后不再从事其工作时，因被保险人的过错遭受伤害，还是要予以负责的。对此，被保险人可投保雇主责任险来承保这部分责任。

(3) 对下列财产损失的责任。

① 被保险人或其代表或其雇佣人员所有的财产或由其保管或由其控制的财产；

② 被保险人或其代表或其雇佣人员因经营业务一直使用和占用的任何物品、土地、房屋或建筑。

(4) 由于下列各项引起的损失或伤害责任。

① 对于未载入保险单而属于被保险人的或其所占有的或以其名义使用的任何牲畜、脚踏车、车辆、火车头、各类船只、飞机、电梯、升降机、自动梯、起重机、吊车或其他升降装置引起或发生的损害赔偿责任；

② 火灾、地震、爆炸、洪水、烟熏等；

③ 有缺陷的卫生装置或任何类型的中毒或任何不洁或有害的食物或饮料；

(5) 由于震动、移动或减弱支撑引起任何土地、财产、建筑物的损坏责任；

(6) 由于被保险人的故意行为引起的损害赔偿责任；

(7) 由于战争、入侵、外敌行为、敌对行为(不论宣战与否)、内战、叛乱、革命、企业、军事行动或篡权行为的直接或间接后果所致的责任。

四、保险单条款

中国人民保险公司的公众责任险保险单条款内容如下所述。

(一) 责任范围

(1) 在本保险期限内，被保险人在本保险单明细表列明的范围内，因经营业务发生意外事故，造成第三者的人身伤亡和财产损失，依法应由被保险人承担的经济赔偿责任，本公司按下列条款的规定负责赔偿。

(2) 对被保险人因上述原因而支付的诉讼费用以及事先经本公司书面同意而支付的其他费用，本公司亦负责赔偿。

(3) 本公司对每次事故引起的赔偿金额以法院或政府有关部门根据现行法律裁定的应由被保险人偿付的金额为准。但在任何情况下，均不得超过本保险单明细表中对应列明的每次事故赔偿限额。在本保险期限内，本公司在本保险单项下对上述经济赔偿的最高赔偿责任不得超过本保险单明细表中列明的累计赔偿限额。

(二) 除外责任

本公司对下列各项不负赔偿责任。

(1) 被保险人根据与他人的协议应承担的责任，但即使没有这种协议，被保险人仍应承担的责任不在此限。

(2) 对为被保险人服务的任何人所遭受的伤害的责任。

(3) 对下列财产损失的责任。

① 被保险人或其代表或其雇佣人员所有的财产或由其保管或由其控制的财产；

② 保险人或其代表或其雇佣人员因经营业务一直使用和占用的任何物品、土地、房屋或建筑。

(4) 由于下列各项引起的损失或伤害责任。

① 对于未载入本保险单明细表而属于被保险人的或其所占有的或以其名义使用的任何牲畜、脚踏车、车辆、火车头、各类船只、飞机、电梯、升降机、自动梯、起重机、吊车或其他升降装置；

② 火灾、地震、爆炸、洪水、烟熏；

③ 大气、土地、水污染及其他污染；

④ 有缺陷的卫生装置或任何类型的中毒或任何不洁或有害的食物或饮料；

⑤ 由被保险人作出的或认可的医疗措施或医疗建议。

(5) 由于震动、移动或减弱支撑引起的任何土地、财产、建筑物的损坏责任。

(6) 由于战争、类似战争行为、敌对行为、武装冲突、恐怖活动、谋反、政变直接或间接引起的任何后果所致的责任。

(7) 由于罢工、暴动、民众骚乱或恶意行为直接或间接引起的任何后果所致的责任。

(8) 被保险人及其代表的故意行为或重大过失。

(9) 由于核裂变、核聚变、核武器、核材料、核辐射及放射性污染所引起的直接或间接责任。

(10) 罚款、罚金或惩罚性赔款。

(11) 保险单明细表或有关条款中规定的应由被保险人自行负担的免赔额。

(三) 赔偿处理

(1) 发生本保险单承保的任何事故或诉讼时：

① 未经本公司书面同意，被保险人或其代表对索赔方不得作出任何责任承诺或拒绝、出价、约定、付款或赔偿。在必要时，本公司有权以被保险人的名义接办对任何诉讼的抗辩或索赔的处理。

② 本公司有权以被保险人的名义，为本公司的利益自付费用，向任何责任方提出索赔的要求。未经本公司书面同意，被保险人不得接受责任方就有关损失作出的付款或赔偿安排或放弃对责任方的索赔权利，否则，由此引起的后果将由被保险人承担。

③ 在诉讼或处理索赔过程中，本公司有权自行处理任何诉讼或解决任何索赔案件，被保险人有义务向本公司提供一切所需的资料和协助。

(2) 被保险人的索赔期限，从损失发生之日起，不得超过两年。

(四) 被保险人义务

被保险人及其代表应严格履行下列义务。

(1) 在投保时，被保险人及其代表应对投保申请书中的事项以及本公司提出的其他事项作出真实、详尽的说明或描述。

(2) 被保险人或其代表应根据本保险单明细表和批单中的规定按期缴付保险费。

(3) 被保险人应努力做到选用可靠的、认真的、合格的工作人员并且使拥有的建筑物、道路、工厂、机器、装修和设备处于坚实、良好、可供使用的状态。同时，应遵照当局所颁布的任何法律及规定的要求，对已经发现的缺陷应立即予以修复，并采取临时性的预防措施以防止事故发生。

(4) 一旦发生本保险单所承保的任何事故，被保险人或其代表应：

① 立即通知本公司，并在七天或经本公司书面同意延长的期限内以书面报告的形式提供事故发生的经过、原因和损失程度；

② 在未经本公司检查和同意之前，对拥有的建筑物、道路、工厂、机器、装修和设备不得予以改变和修理；

③ 在预知可能引起诉讼时，立即以书面形式通知本公司，并在接到法院传票或其他法律文件后，立即将其送交本公司；

④ 根据本公司的要求提供作为索赔依据的所有证明文件、资料和单据。

(五) 总则

1. 保单效力

被保险人严格地遵守和履行本保险单的各项规定，是本公司在本保险单项下承担赔偿责任的先决条件。

2. 保单无效

如果被保险人或其代表漏报、错报、虚报或隐瞒有关本保险的实质性内容，则本保险单无效。

3. 保单终止

除非经本公司书面同意，本保险单将在下列情况下自动终止。

(1) 被保险人丧失保险利益；

(2) 承保风险扩大。

本保险单终止后，本公司将按日比例退还被保险人本保险单项下未到期部分的保险费。

4. 保单注销

被保险人可随时书面申请注销本保险单，本公司亦可提前十五天通知被保险人注销本保险单。对本保险单已生效期间的保险费，前者本公司按月比例计收，后者按日比例计收。

5. 权益丧失

如果任何索赔含有虚假成分，或被保险人或其代表在索赔时采取欺诈手段企图在本保险单项下获取利益，或任何损失是由被保险人或其代表的故意行为或纵容所致，被保险人将丧失其在本保险单项下的所有权益。对由此产生的包括本公司已支付的赔款在内的一切损失，应由被保险人负责赔偿。

6. 合理查验

本公司的代表有权在任何适当的时候，对在本保险单明细表中列明的营业场所的险情进行现场查验。被保险人应提供一切便利及本公司要求的用以评估有关风险的详情和资料。但上述查验并不构成本公司对被保险人的任何承诺。本公司的检查人员如发现任何缺陷或危险，将以书面形式通知被保险人，在该项缺陷或危险未被排除并使本公司认为满意之前，对其有关的或因此引起的一切责任，本公司概不负责。

7. 重复保险

本保险单负责赔偿损失、费用或责任时，若另有其他保障相同的保险存在，不论是否由被保险人或他人以其名义投保，也不论该保险赔偿与否，本公司仅负责按比例分摊赔偿的责任。

8. 权益转让

若本保险单项下负责的损失涉及其他责任方，不论本公司是否已赔偿被保险人，被保险人应立即采取一切必要的措施行使或保留向该责任方索赔的权利。在本公司支付赔款后，被保险人应将向该责任方追偿的权利转让给本公司，移交一切必要的单证，并协助本公司向责任方追偿。

9. 争议处理

被保险人与本公司之间的一切有关本保险的争议应通过友好协商解决。如果协商不成，可申请仲裁或向法院提出诉讼。除事先另有协议外，仲裁或诉讼应在被告方所在地进行。

(六) 特别条款

若出现与本保险单的其他规定相冲突的内容，则可以在保单中约定特别条款。

第四节　涉外雇主责任保险

一、涉外雇主责任保险概述

雇主责任保险又称劳工保险，是以雇主责任为保险标的的一种保险。它承保雇主对其雇员在受雇期间，因发生意外或职业病而造成人身伤残或死亡应负的经济赔偿责任。雇主责任保险也多采用独立承保的方式经营。

西方发达国家的劳工法或辅助责任法对雇主的责任，雇员在发生伤残死亡时应负责的赔偿标准，法律的实施范围及豁免都有详细的规定。法律规定的雇主责任是绝对责任，又称客观责任或严格责任，即无论雇主有无疏忽或过失，只要雇员在工作过程中发生伤残死亡，都要赔偿。为了保证雇员在就业过程中发生意外事故时能及时获得补偿，多数国家立法规定雇主责任保险为强制性保险，日本将此项保险称为"劳工赔偿保险"，由政府专门机构办理，英美及其他西方国家则由商业保险公司办理。

我国于1951年颁布劳工保险条例，企业职工的疾病、伤残、死亡均可按劳保规定获得经济保障，它主要适用于国有企业和集体企业。目前，我国境内外商投资企业越来越多，私营企业蓬勃兴起，而国有、集体企业也在改革，因此，迫切需要制定新的劳动保险法规，包括雇主责任法。

我国的雇主责任保险主要保障雇主对其雇佣人员在从事与职业有关的工作时遭受的人身伤亡。根据劳动法、民法或雇佣合同，应当由雇主承担赔偿责任，赔偿金额的大小由法院根据受害人的伤害程度判定。其中，因雇主过失造成雇员伤害部分的责任是无限的。

二、责任范围

雇主责任保险的责任范围主要包括被保险人所雇佣的职员，在保险单列明的地点和保险期间内，在受雇过程中从事与其职业有关的工作时遭受意外而致伤、残或死亡，或患有与业务有关的职业性疾病所致伤、残或死亡。上述雇员指被保险人直接雇佣的任何职员，包括短期工、临时工、季节工、徒工和长期固定工。

雇主责任保险的扩展责任如下所述。

(1) 附加医药费保险。这是保险人应投保人的要求扩展承保投保人的雇员在保险期限内因患病所需的医疗费用，包括医疗、药品、手术、住院费用。除另有约定外，一般只限于在中国境内的医院或诊疗所治疗，并凭其出具的单证赔付。医疗费的最高赔偿金额，不论一次或多次赔偿，每人累计以不超过保单所确定的附加医疗费的保险金额为限。

(2) 附加第三者责任险。雇主责任保险可扩大承保范围，对雇员在保单有效期内，从事保单所载明的与投保人业务有关的工作时，由于意外或疏忽，造成第三者人身伤亡或财产损失，以及所引起的对第三者的抚恤、医疗和赔偿费用，依法应由被保险人赔付的金额，保险人负责赔偿。

三、除外责任

对于下列原因所引起的责任，保险人不予赔偿。

(1) 战争险责任；

(2) 被雇人员由于疾病、传染病、分娩、流产以及因这些疾病而施行内外科治疗手术所致的伤残或死亡；

(3) 由于雇员自加伤害、自杀、犯罪行为、酗酒以及无照驾驶各种机动车辆所致的伤残或死亡。总之，这是指雇员本身的故意行为或违法行为造成的人身伤害。

(4) 被保险人的故意行为或重大过失，造成其雇员人身伤害。

(5) 被保险人对其承包商雇佣的员工的责任。

根据雇主责任的解释，雇主与雇员之间必须有直接的雇佣合同关系存在。承包商的雇员与承包商有直接的雇佣关系存在，应由承包商直接对其负责，对被保险人来说，这是一种间接关系，因此应予以除外。

四、保险单条款

中国人民保险公司的雇主责任保险的保险单内容包括以下几部分。

(一) 责任范围

凡被保险人所雇佣的员工，在本保险有效期内，在受雇过程中，从事本保险单所载明的被保险人的业务有关工作时，遭受意外而致受伤、死亡或患与业务有关的职业性疾病，所致伤残或死亡，被保险人根据雇佣合同，须付医药费及承担经济赔偿责任，包括应支出的诉讼费用，本公司负责赔偿。

上述被保险人所雇佣的员工包括短期工、临时工、季节工和徒工。

(二) 赔偿额度

1. 死亡

最高赔偿额度按保单规定办理。

2. 伤残

(1) 永久丧失全部工作能力，最高赔偿额度按保单规定办理。

(2) 永久丧失部分工作能力，最高赔偿额度按受伤部位及程度，参照本保单所附赔偿金额表规定的百分率乘以保单规定的赔偿额度。

(3) 暂时丧失工作能力超过五天的，在此期间，经医生证明，按被雇人员的工资给予赔偿。

注：

(1) 本公司对上述各项总的赔偿金额，最高不超过本保单规定的赔偿限额。

(2) 被雇人员的月工资是按事故发生之日或经医生证明发生疾病之日该人员的前十二个月的平均工资计算的。不足十二个月按实际月数平均。

(三) 除外责任

(1) 战争、类似战争行为、叛乱、罢工、暴动或由于核辐射所致的被雇人员伤残、死亡或疾病。

(2) 被雇人员由于疾病、传染病、分娩、流产以及因这些疾病而施行内外科治疗手术所致的伤残或死亡。

(3) 由于被雇人员自加伤害、自杀、犯罪行为、酗酒及无照驾驶各种机动车辆所致的伤残或死亡。

(4) 被保险人的故意行为或重大过失。

(5) 被保险人对其承包商雇佣的员工的责任。

(四) 保险费

在订立本保险单时，根据被保险人估计，在本保险单有效期内付给其雇佣人员工资/薪金、加班费、奖金及其他津贴的总数，计算预付保险费。在本保险单到期后的一个月内，被保险人应提供本保险单有效期间实际付出的工资/薪金、加班费、奖金及其他津贴的确数，凭以调整支付保险费。预付保险费多退少补。

被保险人必须将每一个雇佣人员的姓名及其工资/薪金、加班费、奖金及其他津贴妥为记录，并同意本公司随时查阅。

(五) 赔款

(1) 如发生本保险单承保责任范围内的事故，被保险人应迅速将详细情况通知本公司。

(2) 在未经本公司同意前，被保险人或其代表对索赔事项不能作出承认、提议或付款的表示。本公司有权以被保险人名义进行诉讼、追偿，被保险人应全力协助。

(3) 在发生本保险单项下的索赔时，如同时又承保同样责任的其他保险，本公司对有关赔款及费用仅负比例赔偿责任。

(4) 索赔期限，从发生事故之日起算，不超过一年。

(六) 其他事项

(1) 被保险人应对其经营的业务，采取合理措施，以防止意外事故及疾病发生。

(2) 被保险人可随时申请取消本保险单，本公司也可在十五天前通知被保险人取消险单。保险费照上述4项调整，按日计算退费。

(3) 被保险人和本公司发生争议，如经协商不能解决时，应在被告人所在地进行仲裁或提起诉讼。

出口产品责任险低额和解案

基本案情

2004年8月,被保险人广东省中山市某电器公司在某财产保险公司投保了出口产品责任险,承保产品为其销往世界各地的产品咖啡壶和电饭煲,保险期限自2004年8月1日0时起至2005年7月31日24时止,追溯期注2002年8月1日至保单起期,年累计赔偿限额及每次事故赔偿限额均为200万美元,每次事故免赔额15 000美元,同时约定"以索赔提出为基础"注条款,缴保险费7140美元。

2004年10月7日,美国一用户Denise在使用被保险人生产的咖啡壶时,咖啡壶不慎掉落,壶内咖啡将其脚踝烫伤。该用户认为咖啡壶有缺陷,由于在保温状态下咖啡温度过高,使其严重烫伤,向被保险人及销售商索赔8.75万美元。索赔人在与被保险人及销售商协商未果后,将被保险人及销售商起诉至当地法院。

被保险人在接到索赔通知后,立即通知保险公司及公估人。公估人在获授权后介入案件的调查,认为索赔人Denise被烫伤是其过失造成,与咖啡壶无关。索赔人向法院起诉后,被保险人只得聘请律师应诉。原告出具了食品用具方面的专家报告,认定该咖啡壶在同样的保温状态下存在保温状态不稳定、温差过大等缺陷。在历时一年多的反复调查取证、专家鉴定的过程中,诉讼费用持续增加,已超过2万美元。被保险人与保险公司协商后,为避免诉讼费用过高,主动与原告进行和解。

经过辩方与原告代表多次协商,最终以被保险人支付原告4.8万美元和解,原告撤诉。保险公司在扣除免赔额后,支付包括诉讼费用在内的共计5.5万美元的赔款。

评析

本案是典型的严格产品责任案例。严格产品责任又称为侵权行为法上的无过失责任。严格产品责任原则规定,只要产品有缺陷,对消费者或使用者构成不合理的危险,并因此使他们的人身或财产遭受损失,该产品的制造商或销售商就应当承担损害赔偿责任。

在美国等发达国家,出于对国民的生命和财产的保护,制定了诸多严格的法律法规。美国司法体系中,法院分为联邦法院和地方法院,一般民事诉讼案件都是由地方法院受理。虽然各州法律不同,但大多使用陪审团制度,即法院的法官仅认定适用法律及证据的有效性,由普通民众组成的陪审团的意见决定判决结果。美国法律还规定,一旦被诉至法院,被告必须应诉,未在法院传票规定时间内应诉的,法院会直接判被告缺席败诉。缺席败诉的后果很严重,要全部按原告主张赔偿,如果不执行,会被法院通过一定途径扣押与被告有关联的美国资产。在涉及国际诉讼时,美国法院往往会通过国际司法协助程序,将传票及诉状送达被告处。而传票中规定的应诉时效往往来不及做相应的应诉准备,故在产品责任险案件中,保险公司都会要求被保险人在接到传票后不予签收,以争取更多的应诉准备时间。

接到法院传票及诉状后,被告(被保险人)要立即通知保险公司,并协商聘请公估人和律师应诉事宜，一般情况下，会在诉讼地聘请律师进行抗辩。在严格产品责任制度下，被告要证明其完全无责任是非常困难的，诉讼过程往往是个漫长且复杂的过程。而在美国，律师、公估人、专家的费用非常高，一般的产品责任案件，诉讼费用会占到整个案件赔款的50%以上，而且对被告不利的是，即使最终胜诉，被告方的诉讼费用仍要由自己承担。所以，被告方往往根据诉讼形势，主动与原告商谈和解，以避免被判高额赔款或产生过高的诉讼费用。在美国，90%以上的产品责任类案件均是以和解的方式结案。

从保险人的角度来讲，案件以支付赔款的形式达成和解，等于被告方认可了其被诉责任，并且一般调解过程都是在法院参与下进行的，故属于"被保险人依法承担的赔偿责任"，保险公司应予以赔偿。

注：(1) 追溯期(Retroactive Date)。追溯期就是追溯以往的期限，只适用在"以索赔提出为基础"的责任保险中。由于"以索赔提出为基础"条款仅要求在保险期限内提出索赔，不限制事故发生的时间，可能会导致保险公司把多年前发生的事故揽到现在的保单中予以负责，故设定一定时限的追溯期(一般为1～5年)，保险公司仅在追溯期内发生、在保险期限内提出索赔的事故负责。一般情况下，第一个承保年度不设追溯期，次年可以设定一年的追溯期，依次递增。

(2) 以索赔为基础条款(Claim Made Basis Clause)。此条款的含义为：承保人对产品责任险项下承担的责任，以索赔提出的时间为界线，即索赔的提出必须在保险期限内，方为有效，而不论产品责任事故是否发生在保险期限以内。

经典案例12-2

劳工标准案例：国际贸易中的劳工标准

基本案情

印度的地毯制造业在20年前大约雇佣两万名童工，每年带来410万美元的收入。20年后的今天，印度雇佣童工的数量增加到30万人，收益也增加到8.15亿美元，从而使地毯制造业在印度的出口市场中占有巨大的份额。

但也正是基于此，印度著名的活动家Kailash Satyarthi于1994年9月与德国的非政府"善待世界"合作，成立了一个名为RUGMARK的志愿组织，致力于使这些童工离开工厂，进入学校读书。要实现这一目标，他们所面临的问题是，作为一个政府，是否有权决定自己国家的劳工标准，而低劳动成本又是发展中国家在全球经济中向世界市场提供低价产品的主要优势。

然而，并非所有的人都认为取消童工是天经地义的。也有人担心一旦立即取消童工，就可能使这些孩子陷入更为恶劣的境况。如果不能从根本上改变他们的生存状况，即使不再制造地毯了，他们也依然不能摆脱贫困的折磨。显然，在那些极度贫困的家庭里，就业比人道更具诱惑力。

为此，日趋严重的童工问题已经成为许多论坛讨论的焦点，无论是国际社会还是第三世界国家的地方政府都给予了极大的关注。

从国际贸易的角度来考虑，当这些产品生产出来以后，作为世界市场的消费一方，譬如说美国，是否拥有选择的权利，如果他们选择不予购买这种通过被认为是不人道的方式生产出来的产品，会不会被指责为是出于贸易保护主义。

早在1992年，美国国会就提出了禁止童工法案，却未被通过。一个重要的原因就是，由于涉及印度出口行业，有人断言这是立法机构出于抑制外国竞争而炮制的一个贸易保护主义的产物。因为地毯在印度所有的出口创汇产品中占有明显的份额，况且为广大消费者所钟爱，依然存在着广阔的销售空间。更为重要的是，有人认为，这是在以外部压力影响和左右一个国家的童工政策。

1997年，美国国会通过了一项新的法案，这是对1930年一项关税法案的修正案。新的法案提供了一个有力的工具，使美国政府能够更为有效地反对利用童工进行生产。新的法案禁止美国海关允许任何由强制性和在契约制下利用童工生产的产品的进口，从而使美国这一新法律被视为一种社会制裁的形式，并将其归入对贸易的技术壁垒一类。

根据由关贸总协定所批准的乌拉圭回合谈判协议，一个国家要禁止童工生产的产品进口是很困难的。因此，有研究报告认为，美国的新法律有悖于关贸总协定的精神。

评析

所谓劳工标准，概括地讲，就是劳动力的成本或劳动力的价格。劳工标准是由多项因素决定的，如劳动者的年龄、性别、身份，劳动者的劳动时间、工作环境、社会保障，劳动者所在国家的经济发展程度、产业结构状况、收入分配水平等。劳工标准之所以引发贸易争端，是因为发达国家认为发展中国家的出口产品价格低廉，并非来自生产成本上的比较优势，而是由于极为低下的劳工标准。

(1) 在国际贸易中，劳工标准的争端是一场利益战，其结果可能有利于国际利益主导国家——发达国家。第一，通过印度地毯制造业的童工案例，我们可以看到，劳工标准是一个非常复杂的问题，牵涉经济、政治、法律、社会、历史、道德、文化。争议双方所持的基本立场截然对立、分歧重大，也难以取得共识、难以妥协。甚至在即将启动的新一轮贸易谈判中，对是否将劳工标准列入谈判议程，发达国家与发展中国家之间存在着激烈的争论。第二，在这一争端中，我们也可以发现，西方发达国家无论打着什么旗号，在那些冠冕堂皇的辞藻背后，总是潜藏着极为功利的利益动机。同时，又由于和其他标准相比较，劳工标准所包含的丰富而深刻的社会文化内涵，使得发展中国家在西方国家因为对自己进行的指责和制裁，经常陷于被动、尴尬的境地或遭受利益损失以及大国贸易保护主义的侵害。所以，在国际贸易争端的交叉争议中，劳工标准问题实质上是一场利益争夺战。

(2) 我国在这场劳工标准争论中的基本立场应是：第一，中国作为世界上第一人口大国，经济发展刚刚起步，具有较低的劳工成本是很自然的。这种低劳工成本的竞争优势并不会对发达国家的贸易利益造成伤害。第二，从历史的角度来看，尤其是中国改革开放以来，中国的劳工标准在迅速提高，西方国家应当正视这一现实。第三，由于世界发展是不平衡的，尤其是许多第三世界国家还处于贫困落后的境遇中，要在短期内追求和建立全球统一的国际劳工标准既不现实，也不合理，更不会推动贸易自由化的进程。

所以，发达国家的当务之急并不是挥舞着劳工标准的大棒对发展中国家进行干预和讨伐，而是以经济、技术、发展援助的形式支持和促进落后国家的经济发展，推动经济全球化的进程。

资料来源：http://jpkc.hdu.edu.cn/rwxy/max/newsshow.asp?id＝26

|实训题|

一、思考题

1. 涉外责任保险的赔偿限额与免赔额是如何规定的？

2. 产品责任保险和产品质量保险有哪些区别？

3. 涉外公众责任保险的责任范围和除外责任有哪些？

4. 涉外雇主责任保险的责任范围和除外责任有哪些？

5. 试讨论国际劳工标准给我国外贸带来的影响及启示。

二、操作题

1. 中国南方的一家生产水壶的企业，其产品出口到美国市场，一位美国妇女在使用水壶时，壶盖掉下来烫伤了她的手臂，尽管厂家没有过错，但她认为生产厂家的产品有缺陷并要求赔偿，最后，该企业被索赔了几千美元。另有美国一位50岁的护士将一支正燃着的香烟掉在了衣服上，造成了3～4级的烧伤，她的睡衣被引燃，火焰蔓延到她大半个身子，该件睡衣的纤维结构被认为有缺陷，法院判决生产商赔偿2 000 000美元。试分析以上两起案件涉及的相关保险法律问题。

2. 2002年11月，被保险人杭州某机械电子有限公司在某保险股份有限公司投保了《出口产品责任险》，承保产品为其销往世界各地的产品电动工具(切割机、电锯等)，保险期限自2002年11月12日0时起至2003年11月11日24时止，追溯期2000年11月12日至保单起期，年累计赔偿限额及每次事故赔偿限额均为100万美元，每次事故免赔额20 000美元，同时约定"以索赔为基础"条款。缴保险费6.8万美元。2003年4月7日，美国人S先生在使用被保险人生产的电动切割机工作时，左手食指被切断，发生医疗费1.5万美元。S先生认为切割机在设计、制造方面的缺陷是造成其受伤的主因，向被保险人及其销售商提出诉讼，索赔金额43.3万美元。接到索赔后，被保险人向保险公司报案，并聘请公估人及律师处理诉讼事宜。该保险案例该如何处理？

附录A

中华人民共和国保险法

(1995年6月30日，第八届全国人民代表大会常务委员会第十四次会议通过；根据2002年10月28日，第九届全国人民代表大会常务委员会第三十次会议《关于修改〈中华人民共和国保险法〉的决定》修正；2009年2月28日，第十一届全国人民代表大会常务委员会第七次会议修订)

目　　录

第一章　总　　则

第一条　为了规范保险活动，保护保险活动当事人的合法权益，加强对保险业的监督管理，维护社会经济秩序和社会公共利益，促进保险事业的健康发展，制定本法。

第二条　本法所称保险，是指投保人根据合同约定，向保险人支付保险费，保险人对于合同约定的可能发生的事故因其发生所造成的财产损失承担赔偿保险金责任，或者当被保险人死亡、伤残、疾病或者达到合同约定的年龄、期限等条件时承担给付保险金责任的商业保险行为。

第三条　在中华人民共和国境内从事保险活动，适用本法。

第四条　从事保险活动必须遵守法律、行政法规，遵守社会公德，不得损害社会公共利益。

第五条　保险活动当事人行使权利、履行义务应当遵循诚实信用原则。

第六条　保险业务由依照本法设立的保险公司以及法律、行政法规规定的其他保险组织经营，其他单位和个人不得经营保险业务。

第七条　在中华人民共和国境内的法人和其他组织需要办理境内保险的，应当向中华人民共和国境内的保险公司投保。

第八条　保险业和银行业、证券业、信托业实行分业经营、分业管理，保险公司与银行、证券、信托业务机构分别设立。国家另有规定的除外。

第九条　国务院保险监督管理机构依法对保险业实施监督管理。

国务院保险监督管理机构根据履行职责的需要设立派出机构。派出机构按照国务院保险监督管理机构的授权履行监督管理职责。

第二章　保险合同
第一节　一般规定

第十条　保险合同是投保人与保险人约定保险权利义务关系的协议。

投保人是指与保险人订立保险合同，并按照合同约定负有支付保险费义务的人。

保险人是指与投保人订立保险合同，并按照合同约定承担赔偿或者给付保险金责任的保险公司。

第十一条　订立保险合同，应当协商一致，遵循公平原则确定各方的权利和义务。

除法律、行政法规规定必须保险的外，保险合同自愿订立。

第十二条　人身保险的投保人在保险合同订立时，对被保险人应当具有保险利益。

财产保险的被保险人在保险事故发生时，对保险标的应当具有保险利益。

人身保险是以人的寿命和身体为保险标的的保险。

财产保险是以财产及其有关利益为保险标的的保险。

被保险人是指其财产或者人身受保险合同保障，享有保险金请求权的人。投保人可以为被保险人。

保险利益是指投保人或者被保险人对保险标的具有的法律上承认的利益。

第十三条　投保人提出保险要求，经保险人同意承保，保险合同成立。保险人应当及时向投保人签发保险单或者其他保险凭证。

保险单或者其他保险凭证应当载明当事人双方约定的合同内容。当事人也可以约定采用其他书面形式载明合同内容。

依法成立的保险合同，自成立时生效。投保人和保险人可以对合同的效力约定附条件或者附期限。

第十四条　保险合同成立后，投保人按照约定交付保险费，保险人按照约定的时间开始承担保险责任。

第十五条　除本法另有规定或者保险合同另有约定外，保险合同成立后，投保人可以解除合同，保险人不得解除合同。

第十六条　订立保险合同，保险人就保险标的或者被保险人的有关情况提出询问的，投保人应当如实告知。

投保人故意或者因重大过失未履行前款规定的如实告知义务，足以影响保险人决定是否同意承保或者提高保险费率的，保险人有权解除合同。

前款规定的合同解除权，自保险人知道有解除事由之日起，超过三十日不行使而消灭。自合同成立之日起超过二年的，保险人不得解除合同；发生保险事故的，保险人应当承担赔偿或者给付保险金的责任。

投保人故意不履行如实告知义务的，保险人对于合同解除前发生的保险事故，不承担赔偿或者给付保险金的责任，并不退还保险费。

投保人因重大过失未履行如实告知义务，对保险事故的发生有严重影响的，保险人对于合同解除前发生的保险事故，不承担赔偿或者给付保险金的责任，但应当退还保险费。

保险人在合同订立时已经知道投保人未如实告知的情况的，保险人不得解除合同；发生保险事故的，保险人应当承担赔偿或者给付保险金的责任。

保险事故是指保险合同约定的保险责任范围内的事故。

第十七条　订立保险合同，采用保险人提供的格式条款的，保险人向投保人提供的投保单应当附格式条款，保险人应当向投保人说明合同的内容。

对保险合同中免除保险人责任的条款，保险人在订立合同时应当在投保单、保险单或者其他保险凭证上作出足以引起投保人注意的提示，并对该条款的内容以书面或者口头形式向投保人作出明确说明；未作提示或者明确说明的，该条款不产生效力。

第十八条　保险合同应当包括下列事项：

(一) 保险人的名称和住所；

(二) 投保人、被保险人的姓名或者名称、住所，以及人身保险的受益人的姓名或者名称、住所；

(三) 保险标的；

(四) 保险责任和责任免除；

(五) 保险期间和保险责任开始时间；

(六) 保险金额；

(七) 保险费以及支付办法；

(八) 保险金赔偿或者给付办法；

(九) 违约责任和争议处理；

(十) 订立合同的年、月、日。

投保人和保险人可以约定与保险有关的其他事项。

受益人是指人身保险合同中由被保险人或者投保人指定的享有保险金请求权的人。投保人、被保险人可以为受益人。

保险金额是指保险人承担赔偿或者给付保险金责任的最高限额。

第十九条　采用保险人提供的格式条款订立的保险合同中的下列条款无效：

(一) 免除保险人依法应承担的义务或者加重投保人、被保险人责任的；

(二) 排除投保人、被保险人或者受益人依法享有的权利的。

第二十条　投保人和保险人可以协商变更合同内容。

变更保险合同的，应当由保险人在保险单或者其他保险凭证上批注或者附贴批单，或者由投保人和保险人订立变更的书面协议。

第二十一条　投保人、被保险人或者受益人知道保险事故发生后，应当及时通知保险人。故意或者因重大过失未及时通知，致使保险事故的性质、原因、损失程度等难以确定的，保险人对无法确定的部分，不承担赔偿或者给付保险金的责任，但保险人通过其他途径已经及时知道或者应当及时知道保险事故发生的除外。

第二十二条 保险事故发生后，按照保险合同请求保险人赔偿或者给付保险金时，投保人、被保险人或者受益人应当向保险人提供其所能提供的与确认保险事故的性质、原因、损失程度等有关的证明和资料。

保险人按照合同的约定，认为有关的证明和资料不完整的，应当及时一次性通知投保人、被保险人或者受益人补充提供。

第二十三条 保险人收到被保险人或者受益人的赔偿或者给付保险金的请求后，应当及时作出核定；情形复杂的，应当在三十日内作出核定，但合同另有约定的除外。保险人应当将核定结果通知被保险人或者受益人；对属于保险责任的，在与被保险人或者受益人达成赔偿或者给付保险金的协议后十日内，履行赔偿或者给付保险金义务。保险合同对赔偿或者给付保险金的期限有约定的，保险人应当按照约定履行赔偿或者给付保险金义务。

保险人未及时履行前款规定义务的，除支付保险金外，应当赔偿被保险人或者受益人因此受到的损失。

任何单位和个人不得非法干预保险人履行赔偿或者给付保险金的义务，也不得限制被保险人或者受益人取得保险金的权利。

第二十四条 保险人依照本法第二十三条的规定作出核定后，对不属于保险责任的，应当自作出核定之日起三日内向被保险人或者受益人发出拒绝赔偿或者拒绝给付保险金通知书，并说明理由。

第二十五条 保险人自收到赔偿或者给付保险金的请求和有关证明、资料之日起六十日内，对其赔偿或者给付保险金的数额不能确定的，应当根据已有证明和资料可以确定的数额先予以支付；保险人最终确定赔偿或者给付保险金的数额后，应当支付相应的差额。

第二十六条 人寿保险以外的其他保险的被保险人或者受益人，向保险人请求赔偿或者给付保险金的诉讼时效期间为二年，自其知道或者应当知道保险事故发生之日起计算。

人寿保险的被保险人或者受益人向保险人请求给付保险金的诉讼时效期间为五年，自其知道或者应当知道保险事故发生之日起计算。

第二十七条 未发生保险事故，被保险人或者受益人谎称发生了保险事故，向保险人提出赔偿或者给付保险金请求的，保险人有权解除合同，并不退还保险费。

投保人、被保险人故意制造保险事故的，保险人有权解除合同，不承担赔偿或者给付保险金的责任；除本法第四十三条规定外，不退还保险费。

保险事故发生后，投保人、被保险人或者受益人以伪造、变造的有关证明、资料或者其他证据，编造虚假的事故原因或者夸大损失程度的，保险人对其虚报的部分不承担赔偿或者给付保险金的责任。

投保人、被保险人或者受益人有前三款规定行为之一，致使保险人支付保险金或者支出费用的，应当退回或者赔偿。

第二十八条 保险人将其承担的保险业务，以分保形式部分转移给其他保险人的，为再保险。

应再保险接受人的要求，再保险分出人应当将其自负责任及原保险的有关情况书面告知再保险接受人。

第二十九条 再保险接受人不得向原保险的投保人要求支付保险费。

原保险的被保险人或者受益人不得向再保险接受人提出赔偿或者给付保险金的请求。

再保险分出人不得以再保险接受人未履行再保险责任为由，拒绝履行或者迟延履行其原保险责任。

第三十条 采用保险人提供的格式条款订立的保险合同，保险人与投保人、被保险人或者受益人对合同条款有争议的，应当按照通常理解予以解释。对合同条款有两种以上解释的，人民法院或者仲裁机构应当作出有利于被保险人和受益人的解释。

第二节 人身保险合同

第三十一条 投保人对下列人员具有保险利益：

(一) 本人；

(二) 配偶、子女、父母；

(三) 前项以外与投保人有抚养、赡养或者扶养关系的家庭其他成员、近亲属；

(四) 与投保人有劳动关系的劳动者。

除前款规定外，被保险人同意投保人为其订立合同的，视为投保人对被保险人具有保险利益。

订立合同时，投保人对被保险人不具有保险利益的，合同无效。

第三十二条 投保人申报的被保险人年龄不真实，并且其真实年龄不符合合同约定的年龄限制的，保险人可以解除合同，并按照合同约定退还保险单的现金价值。保险人行使合同解除权，适用本法第十六条第三款、第六款的规定。

投保人申报的被保险人年龄不真实，致使投保人支付的保险费少于应付保险费的，保险人有权更正并要求投保人补交保险费，或者在给付保险金时按照实付保险费与应付保险费的比例支付。

投保人申报的被保险人年龄不真实，致使投保人支付的保险费多于应付保险费的，保险人应当将多收的保险费退还投保人。

第三十三条 投保人不得为无民事行为能力人投保以死亡为给付保险金条件的人身保险，保险人也不得承保。

父母为其未成年子女投保的人身保险，不受前款规定限制。但是，因被保险人死亡给付的保险金总和不得超过国务院保险监督管理机构规定的限额。

第三十四条 以死亡为给付保险金条件的合同，未经被保险人同意并认可保险金额的，合同无效。

按照以死亡为给付保险金条件的合同所签发的保险单，未经被保险人书面同意，不得转让或者质押。

父母为其未成年子女投保的人身保险，不受本条第一款规定限制。

第三十五条 投保人可以按照合同约定向保险人一次支付全部保险费或者分期支付保险费。

第三十六条 合同约定分期支付保险费，投保人支付首期保险费后，除合同另有约定外，投保人自保险人催告之日起超过三十日未支付当期保险费，或者超过约定的期限六十日未支付当期保险费的，合同效力中止，或者由保险人按照合同约定的条件减少保险金额。

被保险人在前款规定期限内发生保险事故的，保险人应当按照合同约定给付保险金，但可以扣减欠交的保险费。

第三十七条　合同效力依照本法第三十六条规定中止的，经保险人与投保人协商并达成协议，在投保人补交保险费后，合同效力恢复。但是，自合同效力中止之日起满二年双方未达成协议的，保险人有权解除合同。

保险人依照前款规定解除合同的，应当按照合同约定退还保险单的现金价值。

第三十八条　保险人对人寿保险的保险费，不得用诉讼方式要求投保人支付。

第三十九条　人身保险的受益人由被保险人或者投保人指定。

投保人指定受益人时须经被保险人同意。投保人为与其有劳动关系的劳动者投保人身保险，不得指定被保险人及其近亲属以外的人为受益人。

被保险人为无民事行为能力人或者限制民事行为能力人的，可以由其监护人指定受益人。

第四十条　被保险人或者投保人可以指定一人或者数人为受益人。

受益人为数人的，被保险人或者投保人可以确定受益顺序和受益份额；未确定受益份额的，受益人按照相等份额享有受益权。

第四十一条　被保险人或者投保人可以变更受益人并书面通知保险人。保险人收到变更受益人的书面通知后，应当在保险单或者其他保险凭证上批注或者附贴批单。

投保人变更受益人时须经被保险人同意。

第四十二条　被保险人死亡后，有下列情形之一的，保险金作为被保险人的遗产，由保险人依照《中华人民共和国继承法》的规定履行给付保险金的义务：

(一) 没有指定受益人，或者受益人指定不明无法确定的；

(二) 受益人先于被保险人死亡，没有其他受益人的；

(三) 受益人依法丧失受益权或者放弃受益权，没有其他受益人的。

受益人与被保险人在同一事件中死亡，且不能确定死亡先后顺序的，推定受益人死亡在先。

第四十三条　投保人故意造成被保险人死亡、伤残或者疾病的，保险人不承担给付保险金的责任。投保人已交足二年以上保险费的，保险人应当按照合同约定向其他权利人退还保险单的现金价值。

受益人故意造成被保险人死亡、伤残、疾病的，或者故意杀害被保险人未遂的，该受益人丧失受益权。

第四十四条　以被保险人死亡为给付保险金条件的合同，自合同成立或者合同效力恢复之日起二年内，被保险人自杀的，保险人不承担给付保险金的责任，但被保险人自杀时为无民事行为能力人的除外。

保险人依照前款规定不承担给付保险金责任的，应当按照合同约定退还保险单的现金价值。

第四十五条　因被保险人故意犯罪或者抗拒依法采取的刑事强制措施导致其伤残或者死亡的，保险人不承担给付保险金的责任。投保人已交足二年以上保险费的，保险人应当按照合同约定退还保险单的现金价值。

第四十六条　被保险人因第三者的行为而发生死亡、伤残或者疾病等保险事故的，保险人向被保险人或者受益人给付保险金后，不享有向第三者追偿的权利，但被保险人或者受益人仍有权向第三者请求赔偿。

第四十七条　投保人解除合同的，保险人应当自收到解除合同通知之日起三十日内，按照合同约定退还保险单的现金价值。

第三节　财产保险合同

第四十八条　保险事故发生时，被保险人对保险标的不具有保险利益的，不得向保险人请求赔偿保险金。

第四十九条　保险标的转让的，保险标的的受让人承继被保险人的权利和义务。

保险标的转让的，被保险人或者受让人应当及时通知保险人，但货物运输保险合同和另有约定的合同除外。

因保险标的的转让导致危险程度显著增加的，保险人自收到前款规定的通知之日起三十日内，可以按照合同约定增加保险费或者解除合同。保险人解除合同的，应当将已收取的保险费，按照合同约定扣除自保险责任开始之日起至合同解除之日止应收的部分后，退还投保人。

被保险人、受让人未履行本条第二款规定的通知义务的，因转让导致保险标的的危险程度显著增加而发生的保险事故，保险人不承担赔偿保险金的责任。

第五十条　货物运输保险合同和运输工具航程保险合同，保险责任开始后，合同当事人不得解除合同。

第五十一条　被保险人应当遵守国家有关消防、安全、生产操作、劳动保护等方面的规定，维护保险标的的安全。

保险人可以按照合同约定对保险标的的安全状况进行检查，及时向投保人、被保险人提出消除不安全因素和隐患的书面建议。

投保人、被保险人未按照约定履行其对保险标的的安全应尽责任的，保险人有权要求增加保险费或者解除合同。

保险人为维护保险标的的安全，经被保险人同意，可以采取安全预防措施。

第五十二条　在合同有效期内，保险标的的危险程度显著增加的，被保险人应当按照合同约定及时通知保险人，保险人可以按照合同约定增加保险费或者解除合同。保险人解除合同的，应当将已收取的保险费，按照合同约定扣除自保险责任开始之日起至合同解除之日止应收的部分后，退还投保人。

被保险人未履行前款规定的通知义务的，因保险标的的危险程度显著增加而发生的保险事故，保险人不承担赔偿保险金的责任。

第五十三条　有下列情形之一的，除合同另有约定外，保险人应当降低保险费，并按日计算退还相应的保险费：

(一) 据以确定保险费率的有关情况发生变化，保险标的的危险程度明显减少的；

(二) 保险标的的保险价值明显减少的。

第五十四条　保险责任开始前，投保人要求解除合同的，应当按照合同约定向保险人支付手续费，保险人应当退还保险费。保险责任开始后，投保人要求解除合同的，保险人应当将已收取的保险费，按照合同约定扣除自保险责任开始之日起至合同解除之日止应收的部分后，退还投保人。

第五十五条　投保人和保险人约定保险标的的保险价值并在合同中载明的，保险标的发生损失时，以约定的保险价值为赔偿计算标准。

投保人和保险人未约定保险标的的保险价值的，保险标的发生损失时，以保险事故发生时保险标的的实际价值为赔偿计算标准。

保险金额不得超过保险价值。超过保险价值的，超过部分无效，保险人应当退还相应的保险费。

保险金额低于保险价值的，除合同另有约定外，保险人按照保险金额与保险价值的比例承担赔偿保险金的责任。

第五十六条　重复保险的投保人应当将重复保险的有关情况通知各保险人。

重复保险的各保险人赔偿保险金的总和不得超过保险价值。除合同另有约定外，各保险人按照其保险金额与保险金额总和的比例承担赔偿保险金的责任。

重复保险的投保人可以就保险金额总和超过保险价值的部分，请求各保险人按比例返还保险费。

重复保险是指投保人对同一保险标的、同一保险利益、同一保险事故分别与两个以上保险人订立保险合同，且保险金额总和超过保险价值的保险。

第五十七条　保险事故发生时，被保险人应当尽力采取必要的措施，防止或者减少损失。

保险事故发生后，被保险人为防止或者减少保险标的的损失所支付的必要的、合理的费用，由保险人承担；保险人所承担的费用数额在保险标的的损失赔偿金额以外另行计算，最高不超过保险金额的数额。

第五十八条　保险标的发生部分损失的，自保险人赔偿之日起三十日内，投保人可以解除合同；除合同另有约定外，保险人也可以解除合同，但应当提前十五日通知投保人。

合同解除的，保险人应当将保险标的的未受损失部分的保险费，按照合同约定扣除自保险责任开始之日起至合同解除之日止应收的部分后，退还投保人。

第五十九条　保险事故发生后，保险人已支付了全部保险金额，并且保险金额等于保险价值的，受损保险标的的全部权利归于保险人；保险金额低于保险价值的，保险人按照保险金额与保险价值的比例取得受损保险标的的部分权利。

第六十条　因第三者对保险标的的损害而造成保险事故的，保险人自向被保险人赔偿保险金之日起，在赔偿金额范围内代位行使被保险人对第三者请求赔偿的权利。

前款规定的保险事故发生后，被保险人已经从第三者取得损害赔偿的，保险人赔偿保险金时，可以相应扣减被保险人从第三者已取得的赔偿金额。

　　保险人依照本条第一款规定行使代位请求赔偿的权利，不影响被保险人就未取得赔偿的部分向第三者请求赔偿的权利。

　　第六十一条　保险事故发生后，保险人未赔偿保险金之前，被保险人放弃对第三者请求赔偿的权利的，保险人不承担赔偿保险金的责任。

　　保险人向被保险人赔偿保险金后，被保险人未经保险人同意放弃对第三者请求赔偿的权利的，该行为无效。

　　被保险人故意或者因重大过失致使保险人不能行使代位请求赔偿的权利的，保险人可以扣减或者要求返还相应的保险金。

　　第六十二条　除被保险人的家庭成员或者其组成人员故意造成本法第六十条第一款规定的保险事故外，保险人不得对被保险人的家庭成员或者其组成人员行使代位请求赔偿的权利。

　　第六十三条　保险人向第三者行使代位请求赔偿的权利时，被保险人应当向保险人提供必要的文件和所知道的有关情况。

　　第六十四条　保险人、被保险人为查明和确定保险事故的性质、原因和保险标的的损失程度所支付的必要的、合理的费用，由保险人承担。

　　第六十五条　保险人对责任保险的被保险人给第三者造成的损害，可以依照法律的规定或者合同的约定，直接向该第三者赔偿保险金。

　　责任保险的被保险人给第三者造成损害，被保险人对第三者应负的赔偿责任确定的，根据被保险人的请求，保险人应当直接向该第三者赔偿保险金。被保险人怠于请求的，第三者有权就其应获赔偿部分直接向保险人请求赔偿保险金。

　　责任保险的被保险人给第三者造成损害，被保险人未向该第三者赔偿的，保险人不得向被保险人赔偿保险金。

　　责任保险是指以被保险人对第三者依法应负的赔偿责任为保险标的的保险。

　　第六十六条　责任保险的被保险人因给第三者造成损害的保险事故而被提起仲裁或者诉讼的，被保险人支付的仲裁或者诉讼费用以及其他必要的、合理的费用，除合同另有约定外，由保险人承担。

第三章　保险公司

　　第六十七条　设立保险公司应当经国务院保险监督管理机构批准。

　　国务院保险监督管理机构审查保险公司的设立申请时，应当考虑保险业的发展和公平竞争的需要。

　　第六十八条　设立保险公司应当具备下列条件：

　　(一) 主要股东具有持续盈利能力，信誉良好，最近三年内无重大违法违规记录，净资产不低于人民币二亿元；

　　(二) 有符合本法和《中华人民共和国公司法》规定的章程；

　　(三) 有符合本法规定的注册资本；

　　(四) 有具备任职专业知识和业务工作经验的董事、监事和高级管理人员；

　　(五) 有健全的组织机构和管理制度；

(六) 有符合要求的营业场所和与经营业务有关的其他设施;

(七) 法律、行政法规和国务院保险监督管理机构规定的其他条件。

第六十九条 设立保险公司,其注册资本的最低限额为人民币二亿元。

国务院保险监督管理机构根据保险公司的业务范围、经营规模,可以调整其注册资本的最低限额,但不得低于本条第一款规定的限额。

保险公司的注册资本必须为实缴货币资本。

第七十条 申请设立保险公司,应当向国务院保险监督管理机构提出书面申请,并提交下列材料:

(一) 设立申请书,申请书应当载明拟设立的保险公司的名称、注册资本、业务范围等;

(二) 可行性研究报告;

(三) 筹建方案;

(四) 投资人的营业执照或者其他背景资料,经会计师事务所审计的上一年度财务会计报告;

(五) 投资人认可的筹备组负责人和拟任董事长、经理名单及本人认可证明;

(六) 国务院保险监督管理机构规定的其他材料。

第七十一条 国务院保险监督管理机构应当对设立保险公司的申请进行审查,自受理之日起六个月内作出批准或者不批准筹建的决定,并书面通知申请人。决定不批准的,应当书面说明理由。

第七十二条 申请人应当自收到批准筹建通知之日起一年内完成筹建工作;筹建期间不得从事保险经营活动。

第七十三条 筹建工作完成后,申请人具备本法第六十八条规定的设立条件的,可以向国务院保险监督管理机构提出开业申请。

国务院保险监督管理机构应当自受理开业申请之日起六十日内,作出批准或者不批准开业的决定。决定批准的,颁发经营保险业务许可证;决定不批准的,应当书面通知申请人并说明理由。

第七十四条 保险公司在中华人民共和国境内设立分支机构,应当经保险监督管理机构批准。

保险公司分支机构不具有法人资格,其民事责任由保险公司承担。

第七十五条 保险公司申请设立分支机构,应当向保险监督管理机构提出书面申请,并提交下列材料:

(一) 设立申请书;

(二) 拟设机构三年业务发展规划和市场分析材料;

(三) 拟任高级管理人员的简历及相关证明材料;

(四) 国务院保险监督管理机构规定的其他材料。

第七十六条 保险监督管理机构应当对保险公司设立分支机构的申请进行审查,自受理之日起六十日内作出批准或者不批准的决定。决定批准的,颁发分支机构经营保险业务许可证；决定不批准的，应当书面通知申请人并说明理由。

第七十七条　经批准设立的保险公司及其分支机构，凭经营保险业务许可证向工商行政管理机关办理登记，领取营业执照。

第七十八条　保险公司及其分支机构自取得经营保险业务许可证之日起六个月内，无正当理由未向工商行政管理机关办理登记的，其经营保险业务许可证失效。

第七十九条　保险公司在中华人民共和国境外设立子公司、分支机构、代表机构，应当经国务院保险监督管理机构批准。

第八十条　外国保险机构在中华人民共和国境内设立代表机构，应当经国务院保险监督管理机构批准。代表机构不得从事保险经营活动。

第八十一条　保险公司的董事、监事和高级管理人员，应当品行良好，熟悉与保险相关的法律、行政法规，具有履行职责所需的经营管理能力，并在任职前取得保险监督管理机构核准的任职资格。

保险公司高级管理人员的范围由国务院保险监督管理机构规定。

第八十二条　有《中华人民共和国公司法》第一百四十七条规定的情形或者下列情形之一的，不得担任保险公司的董事、监事、高级管理人员：

(一) 因违法行为或者违纪行为被金融监督管理机构取消任职资格的金融机构的董事、监事、高级管理人员，自被取消任职资格之日起未逾五年的；

(二) 因违法行为或者违纪行为被吊销执业资格的律师、注册会计师或者资产评估机构、验证机构等机构的专业人员，自被吊销执业资格之日起未逾五年的。

第八十三条　保险公司的董事、监事、高级管理人员执行公司职务时违反法律、行政法规或者公司章程的规定，给公司造成损失的，应当承担赔偿责任。

第八十四条　保险公司有下列情形之一的，应当经保险监督管理机构批准：

(一) 变更名称；

(二) 变更注册资本；

(三) 变更公司或者分支机构的营业场所；

(四) 撤销分支机构；

(五) 公司分立或者合并；

(六) 修改公司章程；

(七) 变更出资额占有限责任公司资本总额百分之五以上的股东，或者变更持有股份有限公司股份百分之五以上的股东；

(八) 国务院保险监督管理机构规定的其他情形。

第八十五条　保险公司应当聘用经国务院保险监督管理机构认可的精算专业人员，建立精算报告制度。

保险公司应当聘用专业人员，建立合规报告制度。

第八十六条　保险公司应当按照保险监督管理机构的规定，报送有关报告、报表、文件和资料。

保险公司的偿付能力报告、财务会计报告、精算报告、合规报告及其他有关报告、报表、文件和资料必须如实记录保险业务事项，不得有虚假记载、误导性陈述和重大遗漏。

第八十七条　保险公司应当按照国务院保险监督管理机构的规定妥善保管业务经营活动的完整账簿、原始凭证和有关资料。

前款规定的账簿、原始凭证和有关资料的保管期限，自保险合同终止之日起计算，保险期间在一年以下的不得少于五年，保险期间超过一年的不得少于十年。

第八十八条　保险公司聘请或者解聘会计师事务所、资产评估机构、资信评级机构等中介服务机构，应当向保险监督管理机构报告；解聘会计师事务所、资产评估机构、资信评级机构等中介服务机构，应当说明理由。

第八十九条　保险公司因分立、合并需要解散，或者股东会、股东大会决议解散，或者公司章程规定的解散事由出现，经国务院保险监督管理机构批准后解散。

经营有人寿保险业务的保险公司，除因分立、合并或者被依法撤销外，不得解散。

保险公司解散，应当依法成立清算组进行清算。

第九十条　保险公司有《中华人民共和国企业破产法》第二条规定情形的，经国务院保险监督管理机构同意，保险公司或者其债权人可以依法向人民法院申请重整、和解或者破产清算；国务院保险监督管理机构也可以依法向人民法院申请对该保险公司进行重整或者破产清算。

第九十一条　破产财产在优先清偿破产费用和共益债务后，按照下列顺序清偿：

(一) 所欠职工工资和医疗、伤残补助、抚恤费用，所欠应当划入职工个人账户的基本养老保险、基本医疗保险费用，以及法律、行政法规规定应当支付给职工的补偿金；

(二) 赔偿或者给付保险金；

(三) 保险公司欠缴的除第(一)项规定以外的社会保险费用和所欠税款；

(四) 普通破产债权。

破产财产不足以清偿同一顺序的清偿要求的，按照比例分配。

破产保险公司的董事、监事和高级管理人员的工资，按照该公司职工的平均工资计算。

第九十二条　经营有人寿保险业务的保险公司被依法撤销或者被依法宣告破产的，其持有的人寿保险合同及责任准备金，必须转让给其他经营有人寿保险业务的保险公司；不能同其他保险公司达成转让协议的，由国务院保险监督管理机构指定经营有人寿保险业务的保险公司接受转让。

转让或者由国务院保险监督管理机构指定接受转让前款规定的人寿保险合同及责任准备金的，应当维护被保险人、受益人的合法权益。

第九十三条　保险公司依法终止其业务活动，应当注销其经营保险业务许可证。

第九十四条　保险公司，除本法另有规定外，适用《中华人民共和国公司法》的规定。

第四章　保险经营规则

第九十五条　保险公司的业务范围：

(一) 人身保险业务，包括人寿保险、健康保险、意外伤害保险等保险业务；

(二) 财产保险业务，包括财产损失保险、责任保险、信用保险、保证保险等保险业务；

(三) 国务院保险监督管理机构批准的与保险有关的其他业务。

保险人不得兼营人身保险业务和财产保险业务。但是，经营财产保险业务的保险公司经国务院保险监督管理机构批准，可以经营短期健康保险业务和意外伤害保险业务。

保险公司应当在国务院保险监督管理机构依法批准的业务范围内从事保险经营活动。

第九十六条　经国务院保险监督管理机构批准，保险公司可以经营本法第九十五条规定的保险业务的下列再保险业务：

(一) 分出保险；

(二) 分入保险。

第九十七条　保险公司应当按照其注册资本总额的百分之二十提取保证金，存入国务院保险监督管理机构指定的银行，除公司清算时用于清偿债务外，不得动用。

第九十八条　保险公司应当根据保障被保险人利益、保证偿付能力的原则，提取各项责任准备金。

保险公司提取和结转责任准备金的具体办法，由国务院保险监督管理机构制定。

第九十九条　保险公司应当依法提取公积金。

第一百条　保险公司应当缴纳保险保障基金。

保险保障基金应当集中管理，并在下列情形下统筹使用：

(一) 在保险公司被撤销或者被宣告破产时，向投保人、被保险人或者受益人提供救济；

(二) 在保险公司被撤销或者被宣告破产时，向依法接受其人寿保险合同的保险公司提供救济；

(三) 国务院规定的其他情形。

保险保障基金筹集、管理和使用的具体办法，由国务院制定。

第一百零一条　保险公司应当具有与其业务规模和风险程度相适应的最低偿付能力。保险公司的认可资产减去认可负债的差额不得低于国务院保险监督管理机构规定的数额；低于规定数额的，应当按照国务院保险监督管理机构的要求采取相应措施达到规定的数额。

第一百零二条　经营财产保险业务的保险公司当年自留保险费，不得超过其实有资本金加公积金总和的四倍。

第一百零三条　保险公司对每一危险单位，即对一次保险事故可能造成的最大损失范围所承担的责任，不得超过其实有资本金加公积金总和的百分之十；超过的部分应当办理再保险。

保险公司对危险单位的划分应当符合国务院保险监督管理机构的规定。

第一百零四条　保险公司对危险单位的划分方法和巨灾风险安排方案，应当报国务院保险监督管理机构备案。

第一百零五条　保险公司应当按照国务院保险监督管理机构的规定办理再保险，并审慎选择再保险接受人。

第一百零六条　保险公司的资金运用必须稳健，遵循安全性原则。

保险公司的资金运用限于下列形式：

(一) 银行存款；

(二) 买卖债券、股票、证券投资基金份额等有价证券;

(三) 投资不动产;

(四) 国务院规定的其他资金运用形式。

保险公司资金运用的具体管理办法,由国务院保险监督管理机构依照前两款的规定制定。

第一百零七条 经国务院保险监督管理机构会同国务院证券监督管理机构批准,保险公司可以设立保险资产管理公司。

保险资产管理公司从事证券投资活动,应当遵守《中华人民共和国证券法》等法律、行政法规的规定。

保险资产管理公司的管理办法,由国务院保险监督管理机构会同国务院有关部门制定。

第一百零八条 保险公司应当按照国务院保险监督管理机构的规定,建立对关联交易的管理和信息披露制度。

第一百零九条 保险公司的控股股东、实际控制人、董事、监事、高级管理人员不得利用关联交易损害公司的利益。

第一百一十条 保险公司应当按照国务院保险监督管理机构的规定,真实、准确、完整地披露财务会计报告、风险管理状况、保险产品经营情况等重大事项。

第一百一十一条 保险公司从事保险销售的人员应当符合国务院保险监督管理机构规定的资格条件,取得保险监督管理机构颁发的资格证书。

前款规定的保险销售人员的范围和管理办法,由国务院保险监督管理机构规定。

第一百一十二条 保险公司应当建立保险代理人登记管理制度,加强对保险代理人的培训和管理,不得唆使、诱导保险代理人进行违背诚信义务的活动。

第一百一十三条 保险公司及其分支机构应当依法使用经营保险业务许可证,不得转让、出租、出借经营保险业务许可证。

第一百一十四条 保险公司应当按照国务院保险监督管理机构的规定,公平、合理拟订保险条款和保险费率,不得损害投保人、被保险人和受益人的合法权益。

保险公司应当按照合同约定和本法规定,及时履行赔偿或者给付保险金义务。

第一百一十五条 保险公司开展业务,应当遵循公平竞争的原则,不得从事不正当竞争。

第一百一十六条 保险公司及其工作人员在保险业务活动中不得有下列行为:

(一) 欺骗投保人、被保险人或者受益人;

(二) 对投保人隐瞒与保险合同有关的重要情况;

(三) 阻碍投保人履行本法规定的如实告知义务,或者诱导其不履行本法规定的如实告知义务;

(四) 给予或者承诺给予投保人、被保险人、受益人保险合同约定以外的保险费回扣或者其他利益;

(五) 拒不依法履行保险合同约定的赔偿或者给付保险金义务;

（六）故意编造未曾发生的保险事故、虚构保险合同或者故意夸大已经发生的保险事故的损失程度进行虚假理赔，骗取保险金或者牟取其他不正当利益；

（七）挪用、截留、侵占保险费；

（八）委托未取得合法资格的机构或者个人从事保险销售活动；

（九）利用开展保险业务为其他机构或者个人牟取不正当利益；

（十）利用保险代理人、保险经纪人或者保险评估机构，从事以虚构保险中介业务或者编造退保等方式套取费用等违法活动；

（十一）以捏造、散布虚假事实等方式损害竞争对手的商业信誉，或者以其他不正当竞争行为扰乱保险市场秩序；

（十二）泄露在业务活动中知悉的投保人、被保险人的商业秘密；

（十三）违反法律、行政法规和国务院保险监督管理机构规定的其他行为。

第五章　保险代理人和保险经纪人

第一百一十七条　保险代理人是根据保险人的委托，向保险人收取佣金，并在保险人授权的范围内代为办理保险业务的机构或者个人。

保险代理机构包括专门从事保险代理业务的保险专业代理机构和兼营保险代理业务的保险兼业代理机构。

第一百一十八条　保险经纪人是基于投保人的利益，为投保人与保险人订立保险合同提供中介服务，并依法收取佣金的机构。

第一百一十九条　保险代理机构、保险经纪人应当具备国务院保险监督管理机构规定的条件，取得保险监督管理机构颁发的经营保险代理业务许可证、保险经纪业务许可证。

保险专业代理机构、保险经纪人凭保险监督管理机构颁发的许可证向工商行政管理机关办理登记，领取营业执照。

保险兼业代理机构凭保险监督管理机构颁发的许可证，向工商行政管理机关办理变更登记。

第一百二十条　以公司形式设立保险专业代理机构、保险经纪人，其注册资本最低限额适用《中华人民共和国公司法》的规定。

国务院保险监督管理机构根据保险专业代理机构、保险经纪人的业务范围和经营规模，可以调整其注册资本的最低限额，但不得低于《中华人民共和国公司法》规定的限额。

保险专业代理机构、保险经纪人的注册资本或者出资额必须为实缴货币资本。

第一百二十一条　保险专业代理机构、保险经纪人的高级管理人员，应当品行良好，熟悉保险法律、行政法规，具有履行职责所需的经营管理能力，并在任职前取得保险监督管理机构核准的任职资格。

第一百二十二条　个人保险代理人、保险代理机构的代理从业人员、保险经纪人的经纪从业人员，应当具备国务院保险监督管理机构规定的资格条件，取得保险监督管理机构颁发的资格证书。

第一百二十三条　保险代理机构、保险经纪人应当有自己的经营场所，设立专门账簿记载保险代理业务、经纪业务的收支情况。

第一百二十四条　保险代理机构、保险经纪人应当按照国务院保险监督管理机构的规定缴存保证金或者投保职业责任保险。未经保险监督管理机构批准，保险代理机构、保险经纪人不得动用保证金。

第一百二十五条　个人保险代理人在代为办理人寿保险业务时，不得同时接受两个以上保险人的委托。

第一百二十六条　保险人委托保险代理人代为办理保险业务，应当与保险代理人签订委托代理协议，依法约定双方的权利和义务。

第一百二十七条　保险代理人根据保险人的授权代为办理保险业务的行为，由保险人承担责任。

保险代理人没有代理权、超越代理权或者代理权终止后以保险人名义订立合同，使投保人有理由相信其有代理权的，该代理行为有效。保险人可以依法追究越权的保险代理人的责任。

第一百二十八条　保险经纪人因过错给投保人、被保险人造成损失的，依法承担赔偿责任。

第一百二十九条　保险活动当事人可以委托保险公估机构等依法设立的独立评估机构或者具有相关专业知识的人员，对保险事故进行评估和鉴定。

接受委托对保险事故进行评估和鉴定的机构和人员，应当依法、独立、客观、公正地进行评估和鉴定，任何单位和个人不得干涉。

前款规定的机构和人员，因故意或者过失给保险人或者被保险人造成损失的，依法承担赔偿责任。

第一百三十条　保险佣金只限于向具有合法资格的保险代理人、保险经纪人支付，不得向其他人支付。

第一百三十一条　保险代理人、保险经纪人及其从业人员在办理保险业务活动中不得有下列行为：

(一) 欺骗保险人、投保人、被保险人或者受益人；

(二) 隐瞒与保险合同有关的重要情况；

(三) 阻碍投保人履行本法规定的如实告知义务，或者诱导其不履行本法规定的如实告知义务；

(四) 给予或者承诺给予投保人、被保险人或者受益人保险合同约定以外的利益；

(五) 利用行政权力、职务或者职业便利以及其他不正当手段强迫、引诱或者限制投保人订立保险合同；

(六) 伪造、擅自变更保险合同，或者为保险合同当事人提供虚假证明材料；

(七) 挪用、截留、侵占保险费或者保险金；

(八) 利用业务便利为其他机构或者个人牟取不正当利益；

(九) 串通投保人、被保险人或者受益人，骗取保险金；

(十) 泄露在业务活动中知悉的保险人、投保人、被保险人的商业秘密。

第一百三十二条　保险专业代理机构、保险经纪人分立、合并、变更组织形式、设立分支机构或者解散的，应当经保险监督管理机构批准。

第一百三十三条 本法第八十六条第一款、第一百一十三条的规定，适用于保险代理机构和保险经纪人。

第六章 保险业监督管理

第一百三十四条 保险监督管理机构依照本法和国务院规定的职责，遵循依法、公开、公正的原则，对保险业实施监督管理，维护保险市场秩序，保护投保人、被保险人和受益人的合法权益。

第一百三十五条 国务院保险监督管理机构依照法律、行政法规制定并发布有关保险业监督管理的规章。

第一百三十六条 关系社会公众利益的保险险种、依法实行强制保险的险种和新开发的人寿保险险种等的保险条款和保险费率，应当报国务院保险监督管理机构批准。国务院保险监督管理机构审批时，应当遵循保护社会公众利益和防止不正当竞争的原则。其他保险险种的保险条款和保险费率，应当报保险监督管理机构备案。

保险条款和保险费率审批、备案的具体办法，由国务院保险监督管理机构依照前款规定制定。

第一百三十七条 保险公司使用的保险条款和保险费率违反法律、行政法规或者国务院保险监督管理机构的有关规定的，由保险监督管理机构责令停止使用，限期修改；情节严重的，可以在一定期限内禁止申报新的保险条款和保险费率。

第一百三十八条 国务院保险监督管理机构应当建立健全保险公司偿付能力监管体系，对保险公司的偿付能力实施监控。

第一百三十九条 对偿付能力不足的保险公司，国务院保险监督管理机构应当将其列为重点监管对象，并可以根据具体情况采取下列措施：

(一) 责令增加资本金、办理再保险；

(二) 限制业务范围；

(三) 限制向股东分红；

(四) 限制固定资产购置或者经营费用规模；

(五) 限制资金运用的形式、比例；

(六) 限制增设分支机构；

(七) 责令拍卖不良资产、转让保险业务；

(八) 限制董事、监事、高级管理人员的薪酬水平；

(九) 限制商业性广告；

(十) 责令停止接受新业务。

第一百四十条 保险公司未依照本法规定提取或者结转各项责任准备金，或者未依照本法规定办理再保险，或者严重违反本法关于资金运用的规定的，由保险监督管理机构责令限期改正，并可以责令调整负责人及有关管理人员。

第一百四十一条 保险监督管理机构依照本法第一百四十条的规定作出限期改正的决定后，保险公司逾期未改正的，国务院保险监督管理机构可以决定选派保险专业人员和指定该保险公司的有关人员组成整顿组，对公司进行整顿。

整顿决定应当载明被整顿公司的名称、整顿理由、整顿组成员和整顿期限，并予以公告。

第一百四十二条　整顿组有权监督被整顿保险公司的日常业务。被整顿公司的负责人及有关管理人员应当在整顿组的监督下行使职权。

第一百四十三条　整顿过程中，被整顿保险公司的原有业务继续进行。但是，国务院保险监督管理机构可以责令被整顿公司停止部分原有业务、停止接受新业务，调整资金运用。

第一百四十四条　被整顿保险公司经整顿已纠正其违反本法规定的行为，恢复正常经营状况的，由整顿组提出报告，经国务院保险监督管理机构批准，结束整顿，并由国务院保险监督管理机构予以公告。

第一百四十五条　保险公司有下列情形之一的，国务院保险监督管理机构可以对其实行接管：

(一) 公司的偿付能力严重不足的；

(二) 违反本法规定，损害社会公共利益，可能严重危及或者已经严重危及公司的偿付能力的。

被接管的保险公司的债权债务关系不因接管而变化。

第一百四十六条　接管组的组成和接管的实施办法，由国务院保险监督管理机构决定，并予以公告。

第一百四十七条　接管期限届满，国务院保险监督管理机构可以决定延长接管期限，但接管期限最长不得超过二年。

第一百四十八条　接管期限届满，被接管的保险公司已恢复正常经营能力的，由国务院保险监督管理机构决定终止接管，并予以公告。

第一百四十九条　被整顿、被接管的保险公司有《中华人民共和国企业破产法》第二条规定情形的，国务院保险监督管理机构可以依法向人民法院申请对该保险公司进行重整或者破产清算。

第一百五十条　保险公司因违法经营被依法吊销经营保险业务许可证的，或者偿付能力低于国务院保险监督管理机构规定标准，不予撤销将严重危害保险市场秩序、损害公共利益的，由国务院保险监督管理机构予以撤销并公告，依法及时组织清算组进行清算。

第一百五十一条　国务院保险监督管理机构有权要求保险公司股东、实际控制人在指定的期限内提供有关信息和资料。

第一百五十二条　保险公司的股东利用关联交易严重损害公司利益，危及公司偿付能力的，由国务院保险监督管理机构责令改正。在按照要求改正前，国务院保险监督管理机构可以限制其股东权利；拒不改正的，可以责令其转让所持的保险公司股权。

第一百五十三条　保险监督管理机构根据履行监督管理职责的需要，可以与保险公司董事、监事和高级管理人员进行监督管理谈话，要求其就公司的业务活动和风险管理的重大事项作出说明。

第一百五十四条 保险公司在整顿、接管、撤销清算期间，或者出现重大风险时，国务院保险监督管理机构可以对该公司直接负责的董事、监事、高级管理人员和其他直接责任人员采取以下措施：

(一) 通知出境管理机关依法阻止其出境；

(二) 申请司法机关禁止其转移、转让或者以其他方式处分财产，或者在财产上设定其他权利。

第一百五十五条 保险监督管理机构依法履行职责，可以采取下列措施：

(一) 对保险公司、保险代理人、保险经纪人、保险资产管理公司、外国保险机构的代表机构进行现场检查；

(二) 进入涉嫌违法行为发生场所调查取证；

(三) 询问当事人及与被调查事件有关的单位和个人，要求其对与被调查事件有关的事项作出说明；

(四) 查阅、复制与被调查事件有关的财产权登记等资料；

(五) 查阅、复制保险公司、保险代理人、保险经纪人、保险资产管理公司、外国保险机构的代表机构以及与被调查事件有关的单位和个人的财务会计资料及其他相关文件和资料；对可能被转移、隐匿或者毁损的文件和资料予以封存；

(六) 查询涉嫌违法经营的保险公司、保险代理人、保险经纪人、保险资产管理公司、外国保险机构的代表机构以及与涉嫌违法事项有关的单位和个人的银行账户；

(七) 对有证据证明已经或者可能转移、隐匿违法资金等涉案财产或者隐匿、伪造、毁损重要证据的，经保险监督管理机构主要负责人批准，申请人民法院予以冻结或者查封。

保险监督管理机构采取前款第(一)项、第(二)项、第(五)项措施的，应当经保险监督管理机构负责人批准；采取第(六)项措施的，应当经国务院保险监督管理机构负责人批准。

保险监督管理机构依法进行监督检查或者调查，其监督检查、调查的人员不得少于二人，并应当出示合法证件和监督检查、调查通知书；监督检查、调查的人员少于二人或者未出示合法证件和监督检查、调查通知书的，被检查、调查的单位和个人有权拒绝。

第一百五十六条 保险监督管理机构依法履行职责，被检查、调查的单位和个人应当配合。

第一百五十七条 保险监督管理机构工作人员应当忠于职守，依法办事，公正廉洁，不得利用职务便利牟取不正当利益，不得泄露所知悉的有关单位和个人的商业秘密。

第一百五十八条 国务院保险监督管理机构应当与中国人民银行、国务院其他金融监督管理机构建立监督管理信息共享机制。

保险监督管理机构依法履行职责，进行监督检查、调查时，有关部门应当予以配合。

第七章 法律责任

第一百五十九条 违反本法规定，擅自设立保险公司、保险资产管理公司或者非法经营商业保险业务的，由保险监督管理机构予以取缔，没收违法所得，并处违法所得一倍以上五倍以下的罚款；没有违法所得或者违法所得不足二十万元的，处二十万元以上一百万元以下的罚款。

第一百六十条　违反本法规定，擅自设立保险专业代理机构、保险经纪人，或者未取得经营保险代理业务许可证、保险经纪业务许可证从事保险代理业务、保险经纪业务的，由保险监督管理机构予以取缔，没收违法所得，并处违法所得一倍以上五倍以下的罚款；没有违法所得或者违法所得不足五万元的，处五万元以上三十万元以下的罚款。

第一百六十一条　保险公司违反本法规定，超出批准的业务范围经营的，由保险监督管理机构责令限期改正，没收违法所得，并处违法所得一倍以上五倍以下的罚款；没有违法所得或者违法所得不足十万元的，处十万元以上五十万元以下的罚款。逾期不改正或者造成严重后果的，责令停业整顿或者吊销业务许可证。

第一百六十二条　保险公司有本法第一百一十六条规定行为之一的，由保险监督管理机构责令改正，处五万元以上三十万元以下的罚款；情节严重的，限制其业务范围、责令停止接受新业务或者吊销业务许可证。

第一百六十三条　保险公司违反本法第八十四条规定的，由保险监督管理机构责令改正，处一万元以上十万元以下的罚款。

第一百六十四条　保险公司违反本法规定，有下列行为之一的，由保险监督管理机构责令改正，处五万元以上三十万元以下的罚款：

(一) 超额承保，情节严重的；

(二) 为无民事行为能力人承保以死亡为给付保险金条件的保险的。

第一百六十五条　违反本法规定，有下列行为之一的，由保险监督管理机构责令改正，处五万元以上三十万元以下的罚款；情节严重的，可以限制其业务范围、责令停止接受新业务或者吊销业务许可证：

(一) 未按照规定提存保证金或者违反规定动用保证金的；

(二) 未按照规定提取或者结转各项责任准备金的；

(三) 未按照规定缴纳保险保障基金或者提取公积金的；

(四) 未按照规定办理再保险的；

(五) 未按照规定运用保险公司资金的；

(六) 未经批准设立分支机构或者代表机构的；

(七) 未按照规定申请批准保险条款、保险费率的。

第一百六十六条　保险代理机构、保险经纪人有本法第一百三十一条规定行为之一的，由保险监督管理机构责令改正，处五万元以上三十万元以下的罚款；情节严重的，吊销业务许可证。

第一百六十七条　保险代理机构、保险经纪人违反本法规定，有下列行为之一的，由保险监督管理机构责令改正，处二万元以上十万元以下的罚款；情节严重的，责令停业整顿或者吊销业务许可证：

(一) 未按照规定缴存保证金或者投保职业责任保险的；

(二) 未按照规定设立专门账簿记载业务收支情况的。

第一百六十八条　保险专业代理机构、保险经纪人违反本法规定，未经批准设立分支机构或者变更组织形式的，由保险监督管理机构责令改正，处一万元以上五万元以下的罚款。

第一百六十九条 违反本法规定，聘任不具有任职资格、从业资格的人员的，由保险监督管理机构责令改正，处二万元以上十万元以下的罚款。

第一百七十条 违反本法规定，转让、出租、出借业务许可证的，由保险监督管理机构处一万元以上十万元以下的罚款；情节严重的，责令停业整顿或者吊销业务许可证。

第一百七十一条 违反本法规定，有下列行为之一的，由保险监督管理机构责令限期改正；逾期不改正的，处一万元以上十万元以下的罚款：

(一) 未按照规定报送或者保管报告、报表、文件、资料的，或者未按照规定提供有关信息、资料的；

(二) 未按照规定报送保险条款、保险费率备案的；

(三) 未按照规定披露信息的。

第一百七十二条 违反本法规定，有下列行为之一的，由保险监督管理机构责令改正，处十万元以上五十万元以下的罚款；情节严重的，可以限制其业务范围、责令停止接受新业务或者吊销业务许可证：

(一) 编制或者提供虚假的报告、报表、文件、资料的；

(二) 拒绝或者妨碍依法监督检查的；

(三) 未按照规定使用经批准或者备案的保险条款、保险费率的。

第一百七十三条 保险公司、保险资产管理公司、保险专业代理机构、保险经纪人违反本法规定的，保险监督管理机构除分别依照本法第一百六十一条至第一百七十二条的规定对该单位给予处罚外，对其直接负责的主管人员和其他直接责任人员给予警告，并处一万元以上十万元以下的罚款；情节严重的，撤销任职资格或者从业资格。

第一百七十四条 个人保险代理人违反本法规定的，由保险监督管理机构给予警告，可以并处二万元以下的罚款；情节严重的，处二万元以上十万元以下的罚款，并可以吊销其资格证书。

未取得合法资格的人员从事个人保险代理活动的，由保险监督管理机构给予警告，可以并处二万元以下的罚款；情节严重的，处二万元以上十万元以下的罚款。

第一百七十五条 外国保险机构未经国务院保险监督管理机构批准，擅自在中华人民共和国境内设立代表机构的，由国务院保险监督管理机构予以取缔，处五万元以上三十万元以下的罚款。

外国保险机构在中华人民共和国境内设立的代表机构从事保险经营活动的，由保险监督管理机构责令改正，没收违法所得，并处违法所得一倍以上五倍以下的罚款；没有违法所得或者违法所得不足二十万元的，处二十万元以上一百万元以下的罚款；对其首席代表可以责令撤换；情节严重的，撤销其代表机构。

第一百七十六条 投保人、被保险人或者受益人有下列行为之一，进行保险诈骗活动，尚不构成犯罪的，依法给予行政处罚：

(一) 投保人故意虚构保险标的，骗取保险金的；

(二) 编造未曾发生的保险事故，或者编造虚假的事故原因或者夸大损失程度，骗取保

险金的;

(三) 故意造成保险事故,骗取保险金的。

保险事故的鉴定人、评估人、证明人故意提供虚假的证明文件,为投保人、被保险人或者受益人进行保险诈骗提供条件的,依照前款规定给予处罚。

第一百七十七条 违反本法规定,给他人造成损害的,依法承担民事责任。

第一百七十八条 拒绝、阻碍保险监督管理机构及其工作人员依法行使监督检查、调查职权,未使用暴力、威胁方法的,依法给予治安管理处罚。

第一百七十九条 违反法律、行政法规的规定,情节严重的,国务院保险监督管理机构可以禁止有关责任人员一定期限直至终身进入保险业。

第一百八十条 保险监督管理机构从事监督管理工作的人员有下列情形之一的,依法给予处分:

(一) 违反规定批准机构的设立的;

(二) 违反规定进行保险条款、保险费率审批的;

(三) 违反规定进行现场检查的;

(四) 违反规定查询账户或者冻结资金的;

(五) 泄露其知悉的有关单位和个人的商业秘密的;

(六) 违反规定实施行政处罚的;

(七) 滥用职权、玩忽职守的其他行为。

第一百八十一条 违反本法规定,构成犯罪的,依法追究刑事责任。

第八章 附则

第一百八十二条 保险公司应当加入保险行业协会。保险代理人、保险经纪人、保险公估机构可以加入保险行业协会。

保险行业协会是保险业的自律性组织,是社会团体法人。

第一百八十三条 保险公司以外的其他依法设立的保险组织经营的商业保险业务,适用本法。

第一百八十四条 海上保险适用《中华人民共和国海商法》的有关规定;《中华人民共和国海商法》未规定的,适用本法的有关规定。

第一百八十五条 中外合资保险公司、外资独资保险公司、外国保险公司分公司适用本法规定;法律、行政法规另有规定的,适用其规定。

第一百八十六条 国家支持发展为农业生产服务的保险事业。农业保险由法律、行政法规另行规定。

强制保险,法律、行政法规另有规定的,适用其规定。

第一百八十七条 本法自2009年10月1日起施行。

附录B
中华人民共和国海商法(节选)

(一九九二年十一月七日第七届全国人民代表大会常务委员会第二十八次会议通过)

第十章 共同海损

第一百九十三条 共同海损,是指在同一海上航程中,船舶、货物和其他财产遭遇共同危险,为了共同安全,有意地合理地采取措施所直接造成的特殊牺牲、支付的特殊费用。

无论在航程中或者在航程结束后发生的船舶或者货物因迟延所造成的损失,包括船期损失和行市损失以及其他间接损失,均不得列入共同海损。

第一百九十四条 船舶因发生意外、牺牲或者其他特殊情况而损坏时,为了安全完成本航程,驶入避难港口、避难地点或者驶回装货港口、装货地点进行必要的修理,在该港口或者地点额外停留期间所支付的港口费,船员工资、给养,船舶所消耗的燃料、物料,为修理而卸载、贮存、重装或者搬移船上货物、燃料、物料以及其他财产所造成的损失、支付的费用,应当列入共同海损。

第一百九十五条 为代替可以列为共同海损的特殊费用而支付的额外费用,可以作为代替费用列入共同海损;但是,列入共同海损的代替费用的金额,不得超过被代替的共同海损的特殊费用。

第一百九十六条 提出共同海损分摊请求的一方应当负举证责任,证明其损失应当列入共同海损。

第一百九十七条 引起共同海损特殊牺牲、特殊费用的事故,可能是由航程中一方的过失造成的,不影响该方要求分摊共同海损的权利;但是,非过失方或者过失方可以就此项过失提出赔偿请求或者进行抗辩。

第一百九十八条 船舶、货物和运费的共同海损牺牲的金额,依照下列规定确定:

(一) 船舶共同海损牺牲的金额,按照实际支付的修理费,减除合理的以新换旧的扣减额计算。船舶尚未修理的,按照牺牲造成的合理贬值计算,但是不得超过估计的修理费。

船舶发生实际全损或者修理费用超过修复后的船舶价值的,共同海损牺牲金额按照该船舶在完好状态下的估计价值,减除不属于共同海损损坏的估计的修理费和该船舶受损后的价值余额计算。

(二) 货物共同海损牺牲的金额,货物灭失的,按照货物在装船时的价值加保险费加运费,减除由于牺牲无需支付的运费计算。货物损坏,在就损坏程度达成协议前售出的,按照货物在装船时的价值加保险费加运费,与出售货物净得的差额计算。

(三) 运费共同海损牺牲的金额,按照货物遭受牺牲造成的运费的损失金额,减除为取得这笔运费本应支付,但是由于牺牲无需支付的营运费用计算。

第一百九十九条 共同海损应当由受益方按照各自的分摊价值的比例分摊。

船舶、货物和运费的共同海损分摊价值，分别依照下列规定确定：

(一) 船舶共同海损分摊价值，按照船舶在航程终止时的完好价值，减除不属于共同海损的损失金额计算，或者按照船舶在航程终止时的实际价值，加上共同海损牺牲的金额计算。

(二) 货物共同海损分摊价值，按照货物在装船时的价值加保险费加运费，减除不属于共同海损的损失金额和承运人承担风险的运费计算。货物在抵达目的港以前售出的，按照出售净得金额，加上共同海损牺牲的金额计算。

旅客的行李和私人物品，不分摊共同海损。

(三) 运费分摊价值，按照承运人承担风险并于航程终止时有权收取的运费，减除为取得该项运费而在共同海损事故发生后，为完成本航程所支付的营运费用，加上共同海损牺牲的金额计算。

第二百条　未申报的货物或者谎报的货物，应当参加共同海损分摊；其遭受的特殊牺牲，不得列入共同海损。

不正当地以低于货物实际价值作为申报价值的，按照实际价值分摊共同海损；在发生共同海损牺牲时，按照申报价值计算牺牲金额。

第二百零一条　对共同海损特殊牺牲和垫付的共同海损特殊费用，应当计算利息。对垫付的共同海损特殊费用，除船员工资、给养和船舶消耗的燃料、物料外，应当计算手续费。

第二百零二条　经利益关系人要求，各分摊方应当提供共同海损担保。

以提供保证金方式进行共同海损担保的，保证金应当交由海损理算师以保管人名义存入银行。

保证金的提供、使用或者退还，不影响各方最终的分摊责任。

第二百零三条　共同海损理算，适用合同约定的理算规则；合同未约定的，适用本章的规定。

第十二章　海上保险合同
第一节　一般规定

第二百一十六条　海上保险合同，是指保险人按照约定，对被保险人遭受保险事故造成保险标的的损失和产生的责任负责赔偿，而由被保险人支付保险费的合同。

前款所称保险事故，是指保险人与被保险人约定的任何海上事故，包括与海上航行有关的发生于内河或者陆上的事故。

第二百一十七条　海上保险合同的内容，主要包括下列各项：

(一) 保险人名称；

(二) 被保险人名称；

(三) 保险标的；

(四) 保险价值；

(五) 保险金额；

(六) 保险责任和除外责任；

(七) 保险期间;

(八) 保险费。

第二百一十八条 下列各项可以作为保险标的:

(一) 船舶;

(二) 货物;

(三) 船舶营运收入,包括运费、租金、旅客票款;

(四) 货物预期利润;

(五) 船员工资和其他报酬;

(六) 对第三人的责任;

(七) 由于发生保险事故可能受到损失的其他财产和产生的责任、费用。

保险人可以将对前款保险标的的保险进行再保险。除合同另有约定外,原被保险人不得享有再保险的利益。

第二百一十九条 保险标的的保险价值由保险人与被保险人约定。

保险人与被保险人未约定保险价值的,保险价值依照下列规定计算:

(一) 船舶的保险价值,是保险责任开始时船舶的价值,包括船壳、机器、设备的价值,以及船上燃料、物料、索具、给养、淡水的价值和保险费的总和;

(二) 货物的保险价值,是保险责任开始时货物在起运地的发票价格或者非贸易商品在起运地的实际价值以及运费和保险费的总和;

(三) 运费的保险价值,是保险责任开始时承运人应收运费总额和保险费的总和;

(四) 其他保险标的的保险价值,是保险责任开始时保险标的的实际价值和报名费的总和。

第二百二十条 保险金额由保险人与被保险人约定。保险金额不得超过保险价值;超过保险价值的,超过部分无效。

第二节 合同的订立、解除和转让

第二百二十一条 被保险人提出保险要求,经保险人同意承保,并就海上保险合同的条款达成协议后,合同成立。保险人应当及时向被保险人签发保险单或者其他保险单证,并在保险单或者其他单证中载明当事人双方约定的合同内容。

第二百二十二条 合同订立前,被保险人应当将其知道的或者在通常业务中应当知道的有关影响保险人据以确定保险费率或者确定是否同意承担的重要情况,如实告知保险人。

保险人知道或者在通常业务中应当知道的情况,保险人没有询问的,被保险人无需告知。

第二百二十三条 由于被保险人的故意,未将本法第二百二十二条第一款规定的重要情况如实告知保险人的,保险人有权解除合同,并不退还保险费。合同解除前发生保险事故造成损失的,保险人不负赔偿责任。

不是由于被保险人的故意,未将本法第二百二十二条第一款规定的重要情况如实告知保险人的,保险人有权解除合同或者要求相应增加保险费。保险人解除合同的,对于合同解除前发生保险事故造成的损失，保险人应当负赔偿责任；但是，未告知或者错误告知的重要情况对保险事故的发生有影响的除外。

第二百二十四条　订立合同时，被保险人已经知道或者应当知道保险标的已经因发生保险事故而遭受损失的，保险人不负赔偿责任，但是有权收取保险费；保险人已经知道或者应当知道保险标的已经不可能因发生保险事故而遭受损失的，被保险人有权收回已经支付的保险单。

第二百二十五条　被保险人对同一保险标的就同一保险事故向几个保险人重复订立合同，而使该保险标的的保险金额总和超过保险标的的价值的，除合同另有约定外，被保险人可以向任何保险人提出赔偿请求。被保险人获得的赔偿金额总和不得超过保险标的的受损价值。各保险人按照其承保的保险金额同保险金额总和的比例承担赔偿责任，任何一个保险人支付的赔偿金额超过其应当承担的赔偿责任的，有权向未按照其应当承担赔偿责任支付赔偿金额的保险人追偿。

第二百二十六条　保险责任开始前，被保险人可以要求解除合同。但是应当向保险人支付手续费，保险人应当退还保险费。

第二百二十七条　除合同另有约定外，保险责任开始后，被保险人和保险人均不得解除合同。

根据合同约定在保险责任开始后可以解除合同的，被保险人要求解除合同，保险人有权收取自保险责任开始之日起至合同解除之日止的保险费，剩余部分予以退还；保险人要求解除合同，应当将自合同解除之日起至保险期间届满之日止的保险费退还被保险人。

第二百二十八条　虽有本法第二百二十七条规定，货物运输和船舶的航次保险，保险责任开始后，被保险人不得要求解除合同。

第二百二十九条　海上货物运输保险合同可以由被保险人背书或者以其他方式转让，合同的权利、义务随之转移。合同转让时尚未支付保险费的，被保险人和合同受让人负连带支付责任。

第二百三十条　因船舶转让而转让船舶保险合同的，应当取得保险人同意。未经保险人同意，船舶保险合同从船舶转让时起解除；船舶转让发生在航次之中的，船舶保险合同至航次终了时解除。

合同解除后，保险人应当将自合同解除之日起至保险期间届满之日止的保险费退还被保险人。

第二百三十一条　被保险人在一定期间分批装运或者接受货物的，可以与保险人订立预约保险合同。预约保险合同应当由保险人签发预约保险单证加以确认。

第二百三十二条　应被保险人要求，保险人应当对依据预约保险合同分批装运的货物分别签发保险单证。

保险人分别签发的保险单证的内容与预约保险单证的内容不一致的，以分别签发的保险单证为准。

第二百三十三条　被保险人知道经预约保险合同保险的货物已经装运或者到达的情况时，应当立即通知保险人。通知的内容包括装运货物的船名、航线、货物价值和保险金额。

第三节 被保险人的义务

第二百三十四条 除合同另有约定外，被保险人应当在合同订立后立即支付保险费；被保险人支付保险费前，保险人可以拒绝签发保险单证。

第二百三十五条 被保险人违反合同约定的保证条款时，应当立即书面通知保险人。保险人收到通知后，可以解除合同，也可以要求修改承保条件、增加保险费。

第二百三十六条 一旦保险事故发生，被保险人应当立即通知保险人，并采取必要的合理措施，防止或者减少损失。被保险人收到保险人发出的有关采取防止或者减少损失的合理措施的特别通知的，应当按照保险人通知的要求处理。

对于被保险人违反前款规定所造成的扩大的损失，保险人不负赔偿责任。

第四节 保险人的责任

第二百三十七条 发生保险事故造成损失后，保险人应当及时向被保险人支付保险赔偿。

第二百三十八条 保险人赔偿保险事故造成的损失，以保险金额为限。保险金额低于保险价值的，在保险标的发生部分损失时，保险人按照保险金额与保险价值的比例负赔偿责任。

第二百三十九条 保险标的在保险期间发生几次保险事故所造成的损失，即使损失金额的总和超过保险金额，保险人也应当赔偿。但是，对发生部分损失后未经修复又发生全部损失的，保险人按照全部损失赔偿。

第二百四十条 被保险人为防止或者减少根据合同可以得到赔偿的损失而支出的必要的合理费用，为确定保险事故的性质、程度而支出的检验、估价的合理费用，以及为执行保险人的特别通知而支出的费用，应当由保险人在保险标的损失赔偿之外另行支付。

保险人对前款规定的费用的支付，以相当于保险金额的数额为限。

保险金额低于保险价值的，除合同另有约定外，保险人应当按照保险金额与保险价值的比例，支付本条规定的费用。

第二百四十一条 保险金额低于共同海损分摊价值的，保险人按照保险金额同分摊价值的比例赔偿共同分摊海损。

第二百四十二条 对于被保险人故意造成的损失，保险人不负赔偿责任。

第二百四十三条 除合同另有约定外，因下列原因之一造成货物损失的，保险人不负赔偿责任：

(一) 航行迟延、交货迟延或者行市变化；

(二) 货物的自然损耗、本身的缺陷和自然特性；

(三) 包装不当。

第二百四十四条 除合同另有约定外，因下列原因之一造成保险船舶损失的，保险人不负赔偿责任：

(一) 船舶开航时不适航，但是在船舶定期保险中被保险人不知道的除外；

(二) 船舶自然磨损或者锈蚀。

运费保险比照适用本条的规定。

第五节 保险标的的损失和委付

第二百四十五条 保险标的发生保险事故后灭失，或者受到严重损坏完全失去原有形体、效用，或者不能再归保险人所有的，为实际全损。

第二百四十六条 船舶发生保险事故后，认为实际全损已经不可避免，或者为避免发生实际全损所需支付的费用超过保险价值的，为推定全损。

货物发生保险事故后，认为实际全损已经不可避免，或者为避免发生实际全损所需支付的费用与继续将货物运抵目的地的费用之和超过保险价值的，为推定全损。

第二百四十七条 不属于实际全损和推定全损的损失，为部分损失。

第二百四十八条 船舶在合理时间内未从被获知最后消息的地点抵达目的地，除合同另有约定外，满两个月后仍没有获知其消息的，为船舶失踪。船舶失踪视为实际全损。

第二百四十九条 保险标的发生推定全损，被保险人要求保险人按照全部损失赔偿的，应当向保险人委付保险标的。保险人可以接受委付，也可以不接受委付，但是应当在合理的时间内将接受委付或者不接受委付的决定通知被保险人。

委付不得附带任何条件。委付一经保险人接受，不得撤回。

第二百五十条 保险人接受委付的，被保险人对委付财产的全部权利和义务转移给保险人。

第六节 保险赔偿的支付

第二百五十一条 保险事故发生后，保险人向被保险人支付保险赔偿前，可以要求被保险人提供与确认保险事故性质和损失程度有关的证明和资料。

第二百五十二条 保险标的发生保险责任范围内的损失是由第三人造成的，被保险人向第三人要求赔偿的权利，自保险人支付赔偿之日起，相应转移给保险人。

被保险人应当向保险人提供必要的文件和其所需要知道的情况，并尽力协助保险人向第三人追偿。

第二百五十三条 被保险人未经保险人同意放弃向第三人要求赔偿的权利，或者由于过失致使保险人不能行使追偿权利的，保险人可以相应扣减保险赔偿。

第二百五十四条 保险人支付保险赔偿时，可以从应支付的赔偿额中相应扣减被保险人已经从第三人取得的赔偿。

保险人从第三人取得的赔偿，超过其支付的保险赔偿的，超过部分应当退还给被保险人。

第二百五十五条 发生保险事故后，保险人有权放弃对保险标的的权利，全额支付合同约定的保险赔偿，以解除对保险标的的义务。

保险人行使前款规定的权利，应当自收到被保险人有关赔偿损失的通知之日起的七日内通知被保险人；被保险人在收到通知前，为避免或者减少损失而支付的必要的合理费用，仍然应当由保险人偿还。

第二百五十六条 除本法第二百五十五条的规定外，保险标的发生全损，保险人支付全部保险金额的，取得对保险标的的全部权利；但是，在不足额保险的情况下，保险人按照保险金额与保险价值的比例取得对保险标的的部分权利。

参考文献

[1] 姚新超. 国际贸易保险[M]. 3版. 北京：对外经济贸易大学出版社，2012.

[2] 曾立新. 国际贸易运输与保险[M]. 北京：中国人民大学出版社，2006.

[3] 姚新超. 国际贸易运输与保险[M]. 2版. 北京：对外经济贸易大学出版社，2006.

[4] 粟芳，许谨良. 保险学[M]. 2版. 北京：清华大学出版社，2011.

[5] 周江雄. 国际货物运输与保险[M]. 北京：国防科技大学出版社，2006.

[6] 李育良，池娟. 国际货物运输与保险[M]. 北京：清华大学出版社，2005.

[7] 粟丽. 国际货物运输与保险[M]. 北京：中国人民大学出版社，2007.

[8] 黄敬阳. 国际货物运输保险[M]. 北京：对外经济贸易大学出版社，2010.

[9] 吕英才. 海洋运输货物保险实务与案例分析[M]. 北京：中国经济出版社，1999.

[10] 粟芳，许谨良. 保险学[M]. 北京：高等教育出版社，2004.

[11] 周勇. 新编保险学基础案例分析[M]. 上海：立信会计出版社，2003.

[12] 王韶燏. 国际货物运输与保险[M]. 北京：对外经济贸易大学出版社，2003.

[13] 应世昌. 海上保险[M]. 上海：上海财经大学出版社，1996.

[14] 肖勇. 现代货物进出口贸易与单证实务[M]. 上海：上海教育出版社，2007.